Wo die Schweiz am schönsten ist

1000 Ausflugsziele fürs ganze Jahr
Freizeit · Familie · Ferienideen

Mit **kulinarischer Landkarte** zum Herausnehmen

Inhalt

Luzern und die Zentralschweiz S. 186 - 235

Auffahrtsumritt • Bourbaki Panorama • Brünigpass • Bürgenstock • Entlebuch • Freulerpalast • Fumetto • Glarner Hauptüberschiebung • Glasi Hergiswil • Gold waschen Grosser Mythen • Hohle Gasse • Höllgrotten • Kanu fahren Kapellbrücke • KKL • Kloster Einsiedeln • Lucerne Festival Museggmauer • Pilatus • Rigi • Rütli • Sammlung Rosengart Schmetterlingspfad • Stanserhorn • Titlis Cliff Walk Verkehrshaus • Weg der Schweiz • Zytturm • **u. v. a. m.**

Genferseeregion und Fribourg S. 236 - 297

Abtei von Romainmôtier • Alpkäserei Moléson • Ballonfestival Château-d'Oex • Bulle • Centre Dürrenmatt • Château de Gruyères • Espace Jean Tinguely • Estavayer-le-Lac • Fondation Martin Bodmer • Gros de Vaud • Grottes de Vallorbe Jet d'Eau • Jura-Höhenweg • La Chaux-de-Fonds • Mamco Montreux Jazz Festival • Murten • Musée HR Giger • Notre-Dame • Olympisches Museum • Papiliorama • Schloss Chillon Weinterrassen des Lavaux • **u. v. a. m.**

Wallis S. 298 - 343

Aletsch-Panoramaweg • Belalp-Hexe • Brig • Canyoning Crans-Montana • Daubenhorn-Klettersteig • Fondation Gianadda • Gommerlauf • Landschaftspark Binntal Matterhorn Museum • Mit der Dampflok über den Furkapass Monte-Rosa-Hütte • Pfynwald • Rafting auf der Rhone Rilkedorf • Safrandorf Mund • Saint-Maurice • Schäferfest Sion • Snowbiken in Grächen • Thermalquellen von Leukerbad • Turtmanntal • Zermatt-Marathon • **u. v. a. m.**

Praktische Informationen:

- Die internationale Telefonvorwahl für die Schweiz lautet 00 41.
- Der Wechselkurs liegt bei 1 € = 1,10 SFr., 1 SFr. = 0,91 € (Stand 02/2016).
- Deutsche und Österreicher können mit einem gültigen Reisepass oder Personalausweis in die Schweiz einreisen.

Titelbild: Über 100 AlphornbläserInnen und zahlreiche Fahnenschwinger trafen sich im Sommer 2013 zum »Großen Alphorntreffen« auf dem Männlichen im Berner Oberland. Am 7.8.2016 findet die Veranstaltung erneut statt.
Umschlag vorne: Bräuche werden im ganzen Land mit Hingabe gepflegt – in Brunnen, am Vierwaldstättersee, huldigen Alphornbläser und Fahnenschwinger der Schweizer Folklore.

VICTORINOX
SPARTAN
12 Functions, 91 mm, Swiss Made
MAKERS OF THE ORIGINAL SWISS ARMY KNIFE | ESTABLISHED 1884

Basel und der Norden

Mit dem »Morgestraich« um vier Uhr früh beginnen die »drey scheenschte Dääg«, Auswärtigen als Basler Fasnacht bekannt. An allen anderen Tagen bietet die unmaskierte Kulturmetropole am Rhein ihren Besuchern einen ansehnlichen Mix aus Mittelalter und Science-Fiction, mit tollen Museen, spektakulärer Architektur, Kunst von Welt und viel Hightechindustrie im Dreiländereck Deutschland – Frankreich – Schweiz. Erholung von so viel geballter Urbanität vermittelt ein Ausflug ins »Baselbiet« mit alten Städtchen und schönen Gärten.

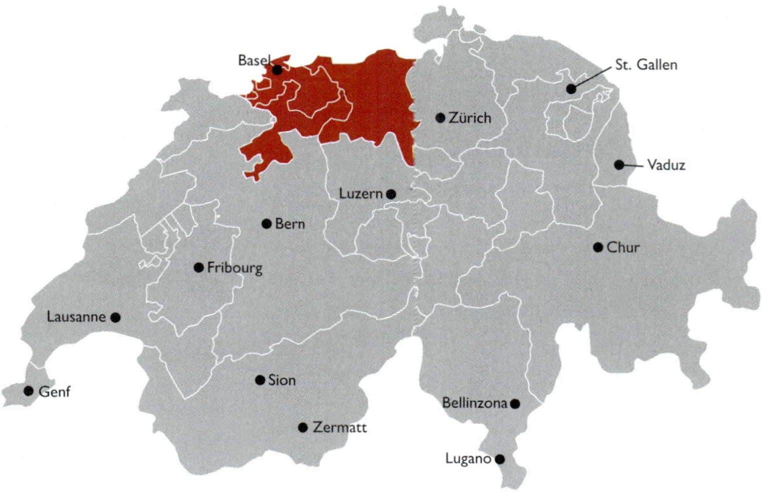

Vielfältig: Basel und Umgebung bieten ein Kaleidoskop der Möglichkeiten – bunte Blumensträuße gibt's auf dem Marktplatz in Basel.

Vitra Design Museum

Weil am Rhein

1

Zugegeben, das Vitra Design Museum liegt in Deutschland, aber es ist so attraktiv, dass dafür selbst Basel Tourismus seine Gäste aus der Stadt schickt. Vitra ist als Möbelproduzent bekannt, der seine Produkte von den berühmtesten Designern der Welt gestalten lässt. Sehenswert auch das Gelände selbst: Das Museum konstruierte der Star-Architekt Frank O. Gehry, die Fabrikationshalle stammt von Nicholas Grimshaw, das Feuerwehrhaus von Zaha Hadid und das Vitra-Haus als Flagshipstore von Herzog & de Meuron.

Charles-Eames-Str. 2,
Weil am Rhein;
Tel. +49 (0) 76 21/7 02 32 00;
www.design-museum.de

2 Aussichtsplattform Bernoulli-Silo

Der Rheinhafen von oben

In Häfen weht der Duft der großen weiten Welt. Der Logistikstandort Basel darf gleich vier sein Eigen nennen, die linksrheinischen Häfen Muttenz, Birsfelden und St. Johann sowie den rechtsrheinischen Hafen Kleinhüningen. Hier steht das erste »Hochhaus« Basels, der Getreidesilo von Hans Bernoulli, erbaut von 1923 bis 1926. In einer Höhe von 45 m befindet sich eine Plattform, die eine fantastische Aussicht ermöglicht. Von hier kann man nicht nur in die Ferne bis zum EuroAirport nach Frankreich und nach Weil am Rhein in Deutschland blicken, sondern auch in die Tiefe, auf das Rangieren der Kräne und Verladen der Frachten im Hafen. Mittlerweile ist das Wahrzeichen des Rheinhafens nur noch im Rahmen von Gruppenführungen für die Öffentlichkeit zugänglich. Erfahrene »Hafenguides« führen über das Gelände, ein Besuch des Siloturms und der Ausstellung »Verkehrsdrehscheibe Schweiz« ist inbegriffen.

Hafenstr. 7, Basel;
Führungen nach Anm. per E-Mail unter www.portofbasel.ch/de/besucher-nachbarn

3 Rostiger Anker

Sonnenuntergang am Pier

Kleines, gemütliches Restaurant im Hafenquartier am Dreiländereck. Gastgeberin und Köchin Claudia Granacher serviert mittags zwei Tagesmenüs sowie Pasta und legt am Abend eine kleine Karte mit vier oder fünf Gerichten auf. »Meine Küche ist einfach und kräftig«, erklärt Granacher. »Ich lege Wert auf frische und wenn möglich regionale Zutaten.« Den ganzen Tag über gibt es Salate, Suppen und hausgebackenen Kuchen. Das Lokal im Bistrostil ist klein und überschaubar, dafür liebevoll gemacht. Toll sind die Außenplätze direkt am Wasser und Blick auf Container, Frachter und Verladekräne. Besonders bei Sonnenuntergang ist die Atmosphäre einmalig. Geöffnet ist werktags am Mittag, abends von Mittwoch bis Samstag und am Sonntag tagsüber.

Hafenstr. 25a, Basel; Tel. 0 61/6 31 08 03; www.rostigeranker.ch

Dreiländereck

Basel-Kleinhüningen

4

Ein silberner Metallpylon markiert den Schnittpunkt zwischen Schweiz, Frankreich und Deutschland. Er verleiht die Illusion, man könne blitzschnell drei Länder betreten. In Wahrheit liegt die Grenze in der Rheinmitte.

Ende Westquaistrasse, Basel

Museum der Kulturen

Fremde Welten

Das Völkerkundemuseum ist das größte seiner Art in der Schweiz. Bekannt ist das Haus für seine Objekte aus der Südsee, Tibet, Bali, Mexiko sowie der Maya-Kultur. Mehr als 300000 Exponate nennt es sein Eigen, das Bildarchiv nicht mitgerechnet. Wen wundert es, dass früher lediglich fünf Prozent der Sammlung ihren Weg in die Ausstellungen fanden. Im Herbst 2011 eröffnete das Museum nach dreijähriger Umbauphase neu – mit einem spektakulären Anbau von Herzog & de Meuron. Seitdem fungiert die Schau »Expeditionen. Und die Welt im Gepäck« als Dauerausstellung. Grundlage bilden die Exponate, Film- und Tondokumente, die Basler Forscher Ende des 19. bis Mitte des 20. Jh. aus Indonesien und Osttimor, Kamerun, Vanuatu und Sri Lanka mitbrachten.

5

Münsterplatz 20, Basel;
Tel. 0 61/2 66 56 00;
www.mkb.ch

6 Dampfbad Basel

Hamam im Bahnhof

Entspannen an Bahngleisen? Aber ja! Das Hamam im stillgelegten Stellwerk (an den ebenfalls stillgelegten Gleisen) bietet auf 400 qm einen Ort der türkischen Bade- und Körperkultur: Dampfbad mit Warmwasserbecken, Seifenschaum- und Keseräumen plus eine Vielzahl an Massagen. Wer danach weiterhin Lust auf diese coole Location hat, schaut sich die Nomen-est-Omen-Lounge »HinterdemBahnhofgehtdieSonneunter« an: eine tolle Industrial-Umgebung unter freiem Himmel mit Szene-Publikum. Den Besuch des Hamam am besten so planen, dass man zum Sonnenuntergang die Lounge erreicht.

Vogesenplatz 1, Basel;
Tel. 0 61/3 22 15 05;
www.dampfbadbasel.ch

7 Hoosesagg-Museum

Kleinstes Museum der Welt

Das schnuckelige Imbergässlein, das als Verlängerung der Sattelgasse über unzählige Stufen vom Marktplatz zum Nadelberg führt, ist mit seiner mittelalterlichen Struktur eine beliebte Route für Touristen. Im Haus Nr. 31 soll einst Basels erste Hebamme gewohnt haben. Viele Besucher versuchten durch das Fenster an der Eingangstür einen Blick ins Innere zu erhaschen, als ob sie hofften, das Kindsbett würde noch drinnen stehen. Die Bewohner behalfen sich auf ungewöhnliche Weise: Wenn die Leute schon schauen wollen, sollen sie auch was Interessantes sehen. So entstand 1995 Basels kleinstes Museum – »Hoosesagg« heißt Hosentasche – im Fenster der Eingangstür. Seither kann dort jedermann ausstellen, was ihm wichtig ist: Ferrari-Spielzeugmodelle oder Quietsche-Entchen – Hauptsache klein und ungewöhnlich.

Imbergässlein 31, Basel;
www.hoosesaggmuseum.ch

8 Andreasplatz

Ein Ort zum Verweilen

Einer der charmantesten Plätze Basels liegt zentral und doch etwas versteckt mitten in der Altstadt von Grossbasel. Von der Schneidergasse, die parallel zum Marktplatz verläuft, verweist auf Höhe des Rathauses eine kleine Abzweigung wie in einen Hinterhof. Hier, unter altem Baumbestand und um den Affenbrunnen herum, haben sich das Café Zum roten Engel, die Esoterikbuchhandlung Sphinx, die Holzofenbäckerei Bio Andreas und andere kleine Läden angesiedelt. Beim Roten Engel sitzt man sehr schön draußen.

Andreasplatz, Basel;
www.sphinx-book.ch;
www.bio-andreas.ch

Art Basel

Kunstmesse von Welt

9

Die berühmte Art Basel ist die weltweit wichtigste Kunstmesse. In zwei Hallen präsentieren im Juni etwa 300 Galerien Kunst des 20. und 21. Jh. Die meisten stammen aus Deutschland und den USA, darunter das Museum of Modern Art und das Guggenheim Museum. In Anlehnung an die Biennale nannte »Die Zeit« die Messe einmal »Venedig am Rhein«.

Messehallen, Messeplatz 10, Basel; www.artbasel.ch

Cartoonmuseum

Satirische Kunst

10

In St. Alban-Vorstadt, nahe dem Kunstmuseum, widmet sich seit 1996 in einem sanierten Altbau ein Museum einer etwas anderen Variante moderner Kunstfertigkeit: den Karikaturen, Illustrationen und Cartoons, von denen viele, wie z. B. die Reihe »Herr Sondermann« von Bernd Pfarr, aus arrivierten Medien wie der Satirezeitschrift »Titanic« bekannt sind. Die Macher können auf 4000 Originale zuzüglich 2000 Leihgaben von Künstlern aus 40 Ländern zurückgreifen. Schwerpunkte setzt das Museum mit Sonderausstellungen.

St. Alban-Vorstadt 28, Basel;
Tel. 0 61/2 26 33 60;
www.cartoonmuseum.ch

11

Basel Tattoo

Militär musikalisch

Das Basel Tattoo existiert seit 2006 und lockt mittlerweile an neun Tagen 120000 Zuschauer auf den Hof der Kaserne im Matthäus-Quartier. Tattoo steht im Englischen nicht nur für Körperbemalung, sondern auch für Zapfenstreich bzw. Musikparade. Der Ursprung des Wortes stammt aus dem Dreißigjährigen Krieg. Die Holländer gaben den Befehl »Doe den tap toe«, was so viel wie »Schließt den Zapfhahn« bedeutete und den Wirtsleuten und deren Gästen signalisierte, dass die Soldaten zurück in die Kasernen marschieren sollten. Die Engländer kürzten den Ausdruck mit »Tattoo« ab. Das berühmteste und größte Festival der Militärkapellen, das Edinburgh Military Tattoo, steigt jedes Jahr im August vor dem Edinburgh Castle in Schottland. Davor, im Juli, findet schon der Basler Event statt, der seit Anbeginn ausverkauft war. Brigadier Melville Jameson, ehemaliger Produzent des Royal Edinburgh Military Tattoo, schwärmt: »Das Basel Tattoo ist ein Erlebnis – virtuos und temporeich, episch und stimmungsvoll.«

Kaserne: Klybeckstr. 1b, Basel;
Office: Tel. 0 61/2 66 10 02;
www.baseltattoo.ch

12 Kunstmuseum Basel

Meisterwerke aus vielen Epochen

Das Kunstmuseum beherbergt eine der größten öffentlichen Kunstsammlungen Europas und genießt Weltruf. Die Sammlung spannt einen weiten Bogen von oberrheinischen Künstlern des frühen 15. Jh. bis zu den großen internationalen Namen des 19. und 20. Jh. Nach Wiedereröffnung des jahrelang generalsanierten und um einen Neubau erweiterten Hauses im April 2016 kommen die Highlights und Meisterwerke aus Renaissance, französischem Kubismus, deutschem Expressionismus oder amerikanischer Kunst noch besser zur Geltung.

St. Alban-Graben 16, Basel;
Tel. 0 61/2 06 62 62;
www.kunstmuseumbasel.ch

13 Jonny Parker

Pavillon im Grünen

Der 2012 erbaute Pavillon mit dem voll verglasten Restaurant/Café gibt dem St. Johanns-Park wieder einen attraktiven Treffpunkt. Schöne Terrasse mit Blick ins Grüne und auf den nahen Rhein. Achtung: Öffnungszeiten variieren und werden verlässlich auf Facebook bekannt gegeben, nicht jedoch auf der Homepage.

St. Johanns-Park 1, Basel;
Tel. 0 61/3 21 28 37;
www.jonnyparker.ch

14 Gifthüttli

Nomen ist nicht omen

Das Gifthüttli zählt zu den Kult-Beizen der Stadt. Den schrägen Namen erhielt die Kneipe von den »Basler Nachrichten«, die vor mehr als 120 Jahren schrieben: »Bier, das nicht direkt beim Bierbrauer getrunken wird, ist Gift.« Damals hatte der Wirt Innocenz Weiss als Erster sowohl Wein als auch Bier ausgeschenkt – zu der Zeit eigentlich noch Vorrecht der Hausbrauereien. Auf die Teller kommen hier traditionelle Gerichte wie »Kalbsläáberli« oder »Eglignuschberli im Biertaig mit Tartar Soosse«.

Schneidergasse11, Basel;
Tel. 0 61/2 61 16 56;
www.gifthuettli.ch

Baden in Brunnen

Erfrischendes Vergnügen

15

In Basel stehen fast 200 Brunnen. Was kann es Schöneres geben, als an einem schwülen Sommertag die Wasserspender wörtlich zu nehmen und sich hineinzulegen? Einfach mal versuchen! Verboten? Keineswegs – außer man ist splitterfasernackt.

16 Pfalz

Aussichtsplattform über dem Rhein

Die Plattform hinter dem Münster heißt »Pfalz«. Der Begriff leitet sich aus dem Lateinischen von »palatium«, »Palast«, ab. Wahrscheinlich befand sich hier der Sitz des Basler Bischofs Haito, Abt des Klosters Reichenau am Bodensee, der im 9. Jh. den Vorläuferbau der heutigen Kathedrale, das Haito-Münster, errichten ließ. Diese etwa 20 m hoch aufgeschüttete Terrasse grenzt an den Chor des Münsters und bietet einen wunderbaren Blick auf den Rhein, die Fähre und Kleinbasel mit dem markanten dunklen Messeturm. Wer nicht nur die schöne Aussicht genießen möchte, entdeckt an der Brüstung eine öffentliche Maßeinheit eingemeißelt, das »Alte Basler Mauermass: 100 Schweizerfuss = 30 Meter«. Sie befindet sich jeweils rechts und links an der Mauer zum Rhein.

Münsterplatz, Basel

17 Basler Stadtlauf

Sport feierlich illuminiert

Vom Schüler bis zum Rentner, vom Hobbyläufer bis zum Profisportler: Fast zehntausend Läufer rennen jedes Jahr im vorweihnachtlichen Basel um die Wette. Erst am Abend, nach Ladenschluss, begeben sich die Teilnehmer des stimmungsvollen Stadtlaufs auf den Rundkurs durch die bereits weihnachtlich geschmückte und feierlich beleuchtete Altstadt – lautstark unterstützt von Tausenden von Zuschauern. Gestartet wird wegen der engen Gassen zeitversetzt, von 17 Uhr (Schüler) bis nach 21 Uhr (Profis). Vom Start beim Münster führt die Strecke mitten durch die Stadt über die Mittlere Rheinbrücke nach Kleinbasel und über die Wettsteinbrücke zurück ins Zentrum, zum Ziel auf dem Marktplatz.

www.baslerstadtlauf.ch

18 Spielzeug Welten Museum

Für große und kleine Kinder

Vier Etagen, 1000 qm, 6000 Exponate: Das Museum ist das größte seiner Art in Europa. Die Teddybärsammlung ist mit mehr als 2500 Exemplaren gar die größte der Welt. Seinen Schwerpunkt legt das Museum auf Kaufmannsläden und Puppenhäuser. Viele stammen aus Spenden von Liebhabern. Sonderausstellungen sprechen nicht nur Freunde historischen Spielzeugs an, so z. B. »Schirme – vom Alltagsobjekt zum Kunstgegenstand«.

Steinenvorstadt 1, Basel;
Tel. 0 61/2 25 95 95;
www.spielzeug-welten-museum-basel.ch

PIERRT
1998

Basler Fasnacht

Vom »Morgestraich« bis zum »Ändstraich«

19

Über die Schweizer Grenzen hinaus ist die Basler Fasnacht bekannt. Das schaurig-schöne Spektakel lockt jährlich mehr als 200000 Besucher aus dem In- und Ausland in die Innenstadt. Die »drey scheenschte Dääg« motivieren jedes Jahr mehr als 12000 in Cliquen organisierte Fasnächtler.

Mo–Mi nach Aschermittwoch; www.fasnacht.ch

20 Feldberg Kiosk

Quartier-Treff

Der »Dreiecksplatz« im Claraquartier – steht so in keinem Stadtplan – war früher ein Ort wie Gotham City: Junkies, Dealer! – na gut, vielleicht nur so ähnlich und auch nicht so groß. Hier steht seit 1910 ein Kiosk, der jahrelang verfiel. Jetzt haben ihn vier junge Macher wiederbelebt und einen Treffpunkt geschaffen – vor allem fürs Quartier, wie Theo Reichert, einer der Geschäftsführer, beteuert: »Unser Ziel ist es, Anlaufstelle für die Bewohner zu sein.« Hier gibt es den ganzen Tag Frühstück, mit oder ohne Bagels.

Feldbergstr. 60, Basel;
Tel. 0 61/2 22 20 89;
www.feldbergkiosk.ch

21 Basiskurse Molekularküche

Kochen für Kenner

Der kulinarische Trend des vergangenen Jahrzehnts wurde in der Molekularküche komponiert: warme Gelees, heißes »Eis« oder »Kaviar« aus Melonen – das Basiswissen um chemische Reaktionen ist notwendig, damit Schäume zu Träumen werden. Die Migros-Gruppe veranstaltet in ihrer Klubschule – eine Art private Volkshochschule, die dem sozialen Auftrag der Stiftung nachkommt – Basiskurse zu diesem, aber auch anderen Themen: vegane Küche aus aller Welt oder Weinseminare, die versprechen, eine persönliche Beziehung zum Wein herzustellen. Die Kurse dauern meist nur einen Abend. Was ist überraschender, als die Liebsten daheim mit neuen Rezepten zu verwöhnen?

Jurastr. 4, Basel;
Tel. 0 58/5 75 87 00;
www.klubschule.ch

22 Stucki

Aromaküche fürs Auge

Tanja Grandits Aromaküche ist zum Begriff geworden: Die Gewürze und Farben machen ihre fantasievollen, leichten und »säurebetonten« Gerichte zum Augenschmaus. Die Schwäbin kombiniert Zutaten, die man so noch nie gegessen hat. Dafür kürte sie der Gault Millau 2014 zum Schweizer »Koch des Jahres«.

Bruderholzallee 42, Basel;
Tel. 0 61/3 61 82 22;
www.stuckibasel.ch

23 Roosens Knöpfe

Laden für Liebhaber

Steinnuss, Kokos, Muschel, Horn, Stoff, Glas und selbstverständlich Kunststoff – bei Roosens findet jedes Loch einen Knopf. Rund 6000 Modelle bietet der Laden an, alle fein säuberlich sortiert. Der günstigste kostet 50 Rappen, der teuerste – aus Opal – etwa 500 SFr. Montags geschlossen.

Grünpfahlgasse 8, Basel;
Tel. 0 61/2 62 01 68;
www.roosens-shop.ch

24 Rheinuferpromenade St. Johann

Eine neue Verbindung nach Frankreich

Ermöglicht durch den Rückbau des Hafens St. Johann, wurde 2016 ein Fuß- und Radweg entlang des Rheins von Basel nach Huningue eingeweiht. Auf der ca. 550 m langen Strecke laden mehrere Nischen und ein Restaurant im Novartis Campus mit Außenterrasse zum Verweilen sowie Treppen, Ausstiege und Duschen zum Schwimmen im Rhein ein.

St. Johanns-Park (Basel) bis
Dreiländerbrücke (Huningue)

25 Vollmondbar

Monatliches »Licht an«

Die Vollmondbar – wer hat's erraten? – hat nur einmal im Monat geöffnet. Alle 29 Tage, zwölf Stunden und 44 Minuten trifft man sich hier zu Livemusik, offenem Feuer, Paella oder »Schüfeli und Härdöpfelsalat« (Schäufele und Kartoffelsalat) oder einem anderen zünftigen Gericht und lässt mit Gleichgesinnten den kühlen Schein bei hoffentlich klarer Nacht wirken. Post-avantgardistische Atmosphäre in den ehemaligen Landwerkstätten und Büros des Transportunternehmens Neptun AG im Basler Hafen.

Hafenstr. 25, Basel;
Tel. 0 79/7 45 71 31;
www.vollmondimhafen.ch

Basler Riviera
Ein Platz zum Entspannen

27

Riviera! Das ist das Mittelmeer! Ligurien! Côte d'Azur! Möglicherweise ... Riviera, das ist mit einem Augenzwinkern auch Basel, schließlich stammt der Name von »rive« oder »riva« ab, was im Französischen bzw. Italienischen »Ufer« bedeutet. Und Ufer hat Basel dank des Rheins nicht zu knapp. Bei schönem Wetter trifft man sich auf der Sonnenseite der Stadt, die der Basler schlicht Riviera nennt. An der Rheinpromenade auf Kleinbasler Seite wird besonders gerne flaniert. Der beliebteste Treffpunkt liegt an der Mittleren Rheinbrücke: eine lang gezogene Steintreppe, auf deren Stufen Eis gelutscht, geklönt oder sich einfach nur gesonnt wird.

Oberer Rheinweg, nahe Mittlerer Rheinbrücke, Basel

Basler Kindertheater
Kinder auf der Bühne

26

Diese Bühne war 1970 nach Amsterdam das zweite Haus dieser Art in Europa. Kindertheater bedeutet: Kinder von sechs bis 16 Jahren spielen für ihresgleichen. Aufgeführt werden Stücke, die die Macher oder die Kinder selbst entwickelt haben. Drei Mal in der Woche machen sie Theater.

Schützengraben 9, Basel;
Tel. 0 61/2 61 28 87;
www.baslerkindertheater.ch

28 Jazzfestival Basel

Der Jazz-Frühling in Basel

Die Dauer variiert, aber es passiert immer im April und Mai. Dann steht die Basler Musikszene für zwei bis fünf Wochen im Zeichen des Jazz: John Abercrombie, Bill Evans, Dave Holland, Chick Corea und andere Könner beglücken Fans mit Mainstream, Avantgarde, World- und Latinmusic. Auch die Bühnen variieren: Gare du Nord, Volkshaus, Stadtcasino und andere stehen auf dem Plan.

www.offbeat-concert.ch

29 Markthalle

Kulinarik unter der Kuppel

Der markante Bau mit der Achteckkuppel von 1929 verkam zuletzt zum Gemischtwarenladen mit Computergeschäften und Billig-Boutiquen. Jetzt wurde das Konzept überarbeitet – Verweilen und Genießen könnte das Motto heißen. Es gibt nur noch Händler, die mit Essen und Trinken zu tun haben: Demeter-Bauern, Bäcker, Take-Away-Stände und Gastronomen mit bequemen Sitzgelegenheiten. Sonntags gibt es Brunch, Spiele und Sonderveranstaltungen.

Steinentorberg 20, Basel;
www.altemarkthalle.ch

Pantheon

Schöne alte Fahrzeuge

30

Garage, Werkstatt und Ausstellungsraum in einem: Auf einer 250 m langen, spiralförmigen Rampe in einer verglasten, kreisrunden Halle hat sich in Muttenz, rund 8 km von Basel, das größte Oldtimermuseum der Schweiz etabliert. Das Konzept erlaubt aber auch Ausflüge in die Welt der Zweiräder. Deshalb stellt das Hochrad von Albert Aichele (1865–1922) das Prunkstück dar. Damit stellte der Basler 1887 den Weltrekord von 37,078 km/h auf. Ungewöhnlich: Besucher können bei Restaurierungsarbeiten zuschauen.

Hofackerstr. 72, Muttenz;
Tel. 0 61/4 66 40 66;
www.pantheonbasel.ch

Im Rhein schwimmen

31

Basel entspannt

Der Rhein bei Basel ist heute ein Naherholungsgebiet. An seinen Ufern sonnt man sich, grillt an den Promenaden, trifft sich an der Riviera und entspannt auf den Bänken. Und wenn es warm genug ist, springt der Basler in die Fluten. In den 1980er-Jahren war daran kaum zu denken. Der Rhein war eine Kloake, in die niemand auch nur einen Finger stecken wollte. Das Umdenken setzte nach dem Chemieunfall bei Sandoz 1986 ein, als ein riesiges Fischsterben einsetzte und das Löschwasser den Fluss verfärbte. Heute wird im Rhein geangelt und regelmäßig kontrolliert, ob die Wasserqualität gut ist.

32 Papier schöpfen
Wunderbare Zellulose

Kein E-Book im Tablet kann die Oberflächenstruktur einer Buchseite liefern oder die Räumlichkeit einer Papierprägung. Die Basler Papiermühle, ein Museum für Papier, Schrift und Druck, lüftet die Geheimnisse von Blatt und Bogen und lehrt alte Schriften zu interpretieren. In den etwa zweistündigen Kursen dürfen die Teilnehmer den bedruckbaren Faserbrei schöpfen und unterschiedliche Typen kennenlernen – von Papier selbstverständlich. Und zwischendrin findet sich bestimmt Zeit, auf Facebook zu posten, was man gerade tut.

St. Alban-Tal 37, Basel;
Tel. 0 61/2 25 90 90;
www.papiermuseum.ch

33 Fauteuil
Architektur und Theater

Es gilt als das erste Kleintheater der Schweiz und hat zwei Bühnen: Das Fauteuil bietet 225 Zuschauern Platz, das Neue Tabourettli fasst 180 Gäste. Letzteres baute 1989 übrigens der spanische Architekt Santiago Calatrava, der in Malmö den spektakülären Wolkenkratzer »Turning Torso« verantwortet. Seine Stahl-Glas-Konstruktion im denkmalgeschützten Spalenhof ist allein bereits eine Attraktion. Die Liste der Künstler, die im Fauteuil auftraten, liest sich wie ein »Who is who?« der Kleinkunstszene: Emil, Dieter Hildebrandt, Georg Kreisler, Gerhard Polt und viele mehr.

Spalenberg 12, Basel;
Tel. 0 61/2 61 26 10;
www.fauteuil.ch

34 Unternehmen Mitte
Schümli mit gutem Gewissen

Entstanden 1999 im Schalterraum der Schweizerischen Volksbank, verleiht die Location, die bis auf die gastronomische Einrichtung nahezu unverändert blieb, Basel einen Hauch von Mailand. Das Konzept: Chillout-Atmosphäre in der Säulenhalle, kein Konsumzwang, drahtloses Internet für alle, viele Veranstaltungen (Yoga, QiGong, Barista-Kurs) und die beiden Bars »Fumare – Non Fumare« (für Raucher und Nichtraucher) mit Außenplätzen. Auch abends total angesagt. Tipp: Unter dem Motto »einfach gut essen« bietet die »Kombüse« im ersten Stock jeden Werktag ein leckeres Mittagsmenü: regional, saisonal und biologisch, querbeet durch den kulinarischen Ozean. Übrigens: Die Cola ist »fair« und unterstützt die Initiative »Bedingungsloses Grundeinkommen«. Und am Sonntag? Da wird im Kaffeehaus getanzt.

Gerbergasse 30, Basel;
Tel. 0 61/2 63 36 63;
www.mitte.ch

Basler Herbstmesse

Kirmes mit Markt

Die Basler Herbstmesse ist die größte und älteste Vergnügungsmesse der Schweiz, sozusagen eine Kirmes mit Einzelhandelsverkauf. Das Volksfest kombiniert Schausteller-Attraktionen mit Verkaufsständen und einem großen Angebot kulinarischer Genüsse. Die Geschichte »D'Basler Herbst-Mäss« beginnt 1471, als Kaiser Friedrich III. Basel das Fest »für ewige Zeiten« genehmigte. Am meisten los ist in Grossbasel auf dem Münster-, Barfüsser- und Petersplatz, in Kleinbasel am Messe- und Claraplatz, im Rosental und auf dem Kasernenareal.

35

16 Tage, Eröffnung am letzten Sa im Okt.

36

orische Apotheke

Naturkosmetik mischen

Kann ein Labor schön sein? Im Pharmazie-Historischen Museum schon, schließlich hegen und pflegen deren Macher ihre Ausstellungsräume und den hauseigenen Kräuterladen Herbarium, in denen sie nicht nur Kosmetika und Seifen zum Kauf, sondern auch Workshops für interessierte Laien anbieten. Die Kurse dauern in der Regel drei Stunden, und danach können die Teilnehmer z. B. Seifen herstellen, Lippenstifte in ihren Lieblingsfarben produzieren oder – wie im Basiskurs Naturkosmetik – ihr eigenes Duschpeeling, eine Pflegecreme oder einen Lippenpflegestift kreieren. Neue Kurse werden im Juli/August bekannt gegeben. Das Museum selbst informiert über Entwicklungen wie Irrungen in der Heilkunde und zeigt Instrumente und Gefäße historischer Apotheken.

Totengässlein 3, Basel;
Tel. 0 61/2 64 91 11;
www.pharmaziemuseum.ch

37

Messeturm

105 Meter über der Stadt

50000 t schwer und knapp 167 Mio. SFr. teuer: Der voll verglaste Messeturm, schon von Deutschland und Frankreich aus weithin sichtbar, ist mit 105 m das zweithöchste bewohnte Gebäude der Schweiz nach dem Prime Tower in Zürich mit 126 m. Entworfen von den Architekten Morger, Degelo und Marques und zwischen 2001 und 2003 erbaut, haben ihn die Basler fast schon als Wahrzeichen akzeptiert. Das Hochhaus ist Teil des Messegeländes. Hier residieren u. a. die Messe Schweiz, die Bar Rouge mit fantastischer Aussicht im obersten Stockwerk sowie das Hotel Ramada Plaza Basel mit 224 Zimmern.

Messeplatz 12, Basel; Tel. 0 61/6 95 90 10;
www.messeturmbasel.ch

38 Blindenrestaurant Blindekuh

Speisen mit ganzen Sinnen

Der Slogan »Speisen mit allen Sinnen« wird oft strapaziert – jetzt passt er: Im Blindekuh wird im Dunkeln gegessen: Das schärft den Geschmacks-, Geruchs- und Hörsinn. Dunkel bedeutet finster, stockfinster. Blinde und Sehbehinderte servieren z. B. Tartar von geräuchertem Fisch auf Pumpernickel oder Riesen-Champignons mit Kürbismoussefüllung. Sehende werden an ihre Plätze und auch ansonsten rundum begleitet.

Dornacherstr. 192, Basel;
Tel. 0 61/3 36 33 00;
www.blindekuh.ch

39 Kultur-Floss

Live-Musik auf dem Rhein

Ein Floß im Rhein als Bühne, die Basler Riviera 6 als Tribüne – was das abendliche Kulturprogramm bewirkt, beschrieb der »Sonntagsblick« so: »Wenn die Dunkelheit über die Stadt sinkt, sich ihre Lichter im Rhein widerspiegeln und vom Floss die ersten Jazz-, Blues- und Rockakkorde herüber klingen, verwandelt sich Basels Riviera in einen magischen Ort.«

Basel; Ende Juli–Mitte August;
www.imfluss.ch

Fischerstube

Das »echte« Bier

40

Nachdem die Warteck-Brauerei 1988 an Feldschlösschen überging, bleibt das Ueli-Bier – erst 1974 eingeführt – das letzte »echte« Basler Bier. Gebraut wird das süffige Getränk in der Fischerstube, einer einfachen Gaststätte, die den Gästen den Blick auf den Produktionsprozess des Getränks erlaubt. Spezialität des Restaurants: die »Ueli«-Wurst, eine Bier-Rauchwurst mit Kartoffelsalat. Nebenbei: Der »Ueli« ist eine Fasnachtsgestalt und leitet sich von dem Vogel ab, der Till Eulenspiegel stets begleitet haben soll.

Rheingasse 45, Basel;
Tel. 0 61/6 92 92 00;
www.restaurant-fischerstube.ch

Cheval Blanc

Französisch genießen

Seine Laufbahn begann im Tantris in München und führte ihn über beste Adressen nach Basel ins Cheval Blanc, das Restaurant des Hotels Les Trois Rois. Wenn es nach Michelin und Gault Millau geht, kocht Peter Knogl stets im besten oder zweitbesten Restaurant der Stadt. Die Gäste dürfen ihm und seiner mediterranen Karte blind vertrauen oder sind des Französischen mächtig: Denn Peter Knogl empfiehlt z. B. »Selle de chevreuil bavaroise et sauce au sureau« – oder linguistisch profan: »Bayerischer Rehrücken mit Holundersauce«.

41

Blumenrain 8, Basel;
Tel. 0 61/2 60 50 07;
www.lestroisrois.com

Clara Brocki

Trödel für Kenner

Brocki ist die Abkürzung von Brockenhaus und heißt im Schweizerdeutschen so viel wie Trödelladen. Das Team vom Clara Brocki räumt Wohnungen und Häuser und rettet die Ausstattung vor dem Müll. Verkauft wird auf mehreren Etagen, was sich noch nutzen lässt: Möbel, Accessoires und Gebrauchsgegenstände aus vergangenen Jahrzehnten (Lampen, Regale, Stereoanlagen, Kleidung ...). Für passionierte Flohmarktgänger ein Muss, für Schnäppchenjäger eher nicht: Das Schweizer Preisniveau hält sich auch hier tapfer.

42

Claramattweg 16, Basel;
Tel. 0 61/7 01 41 41;
www.clara-brocki.ch

43

Basler Personenschifffahrt

Sightseeing auf dem Wasserweg

Sehr entspannt und aus einem anderen Blickwinkel lässt sich die Stadt auf einem der vier Rheinschiffe erkunden. BPG, die Basler Personenschifffahrt, bietet ganzjährig fast täglich Unterhaltungs- und Charterfahrten an: mal mit Vier-Gänge-Menü und Weinprobe, mal mit Livemusik, mal als Stadt- und Hafenrundfahrt vom Dreiländereck bis ins St. Alban-Tal. Nicht nur für Kinder sind die Ausflüge zu den Schleusenanlagen in Birsfelden und Augst besonders spannend, schließlich wird das Niveau des Schiffs je nach Wasserstand um bis zu 9 m angehoben bzw. gesenkt.

Schifflände, Basel;
Tel. 0 61/6 39 95 00;
www.bpg.ch

44

Basler Stadtmarkt

Lecker vor dem Rathaus

Auf dem Marktplatz vor dem berühmten roten »Roothuus« reisen jeden Werktag die Händler aus Basel und Umgebung an und bieten Obst und Gemüse, Brot, aber auch Wurst- und Käsespezialitäten aus Italien und Spanien an. Vertreter von kontrolliertem Öko-Anbau sind z. B. Bioland (Obst und Gemüse) und das Vital Speisehaus aus Dornach mit Demeterprodukten.

Marktplatz, Basel;
www.basler-stadtmarkt.ch

45 Glausi's Käsespezialitäten

Himmlische Stinker

Der kleine Laden existiert seit über 50 Jahren. Er konzentriert sich auf Schweizer Hart- und französischen Weichkäse. Daraus ergibt sich eine Auswahl von rund 300 Typen, viele Alp- und Bergkäsesorten sowie mehr als 60 Schafs- und Ziegenkäsespezialitäten; eigene Käsefonduemischung in unterschiedlichen Schärfen.

Spalenberg 12, Basel;
Tel. 0 61/2 61 80 08
www.kaese-glausis.ch

46 Fondation Beyeler

Klassische Moderne und aktuelle Kunst

Das Kunstmuseum gelangte in wenigen Jahren zu Weltruf. 1997 eröffnete das Galeristenpaar Hildy und Ernst Beyeler den ästhetischen Bau von Renzo Piano. Den Grundstock bildeten die Exponate ihrer über 50-jährigen Sammlertätigkeit. Brillante Werke der klassischen Moderne – Max Ernst, Joan Miró, Jackson Pollock.

Baselstr. 101, Riehen/Basel;
Tel. 0 61/6 45 97 00;
www.fondationbeyeler.ch

47 Cargobar

Cool mit Kultur

Malerisch am Rhein gelegen, wird es in der Cargobar immer richtig schön voll. Es kommen jene, die man guten Gewissens zur »Szene« rechnen darf, ohne diese definieren zu müssen. Junges Publikum, aber keine Teenies, eher jene, für die Studieren Lebensentwurf und nicht Karriereplattform ist. Ziemlich engagiertes Kulturprogramm mit Ausstellungen von Nachwuchskünstlern und DJs am Plattenteller, die – Zitat – »analoge Sounds, groovende Elektronika, Dub, Disco und Afrorhythmen« an die Nadel geben.

St. Johanns-Rheinweg 41, Basel;
Tel. 0 61/3 21 00 72;
www.cargobar.ch

48

Teufelhof

Essen im Kulturhaus

Die Bel Etage des Kulturhotels Teufelhof liegt im ersten Stock: Dort lädt das First-Class-Restaurant in elegantem Ambiente zu fantasievollen Kreationen: Seeteufelmedaillons mit Kürbiskern-Emulsion und Petersilienwurzel-Kartoffelpüree oder Dörrtomaten-Tagliatelle mit bretonischem Hummer. Den Michelin-Testern ist die Küche einen Stern wert. Etwas günstiger kann man im gastronomischen »Atelier« des Hauses speisen. Überhaupt ist der Teufelhof ein bemerkenswertes Projekt, neben Gast- auch Kulturhaus: Die Macher betreiben auch ein Theater mit Kabarett, Literaturabenden und Musikdarbietungen und anderer Kleinkunst. Übrigens: Im Teufelhof fließt neben Wein auch Ökoenergie. Kostet etwas mehr, aber, so Eigentümer Raphael Wyniger: »Wir geben lieber hier ein paar Franken mehr aus als für etwas anderes.«

Leonhardsgraben 49, Basel;
Tel. 0 61/2 61 10 10;
www.teufelhof.com

49

Elisabethenkirche

Offene Kirche

Sie sorgt für Kontroversen: Gottesdienste für Mensch und Tier, Disconächte mit DJ, Frauen, die durch Handauflegen heilen – die Kirche versteht sich als Experimentierfeld. Trotzdem wird sie von den traditionellen Kirchen unterstützt; 20 Prozent der Gelder sind Spenden. Die Kirche selbst gilt als bedeutendstes neugotisches Gotteshaus der Schweiz. Von protestantischer Schmucklosigkeit keine Spur: Finanzier Christoph Merian setzte mit dem Monumentalbau in mittelalterlicher Form »ein Mahnmal gegen den Ungeist der Zeit«.

Elisabethenstr. 10, Basel; www.offenekirche.ch

50 Blaues und Weißes Haus

Zwei Palais aus dem Barock

Die beiden Barockgebäude wurden zwischen 1763 und 1775 von Samuel Werenfels als Wohn- und Geschäftshaus für Lukas und Jakob Sarasin erbaut, ihres Zeichens Seidenbandfabrikanten. Die Masken über den Fenstern im Erdgeschoss symbolisieren die vier Jahreszeiten. Heute sind Behörden in den beiden Palais untergebracht. Dennoch sind die Räume im Rahmen einer Führung für die Öffentlichkeit werktags ab 18 Uhr und am Wochenende zugänglich.

Rheinsprung 16 bzw. 18, Basel; Tourist Info: Tel. 0 61/2 68 68 32; www.basel.com

51 Bundesfeier

Feuerwerk auf dem Rhein

Der Nationalfeiertag der Schweizer geht zurück auf das Jahr 1291, als Uri, Schwyz und Unterwalden die ersten Kantone bildeten. Die Festivitäten zum 1. August begeht Basel bereits am Vorabend, dem 31. Juli. Die Innenstadtbrücken werden für den Autoverkehr gesperrt. Ein Showprogramm lockt die Bevölkerung auf die Straßen. Höhepunkt ist ein Feuerwerk, das um 23 Uhr auf dem Rhein zwischen Klingenthalfähre und Mittlerer Rheinbrücke gezündet wird.

Innenstadt, Basel

52 Brötli-Bar

Beste Sandwiches

Als Geburtsdatum des Hauses der »gesunden Schnellverpflegung« (Eigenbezeichnung) gilt das Jahr 1906. Damals eröffnete Nessler's Bar und bot »50 diverse Sorten belegte Brödchen« sowie »Champagner per Glas« zum Verzehr an. Genauso lang beliefert die Bäckerei Lüthi die Brötli-Bar jeden Morgen um 3 Uhr mit frischem Toastbrot. Daraus zaubern die Mitarbeiter rund 30 verschiedene »Brötli«, mal belegt mit Tartar – alle 30 Minuten frisch – mal mit Truthahnbraten oder »veggie« mit Curry-Reis, Käse, Spargel oder Maissalat.

Gerbergasse 84, Basel; Tel. 0 61/2 61 87 11; www.broetlibar.ch

Campari Bar

»Konkurrenzlos schön«

53

Die zeitlose und ungezwungene Bar befindet sich an der Kunsthalle und ist ein Treffpunkt für den Kaffee am Nachmittag, den Apéro nach Dienstschluss oder den Longdrink im Anschluss an einen Theaterbesuch. Vorne herrscht klassischer Barbetrieb, hinten sorgt das sanfte Licht eines Jugendstilkronleuchters für relaxte Lounge-Atmosphäre. Tipp: Die Plätze außen erlauben einen meditativen Blick auf das Wasserspiel des Tinguely-Brunnens. Ein Journalist gab dem Kunsthallen-Garten sogar schon das Prädikat »konkurrenzlos schön«.

Steinenberg 7, Basel;
Tel. 0 61/2 72 42 33;
www.restaurant-kunsthalle.ch

54 Bodega zum Strauss

Italienischer Spanier

Am Barfüsserplatz lädt ein kleines Lokal mit großen Tischen zum kommunikativen Miteinander ein. Hier trifft Hinz auf Kunz und Madame Kunsthalle auf Monsieur Kunstmuseum. Trotz des spanischen Namens steht die Bodega zum Strauss für italienische Spezialitäten. Eine Beiz mit Kultstatus!

Barfüsserplatz 16, Basel;
Tel. 0 61/2 61 22 72

55 Rubino

Speisen mit gutem Gewissen

Gastgeber Beat Rubitschung legt Wert auf regionale Zutaten sowie Fisch und Fleisch aus tierfreundlicher Haltung, was mit Zertifikaten bewiesen wird. Guten Gewissens darf man sich also Kalbsescalope an Tonkabohnenrahmsauce mit Kartoffelgratin oder Forellen Saltimbocca auf Kartoffelmousseline an Ringelblumen-Safransauce widmen – ebenso verlockend wie ökologisch korrekt.

Luftgässlein 1, Basel;
Tel. 0 61/3 33 77 70;
www.rubino-basel.ch

56 Gare des Enfants

Musik für Kinder

In der Gare du Nord (im Badischen Bahnhof), einem Zentrum für Neue Musik, will die Gare des Enfants Kindern Musik auf spielerische Weise näherbringen. Neben Musiktheater steht vor allem das mit Instrumenten untermalte Geschichtenerzählen (4 bis 7 Jahre) auf dem Spielplan.

Schwarzwaldallee 200, Basel;
Tel. 0 61/2 71 75 03;
www.garedunord.ch

St. Alban-Tal

Eine der schönsten Ecken der Stadt

57

Das »Dalbeloch«, wie die Einheimischen das St. Alban-Tal nennen, ist für viele das romantischste Viertel der Stadt. Am St. Alban-Rheinweg legt die Fähre an, die zum Kleinbasler Ufer übersetzt, weiter östlich wandelt sich die Promenade in eine Baumallee mit Parkbänken zum Ausruhen und Verweilen. In unmittelbarer Nähe erinnern die teilweise rekonstruierte ehemalige Stadtmauer und zwei ihrer Wehrtürme an das Mittelalter. Es lohnt sich, hinter dem Museum für Papier, Schrift und Druck in den Gassen zu flanieren und die engen Kanäle zwischen den Fachwerkhäusern zu entdecken.

Kunsthalle Basel

Avantgarde in Tradition

58

Einer der bedeutendsten Basler Architekten seiner Zeit war Johann Jakob Stehlin d. J. (1826–1894). Er baute die Merian-Villa in Brüglingen um und konstruierte neben der Hauptpost das universitäre Institut Bernoullianum sowie die Kunsthalle Basel. Bis zum Neubau des Theaters bildete die Kunsthalle eine Einheit mit dem alten Stadttheater. Trotz der langen Geschichte sind hier seit der Eröffnung der Kunsthalle im Jahre 1872 lokale und internationale Gegenwartskunst und Trends von morgen eingezogen. Die traditionsreichen Mauern bilden den Rahmen für avantgardistische Kunst, Multimedia-Installationen, Performances und Lesungen. Übrigens: Im Eintrittspreis ist der Besuch des benachbarten Schweizerischen Architekturmuseums inbegriffen und jeden Sonntag um 15 Uhr findet eine kostenlose Führung statt.

Steinenberg 7, Basel;
Tel. 0 61/2 06 99 00;
www.kunsthallebasel.ch

59 Lällekönig

Wer streckt wem die Zunge raus?

Ein Kuriosum in der Basler Geschichte ist der »Lällekönig«. Im Mittelalter schützte ein Stadttor an der Rheinbrücke den linksrheinischen Teil Basels. In der Mitte des 17. Jh. installierten die Bürger hoch oben im Tor eine Maske mit Krone. Das Besondere: Mittels eines Uhrwerks streckte der König seine »Lälli«, die Zunge, heraus – gen Kleinbasel, wo die »Minderwertigen« der Einwohnerschaft lebten. Das Tor existiert längst nicht mehr, das Original der Maske treibt seine Possen heute im Museum für Geschichte am Barfüsserplatz. Eine Kopie ziert die Ecke des Hauses Schifflände 1, vis-à-vis der Mittleren Rheinbrücke, und scheint noch heute Kleinbasel zu verspotten – oder aber die Passanten.

Schifflände 1, Basel

Rathaus

Stolz der Basler Bürger

Stolz auf den Eintritt in die Eidgenossenschaft begann das Bürgertum 1504 mit dem Bau des scharlachroten Rathauses. 1514 fertiggestellt, dominieren außen die drei Eingangsbögen und das goldene Türmchen, das Elemente aus Gotik und Renaissance aufweist. Der mächtige Ostturm und der Westtrakt kamen erst zwischen 1898 und 1904 hinzu. Im Innenhof fallen das Standbild und die prächtigen Fresken auf, die zum größten Teil der Basler Künstler Hans Bock Mitte des 16. Jh. schuf. Die Statue ist dem römischen Feldherrn Lucius Munatius Plancus gewidmet, der 44 v. Chr. die Kolonie Augusta Raurica gründete und somit die Besiedlung Basels einleitete. Die Empore im Innenhof steht Besuchern übrigens offen.

Marktplatz 9, Basel; Führungen unter Tel. 0 61/2 68 68 68

61

Schaulager

Mehr Platz für die Kunst

Im von Herzog & de Meuron entworfenen »Schaulager« sind jene Kunstwerke der Emanuel-Hoffmann-Stiftung untergebracht, die nicht in die Basler Kunstmuseen Eingang gefunden haben. Hier werden sie gelagert, konserviert, erforscht – und an»schau«lich gemacht. Die schlechte Nachricht: In den vollen Genuss der Exponate kommen nur Fachleute. Die gute: Auch Normalsterblichen öffnet sich das eindrucksvolle Schaulager regelmäßig bei Sonderausstellungen und Veranstaltungen. Das Spektrum der innovativen Kunst-Institution reicht von Werken der klassischen Moderne bis zur Gegenwartskunst in all ihren Facetten.

Ruchfeldstr. 19, Münchenstein;
Tel. 0 61/3 35 32 32;
www.schaulager.org

60

63 Rheinfähren

Relikt vergangener Zeiten

Die vier Rheinfähren, die Klein- und Grossbasel verbinden, sind das beliebteste Verkehrsmittel der Basler. 1854, damals existierte allein die Mittlere Rheinbrücke, wurde die erste »Fähri« in Betrieb genommen. Heute, da sieben Brücken den Rhein überqueren und jedermann zu Fuß oder mit dem Auto in den anderen Teil der Stadt gelangen kann, sichert eine Stiftung die Existenz der Fähren. Sie gelten als sehr umweltfreundlich, weil sie – von einem Stahlseil gehalten – allein von der Strömung des Rheins angetrieben werden. Benannt sind die Fähren allesamt nach den Hauptfiguren des traditionellen Umzugs »Vogel Gryff«.

Altstadt, Basel; www.faehri.ch

62 Basel Marathon

Sportliches Sightseeing

Durch den St. Johanns-Park und über drei Rheinbrücken, durch die Altstadt, entlang der Vorstädte und um den Zoo herum bis zum Zielpunkt am Barfüsserplatz führt der Basel Marathon, die wohl anspruchsvollste Stadtführung.

Innenstadt, Basel;
3. oder 4. Sa im Sept.;
www.iwbbaselmarathon.ch

64 Consum

Köstliches Konsumieren

Die mediterrane Bar in der Kleinbasler Altstadt besticht nicht nur durch ihre schöne Atmosphäre, sondern auch durch die vielen Leckereien, die angeboten werden: mittags täglich wechselnde Suppen und Salate, abends Salami- und Käsespezialitäten auf gemischten Plättli, eine sehr gute Weinkarte mit über 100 Sorten und Biere von lokalen Mikro-Brauereien – ein Ort zum langen Verweilen.

Rheingasse 19, Basel;
Tel. 0 61/6 90 91 30;
www.consumbasel.ch

65 Buvetten

Relaxen ohne Etikette

Am Rheinufer stehen Getränkebuden, ein paar einfache Tische und – wichtig – viele Sonnenschirme. Betrieben werden die urigen Einrichtungen u. a. vom Restaurant Parterre, das um die Ecke, in der Kaserne, residiert. Der ideale Zwischenstopp beim Spaziergang in Kleinbasel – oder zum Relaxen und Rheinbaden. Nur Sommerbetrieb.

Unterer Rheinweg, Basel

66 r-garden

Gartenlounge am großen Fluss

In den Sommermonaten, bei mindestens 18 °C, wird die Holzterrasse des Restaurants Rhypark an der Dreirosenbrücke zum großzügigen »Urban Garden«. Über dem Rheinufer genießt man bei Drinks und Snacks die stimmungsvolle Lounge-Atmosphäre mit Aussicht

Mülhauserstr. 17, Basel;
Tel. 0 61/3 22 10 40;
www.rhypark.com

Spalento

Verbindung ins Elsass

Von den 40 Stadttoren, die Basel zum Ende des 14. Jh. errichten ließ, sind nur noch das St. Alban-, das St. Johanns- und das Spalentor stehen geblieben. Der quadratische Hauptturm, 40,3 m hoch, mit den beiden Seitentürmen, richtet sich dem Elsass entgegen. Im Mittelalter wurde hier der Warenaustausch mit Frankreich geregelt. Ab Mitte des 19. Jh. wurde es den Baslern in ihrer Stadt zu eng, die Stadtmauer und viele Stadttore wurden geschleift und verschwanden aus dem Stadtbild. Das Spalentor gilt als eines der schönsten Stadttore der gesamten Schweiz.

67

Spalenvorstadt, Basel

Finnenbahnen am Tierpark

Basel-Hirzbrunnen

Finnenbahnen sind Parcours aus Rindenmulch, einer Mischung aus Sägespänen und Baumrinde. Darauf zu laufen oder auch einfach nur zu gehen, ist gelenkschonend und fühlt sich an, als ob der Körper auf einem flauschigen Teppich federn würde – vor allem, wenn man barfuß läuft! Ideal zum Abschalten.

68

Eine der attraktivsten Rundstrecken – etwas mehr als 500 m lang – befindet sich im Wald der Langen Erlen. Das ist ein beliebtes Naherholungsgebiet der Basler, das gleichsam die natürliche Grenze zu Deutschland bildet. Auf dem Terrain befindet sich übrigens auch Basels ältester Tierpark (im Jahr 1871 gegründet) mit Reh, Rot- und Damhirschen, Wapitis, Zwergtauchern und Feuersalamander – und niedlichen Kapuzineraffen. Höhepunkt ist ein Luchsgehege.

Freiburgerstrasse (Finnenbahn);
Fasanenstrasse (Tierpark);
www.erlen-verein.ch

69

Restaurant Schlüsselzunft

Moderne Küche in historischen Räumen

Eine wahre Sehenswürdigkeit in dem ca. 700 Jahre alten Haus ist der Kachelofen von 1880: Er zeigt Bilder aus der Basler Geschichte und dokumentiert wichtige Eckdaten der Schweiz. Serviert werden Basler Spezialitäten wie »Schnoogeloch-Lümmeli«. Dahinter verbirgt sich ein Rindsfilet mit Foie gras, Morcheln, Markbein und Gemüse. Das Wandgemälde im tageslichthellen Bistro schuf Samuel Buri 1985. Er orientierte sich dabei an einer Vorlage von Tobias Stimmer aus dem 16. Jh. mit Motiven der Auferstehung Christi.

Freie Str. 25, Basel; Tel. 0 61/2 61 20 46; www.schluesselzunft.ch

70 The Bird's Eye

Basels Jazzclub Nummer Eins

Unter Musikfreunden international bekannt, bietet der Jazzclub an fünf Tagen in der Woche Livemusik. Im atmosphärischen Keller, der früher die Gefängnisturnhalle des Lohnhofs war, treten regionale und internationale Interpreten auf. Jedes Jahr wird eine CD mit Ausschnitten der besten Gigs abgemischt unter dem Motto »Live at Bird's Eye«. Gibt es exklusiv ab Dezember im Club.

Kohlenberg 20, Basel; Tel. 0 61/2 63 33 41; www.birdseye.ch

71 Baloise Session

Musikfestival in Basel

1985 begann das Festival mit Jazz-, Blues-, Rockkonzerten und Stars wie Oscar Peterson oder Miles Davis. Inzwischen ist es von Ende Okt. bis Mitte Nov. offen für nahezu jede Art populärer Musik. Die Künstlerliste reicht von Herbie Hancock und Unheilig über Status Quo bis zu Aimee Mann und Jamiroquai.

Messeplatz, Basel; Tel. 0 61/6 86 44 44; www.baloisesession.ch

72 Silo-Open-Air

Kino unter freiem Himmel

Von Anfang Juli bis Anfang August steigt jedes Jahr das »Silo-Open-Air« des Neuen Kinos, auf der Terrasse des Bernoulli-Silos im Hafen – in 55 m Höhe unter freiem Himmel. Die Veranstaltung hat Kultcharakter: Jeder will hin, aber die Tickets sind wegen der Größe der Location naturgemäß begrenzt.

Hafenstr. 7, Basel
www.neueskinobasel.ch

73 Botanischer Garten

Rund 8000 Arten

Mitten in der Stadt liegt der größte botanische Garten der Schweiz. Hier gedeihen dreimal so viele Pflanzenarten, wie in Mitteleuropa wild wachsen. Der Garten der Universität Basel ist ein Ort zum »Eintauchen«: Das Tropenhaus verwandeln Farne und Palmen in einen Dschungel, Brillenvogel und Weißkopf-Bülbül zwitschern, die Luft ist feuchtwarm, die rotgelbe Hängende Hummerschere setzt wilde Farbtupfer. Toll: Das Haus gibt eine Gratis-App mit allen Pflanzenarten heraus.

Schönbeinstr. 6, Basel; Tel. 0 61/2 67 35 19; www.botgarten.unibas.ch

74 …monie

…Klassiker

Holzverkleidungen aus dem frühen 20. Jh. und Bleiglas von Auguste Matisse zieren dieses stimmungsvolle Jugendstilrestaurant. Klingt nobel-steif, aber der Eindruck täuscht. Die Harmonie ist eine klassische Beiz mit Mittagstisch, in der man sich auch zum Apéro trifft. Die Küche ist jahreszeitlich orientiert und bietet deshalb im Frühjahr Cavaillon-Spargel aus der Provence und im Winter eine zünftige Sauerkrautplatte mit Kasseler, Speck, Blut- und Leberwürsten. Je nach Saison stehen auch Austern oder Muscheln auf der Speisekarte.

Petersgraben 71, Basel;
Tel. 0 61/2 61 07 18;
www.harmonie-basel.ch

75 Johann Wanner Weihnachtshaus

Heilig Abend das ganze Jahr

Das ganze Jahr über verkaufen Johann Wanner und seine Frau Weihnachtskugeln, pausbäckige Engelsfiguren und Lametta für das heilige Fest. Auf über 500 qm und zu der Musik von Johann Sebastian Bach bieten sie hier aber auch Dekorationsartikel für andere Gelegenheiten an: An Ostern z. B. wird das Schaufenster passend umdekoriert.

Spalenberg 14, Basel;
Tel. 0 61/2 61 48 26;
www.johannwanner.ch

76 Baselworld

Größte Uhrenmesse der Welt

Diese Messe gilt als wichtigster Treffpunkt für die Uhren- und Schmuckbranche. Rund 1500 Aussteller aus etwa 40 Ländern präsentieren Chronometer, Edelsteine und dekorative Accessoires. Mehr als 150000 Besucher interessieren sich Ende März dafür.

Messeplatz, Basel;
www.baselworld.com

77 Seven Sisters

Schönes und Unnützliches

Gebrauchsartikel, Wohnaccessoires, Nützliches und Unnützes – auf jeden Fall aber immer schön anzusehen. Seven Sisters bietet ausgefallene Designartikel, die häufig Hingucker sind – wie etwa die orangefarbene Polyethylen-Koralle für den Schreibtisch, in die man seine Stifte stecken kann. Daneben führt der Shop Artikel von Keith Haring aus dem New Yorker Pop Shop.

Spalenberg 38, Basel;
Tel. 0 61/2 62 09 80;
www.sevensisters.ch

Bar Rouge

Apéros für Schwindelfreie

Der rundum verglasten Bar Rouge, im 31. Stock des Messeturms, 105 m über dem Boden, liegt Basel zu Füßen. Ideal, um wie verzaubert am Fenster zu stehen und die Einsicht zu gewinnen, dass da unten doch alles nicht so wichtig ist. Abends gesellen sich Partypeople hinzu. Achtung: Gesichtskontrolle!

Messeplatz 10, Basel;
Tel. 0 61/3 61 30 31;
www.barrouge.ch

78

Restaurant Hirscheneck

Herrlich alternativ

Im Hirscheneck nennt sich niemand Chefkoch oder Chefköchin. Das Restaurant ist ein Kollektiv, eine Beiz mit Kulturbetrieb, in der auch kollektiv gekocht wird. Vor etwa 25 Jahren gründete sich das selbst verwaltete Projekt.

79

Auf dem Speiseplan stehen vegetarische und vegane Gerichte – z. B. Safran-Zitronen-Risotto mit Kürbisplätzli und hausgemachte Gnocchi an Salbeisauce. Wenn's mal Fleisch gibt, dann Bio! Aber warum essen? Es gibt keinen Konsumzwang. Diese Beiz ist herrlich alternativ!

Lindenberg 23, Basel;
Tel. 0 61/6 92 73 33;
www.hirscheneck.ch

80 Haus für elektronische Künste

Kunst, Medien und Technologien

Digitale Kunst hat in Basel starke Fürsprecher. Seit 2011 präsentieren sich die Initiativen Shift, ein Festival für elektronische Künste, sowie die DA Collection, eine Sammlung für digitale Medienkunst, unter einem Dach: Das HeK bietet zeitgenössische Kunst und digitale Kultur und vernetzt Akteure und Besucher u. a. durch Festivals, Ausstellungen, Performances und Workshops.

Freilager-Platz 9, Münchenstein;
Tel. 0 61/3 31 58 40;
www.hek.ch

81 Volkshaus Basel

Stylish essen, trinken, unterhalten

Eine Basler Institution, nach Jahrzehnten der Bedeutungslosigkeit wurde sie reanimiert. Umbau und Renovierung besorgte das Architekturbüro Herzog & de Meuron, und es ist stylish-elegant, vielleicht etwas zu nüchtern geworden. Toll: das Meer an Tropfen-LEDs, das sich an der Decke ergießt, nachempfunden dem Original-Volkshaus von 1925. Bar, Bistro, Biergarten und Kulturveranstaltungen mit Konzerten von den Söhnen Mannheims bis zur Multivisionshow über Vietnam.

Rebgasse 12–14, Basel;
Tel. 0 61/6 90 93 00;
www.volkshaus-basel.ch

82 Restaurant-Tram

Die etwas andere Stadtrundfahrt

Die Tram ist das Vehikel Nummer eins im Straßenverkehr – schnell und unverzichtbar. »Dante Schuggi« ist anders: Sie ist ein Oldtimerzug, Baujahr 1914, fährt seltener und langsamer, und sie lädt zum Genießen ein. Während einer Stadtrundfahrt gibt es einen Hauptgang plus Dessert. Der Speiseplan ist eher rustikal.

Schifflände, Basel (Treffpunkt); Tel. 0 61/2 61 29 29 (Anm.); www.landhus-allschwil.ch

83 Rheinschwimmen

Wann der große Fluss fast überschwappt

Ein Spektakel, das gerade mal eine Viertelstunde dauert: Bis zu 6000 Teilnehmer stürzen sich auf Kleinbasler Seite am Schaffhauserrheinweg in den Rhein und schwimmen bis zur Johanniterbrücke, Höhe Leuengasse. Trotz der Massen dürfte kaum etwas schiefgehen: Viele freiwillige Rettungsschwimmer sowie Boote der Wasserfahrvereine und der Rheinpolizei stehen am 2. oder 3. Dienstag im August bereit.

Schaffhauserrheinweg 93, Basel; www.rheinschwimmen.ch

84 Teehuus

Teegenuss seit 1896

Die London Tea Company Ltd. ist das älteste und größte Teehandelshaus der Schweiz – und trotz des englischen Namens ein urschweizer Unternehmen. Der Hauptsitz liegt in Münchenstein vor den Toren der Stadt. Hier lagern die importierten Sorten, hier verkosten die Tester die Proben. Der Laden im Spalenberg führt Oolong-Raritäten, Weiß- und Rotteespezialitäten, selbstverständlich Grün- und Schwarztee und alle anderen bekannten Sorten. Für Liebhaber des Heißgetränks gibt es zudem allerlei Zubehör für perfekten Teegenuss.

Spalenberg 10, Basel; Tel. 0 61/2 61 24 70; www.london-tea.ch

Basilisk

Basler Fabeltier

Der Basilisk ist nicht nur eine Leguanart, sondern auch ein Fabeltier: eine Mischung aus Drache, Schlange und Hahn mit tödlichem Biss. Diese seltsame Kreuzung steht für Tod, Teufel und den Antichristen und tauchte erstmals im Mittelalter auf. Ausgerechnet dieses Horrorwesen wurde zum Schildhalter für das Basler Wappen. Das Abzeichen stellt den Hirtenstab der Basler Bischöfe dar und wird vom Basilisken getragen. Das Tier ist vielfach im Stadtbild zu finden, z. B. auf dem Basiliskenbrunnen oder an der Wettsteinbrücke. Dort wachten 1880 vier 3 m hohe Statuen. Wegen der Verbreiterung der Brücke in den 1930er-Jahren wurden die Basilisken an anderen Plätzen aufgestellt. Mit dem Brückenneubau 1991 wurde einer der Originalbasilisken wieder seinem Ursprungsort zugeführt – das 50 t schwere Fabeltier steht heute am Brückenkopf auf Grossbasler Seite.

85

Wettsteinbrücke, Basel

86

Veronica im Rhybadhysli

Treffpunkt über dem Rhein

Stimmungsvolle Sommerabende verheißt Veronica im Rhybadhysli nahe der St. Albanbrücke: Auf einer Plattform über dem Rhein schweift der Blick über die Ufer oder folgt den Booten auf dem Fluss. Die Gastronomie versorgt nicht nur die Besucher der Badeanstalt, sondern sowohl mittags als auch abends Gäste, die neben schöner Atmosphäre nicht auf gepflegte Getränke und schmackhafte Gerichte verzichten wollen. Im Sommer lässt sich auf der Terrasse der Sonnenuntergang über dem Münster genießen. Und zuvor kann man eine Etage tiefer im Rheinbad-Breite in den Fluss springen.

St. Alban-Rheinweg 195, Basel;
Tel. 0 61/3 11 25 75; www.msveronica.ch

87 Safran Zunft

Nachhaltig mit Tradition

Das größte Zunfthaus Basels präsentiert sich in neuem »altem« Ambiente: Moderne Technik verbirgt sich hinter historischem Gewand, Geschirr und Gewichte aus der beinahe 700 Jahre alten Geschichte der Zunft zu Safran, einer Gilde von Gewürzhändlern und Krämern, dekorieren die Räume. Spezialität ist das »Fondue Bacchus« auf Basis einer Roséwein-Bouillon, in der Kalbfleisch auf Holzspießen gegart wird. Sympathisch: Pächter Hans-Peter Fontana hat eine Charta der Nachhaltigkeit unterzeichnet, in der er begründet, warum er nur Lieferanten verpflichtet, die mit nachhaltig und naturnah produzierten Nahrungsmitteln handeln. Deswegen verzichtet das Safran Zunft z. B. auch auf Gerichte mit Thunfisch oder vietnamesischem Pangasius.

Gerbergasse11, Basel;
Tel. 0 61/2 69 94 94;
www.safran-zunft.ch

88 Läckerli-Huus

Feine, kleine, süße Leckereien

Eine lokale Spezialität sind die berühmten »Basler Läckerli«, eine Art Lebkuchen – in kleine rechteckige Stücke geschnitten –, der mit Honig, kandierten Früchten und Nüssen gebacken und mit Zucker glasiert wird. Das »Huus« bietet seine »Läckerli« nicht nur in einfachen Verpackungen an, sondern auch in Dosen, Trommeln oder im Kartonhäuschen. Freilich hat der Süßwarenhersteller sein Sortiment mittlerweile erweitert. Sehr beliebt ist die Karamellspezialität »Rahmtäfeli« oder die »Florentins au Läckerli«, eine Abwandlung des Gebäckklassikers Florentiner. Neben dem Stammhaus in der Gerbergasse gibt es in Basel noch drei Filialen sowie neun in der Restschweiz.

Gerbergasse 57, Basel;
Tel. 0 61/2 64 22 05;
www.laeckerli-huus.ch

89 Theater Basel

Anspruchsvolle Vielfalt

Renommiertes Drei-Sparten-Theater, das mit drei Spielstätten planen kann: Die Grosse Bühne mit 1000 Plätzen präsentiert überwiegend Opern- und Ballettproduktionen, die Kleine Bühne hingegen dient allen drei Sparten. Hinzu kommt das Schauspielhaus mit 480 Plätzen. 2010 ist das Theater Basel zum zweiten Mal zum besten deutschsprachigen Opernhaus gewählt worden. Da das Haus kein eigenes Orchester hat, wird meist das Sinfonieorchester Basel engagiert.

Theaterstr. 7 (Grosse und Kleine Bühne); Steinentorstr. 7 (Schauspielhaus), Basel;
Tel. 0 61/2 95 11 33 (Tickets);
www.theater-basel.ch

Confiserie Beschle

91

Schweizer Schokolade selber machen

Schokolade! Wer hat's erfunden? Richtig: die Olmeken, ein Indianervolk in Mittelamerika, vor mehr als 3000 Jahren. Aber die Schweizer haben daraus eine Kunst gemacht. Die traditionsreiche, 1898 gegründete Confiserie Beschle zeigt, wie es geht: Nach einer Besichtigung der Produktionsräume mit »Schoggi-Degustation« erklärt Pascal Beschle, Chef de Création, worauf es bei den Zutaten ankommt. Und danach darf jeder Teilnehmer seine persönliche Geschmacksrezeptur umsetzen. Anmeldung über die Basler Tourismusagentur. Kleines Hindernis: Es müssen sich genügend Schokoliebhaber finden.

Margarethenstr. 29, Basel;
Tel. 0 61/2 61 33 33 (Basel Tourismus), www.beschle.ch

Wildpflanzemärt

90

Wildwuchs für daheim

Der Verein Ökostadt Basel gründete sich als Reaktion auf die Sandoz-Katastrophe 1986 und engagiert sich vielfach, um die Stadt ökologisch zu gestalten. Jedes Jahr organisiert er Ende April/Anfang Mai für zwei Wochen einen Wildpflanzenmarkt für einheimische Flora – Wildstauden, Sträucher und Kletterpflanzen – um den Wildwuchs auch zu Hause zu kultivieren.

Andreasplatz, Basel

92 Wyyguet Rinklin

Schlipferwein aus Eigenanbau

Wein aus Basel? Selbstverständlich! Urs Rinklin baut im Grenzgebiet zu Deutschland den Schlipfer Wyss- und den Schlipfer Rotwyy an. Theoretisch immer mit einem Bein auf deutschem Grund wachsen auf etwa 4 ha Gutedel und Pinot Chardonnay, Pinot gris, Chardonnay, Rosé und ein trockener »Schuumwyy« (Schaumwein) sowie als rote Tropfen Blauburgunder, Blauburgunder Barrique und Diolinoir. Im Vergleich zu den Sorten der Nachbarn aus Baden sind die Roten etwas fruchtiger, während die Weißen einen Tick spritziger wirken. Ein Muss für Freunde des Bacchus, hier kann man noch neue Entdeckungen machen. Beratung und Degustation ist in der Mosterei der Gemeindegärtnerei in Riehen möglich; Verkauf ein paar Meter weiter (Haselrain 65) oder auf dem Weingut.

Eglingerweg 1, Riehen;
Tel. 0 79/6 45 17 61;
www.schlipfer.ch

93 Zum Goldenen Sternen

Die älteste Schenke der Stadt

Der Stern weist eine bewegte Geschichte auf: Im 14. Jh. erstmals erwähnt, als Wirtshaus seit 1412 die älteste Schenke Basels, beschloss die Stadt in den 1960er-Jahren, das gotische Gasthaus nicht abzureißen, sondern Stein für Stein an den Rhein zu versetzen, um den Straßenausbau der Aeschenvorstadt zu ermöglichen. Dank dieser weisen Maßnahmen sind die Holzkassettendecke aus dem 17. Jh., Fragmente gotischer Wandmalereien und historische Gemälde noch heute erhalten. Die Küche präsentiert sich mit ausgewählten Fisch- und Fleischgerichten. Genießer wählen die mehrgängigen Tagesmenüs oder à la Carte.

St. Alban-Rheinweg 70, Basel;
Tel. 0 61/2 72 16 66;
www.sternen-basel.ch

94 Münster

Weit oben

Schon die Kelten besiedelten im 1. Jh. vor Chr. den strategisch günstig gelegenen Münsterhügel: Hoch über dem Rhein errichtet, waren mögliche Feinde zu Land und zu Wasser früh zu erkennen. Gestiftet wurde der romanisch-gotische Bau von Kaiser Heinrich II. und Gemahlin Kunigunde. Bis zum Erdbeben 1356 besaß das Münster noch fünf Türme. Zwischen 1431 und 1449 tagte hier das Basler Konzil und wählte 1439 Felix V. zum Gegenpapst. Charakteristisch sind der Georgs- und Martinsturm mit 64,2 bzw. 62,7 m. Die Türme sind über 115 Stufen zu erklimmen.

Münsterplatz, Basel;
www.baslermuenster.ch

Vogel Gryff

Altes Brauchtum

Die drei Ehren-Gesellschaften zur Hären, zum Rebhaus und zum Greifen sicherten ab dem 13. Jh. die Stadtmauer. Die Waffenmusterungen endeten mit einem Marsch durch Kleinbasel. Heute ziehen die mit Masken verkleideten drei Schildhalter, Vogel Gryff (ein Greif) in schwerem Schuppenpanzer, der »Wild Maa«, ein Tännchen schwingender wilder Mann, und der Löwe Leu durch Kleinbasel und führen ihre traditionellen Tänze auf. Gleichzeitig treffen sich deren Mitglieder zum »Gryffemähli« und weiten das Mahl mit musikalischen Darbietungen und politisch-satirischen Reden bis in die späte Nacht aus.

Basel; 13., 20. oder 27. Jan., ab 11 Uhr, www.vogel-gryff.ch

95

Zum Kuss

Kaffee im »Totehüüsli«

96

Die kleine Grünanlage zwischen Elisabethenstrasse und Aeschengraben war bis 1872 ein Gottesacker – ein Friedhof. Die Leichenhalle, 1850 im neobarocken Baustil errichtet, steht heute noch. Im ehemaligen »Totehüüsli« werden heute Apéro, Caffè Crema, Bier, Wein und Smoothies ausgeschenkt. Abends bereichern Cocktails die Karte, die Küche bietet mittags und abends wechselnde Menüs und leichte Speisen. Lässig wird es im Sommer, wenn auf der Terrasse Liegestühle zum Sonnenbaden laden.

Elisabethenstr. 59, Basel;
Tel. 0 61/2 71 60 30;
www.zumkuss.ch

97 woxx.designobjekte

Basel

Ein Leder-Fauteuil von Mies van der Rohe aus dem Jahr 1929, ein Servierwagen von Embru aus den 1930er-Jahren, Designerlampen von Foscarini oder Ribag, Stühle von Verner Panton – woxx handelt mit modernen Antiquitäten. In der alten Papierfabrik hinter dem Bahnhof SBB gibt es so manchen Klassiker zu entdecken. Die Ausstellung ist Do und Fr von 16–19 sowie Sa von 10–16 Uhr geöffnet.

Turnerstr. 30; Tel. 0 61/
3 61 00 51; www.woxx.ch

98 Fasnachts-Brunnen

Treffpunkt Wasserspiel

Zu den bekanntesten Werken des Malers und Bildhauers Jean Tinguely zählt neben dem Strawinsky-Brunnen in Paris – den er mit Niki de Saint Phalle schuf – der Fasnachts-Brunnen, auch Theater- oder Tinguely-Brunnen genannt. Er steht vor dem Theater in Basel, nahe dem Barfüsserplatz. 1977 eingeweiht, ist das Arrangement der mit dem Wasser spielenden Masken eine touristische Attraktion, aber auch Anziehungspunkt für Einheimische. Hier trifft man sich zur gemeinsamen Mittagspause oder zum Besuch der nächsten Beiz.

vor dem Theater,
Klostergasse, Basel

99 Museum Tinguely

Hommage an einen großen Künstler

»Hier rattert, quietscht, kracht und pufft es. Bunter Schrott rotiert, Lampen in allen Farben blinken ...«, beschreibt das Tinguely-Museum lautmalerisch die zum Teil monumentalen Maschinenskulpturen aus Plastik, Schrott oder Knochen des Künstlers Jean Tinguely (1925–1991), der von Basel aus Paris sowie die Malerin und Bildhauerin Niki de Saint Phalle eroberte, die er 1961 heiratete. Im Garten des Museums ist ihre Skulptur »Gwendolyn« ausgestellt.

Paul Sacher-Anlage 2, Basel;
Tel. 0 61/6 81 93 20;
www.tinguely.ch

100 Gasthof Neubad

Geheimtipp in Binningen

Das Haus von 1765 diente früher als Heilbad und ist heute ein Gourmet-Restaurant. Unter der Führung von Julie und Philipp Wiegand dekorierte der Gault Millau die Küche auf Anhieb mit 13 Punkten. Mittags gibt es zwei- oder dreigängige Menüs, abends einen sechsgängigen Gaumenschmaus, der täglich neu komponiert wird. Übrigens: Eine der damaligen Badezellen ist noch erhalten.

Neubadrain 4, Binningen;
Tel. 0 61/3 01 34 72;
www.gasthofneubad.ch

101 Schloss Bottmingen

Dinieren am Wasser

Es gibt viele gute Restaurants in Basel, und dennoch lohnt der Weg nach Bottmingen, ca. 5 km südlich von Basel: Das Schloss aus dem 13. Jh., von Wasser und einem englischen Park umgeben, kombiniert historisches Ambiente (Restaurant im Stil Louis XVI.) mit moderner französischer Küche. Appetit machen gebratene Wachtel mit Entenleberfüllung oder das Steinbuttfilet mit Kürbisragout, Curry und Kokosnussmilch. Wunderschön: die Terrasse am Wasser.

Schlossgasse 9, Bottmingen;
Tel. 0 61/4 21 15 15;
www.weiherschloss.ch

102

Römerstadt Augusta Raurica

Ausflug in die Antike

In ihrer Blütezeit lebten 20000 Menschen in der römischen Kolonie Augusta Raurica, dem heutigen Augst, kaum 10 km östlich von Basel. Gegründet 44 v. Chr., galt die älteste römische Siedlung am Rhein fast 300 Jahre lang als wichtige Handelsstadt. Gründe für ihren Untergang waren wahrscheinlich ein Erdbeben um 250 n. Chr. und Angriffe der Alemannen oder desertierter römischer Truppen. Ebenso beeindruckend wie das Amphitheater, das einst 6000 Zuschauern Platz bot, ist das Museum, das die Besucher in die Zeit des Römischen Reiches zurückversetzt.

Giebenacherstr. 17, Augst;
Tel. 0 61/5 52 22 22;
www.augusta-raurica.ch

Feldschlösschen Restaurant

Blick über die Stadt

Das Gasthaus liegt neben der namensgebenden Brauerei oberhalb der Stadt und bietet einen schönen Blick über das Rheintal. Innen erwartet eine helle, modern-rustikale Atmosphäre die Gäste. Die Küche bietet »gegrillte Buurebratwurst mit Zwiebelsauce und hausgemachten Rösti«, aber auch »Wolfsbarsch mit Limettenbutter und Grillgemüse«.

103

Feldschlösschenstr. 32, Rheinfelden; Tel. 0 61/8 33 99 99; www.feldschloesschen-restaurant.ch

104

Rheinfelden

Die älteste Zähringerstadt der Schweiz

Das Zentrum von Rheinfelden besteht aus einer sehenswerten und autofreien Altstadt, deren Herz in der Marktgasse schlägt, die parallel zum Rhein verläuft. Sie beginnt nahe der Rheinbrücke, die mit dem gleichnamigen Rheinfelden in Deutschland verbindet. Die Marktgasse ist ein wunderbarer, nahezu geschlossener Straßenzug, der zum Storchennestturm führt. In seiner Mitte steht das mittelalterlich-barocke Rathaus mit dem Turm aus dem Jahr 1531. Gleich daneben befindet sich das Fricktaler Museum im »Haus zur Sonne«, das die Geschichte der Stadt dokumentiert. Am Rheinufer ist zudem ein Kurzentrum mit Solebädern und Saunaanlage beheimatet, das alles für einen perfekten Wellness-Tag bietet.

Tourist Info: Marktgasse 16, Rheinfelden;
Tel. 0 61/8 35 52 00; www.tourismus-rheinfelden.ch

105 Wallfahrtsort Mariastein

Metzerlen-Mariastein

Metzerlen-Mariastein ist nach Einsiedeln der größte Wallfahrtsort der Schweiz. Im Zentrum, das malerisch auf einem Berg liegt und keine 200 Einwohner zählt, thront das Benediktinerkloster, das 1648 hierher verlegt wurde. Zum Wallfahrtsort erkoren die Gläubigen Mariastein schon im 14. Jh. In einer Felsgrotte unterhalb der Kirche findet sich ein Gnadenbild der Madonna.

www.kloster-mariastein.ch

106 Bergwirtschaft Blauen Reben

Zu Gast auf der Alp

Sie liegt abseits, und genau das macht ihren Reiz aus. Kurz vor Laufen, zwischen Basel und Delémont, geht es rechts ab nach Blauen, wo die Bergwirtschaft Blauen Reben außerhalb des Dorfes liegt. Hier sitzt man unter einer alten Eiche vor den Alphütten und genießt die Sicht auf das Laufental. Bürgerliche Küche und eigene Weinhandlung.

Nenzlingerweg 57, Blauen;
Tel. 0 61/7 63 14 14;
www.blauenreben.ch

107 Ermitage

Romantischer Garten in Arlesheim

Hinter dem Dom von Arlesheim führt die Ermitagestrasse am Dorfbach entlang in den mit rund 39 ha größten englischen Landschaftsgarten der Schweiz. Schon auf dem Weg in die Ermitage sieht man auf einem Berg Schloss Birseck thronen, einst Residenz der Landvögte, die sie aber im 18. Jh. aufgaben.

Arlesheim;
www.ermitage-arlesheim.ch

108 Goethe

Übersinnlich

Anfang des 20. Jh. entwickelte Rudolf Steiner seine Erkenntnislehre der Anthroposophie. In Dornach, knapp 15 km von Basel entfernt, baute der Goethe-Forscher 1913 nach eigenen Entwürfen das erste Goetheanum und gründete 1923 die Anthroposophische Gesellschaft.
Der Ort ist Zentrum der Steinerschen Ideen, kulturelle Veranstaltungs- und Forschungsstätte. Viele Besucher kommen vermutlich aber auch wegen der Architektur: Die Fassade weist keinen rechten Winkel auf, alle Formen wachsen organisch zusammen.

Rüttiweg 45, Dornach;
Tel. 0 61/7 06 42 42;
www.goetheanum.org

Thermi Spa
Welt der Badekultur

109

Schwefelwasser wirkt lindernd bei Erkrankungen der Gelenke, der Atemwege und der Haut und scheint auch sonst sich gut auf das Wohlbefinden der Gäste auszuwirken, die in der Thermi Spa baden. Das konnten die Bauersleut am Hof »Gottines-Husum« 1651 freilich nicht ahnen, als plötzlich eine stinkende, heiße Fontäne aus dem Boden schoss. Sie ist der Ursprung für den prosperierenden Kurort, in dem mit der Thermi Spa seit 2011 das modernste Bad einlädt. Mit dabei: das Aquarena fun mit Spaßrutsche und Saunalandschaft.

Badstr. 50, Schinznach-Bad;
Tel. 0 56/4 63 75 13;
www.thermi.ch

110 Museum Langmatt
Impressionisten- und Wohnmuseum

Ein Muss für alle Kunstliebhaber ist der Besuch des Museums Langmatt: Die Villa von Sidney und Jenny Brown – Mitbegründerfamilie der Elektrotechnikfirma Brown Boveri & Cie – bildet den stilvollen Rahmen für eine herausragende Gemäldesammlung mit Schwerpunkt auf dem französischen Impressionismus.

Römerstr. 30, Baden;
Tel. 0 56/2 00 86 70;
www.langmatt.ch; März–Nov.

111 Aussicht vom Weissenstein
Zu Fuß oder per Gondel erreichbar

Wie ein Bollwerk erheben sich die Bergkämme des Weissensteins über dem Solothurner Flachland. Von hier bietet sich das wohl eindrucksvollste Panorama des Jura: herrlicher Blick über die Alpen, vom Säntis bis zum Mont Blanc. Bei klarer Sicht sind Bern und die Seen von Neuchâtel, Biel und Murten zu erkennen.

Von Oberdorf SO:
zu Fuß in ca. 1 Std.,
per Gondel ab Weissensteinstr.;
www.seilbahn-weissenstein.ch

112 Zeitglockenturm
Ältestes Bauwerk der Stadt

Am zentralen Marktplatz steht der Zeitglockenturm aus dem 12. Jh., Überbleibsel der Stadtburg. Das älteste erhaltene Baudenkmal der Stadt gefällt durch das astronomische Zifferblatt, über dem ein Figurenspiel zu sehen ist: der König zwischen Tod und Hl. Ursus, dem Stadtpatron.

Tourist-Info: Hauptgasse 69,
Solothurn; Tel. 0 32/626 46 46;
www.solothurn-city.ch

Ambassadorenstadt

Mächtiges und erhebendes Solothurn

113

Wahrzeichen der »Ambassadorenstadt« Solothurn ist die St. Ursenkathedrale aus dem 18. Jh. Das Hauptwerk des schweizerischen Frühklassizismus überragt den Stadtkern, der im Übrigen vom Barock geprägt ist und deswegen als schönste Barockstadt der Schweiz gilt.

Hauptgasse, Solothurn; www.solothurn-city.ch

Verena-schlucht

Ausflug zur Eremitage

114

Von Solothurn führt ein Wanderweg durch die Stadt in Richtung Norden zur Verenaschlucht. Die Schlucht und die Einsiedelei Sankt Verena mit Martins- und Verenakapelle sowie einer Klause ist ein beliebtes Ausflugsziel. Zudem lädt das Restaurant Kreuzen zu einer Rast ein. Über Rüttenen geht es bergauf und wieder hinab ins Tal, wo man den gewundenen Flusslauf der Aare gut überblickt. Und auf dem Baum- und Strauchpfad zwischen Lommiswil und Grenchen erfährt man Interessantes über die Flora am Wegesrand.

Tourist Info: Hauptgasse 69, Solothurn; Tel. 0 32/6 26 46 46; www.solothurn-city.ch

115 Naturama Aargau

Wenn Steine erzählen ...

Ein Mammutbaby streicheln, lebende Zwergmäuse und Frösche beobachten, in Käferperspektive den Wiesendschungel erforschen, sich als Biobauer versuchen oder die eigene Klimaverträglichkeit messen – das alles ist im Naturama erlebbar. Auf drei Stockwerken wird das Wissen über die Entstehung, das heutige Gesicht und die mögliche zukünftige Entwicklung der einheimischen Natur auf spielerische Weise vermittelt. Im »Naturlabor« können kleine und große Kinder selbst experimentieren.

Feerstr. 17 (am Bahnhofplatz), Aarau; Tel. 0 62/8 32 72 00; www.naturama.ch

116 Aargauer Kunsthaus

Schweizer Kunst anschaulich vermittelt

Das Kunsthaus mit seiner umfassenden Sammlung von Schweizer Kunst aus dem 18. Jh. bis in die Gegenwart zeichnet sich v. a. durch sein innovatives Vermittlungsangebot aus: Beim »Kunst-Picknick« z. B. wird eine Auswahl an Werken gemeinsam diskutiert und anschließend im Atelier gestalterisch verarbeitet. Künstlerischer Begabung bedarf es dafür nicht – das Angebot richtet sich an alle.

Aargauerplatz, Aarau; Tel. 0 62/8 35 23 30; www.aargauerkunsthaus.ch

117 Aarau

Reizvolle Kantonshauptstadt an der Aare

Im Jahr 1798 war Aarau kurzzeitig die Hauptstadt der Schweiz, wurde aber noch im selben Jahr von Luzern und später von Bern abgelöst. Gegründet wurde der heutige Hauptort des Kantons Aargau von den Grafen von Kyburg Mitte des 13. Jh. auf einem Felsvorsprung über der Aare. In der gut erhaltenen historischen Altstadt fallen besonders die kunstvoll bemalten Häuserfassaden und die mehr als 70 Dachuntersichten (»Ründen«) auf. Die einstige Stadtmauer umgürteten vier heute noch erkennbare »Stöcke«, in denen die Häuser mit der Hauptfassade zur Straße stehen. Im Zentrum dieser Gevierte liegen Hinterhöfe und Ehgräben (das Entwässerungssystem im Mittelalter). Das älteste erhaltene Gebäude der Stadt ist das »Schlössli« (Schlossplatz 23). Im 14. Jh. wurde die Stadt unter den Habsburgern erweitert, wovon der äußere Mauerring zeugt. Die meisten Häuser in der Altstadt sind im spätgotischen Stil gebaut. In Aarau legte übrigens Albert Einstein seine Matura ab.

Tourist Info: Metzgergasse 2, Aarau; Tel. 0 62/8 34 10 34; www.aarauinfo.ch

118 Paul Scherrer Institut

Forschung live

Das Paul Scherrer Institut ist mit 1900 Mitarbeitern das größte Forschungszentrum für Natur- und Ingenieurwissenschaften in der Schweiz. Geforscht wird hier in den Bereichen Materie und Material, Mensch und Gesundheit sowie Energie und Umwelt. Im Besucherzentrum psi forum kann man sich auf verständliche Weise über die neuesten Erkenntnisse, etwa zum Thema Klimawandel oder zu Krebstherapie, informieren. Führungen durch die Labors und Forschungsanlagen sind für Gruppen ab zwölf Personen nach rechtzeitiger Anmeldung möglich.

PSI, Villigen; Tel. 0 56/3 10 21 00; www.psi.ch

Zürich und die Ostschweiz

Alles nur Banken und Business? Von wegen. In die ziemlich schicke und ziemlich kleine Weltstadt Zürich geht die Reise vom Rheinfall bei Schaffhausen und durch niedliche Städtchen wie Stein am Rhein. Weiter bewundert man das prachtvolle Weltkulturerbe in Sankt Gallen. Man erlebt Käse-Kult im Appenzell und Fürsten-Kult im blaublütigen Anhängsel Liechtenstein. Und man staunt, dass alle Klischees über die Schweiz ziemlich genau stimmen.

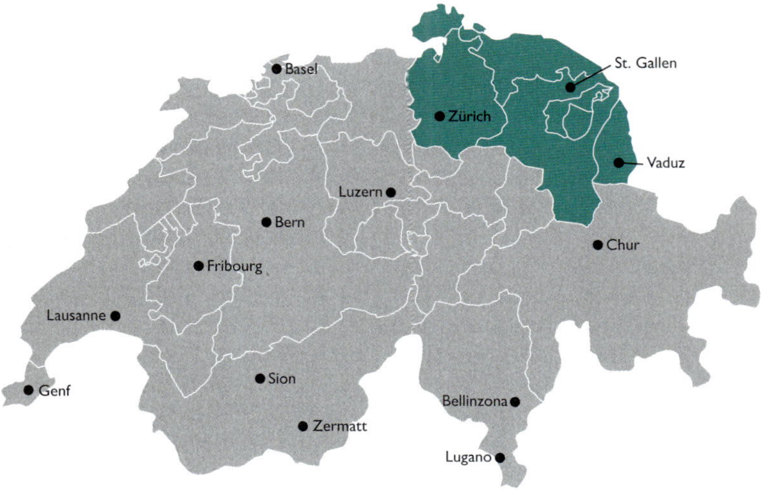

Erfrischend: Lieber Natur und Kultur als Banken und Business – im Ostschweizer Sommer lockt z. B. ein Sprung in die Limmat im Zürcher Badi »Unterer Letten«.

Rheinfall

Spektakuläres Naturschauspiel

119

Das pulsierende Zürich ist ein ganzes Stück entfernt, aber hier, ganz im Norden der Schweiz, fließt und tost es auf ganz natürliche Weise: Der Rheinfall mit seiner Breite von 150 m stürzt über eine 20 m hohe Schwelle aus Jurakalk hinab – ein grandioses Schauspiel, v. a. zur Zeit der Schneeschmelze in den Alpen. Den besten Überblick hat man vom Schloss Wörth, die Aussichtspunkte am linken Ufer führen dafür sehr nah an die Wassermassen heran.

Neuhausen am Rheinfall; www.rheinfall.ch

Mittelalter pur

Stein am Rhein

120

Stein am Rhein verkörpert das Bilderbuchbild einer mittelalterlichen Marktstadt – bzw. bei 3300 Einwohnern eines Marktstädtchens. Bezaubernd wirken die Wehrtürme, kunstvollen Fachwerkaufbauten, steilen Treppengiebel und markanten Erker. Unmittelbar ans Rheinufer grenzt die ehemalige Benediktinerabtei St. Georgen, deren flach gedeckte Säulenbasilika aus der Zeit der Romanik stammt. Die als Museum genutzten Räumlichkeiten im spätmittelalterlichen Stil, u. a. prächtig verzierte Äbtewohnungen, vermitteln einen Eindruck vom damaligen Klosterleben.

www.steinamrhein.ch

121 Schaffhausen

Atmosphärische Altstadt

Wo die Führer der Handelsschiffe vor dem Rheinfall ihre Ladung an Land bringen mussten, entstand vor rund 1000 Jahren die Stadt Schaffhausen. Die schön herausgeputzte Altstadt besticht durch zahlreiche historische Brunnen und Bürgerhäuser aus der Renaissance, die mit Erkern geschmückt sind. Der nahezu leere Innenraum der romanischen Kirche in der ehemaligen Benediktinerabtei Allerheiligen verströmt eine starke Atmosphäre – ebenso wie der angeschlossene Kreuzgang aus dem 12./13. Jh., der einen romantischen Garten einfasst. Über viele Stufen gelangt man auf dem Munotstieg hinauf zum Festungsberg mit dem imposanten Munot, einer kreisrunden Festung aus dem 16. Jh. Aus der Gewölbehalle führt ein Schneckengang hinauf zur Terrasse mit Café. Der Blick über die Rosenbeete (ca. 170 Sorten!) und die Rebstöcke auf die Altstadt ist fantastisch.

Tourist Info: Tel. 0 52/6 32 40 20; www.schaffhauserland.ch

122 Kunstmuseum Winterthur

Meisterwerke der französischen Kunst

Das Kunstmuseum Winterthur verfügt über herausragende Exponate vom ausgehenden 19. Jh. bis in die Gegenwart. Im Altbau befinden sich Meisterwerke der französischen Kunst aus der Zeit des Impressionismus und aus anderen Strömungen der klassischen Moderne. Dabei begegnet der Besucher klingenden Namen wie Monet, Van Gogh, Kandinsky oder Picasso. Im architektonisch völlig gegensätzlichen Neubau der Architekten Gigon und Guyer präsentieren sich noch unbekannte zeitgenössische Künstler in wechselnden Ausstellungen.

Museumstr. 52, Winterthur; Tel. 0 52/2 67 51 62; www.kmw.ch

123

Oskar Reinhart

Vermächtnis eines Kunstsammlers

Als der Kunstmäzen Oskar Reinhart 1965 starb, vermachte er seine Villa am Römerholz zusammen mit seinen Kunstschätzen der Gemeinde. So wurde eine bedeutende Privatsammlung der europäischen Malerei öffentlich zugänglich. Neben Hauptwerken der alten Meister bildet die französische Malerei um 1900 einen Schwerpunkt des Museums. Von der Villa oberhalb der Stadt kann man zu Fuß zum Museum Oskar Reinhart am Stadtgarten gehen. In diesem ehemaligen Gymnasium sind 600 Werke deutscher, schweizerischer und österreichischer Künstler des 18.–20. Jh. ausgestellt.

Haldenstr. 95; Tel. 0 58/4 66 77 40; www.roemerholz.ch; Stadthausstr. 6, Winterthur; Tel. 0 52/2 67 51 72; www.museumoskarreinhart.ch

Technorama

Forschung erleben in Oberwinterthur

124

In der größten technisch-historischen Sammlung der Schweiz, dem »Science Center Technorama«, werden auf 6500 qm die Phänomene nicht nur gezeigt, sondern vieles kann man auch selbst ausprobieren. Über 500 Experimentierstationen regen die Besucher zum Forschen und Entdecken an. Das eigene Erbgut entschlüsseln, Speiseeis mithilfe von flüssigem Stickstoff herstellen oder unsichtbares Licht sichtbar machen kann man in speziellen Workshops. Technikfreaks geraten in Verzückung!

Technoramastr. 1, Winterthur; Tel. 0 52/2 44 08 44; www.technorama.ch

Belvoirpark

Zu Gast bei Profis

125

Im 19. Jh. entstanden in den Quartieren Enge und Riesbach kunstvolle Privatgärten. So ließ sich auch Heinrich Escher-Zollikofer 1831 eine klassizistische Villa in einem großzügigen Park mit Aussicht auf Stadt, See und Berge errichten. Die Villa liegt auf einem terrassenartig angelegten und mit exotischen Bäumen bepflanzten Moränenhügel. Heute ist die Anlage im Besitz der Stadt und beherbergt die Hotelfachschule, deren Köche im dazugehörigen Restaurant ihre exzellenten Kochkünste unter Beweis stellen.

Seestrasse 125, Zürich;
Tel. 0 44/2 86 88 44;
www.belvoirpark.ch

126 Züri Fäscht

Warten aufs Volksfest

Leider nur alle drei Jahre, am ersten Wochenende im Juli, wird das »Züri Fäscht« in der Innenstadt, links und rechts der Limmat und entlang des Sees veranstaltet. Es dauert drei Tage. Spektakuläre musikalische Feuerwerke bilden am Freitag- und Samstagabend die Höhepunkte dieses Züricher Volksfestes, sie gehören zu den fünf größten Europas. 60 Bühnen, 70 Schaustellerbetriebe und über 300 Markt- und Foodstände unterhalten die rund zwei Mio. Besucher aus Zürich, der ganzen übrigen Schweiz und aus dem Ausland.

Innenstadt, Zürich;
Tel. 0 43/3 44 52 35;
www.zuerifaescht.ch; Juli 2016

127 Aladin Antik

Welt der Lampen

Über 300 Leuchter und Lampen und mehr als 4000 alte mundgeblasene Gläser aus der Zeit von 1820 bis 1960 gibt es bei Aladin zu bestaunen. In der hauseigenen Werkstatt werden Petrollampen, Kerzenleuchter, alte Gaslampen und elektrische Leuchten auf Vordermann gebracht.

Seefeldstrasse 226, Zürich;
Tel. 0 44/3 81 53 80;
www.aladin-antik.ch

128 Bei Babette

Gemütlich französisch essen

Fast alle Restaurants in Zürich sind sonntags zu, nur bei »Bei Babette« ist was los! Der Raum hat ebenso Patina wie die Möbel. Das beliebte kleine Restaurant serviert einfache französische Küche wie Crêpes und Galettes in fantastischen Kompositionen, aber auch Lammragout. Geheimtipp: Sonntags frühstücken auf dem Sofa hinter der Türe.

Bertastrasse 16, Zürich;
Tel. 0 43/3 66 85 02;
www.facebook.com/BeiBabette

129 Open-Air-Kino am See

Großes Kino, großartige Kulisse

Seit über 25 Jahren und als erstes Open-Air-Kino der Schweiz findet hier ein legendäres Kino-Erlebnis statt: Am Zürichhorn wird eine riesige Leinwand mit dem Zürichsee im Hintergrund aufgebaut. Alljährlich sind hier etwa 30 Filme, darunter Vorpremieren, Arthouse-Reprisen, die neuesten Blockbuster und auch Besonderheiten wie Stummfilme mit Livemusik zu sehen. Die Vorführungen dauern ca. einen Monat lang bis in den August hinein.

Zürichhorn am See, Zürich;
www.allianzcinema.ch;
Juli–Aug.

Confiserie Honold

Leckereien seit 1905

Die Luxuskonfiserie der Stadt verwöhnt bereits in vierter Generation mit unvergesslichen Gaumenfreuden, darunter einzigartige Hausspezialitäten wie die Honold Trauben, die im Laufe der Jahre von den Konditoren des Familienbetriebs entwickelt wurden. Im zugehörigen, schön und altmodisch eingerichteten Café können die Leckereien sofort probiert werden. Besonders beliebt ist der Brunch an Samstagen. Ob süß oder salzig – hier wird jeder Geschmack bedient.

130

Rennweg 53, Zürich;
Tel. 0 44/2 11 52 58;
www.honold.ch

Acapulco

Szene-Treffpunkt

131

In einer lebendigen Quergasse der Langstrasse befindet sich die stadtbekannte Acapulco Bar. An diesem Treffpunkt der kreativen Szene und der Nachtschwärmer ist immer etwas los. Die Karaoke Night am Sonntagabend hat bereits Kult-Charakter! Wer's lieber sportlich mag, spielt im Keller Tischfußball.

Neugasse 56, Zürich;
Tel. 0 44/2 72 66 88;
www.acapulco.ch

132

Museum Rietberg

Kunst aus aller Welt

In dem wunderschönen Rieterpark befindet sich die einzige Sammlung außereuropäischer Kunst in der Schweiz. Der Ursprung des Museums ist die neoklassizistische Villa Wesendonck, die der deutsche Kaufmann Otto Wesendonck Mitte des 19. Jh. erbauen ließ. Wagner komponierte in der ebenfalls dem Museum zugehörigen Villa Schönberg in unmittelbarer Nähe Teile von »Tristan und Isolde« und »Rheingold«. Seit dem Jahr 1952 wird in der Villa Kunst mit den Schwerpunkten Indien, Alt-Amerika und Ozeanien ausgestellt. Der »Smaragd«, ein grüner Glaspavillon, dient als Eingang zum modernen unterirdischen Erweiterungstrakt von 2007, der Kunst aus Afrika, China und Japan beherbergt.

Gablerstrasse 15, Zürich; Tel. 0 44/4 15 31 31; www.rietberg.ch

133 Flohmarkt Bürkliplatz

Stöbern am See

Allein die Lage des nach dem Stadtingenieur Arnold Bürkli benannten Platzes am See wäre schon Grund genug, zum Stöbern hierherzukommen. Daneben ist jedoch auch das breite Angebot, mit dem der Flohmarkt jeden Samstag lockt, verführerisch, denn es reicht von normalem Trödel über gebrauchten Schmuck bis hin zu exklusiven Antiquitäten und anderen Raritäten.

Bürkliplatz. Zürich; Mai–Okt.

134 Ausflug zum Uetliberg

Zürcher Aussichten

Den »Pfannenrand« der Stadt, den Uetliberg, kann man auf vielfältige Weise be- und umwandern. Uto ist der Namensvorfahre des Uetzgi, nach dem u. a. die Bergspitze, der Uto Kulm, oder die Utobrücke am Fuß der Stadt benannt wurden. Eine Galavorstellung bietet die städtische Majestät, wenn die Wolken unterhalb ihres Gipfels liegen, die Stadt in Tristesse tauchen und den grenzenlosen Himmel um den Gipfel zur sonnigen Apotheose erheben.

mit der Tram 13 bis Albisguetli, Zürich; www.uetliberg.ch

135 Kunstmeile

Zürich günstig

Zürich ist zwar eine der teuersten Städte der Welt, aber man muss nicht immer viel ausgeben, um etwas zu erleben. Entlang der rechtsufrigen Quaianlagen kann man z. B. umsonst Kunst betrachten. Die herausragenden Werke sind: Henry Moores moderne Bronzeplastik »Sheep Piece«, weiterhin eine Lavaskulptur von Hans Aeschbacher und hinter dem Haller-Atelier und dem Le Corbusier Haus der »Phänomena-Brunnen« von Christian Mayer sowie Jean Tinguelys Eisenplastik »Heureka«.

Utoquai am Ostufer des Sees, Bellevueplatz bis Zürichhorn, Zürich

136

Rüsterei

Genuss in drei Sparten

Im neu gestalteten Industrieareal Sihlcity, der Einkaufsstadt, liegt das Restaurant Rüsterei in der ehemaligen Sihl-Papierfabrik. 2007 wurden die Räumlichkeiten, die zwischenzeitlich ihr Dasein als besetzte Industriebrache fristeten, vom Künstler Heinz Julen zum Restaurant umgestaltet. Im Zentrum des Raumes steht eine imposante Bar, an der Kaffeeservice und klassische Barkultur geboten werden. Die Kantine dient ganztags als Anlaufstation für den kleinen Hunger und im Restaurant wird gehobenere Kochkunst (insbesondere Spielarten mit Rauch und Aromen) zelebriert.

Kalanderplatz 6, Zürich;
Tel. 0 44/3 17 19 19;
www.ruesterei.ch

Berchtoldstag

2. Januar in Zürich

137

Ein Feiertag nach dem Feiertag, zumindest in den Kantonen alemannischen Ursprungs: Der »Bächtelistag« am 2. Januar ist ein eher bescheidener, 340 Jahre alter Brauch, der nichts mit einem heiligen Berchtold zu tun hat – den gibt es im Heiligenkalender gar nicht. Vielmehr stammt der Begriff aus dem Mittelhochdeutschen und bedeutet so viel wie »erscheinen« oder »hervorglänzen«. Welche Brauchtümer am Berchtoldstag gepflegt werden, ist regional sehr unterschiedlich. In Zürich hat sich die Tradition im Laufe der Zeit verändert: Früher trafen sich die Zunftmitglieder zum traditionellen »Bächtelismahl« und spendeten Geld zugunsten der Heizung der Stube, heute treten die Kunst fördernden Gesellschaften an die Öffentlichkeit, um ihre Neujahrsblätter zu präsentieren. Als Spezialität gibt es eine spezielle Bächtelswurst mit Bächtelsweggen. Gesellig bleibt es allemal.

2. Jan.

138

Augustinergasse

Baudenkmäler mit Geschichte

Hier herrscht Erkerromantik vor. Ab dem 17. Jh. ließen sich Fabrikanten nieder, die die Gebäude mit Erkern verschönten. Letztere dienten u. a. als Türspion und sind deshalb nie direkt über der Eingangstür, sondern immer leicht versetzt gebaut. Die wundervoll restaurierten Häuser sind heute Baudenkmäler, über deren Geschichte Tafeln informieren. Hinter der Augustinerkirche und dem Museum Strauhof wird die Gasse winklig, bevor sie in den weiten Platz von St. Peterhofstatt mündet.

Nähe Bahnhofstrasse, Zürich; www.zuerich.com

139 Botanischer Garten

Klima- und Pflanzenwelten

In einem weitläufigen Park des Bodmergutes wurde der Botanische Garten in den 70er-Jahren angelegt. Drei in Europa einzigartige Kuppelgewächshäuser (»Tropischer Bergwald«, »Tropischer Tieflandregenwald«, »Tropische Trockengebiete«) mit unterschiedlichen Klimaregionen sowie ein künstlicher See prägen das 50000 qm große Gelände.

Zollikerstrasse 107, Zürich; Tel. 0 44/6 34 84 61; www.bg.uzh.ch

140 Limmatquai

Shopping unter Arkaden

Der Limmatquai, heute eine belebte Einkaufsmeile mit Läden unter Arkaden, entstand zu Beginn des 19. Jh. Den Häusern zwischen Rathaus und Rosengasse und später zwischen Wasserkirche und Bellevue, die vorher direkt am Fluss standen, wurde ein Quai vorgebaut. Bis zum Bau der Quaibrücke im Jahr 1884 war hier auch der An- und Ablegeplatz für Dampfschiffe. 1859 entstand am Quai der erste große Mietshauskomplex der Stadt, die Münsterburg, Limmatquai Nr. 28.

Zürich; www.zuerich.com

141 Friedhof Fluntern

Berühmte Gräber

»An Joyce' Grab verweht die Menschensprache«, dichtete Yvan Goll. Für James-Joyce-Anhänger ist dieser Friedhof ein »Muss«. Der Ire starb mit 58 Jahren 1941 in Zürich an den Folgen einer Magenoperation. Kurz zuvor war er, um den Kriegswirren in Frankreich zu entfliehen, zum dritten Mal in die Limmat-Stadt gezogen. 1966 wurde eine Bronzeplastik aufgestellt, die James Joyce auf einem Sockel sitzend zeigt: ein Buch und eine Zigarette in den Händen. Aber auch die Gräber von Elias Canetti und von Therese Giehse befinden sich hier.

Zürichbergstrasse 189, Zürich

142

Hauptbahnhof

Perle der Architektur

1871 wurde der größte Bahnhof der Schweiz, der heute als einer der schönsten Europas gilt, eingeweiht. Über dem monumentalen Tor (an der Südseite des neoklassizistischen Baus), das sich zur Bahnhofstrasse hin öffnet, thront Helvetia. Zum 150-jährigen Bahnjubiläum 1997 wurde der Komplex grundlegend renoviert. Im Untergeschoss wurde die Ladenstraße Shop-Ville mit schwarz-weiß gestreiften Wänden aus Marmor errichtet. Die große Bahnhofshalle schmückt die Plastik eines Schutzengels von Niki de Saint Phalle. Mehrere Cafés und Restaurants laden zum Verweilen ein.

Bahnhofplatz, Zürich;
www.sbb.ch

143 Aha

Designerspielzeug

Für kleine und vor allem große Kinder: Im Aha findet man formschöne Objekte zum Anschauen, Anfassen und Anhören. Hier kann mit Aha-Effekt geshoppt werden, denn die raffinierten Konstruktionen sehen nicht nur gut aus, sie verdeutlichen ganz nebenbei wissenschaftliche Tricks. Wer nicht weiß, was ein Thaumaskop, ein topologisches Phänomen wie das Möbiusband, das Rott'sche Chaotische Pendel oder ein Reuleaux-Tetraeder ist, wird es nach einem Besuch im Aha wissen und haben (wollen). Die Entscheidung zwischen all den Designerspielzeugen fällt schwer.

Spiegelgasse 14, Zürich;
Tel. 0 44/2 51 05 60;
www.aha-zurich.ch

144 Knabenschießen

Zürichs ältester Brauch

Das Knabenschießen ist Zürichs ältester Brauch und geht auf eine 400-jährige Tradition zurück, in der fünf- bis siebenjährige Knaben das Schießen erlernten und zum Abschluss an einem Wettkampf teilnahmen. Seit 1899 wird das beliebte Volksfest von der Schützengesellschaft der Stadt Zürich im Albisgütli organisiert. Aus Armbrüsten wurden Gewehre, und heute nehmen auch Mädchen an dem historischen Wettbewerb teil. Alljährlich wird aus mehreren Tausend Teilnehmern der Schützenkönig oder die Schützenkönigin ermittelt, gekrönt und würdig gefeiert. Das Ereignis wird begleitet von der dreitägigen Chilbi, dem größten jährlichen Volksfest in Zürich mit der größten Budenstadt der Schweiz, am Fuß des Uetliberges.

Uetlibergstrasse, Zürich;
www.knabenschiessen.ch;
September

145 Orsini

»Cucina alta« in Zürich

Restaurantkritiker Siebeck nannte es Zürichs »schönste Brasserie«, und das Orsini in einem Gebäude aus dem 14. Jh. hat in der Tat viel einfache Eleganz. Die Sinne sind ganz auf das Essen konzentriert. Hier genießt man die klassische italienische »cucina alta«: Agnolotti in Salbeibutter oder Spaghetti mit Hummer als erster Gang, danach vielleicht ein Lammkarree aus dem Ofen. Alles ist vorzüglich! Die Gäste des Hotels Savoy Baur en Ville, zu dem das Restaurant gehört, dürfen auf dem Weg schon mal in der Küche schnuppern.

Paradeplatz, Zürich;
Tel. 0 44/2 15 25 25;
www.savoy-baurenville.ch

146 Caduff's Wine Loft

Wein, Wein, Wein

Das Weinangebot ist beeindruckend: 12000 Flaschen und 2222 verschiedene Sorten. Im klimatisierten Untergeschoss können die edlen Tropfen selber ausgelesen oder nach Hause bestellt werden. Wer lieber ein Glas vor Ort trinkt, nimmt an der 18 m langen Bar in dem Loft Platz. Doch in der lichtdurchfluteten ehemaligen Werkhalle gibt es auch Ricotta-Gnocchi, Entrecote oder Riesencrevetten. Beat Caduff überrascht mit Kreationen aus marktfrischen und stets saisongerechten Produkten.

Kanzleistrasse 126, Zürich;
Tel. 0 44/2 40 22 55;
www.wineloft.ch

147 Les Halles

Alles Bio!

Mitten im Industriegebiet, in einer alten Lagerhalle, hat sich der Mix aus Bar, Bioladen, Lager, Kochclub und Lokal zu einem der ausgefallensten Restaurants der Stadt entwickelt. Bestellt wird an der Theke, gegessen am Tisch. Die Küche ist mediterran-französisch auf Bio-Basis, die Preise sind angemessen.

Pfingstweidstrasse 6, Zürich;
Tel. 0 44/2 73 11 25;
www.les-halles.ch

148 Kinderwald

Märchenhafter Schmuck

Mit ihren Schmuckkreationen erzählt die Goldschmiedin Gabriella Roth Geschichten aus dem Tier- und Elfenreich: Zwischen Wurzeln, Birkenästen und Moos sind ihre Kunstwerke drapiert. Hier gibt es Schmuck für Kinder mit hohem Symbolgehalt.

Fröhlichstrasse 49, Zürich;
Tel. 0 44/2 53 25 60;
www.kinderwald.ch

149 Napfplatz

Nostalgischer Ort in der Innenstadt

Im Zentrum der Altstadt liegt der Napfplatz, der wie ein Relikt aus alter Zeit wirkt. Dominiert wird er von einem Brunnen und dem Brunnenturm, der im Mittelalter als Ritterturm erbaut wurde. Später lebten darin lombardische Händler, dann Geldwechsler. Im Jahr 1819 richtete ein Pfarrer hier eine Armenschule ein.

zwischen Spiegelgasse und
Obere Zäune, Zürich

150

Rosso

Italienisches Restaurant

Ein italienisches Restaurant, in dem man sich vor dem Clubbing wunderbar stärken kann, mit toskanischer Bohnensuppe, Schweinsspiessli mit Bratkartoffeln oder einer Pizza aus dem Holzofen, superdünn und superknusprig. Unbedingt reservieren.

Geroldstrasse 31, Zürich;
Tel. 0 43/8 18 22 54;
www.restaurant-rosso.ch

151

Bäderbars

Badis im Mondschein

Während der Sommermonate verwandeln sich Zürichs altmodische »Badis« bei Sonnenuntergang in Open-Air-Bars. Der See oder die Limmat glitzern im Mondschein, die Gäste stehen barfuß mit einem Drink in der Hand oder tanzen. Manchmal gibt es auch Ausstellungen, Modenschauen oder Konzerte. In der abgebildeten Barfussbar im Frauenbadi finden mittwochs Lesungen oder Kulturveranstaltungen statt, sonntags wird unter freiem Himmel getanzt. Weitere Bäderbars sind die Flussbar im Flussbad Unterer Letten, das Panama im Badi Oberer Letten und die Rimini-Bar im Männerbadi Schanzengraben.

Stadthausquai 12, Zürich; www.barfussbar.ch; Mai–Sep.

152 Arboretum

Exotische Bäume

Direkt am See zwischen Mythenquai und General-Guisan-Quai liegt die Parkanlage, die der Ingenieur Arnold Bürkli (1833–1894) im Jahr 1882 anlegen ließ. An ihn erinnert ein Gedenkstein. Die aus dem Lateinischen stammende Bezeichnung »Arboretum« steht für eine Baumsammlung mit exotischen Gehölzen. Dazu kommt eine Gesteinssammlung und ein die nahen Berge erklärendes Alpenpanorama. Im Sommer übt der Park eine besondere Anziehungskraft aus: Das nostalgische Holzbad Enge lädt zum Baden im See ein.

Mythenquai, Zürich; www.stadt-zuerich.ch; www.tonttu.ch

153 Lindenhof

Oase mit Ausblick

Der Ausblick auf die Altstadt, das Grossmünster, das Rathaus, die Limmat, die Universität und die Eidgenössische Technische Hochschule ist wirklich wunderbar, das wusste schon Goethe, denn er verbrachte »den Rest des Morgens unter den hohen Linden auf dem ehem. Burgplatz«, das war 1797. Ein Jahr später wurde hier die Helvetische Verfassung beschworen. Heute ist der Platz einfach ein Ort der Ruhe und Erholung und Treffpunkt passionierter Schachspieler.

Pfalzgasse, Zürich;
www.zuerich.com

154 Originalraddampfer

Nostalgische Fahrt über den Zürichsee

Zwei alte Originalraddampfer (Stadt Zürich, Baujahr 1909, und Stadt Rapperswil, Baujahr 1914) bieten eine nostalgische Fahrt zwischen den beiden Städten über den Zürichsee. Ihre Merkmale sind der kurze Schornstein und das großzügige Freideck in der 1. Klasse. Die Dampf- und Schaufelräder faszinieren Kinder, v. a. weil ein Bullauge den Blick auf die Schaufelräder freigibt.

Abfahrt am Bürkliplatz, Zürich;
Tel. 0 44/4 87 13 21;
www.zuerichseedampfer.ch;
April–Okt.

155 Nationalfeiertag

Stadtzürcher Bundesfeier

Am Bürkliplatz werden Reden gehalten, auf der Bahnhofstrasse gibt es einen Festumzug mit Alphornbläsern, Trachtengruppen, Jodelchören und Fahnenschwingern, danach wird gefeiert. Fast in jedem Stadtteil ist eine Festwirtschaft aufgebaut. Bereits am Vorabend beginnt die Feier zu Ehren der Eidgenossenschaft: mit dem Straßenfest »Hohle Gasse« in der Ankerstrasse.

Bahnhofstrasse, Zürich;
www.bundesfeier.ch;
31. Juli/1. Aug.

156 St. Peter

Ort, um die Zeit zu vergessen

Sie ist die älteste Pfarrkirche der Stadt und ihr mächtiger Turm diente früher auch als Wachturm. Das Langhaus ist von 1705, der Turm ist im unteren Teil romanisch und stammt aus dem 13. Jh. 1534 wurde er ausgebaut und seine Uhr erhielt die größten Zifferblätter Europas (8,7 m Durchmesser). 157 Stufen führen in die alte Wächterstube des Turms, von dort wird der mühsame Aufstieg mit einem wundervollen Blick belohnt. Schön sind auch die Emporen im Inneren der Hallenkirche.

St.-Peter-Hofstatt, Zürich;
www.st-peter-zh.ch

157 Zürich- und Adlisberg

Zürcher Hausberge

Diese beiden ineinander übergehenden Zürcher Hausberge sind beliebte Naherholungsziele der Stadtbewohner. Gleich bei der Seilbahn-Bergstation Rigiblick auf dem Zürichberg laden Aussichtsterrassen dazu ein, den zauberhaften Weitblick über Zürichs Häusermeer zu genießen. Hier befindet sich auch das Grab des Dramatikers Georg Büchner. Über Wald und Bach lässt es sich bis zum Adlisberg wandern, der Weg führt via Loorenkopf bis zum prächtigen, altehrwürdigen Hotel Dolder Grand.

Mit der Seilbahn Rigiblick auf die Bergstation, in Richtung Römerhof zurück in die Stadt

158

Kunsthaus

Zürichs Kunstmuseum

Dank der Förderung Zürcher Kaufleute wurde 1910 der erste Teil des heutigen Kunsthauses eröffnet. Immer wieder erweitert enthält der Bau heute eine beachtliche Sammlung internationaler Kunst.

Heimplatz 1, Zürich; Tel. 0 44/2 53 84 84; www.kunsthaus.ch

159 Programmkino Xenix

Treffpunkt der Cineasten

Das spleenigste Alternativkino von Zürich, ausgezeichnet mit dem Kleinen Kunstpreis der Stadt Zürich. Betrieben wird es, zusammen mit der Xenix-Bar, vom Filmclub Zürich, der sich auf die Fahnen geschrieben hat, kritisch zu politischen, gesellschaftlichen und kulturellen Themen Stellung zu beziehen. Umgesetzt wird dies durch monatlich wechselnde Schwerpunkte, die thematischer, geografischer, sozialer oder politischer Art sein können oder sich als Retrospektive ganz dem Werk von bestimmten Filmschaffenden widmen. Die Technik hingegen ist gar nicht retro, sondern auf dem neuesten Stand.

Kanzleistrasse 56, Zürich;
Tel. 0 44/2 42 04 11;
www.xenix.ch

160 Friends of Carlotta

Einzigartiger Schmuck

Seit 1995 zeigt Inhaberin Bruna Hauert außergewöhnlichen Schmuck von mehr als 80 zeitgenössischen internationalen Schmuckdesignern, darunter auch ihr eigenes Label »Friends of Carlotta«. Das Angebot ist mit über 1000 Schmuckstücken in seiner Material-, Verarbeitungstechnik- und Form-Vielfalt einzigartig: Ringe, Halsschmuck, Ohrschmuck, Männerschmuck, Armreifen, Kinderschmuck und Broschen aus Gold, Silber, Ziegenbockhaaren, Titan, Plastik, Edelsteinen, Filz, Stahl, Hasenzähnen, Stoff, Platin, Wolle, Diamanten, Porzellan Papier und vielen anderen ausgesuchten Materialien. Dabei wird nichts in Massen hergestellt – die Unikate und Kleinserien sind ein weiteres Plus für Schmucksammler und -liebhaber.

Neumarkt 22, Zürich;
Tel. 0 44/2 61 87 07;
www.foc.ch

161 Mesa

Kreative Küche

Im zeitlos zurückgenommenen Design des Restaurants Mesa entwickelt Küchenchef Antonio Colaianni seit 2012 kreative Gerichte und lässt kulinarische Einfälle nur so sprudeln. Mittags wird in dem kleinen Restaurant ein guter, wöchentlich wechselnder Businesslunch, abends werden zwei mehrgängige Menüs angeboten. Das Besondere: Ein Menü ist vegetarisch. In jedem Fall ist der italienische Touch der Speisen erkennbar. Inhaberin Linda Mühlemann teilt ihre Begeisterung für europäische Weine mit ihren Gästen.

Weinbergstrasse 75, Zürich;
Tel. 0 43/3 21 75 75;
www.mesa-restaurant.ch

Seebad Enge

162

Badi über dem Wasser

Über dem Wasser scheint Zürichs modernste Badeanstalt zu schweben, die 1959 für zwei ältere Kastenbäder gebaut wurde. Eines der zwei eingefassten Bassins ist nur für Frauen. Die Sauna ist eine der schönsten der Stadt, weitere Entspannungsangebote sind Massagen, Shiatsu und Yoga. Im Sommer geht es abends weiter mit Partys und Barbetrieb.

Mythenquai 9, Zürich; Tel. 0 44/2 01 38 89; www.tonttu.ch

163

Planetenweg
Lehrpfad am Uetliberg

Von der Bergstation Uetliberg kann man zur Luftseilbahn Felsenegg wandern. Von hier genießt man nicht nur schöne Ausblicke auf See und Berge, sondern bekommt Einblick in unser Sonnensystem und seine Größenverhältnisse. Jeder Meter, den man auf dem Planetenweg zurücklegt, entspricht einer Mio. Kilometer von der Sonne über die Erde, die Venus, den Jupiter bis zum Pluto. Zu jedem Planeten gibt es unterwegs interessante Informationen. Zwar ist der Wanderweg 7 km lang, aber unterwegs kann man in Restaurants oder an Picknickplätzen Rast machen.

www.uetlibergverein.ch

164

Pflug
Typisches Quartierbeiz

Ein kleines Lokal mit noch kleinerer Karte, deren Gerichte dafür vorzüglich schmecken. Fürs Kochen trägt die Wirtin selbst Sorge. Die treffendste Zusammenfassung liefert das Restaurant Pflug selbst, mit seinem Slogan »Kulinarisches Erlebnis in gemütlicher Umgebung«. Ein typisches Zürcher Quartierbeiz.

Brauerstrasse 74, Zürich;
Tel. 0 44/2 42 44 11;
www.restaurantpflug.com

165

Bodega Española
¡Viva España!

Seit rund 150 Jahren existiert dieses spanische Restaurant. Im Erdgeschoss gibt es Tapas und Wein, auch die Lautstärke gehört dazu. Nachmittags kann es dafür herrlich ruhig sein. Im ersten Stock liegt das Restaurant Sala Morisca. Paella, Zarzuela, Parillada oder eine Tortilla, alles ist zu empfehlen.

Münstergasse 15, Zürich;
Tel. 0 44/2 51 23 10

166

Sorbetto ice-cream!
Ausgefallene Eissorten

Mitte der 1980er-Jahre fuhr Heinz Entzeroth mit dem Eiswaggon an der Seepromenade entlang und verkaufte Eis vom Lieferanten der Kronenhalle. Als ihm die Qualität nicht mehr zusagte, begann er sein eigenes Sorbet und Milcheis zu machen – darunter so herrliche Sorten wie Ginger-Lime, Tomatensorbet, Maroni- oder Wasabieis.

Neptunstrasse 49, Zürich;
Tel. 0 44/2 62 75 75;
www.sorbetto.ch

Street Parade

Größte Techno-Party der Welt

167

Das ist sicherlich das schrillste Outdoor-Event Zürichs, und die Schweizer haben größenmäßig sogar Berlin überholt: Jedes Jahr pilgern Hunderttausende Tanzbegeisterte zur Street Parade ans Zürcher Seebecken. Ab dem Nachmittag bewegen sich 30 Lovemobiles auf der für den Verkehr gesperrten Strecke vom Utoquai in Richtung Rentenanstalt und Hafendamm Enge. Bekannte Elektrogrößen sorgen dafür, dass den ganzen Tag über getanzt und gefeiert wird. Entlang der Route befinden sich sechs Bühnen, jede mit eigenem Programm. Die Street Parade ist ein Highlight für die jung(geblieben)en Wilden – alle anderen flüchten an diesem Tag aus der Stadt.

Zürich; www.streetparade.ch; Ende Aug.

Spiegelgasse

Geschichte an jeder Ecke

168

Die Spiegelgasse ist eine der geschichtsträchtigen Gassen der Zürcher Altstadt. Gleich am Beginn befand sich die Holländische Meierei, geführt von dem Seemann Ephraim Ian. Hier wurde das Cabaret Voltaire im Jahr 1916 gegründet. Weiter oben im Haus zum Waldries (Nr. 11) besuchte Goethe den Gelehrten Johann Kaspar Lavater. Im Haus Nr. 12 starb 1837 der Dramatiker Georg Büchner, der hier »Woyzeck« und »Dantons Tod« schrieb. Und in Nr. 14 wohnte 1916/1917 Lenin und schrieb hier an seinem »Imperialismus als höchstes Stadium des Kapitalismus«. Dann brach er auf, um seine Theorien in die Praxis umzusetzen, sprich: die Russische Revolution zu vollenden. Schriftsteller Peter Weiss hat ein schönes Bild für die historische Situation gefunden: »Die Spiegelgasse wurde zum Sinnbild der gewaltsamen, doppelten, der wachen und geträumten Revolution.«

Zürich; www.zuerich.com

169

Cabaret Voltaire

Ursprung des Dadaismus

Hier war die Geburtsstunde des Dadaismus, als das Cabaret Voltaire am 5. Februar 1916 von einem Kreis junger Emigranten um Hugo Ball und Hans Arp eröffnet wurde. Zürich galt für die Künstler als »friedliche Insel in einem Ozean von Völkerhochmut«. 100 Jahre später gibt es wieder ein Cabaret Voltaire mit kleiner Bühne und Ausstellungsräumen. In die Hauswand ist ein goldener Nabel zum Gedenken eingelassen.

Spiegelgasse 1, Zürich; Tel. 0 43/2 68 57 20; www.cabaretvoltaire.ch

170 Bahnhof Stadelhofen

Moderne Architektur

Der spanische Architekt Santiago Calatrava schuf 1990 dieses unkonventionelle Bauwerk aus Beton, wobei ihm die Rippen eines Stiers als Vorbild dienten. Es gilt heute als ein geglücktes Beispiel für moderne Architektur. Besonders auffallend sind die kunstvollen Klapptore zur Verschließung des unterirdischen Ladenbereichs.

Goethestrasse 24, Zürich

171 Bauschänzli

Insel in der Limmat

Als Bastion gegen Angriffe von der Seeseite wurde das Bauschänzli 1660 in den See gebaut. Seit 1884 trennt die Quaibrücke das »Schänzli« vom See, damals legten auch die ersten Dampfboote an. Heute ist die kleine Insel in der Limmat im Sommer ein großer Biergarten. Im Dezember gastiert hier der Zirkus Conelli, dessen beleuchtetes Zelt weithin sichtbar ist.

Stadthausquai, Zürich;
www.bauschaenzli.ch

172 Café Odeon

Geschichtsträchtiges Jugendstilambiente

»Damals war Zürich von einer Armee von internat. Revolutionären, Reformatoren, Dichtern, Malern, Neutönern, Philosophen, Politikern und Friedensaposteln besetzt. Sie trafen sich vorzüglich im Café Odeon ...«, schrieb der Dadaist Hans Arp. Auch James Joyce, Stefan Zweig, Thomas Mann und Albert Einstein zechten inmitten dieses prächtigen Jugendstilambientes.

Limmatquai 2, Zürich; Tel. 0 44/ 2 51 16 50; www.odeon.ch

173 Chinagarten

Oase der Ruhe

Beim Zürichhorn am See liegt der Chinagarten, den die chinesische Partnerstadt Kunming im Jahr 1993 der Stadt Zürich schenkte. Die chinesischen Pavillons und die Gartenarchitektur stellen eine intensive Auseinandersetzung mit einem der Hauptthemen der chinesischen Kultur dar: Die »Drei Freunde im Winter«, Föhre, Bambus und Winterkirsche, trotzen gemeinsam der kalten Jahreszeit. Darüber hinaus sind mehr als 500 Landschaftsbilder und Stillleben zu sehen. Eine Oase der Ruhe!

Bellerivestrasse 138, Zürich;
www.chinagarten.ch;
März–Okt.

Christkindlimarkt
Zürich weihnachtlich

174

Verführerischer Geruch nach Glühwein und gerösteten Mandeln: Der Zürcher Christkindlimarkt, einer der größten überdachten Weihnachtsmärkte Europas, findet seit über 20 Jahren in der großen Haupthalle im Hauptbahnhof statt. Ein besonderer Blickfang ist der große Weihnachtsbaum, geschmückt mit 7000 funkelnden Kristallen und Ornamenten. In direkter Nachbarschaft findet im Landesmuseum Zürich mit Bastelstunden, Weihnachtsführungen und einer beeindruckenden Krippenausstellung ein tolles Ergänzungsprogramm statt.

Hauptbahnhof, Zürich;
www.christkindlimarkt.ch

175

Nonam
Nordamerikanische Kultur

Das Nordamerika Native Museum ist einzigartig in Europa. Hier begegnet man auf ungewöhnliche Art der Kultur der nordamerikanischen Urbevölkerung in Exponaten wie Kleidung, Masken, Schmuck und Kultrequisiten. Das einstige Provisorium hat sich in über 50 Jahren zum Museum mit internationaler Ausstrahlung und einem umfassenden Kulturangebot gemausert. Der Museumsparcours führt durch die Plains und Prärien, das nordöstliche Waldland und die Subarktis, hinauf in die Arktis, entlang der Nordwestküste, bis hinunter in den Südwesten der USA. Auch Werke des Zürcher Indianerkenners und Malers Johann Karl Bodmer (1809–1893) sind zu sehen.

Seefeldstrasse 317, Zürich;
Tel. 0 44/4 13 49 90;
www.nonam.ch

176

Steinfels
Szenelokal mit Selbstgebrautem

Selbst gebrautes, köstliches Bier ist das Markenzeichen dieses Szenelokals. Hergestellt werden Lager, Pils und Weizenbier. Daneben sorgen saisonale Biere für Abwechslung, z. B. das Frühlingsbier, das mit Orangenblüten gebraut wird. Dem Braumeister kann übrigens bei der Arbeit über die Schulter geblickt werden, denn nur eine Glaswand trennt ihn von den Gästen. Auch die Speisen sind zu empfehlen: Die Auswahl ist geprägt von pan-pazifischen Einflüssen und Spezialitäten der kalifornischen, asiatischen sowie mediterranen Küche. Eingerichtet ist das Steinfels farbenfroh und im Stil der 70er-Jahre. Gut gelaunt und gestärkt bietet sich nach einem Besuch die weitere Erkundung des Ausgehviertels Züri West an.

Heinrichstrasse 267, Zürich;
Tel. 0 44/2 71 10 30;
www.steinfels-zuerich.ch

177

Eidgenössische Technische Hochschule

Architektonische Perle des Historismus

Entworfen vom Architekten Gottfried Semper (19. Jh.), gilt die ETH als das bedeutendste Werk des Historismus in der Schweiz. Zwischen 1914 und 1925 wurde der Komplex erweitert, u. a. kam die Kuppel hinzu. Von der Polyterrasse, auf der man im Sommer sitzen kann, hat man einen schönen Blick über die Stadt.

Rämistrasse 101, Zürich; www.ethz.ch

Sihlwald

Mini-Nationalpark

178

Die durch Gletscher geformte Landschaft des Mini-Nationalparks mitten im Ballungsraum Zürich bietet ein interessantes Wandergebiet und wechselt von steilen Abhängen und Schluchten zu Wiesen und kleinen Waldseen. Beim Spaziergang im Sihlwald stößt man auf Gegenden mit sagenumwobenem Hintergrund, auf atemberaubende Aussichtspunkte oder lauschige Plätzchen. Im Wildpark Langenberg können Wildtiere wie Bären, Biber und Luchse in riesigen, naturnahen Gehegen beobachtet werden – fast wie in freier Wildbahn.

Alte Sihltalstrasse 38, Sihlwald;
Tel. 0 44/7 22 55 22;
www.wildnispark.ch

179

Silvesterzauber

Größte Silvesterparty der Schweiz

Das alte Jahr verabschieden und das neue begrüßen: Dazu ist der Silvesterzauber, die größte Silvesterparty der Schweiz, rund um das Zürichseebecken ein wunderbarer Ort. Für Stimmung sorgen zahlreiche Konzert- und Festbühnen, Partyzelte, Bars und Essensstände mit Köstlichkeiten aus aller Welt, der Lichterzauber in der Altstadt und natürlich das große, 15-minütige Silvesterfeuerwerk, das die Zürcher Hoteliers spendieren. Prosit Neujahr!

rund um das Seebecken, Zürich;
www.silvesterzauber.ch

180

Sky Bar »Top of Eden«

Sundowner mit Ausblick

Im Hotel Eden au Lac wurde die Terrasse zu einer Cafébar ausgebaut. Das eröffnete ganz neue Horizonte, denn der Blick von dort ist einfach gigantisch: weit über den See, die Berge und die Altstadt. Das Top of Eden ist zum Sundowner-Cocktail ein guter Ort! Selbst im Winter kann man bei Glühwein, Fondue sowie Wärmflaschen und Wolldecken das Panorama genießen.

Utoquai 45, Zürich;
Tel. 0 44/2 66 27 07;
www.edenaulac.ch

181 Shopping im »Chreis« Cheib

Hip und außergewöhnlich

Für einen Bummel durch den »Chreis Cheib«, Stadtkreise 4 und 5, findet man alles auf der ausführlichen Website. Rund um die Langstraße konzentrieren sich die tollsten Shops: Trendboutiquen, Shops für Design, Accessoires, Bücher, Kunst oder Schmuck. Zudem sind einige interessante Läden im ehemaligen Eisenbahnviadukt zu finden. Auch hippe Bars, Cafés und Restaurants werden auf der Website vorgestellt.

www.kreislauf4und5.ch; www.im-viadukt.ch

182 Bahnhofstrasse

Edle Einkaufsmeile

Hauptmeile der Einkaufslust und nicht nur Zentrum versteckter Bankenmacht ist eindeutig die nach dem Vorbild französischer Boulevards gestaltete Bahnhofstrasse. Sie ist Zürichs Symbol Nr. 1 für Wohlstand und wirtschaftlichen Aufschwung. Von Linden bewachsen erstreckt sie sich auf gut 1 km vom Hauptbahnhof bis zum See, ein Geschäft reiht sich an das andere.

Bahnhofstrasse, Zürich

183 Seebad Utoquai

Zürcher Badi

Das schöne, nostalgische Holzbad am Utoquai ist das Szenebad von Zürich. Nicht das Schwimmen ist das Wichtigste, sondern das »Sehen und gesehen werden«. Auf dem linken Floß kann Frau unter sich sein, rechts die Männer, und in der Mitte können beide Geschlechter in der Sonne liegen oder von den Sprungtürmen ins kühle Nass springen. Bei Vollmond gibt es besondere Angebote. Für Kinder sind andere Bäder mit mehr Platz zum Spielen besser geeignet. Für alle Älteren gilt: Wellness und Abendsonne total!

Utoquai, Zürich;
Tel. 0 44/2 51 61 51;
Mai–Sep.

184 Schlüssel

Gemütliche Beiz

Gastgeber Werner Frei begrüßt aufs Herzlichste die Gäste, und in der Küche überlässt Roman Wyss nichts dem Zufall. Die kleine Karte mit Schweizer Gerichten, wie Gehacktes mit Hörnli, wird durch Wochenhits wie Siedfleisch auf Randensalat oder Wolfsbarschfilet mit Sommertrüffel ergänzt. Das Schlüssel ist eine gemütliche Quartiersbeiz im Seefeld, man speist an Holztischen im hellen Ambiente und sollte unbedingt reservieren! Am Wochenende ist das Restaurant geschlossen.

Seefeldstrasse 177, Zürich;
Tel. 0 44/4 22 02 46;
www.restaurant-schluessel-zuerich.ch

185 Sechseläuten

Winter adé!

Jedes Jahr an einem Montag im April wird in Zürich der Winter verbrannt. Aus vorchristlichem Brauch entstanden, ist das Sechseläuten das bedeutendste Volksfest der Zürcher. Noch immer erinnern die farbenprächtigen Kostüme daran, dass es ursprünglich das Fest der Zünfte war. Heute steht natürlich das gesellschaftliche Großereignis im Vordergrund. Es beginnt am Sonntag mit einem Kinderumzug und wird mit einem riesigen Tausendfüßler, der sich durch die Altstadt windet, am Montag fortgesetzt. Die historischen Kostüme reichen vom Mittelalter bis ins Biedermeier. Das Ziel des Montagsumzuges ist die Sechseläuten-Wiese am Bellevue, wo der »Böögg« wartet – ein mit Knallkörpern versehener Strohmann, gefüllt mit Watte, der auf einem Scheiterhaufen steht und um Punkt 18 Uhr angezündet wird. Verliert der »Böögg« den Kopf schnell, ist auch der Winter bald vorbei.

Zürich; www.sechselaeuten.ch

186 Stiftung Sammlung E.G. Bührle
Europäische Kunst

In der Villa befindet sich eine schöne Privatsammlung europ. Kunst, die der Industrielle Emil G. Bührle (1890–1956) zusammengetragen hatte: (Post)-Impressionisten, holländische Maler des 17. Jh., Gemälde von Canaletto, Goya und El Greco. Nach einem spektakulären Raubüberfall 2008 kann nur noch während öffentlicher Führungen besichtigt werden.

Zollikerstrasse 172, Zürich;
Tel. 0 44/4 22 00 86;
www.buehrle.ch

187 Theatermuseum Stok
Schätze und Kuriositäten

Eine Welt der Feen und Faune, der Masken, Kostüme und Requisiten. Aus dem Archiv des Theaters am Hirschengraben werden seit 1970 Schätze und Kuriositäten gesammelt. Erica Hänssler und Peter Doppelfeld wohnen in dieser Traumwelt und öffnen sie angemeldeten Besuchern.

Sihlquai 252, Zürich;
Tel. 0 44/2 71 20 64;
www.theater-stok.ch

188 Sternen Grill
Wurst-Anlaufstelle am Bellevueplatz

Ob in der Opernpause oder beim Shopping, nach bzw. vor dem Kino oder beim Warten auf die Tram – am Imbiss am Bellevueplatz trifft man sich, denn hier gibt es bis Mitternacht die leckere einzigartige Kalbsbratwurst, und das seit über 50 Jahren! Wurstfans pilgern für eine Spezial Servelat oder St. Galler durch die ganze Stadt.

Theaterstrasse 22, Zürich;
Tel. 0 43/2 68 20 80;
www.sternengrill.ch

189 Wasserkirche
Insel der Gläubigen

Die spätgotische Wasserkirche, Ende des 15. Jh. von Hans Felder erbaut, stand zusammen mit dem Helmhaus bis zur Aufschüttung des Limmatquais auf einer Insel im Fluss. Auch heute noch ragt sie in den Fluss hinein.
Man sagt, sie sei an dem Ort errichtet, an dem die Schutzheiligen Zürichs, Felix und Regula, enthauptet wurden. Sie sollen dann ihre abgeschlagenen Häupter in die Hände genommen haben und »vom Fluss 40 Ellen weit bergan bis zur Stätte, wo sie begraben werden wollten«, hinaufgestiegen sein. Das war das Grossmünster.

Limmatquai 31, Zürich;
www.kirche-zh.ch

190

Polybahn

»Studenten-Express«

Ein Zürcher Wahrzeichen: 1889 in Betrieb genommen, befördert die Standseilbahn heute pro Richtung alle 2,5 Min. 50 Passagiere. Die Linienführung ist noch genau dieselbe wie bei der Eröffnung. 1976 in letzter Minute von einer Schweizer Bank vor dem Untergang gerettet, wurde die historische Polybahn 1996 komplett renoviert und mit modernster Technik ausgerüstet. Dank der kompletten Erneuerung wird der »Studenten-Express« auch kommende Generationen vom Central zu den Hochschulen und retour befördern können, am schönsten im vorderen, offenen Abteil.

Central 1, Zürich; www.polybahn-zürich.ch

191 Osteria Candosin

Cucina e libri vegetariani

Man sitzt wie im Wohnzimmer von guten Freunden, stilvoll und umgeben von Büchern. Vegetarische Kochbücher, um genau zu sein, die man durchblättern, lesen oder kaufen kann. Einige davon hat der Chef selbst geschrieben. Doch Carlo Bernasconi ist nicht nur Autor und Journalist, sondern auch ein vorzüglicher Koch und Gastgeber. Von Mittwoch bis Samstag bietet er jeweils ein vegetarisches Vier-Gänge-Menü aus dem Fundus der italienischen Küche. Als fleischliche Ausnahme gibt es jeden Abend auf Wunsch aber auch die legendären »Ravioli Nonna Maria« mit Geflügelfüllung, nach dem Rezept von Bernasconis Großmutter.

Fröhlichstrasse 39, Zürich;
Tel. 0 44/3 83 21 39;
www.osteriacandosin.ch

192 Rathaus

Repräsentativer Bau an der Limmat

1698 wurde der dreistöckige Spätrenaissancebau mit ornamental geschmückter Sandsteinfassade und Walmdach am Limmatquai vollendet und war damit das dritte Rathaus an dieser Stelle, was von einem gestiegenen Repräsentationsbedürfnis der selbstständigen Stadt zeugte. Das Bauwerk entstand unter der Leitung des baukundigen Ratsherrn J. H. Holzhalb. Heute ist das Rathaus neben Helmhaus und Wasserkirche der einzige Bau, der an dieser Uferseite direkt an der Limmat steht. Auffallend ist das barocke Portal aus schwarzem Marmor an der Ostseite. Besonders sehenswert sind der barocke Festsaal, den eine prunkvolle Stuckdecke mit Ölgemälden schmückt, sowie ein Rokokoturmofen aus dem Jahr 1763.

Limmatquai 55, Zürich;
www.kantonsrat.zh.ch

193 Uhrenmuseum Beyer

Alle Zeit der Welt

Zeitmesser aller Art: Sonnenuhren, Sanduhren, Öluhren, Wasseruhren, wissenschaftliche Messinstrumente des 16. und 17. Jh., Schweizer Holzräderuhren, Meisterwerke der Renaissance, Marine-Uhren und Navigationsinstrumente – wo kann ein solches Museum stehen, wenn nicht in der Schweiz? Die Kollektion von Zeitmessinstrumenten umfasst sogar Exponate aus vorchristlichen Epochen. Beyer ist eine der ältesten Uhren-Dynastien Zürichs und besitzt auch eine hochkarätige käufliche Kollektion.

Bahnhofstrasse 31, Zürich;
Tel. 0 43/3 44 63 63;
www.beyer-ch.com

194 Kronenhalle

Dinieren mit Tradition

Man kann sich darüber streiten, ob das Essen sein Geld wert ist. Worüber man sich nicht streiten kann: Es ist ein wunderschöner Traditionsort. Die oberen Zehntausend, die Prominenz und viele Künstler sind hier Stammgäste. Gegessen wird unter einem Chagall oder Miró. Max Frisch befand, dass »das Geheimnis der Kronenhalle eines jener Rätsel ist, die man einfach nicht entschlüsseln kann«.

Rämistrasse 4, Zürich;
Tel. 0 44/2 62 99 00;
www.kronenhalle.ch

195 Paradeplatz

Herz der Bahnhofstrasse

Er ist das Herz der Bahnhofstrasse, in dessen Umkreis sich das elegante Zürich und die Schweizer Großbanken konzentrieren. Bis zum Ende des 18. Jh. wurden hier noch Schweine verkauft, deswegen hieß er damals Schweinemarkt (Söimart). Von 1819 bis 1863 wurde er Neumarkt genannt, und als man begann, hier Militärparaden abzuhalten, bürgerte sich der heutige Name ein.

Bahnhofstrasse, Zürich; www.zuerich.com

196 Fraumünster

Karolinger Kloster

Die Kirche und das Kloster wurden von den Karolingern gegründet und 853 erstmals urkundlich erwähnt. Die jeweilige Äbtissin hatte große Macht, die jedoch durch die Reformation beendet wurde. Das Kloster wurde aufgelöst, die Kirche und der Kreuzgang, der sie heute mit dem Stadthaus verbindet, blieben erhalten. Im Kreuzgang befindet sich ein Freskenzyklus mit der Hirschlegende, die von Paul Bodmer gemalt wurde.

Münsterhof 2, Zürich;
www.fraumuenster.ch

197 Baur au Lac

Sommer auf der Hotel-Terrasse

Die schöne »Rive Gauche«-Terrasse im Garten des Baur au Lac ist im Sommer ein Muss! Ob zum Lunch, zum Cocktail mit einem Swiss-Martini oder zum »Starlight Dinner«, man sitzt windgeschützt inmitten von Buchsbäumen und Rosmarinsträuchern unter weißen großen Sonnenschirmen in bequemen Sesseln und genießt die Lounge-Atmosphäre. Hier kommen sommerliche Gefühle immer ein bisschen früher auf als anderswo.

Talstrasse 1, Zürich;
Tel. 0 44/2 20 50 28;
www.agauche.ch

198 Löwenbräu-Areal

Gegenwartskunst

Moderne Kunst im historischen Ambiente. Das Gelände der ehemaligen Brauerei ist der Ort für Gegenwartskunst in der Schweiz; zudem hat sich hier eine der bedeutendsten Kunstszenen Europas etabliert. Mehr als 20 hochkarätige Ausstellungen werden auf dem Gelände jährlich gezeigt. Neben den Museen Migros und Kunsthalle befinden sich hier Galerien wie Bob van Orsouw und Hauser & Wirth, der Westbau Terrassenraum mit diversen Kulturveranstaltungen sowie der heute kaum mehr wegzudenkende Buchladen Kunstgriff.

Limmatstrasse 264–270, Zürich;
www.loewenbraeukunst.ch

Besucher, Geladener, Zus.:

La Salle

199

Sehen und Gesehenwerden

In der Schiffbauhalle finden sich nicht nur das Theaterpublikum und die männliche Führungsriege ein: Es geht um Sehen und Gesehenwerden in diesem »Aquarium«, wo unter einem riesigen Muranolüster fast 200 Gäste Platz finden. Sehr gut schmeckt das Kalbsschnitzel, aber auch die Fisch- und Meeresfrüchtegerichte sind immer zu empfehlen. Wer nichts Großes essen will, kann an der Bar Platz nehmen oder an einem langen Tisch für Drinks und Häppchen. Unbedingt reservieren!

Schiffbaustr. 4, Zürich; Tel. 0 44/2 58 70 71; www.lasalle-restaurant.ch

Ines Boesch & Co.

Schmucke Geschenke aus Keramik

200

Hier finden kleine und große Prinzessinnen wunderschön gestalteten Keramikschmuck und handbemalte Fayencen, bedruckte Stoffe und Seidentücher, gut Riechendes aus der Klosterapotheke Santa Maria Novella in Florenz, ungewöhnliches Geschirr und ausgefallene Geschenkartikel. Jedes Objekt ist handverlesen und schön präsentiert. Die Markenzeichen von Designerin Ines Boesch sind märchenhafte Motive, barocke Ornamente und Vichy-Karos in typischem, provenzalisch-bäuerlichem Stil.

Weggengasse 6, Zürich;
Tel. 0 43/3 44 84 10;
www.inesboesch.ch

201 Kolonialwaren Schwarzenbach

Duftes Traditionshaus

Der Name Schwarzenbach steht für eines der bekanntesten Kolonialwarengeschäfte der Welt, aber auch für Nostalgie, Tradition und für eine Inneneinrichtung, die sich seit 1912 nicht geändert hat. Elf verschiedene Reissorten werden in großen Papiersäcken aufbewahrt. Herrliche Düfte – nach Muskat, Zimt oder Ingwer – ziehen durch den Raum. Unzählige Teesorten werden feilgeboten, neben Konfitüren, Teigwaren, Essigen und Ölen. Der Kaffee wird zweimal pro Woche bei geöffneten Fenstern frisch gemischt und geröstet. Außerdem gibt es ein schönes Café zum Verweilen.

Münstergasse 19, Zürich;
Tel. 0 44/2 61 13 15;
www.schwarzenbach.ch

202 Zurich Film Festival

Filmemacher zum Greifen nah

Der kulturelle Austausch zwischen Stars, jungen Filmemachern und dem Publikum gelingt auf dem international etablierten Filmfestival durch zahlreiche Filmvorführungen in Anwesenheit der Filmemacher sowie öffentliche Masterclasses. Das Wichtigste und Spannendste bleiben natürlich die Filme selbst: inspirierende Spiel- und Dokumentarfilme, darunter einige Weltpremieren.

um den Bellevueplatz, Zürich; www.zurichfilmfestival.org; Sep./Okt.

203 Freestyle

Action-Sports-Event

Freestyle ist der größte Action-Sports-Event in Europa. An einem Septemberwochenende zeigen die weltbesten Snowboarder, Freeskier, FMXer, Mountainbiker und Skateboarder ihre waghalsigsten Sprünge und Drehungen auf der Landiwiese. Der Eintritt ist frei. Am Samstagabend gibt es verschiedene Aftershow-Partys in der City.

Landiwiese Mythenquai, Zürich; www.freestyle.ch; Sep.

204 Freitag

Tolle Taschen

Schon allein das Zürcher Stammhaus zu besuchen, ist ein Erlebnis: Am Rande des Werksgeländes erhebt sich ein 26 m hoher Turm aus neben- und übereinandergestapelten Containern. Auf dem Dach befindet sich eine Aussichtsplattform, von der man weit über Zürichs Dächer schauen kann. 1993 waren die Brüder Markus und Daniel Freitag auf der Suche nach einer Umhängetasche. Vor den Fenstern ihrer Wohngemeinschaft an der Hardbrücke rollten die Laster vorbei. So kam den beiden die Idee, aus Lkw-Planen Taschen zu produzieren.

Geroldstrasse 17, Zürich; www.freitag.ch

Kochkurs im Hiltl

Traditionell vegetarisch

Ein ganz besonderes Erlebnis für alle, die mehr Zeit in Zürich verbringen und gern vegetarisch essen, ist der Kochkurs im Hiltl. Mit einer kleinen Gruppe von Kindern, Jugendlichen, Erwachsenen oder Profis werden raffinierte Spezialitäten zubereitet, angeleitet von dem Kochatelier-Team. Hinterher wird das zubereitete Mahl (meistens ein Drei-Gänge-Menü) gemeinsam verspeist. Auf der Website finden sich die Termine für die Kurse, die etwa vier Stunden dauern. Das Hiltl steht sogar im »Guinnessbuch der Rekorde«, denn es ist Europas ältestes vegetarisches Restaurant. Mit Gastroprofi Rolf Hiltl, vierte Generation der Hiltls, hat der Lifestyle die Ideologie längst überholt. Er hat die vegetarische Küche hip gemacht, denn hier sind unter einem Dach vereint: Restaurant, Take-away, Club, Salon, Disco und Kochschule.

205

Sihlstrasse 28, Zürich;
Tel. 0 44/2 27 70 00;
www.hiltl.ch

206

Grossmünster

Weithin sichtbares Wahrzeichen

Der Legende nach soll Karl der Große auf der Jagd einen Hirsch von Aachen bis Zürich verfolgt haben. An der Stelle des jetzigen Grossmünsters sank sein Pferd plötzlich in die Knie, um ihm zu zeigen, dass an dieser Stelle ein Märtyrer begraben sei. Karl habe die Gebeine heben lassen und Kirche sowie Propstei des Grossmünsters gestiftet. Im Südturm erinnert ein steinernes Denkmal an sein Wirken. Wer das Grossmünster durch das mit romanischen Figuren geschmückte Hauptportal betreten hat, ist erstaunt über die Schlichtheit des wuchtigen Kirchenschiffs – ein Ergebnis der Reformation: Als Huldrych Zwingli hier 1519 bis 1531 predigte, ließ er alles, was der Kirche Glanz verlieh, entfernen.

Grossmünsterplatz, Zürich; www.grossmuenster.ch

207 Landesmuseum Zürich

Kulturgeschichte der Schweiz

Seit wann existiert die Schweiz und wie ist sie geprägt? Antworten liefert das Landesmuseum Zürich, das die größte kulturgeschichtliche Sammlung der Schweiz beherbergt. Wie die früheren Generationen lebten, dokumentieren original ausgestattete Zimmer aus dem 15. bis 17. Jh. und Möbel der letzten 100 Jahre. Wechselausstellungen bilden das Bindeglied zu aktuellen Themen.

Museumstrasse 2, Zürich;
Tel. 0 58/4 66 65 11;
www.nationalmuseum.ch

208 Zoo Zürich

Ein Stück Wildnis in der Stadt

Am Zürichberg oberhalb der Stadt liegt am Waldrand der Zoologische Garten. Interessant sind hier neben dem Affenhaus mit 20 Arten das Exotarium mit seinen Riesenschlangen, Siamkrokodilen und Königspinguinen, das Aquarium sowie ein Minizoo für Kinder. Ein weiteres Highlight ist die Masoala-Halle (Masoala heißt eine Halbinsel auf Madagaskar) mit angrenzendem Informationszentrum, mit der der Zoo eine direkte Verbindung zu seinem Naturschutzprojekt auf Madagaskar schuf. In der 11000 qkm großen Halle wurde ein immergrüner, tropisch warmer und feuchter Tiefland-Regenwald gepflanzt mit Palmen, Bäumen, Farnen, Lianen und Orchideen. Der Baumkronenweg durch die Halle offenbart einen neuen Blick. Die neueste Attraktion ist der Kaeng Krachan Elefantenpark, eine großzügige Wald- und Flusslandschaft, die dem Lebensstil der Tiere besonders entgegenkommt. Asiatische Schweine und Huftiere teilen sich den Lebensraum mit den Elefanten.

Zürichbergstrasse 221, Zürich;
Tel. 0 44/2 54 25 00;
www.zoo.ch

209 Neumarkt

Mittelalterliches Flair

Als der Stadtmauerring um 1300 fertiggestellt war, kam man durch das Kronentor in diese schmale Straße. Hinter den Häusern gab es große Gärten, was den Neumarkt zum »Aristokratenwinkel« machte. Als das Stadttor 1827 abgerissen wurde, erbaute man an seiner Stelle ein Biedermeiergebäude (Seilergraben 1). Am Neumarkt sind noch viele mittelalterliche Gebäude erhalten. Ursprünglich war hier ein Viehmarkt, deswegen heißt die Verlängerung auch Rindermarkt. Wo Spiegelgasse und Rehgässchen auf den Neumarkt treffen, wirkt er fast wie ein Platz.

Neumarkt/Rindermarkt, Zürich

Expovina

Zürcher Weinwelten

210

Auf den zwölf mit Girlanden geschmückten Zürichsee-Schiffen präsentieren Weinhändler und -produzenten seit über 60 Jahren zwei Wochen lang um die 4000 Weine aus 23 Ländern. Rund 70000 Weinfreunde tauchen alljährlich in die Weinwelt ein.

Bürkliplatz, Zürich;
www.expovina.ch;
Okt./Nov.

211

Zürcher Theaterspektakel

Theater aus der ganzen Welt

Ein internationales Theaterfestival auf der Landiwiese am See, wo in zehn Spielstätten, etwa in Zelten, in der Werfthalle der Zürichsee-Schifffahrtsgesellschaft und in der Roten Fabrik, experimentelles Theater gespielt wird. 1980 gegründet, zählt es heute zu den wichtigsten europäischen Festivals für zeitgenössische Formen der darstellenden Künste. Rund 40 Künstler(-gruppen) aus Europa, Afrika, Asien, Lateinamerika und der restlichen Welt, deren Arbeiten durch inhaltliche Relevanz, formale Eigenständigkeit, innovativen Charakter und künstlerische Ambition auffallen, sind zu sehen, teilweise sogar in Produktionen eigens für das Festival.

Landiwiese, Zürich; www.theaterspektakel.ch; Aug./Sep.

212 Niederdorf und Oberdorf

Pulsierendes Zürich

Die rechtsufrige Altstadt der Limmat ist Zürichs lebendigstes Quartier. Wenn man von der Rathausbrücke die Marktgasse hinaufgeht, verläuft nach Norden die Niederdorfstrasse, eine schmale Gasse mit Läden, Bierhallen, Restaurants, Imbissen und Vergnügungslokalen. Nach Süden führt die Münstergasse, im weiteren Verlauf die Oberdorfstrasse. Einige schmale Stichgässchen durchziehen die »Hauptstraße« zur Limmat hin.

Central bis Bellevueplatz, Zürich

213 Zwingli-Denkmal

Erinnerung an die Zürcher Reformation

1519 wurde Ulrich Zwingli (1484–1531) Priester am Grossmünster. In den folgenden Jahren gelang es ihm, das religiöse Leben und die politische Ordnung Zürichs von Grund auf umzugestalten. In Abkehr von Luther begründete er die reformierte Kirchentradition. Seit 1885 erinnert vor der Wasserkirche ein Denkmal an den Bilderstürmer Zwingli.

Limmatquai, Zürich;
www.zwingli.ch

Festspiele Zürich

Kultur überall

214

Kunst von Weltklasseformat! Die Festspiele Zürich sind ein Joint Venture zwischen Opernhaus, Schauspielhaus, Tonhalle und Kunsthaus unter Einbeziehung der kleineren Theater. Seit der Neukonzeptionierung 2013 wird jedes Jahr ein gemeinsames Motto aus verschiedenen Blickwinkeln ausgeleuchtet. Vier Wochen lang können sich die Besucher mit diesem in Form von Oper, Schauspiel, Konzerten (von Klassik bis Jazz), Tanz, Ausstellungen, Lesungen und Diskussionen auseinandersetzen.

www.festspielezuerich.ch;
Juni/Juli

Limmatschwimmen

Zürich geht baden

215

Wettschwimmen mitten durch die Stadt. Jeder kann teilnehmen – Voraussetzung ist Schnelligkeit bei der Anmeldung (begrenzte Teilnehmerzahl) und ein guter Draht nach oben: Bei schlechtem Wetter fällt die Veranstaltung ins Wasser.

Frauenbad–Oberer Letten, Zürich; www.limmatschwimmen.ch; Aug.

216 Küsnachter Tobel

Kulturwanderung

Der Zürcher Vorort Küsnacht besticht durch seine sonnige Seeuferlage und sein romantisches Hinterland wie den Küsnachter Tobel, über das man den berühmten Pfannenstiel erreicht. Dieser malerische Hügel inspiriert seit jeher Dichter und Künstler. Auf den Spuren von Thomas Mann und Max Frisch, die sich von der schönen Landschaft anregen ließen, spaziert man vorbei am Hotel Sonne, in dem Thomas Mann seine Gäste unterzubringen pflegte. Weiter geht es die Seestrasse entlang und an Weinstöcken und prächtigen Villengärten hinauf bis zur altrosafarbenen Mann-Villa. Ihre Lage und ihr Blick auf den See sind majestätisch. Der Weg führt am Schübelweiher entlang und anschließend hinab in den Tobel (ein Tobel ist eine Schlucht mit Bach), daraufhin Wegweisern folgend zur Burg Wulp, hoch gelegene Miniausgabe einer Steinruine, die zum Picknicken einlädt. Weiter verläuft die Route vorwiegend durch Tannengehölz in die Küsnachter Berge hinauf.

Startpunkt Seestrasse 120, Küsnacht

217 Kloster Kappel

Wahrzeichen und Ort der Ruhe

Die ehemalige Zisterzienserabtei Kappel und ihre frühgotische Klosterkirche beherrschen das Dorfbild. Die stiltypischen klaren Linien und ausgewogenen Proportionen sind z. B. an den steilen braunen Dächern und den Lanzettfenstern erkennbar. Letztere werden an der nördlichen Hochschiffwand durch wertvolle Glasmalereien mit Szenen aus dem Leben Jesu geschmückt. Heute wird das Kloster als Seminarhotel und Bildungshaus genutzt.

Kappelerhof 5, Kappel am Albis; Tel. 0 44/7 64 88 10; www.klosterkappel.ch

218 Rico's Sterneküche am See

Erfrischend unkompliziert und sprühend vor Lebensfreude wird man in dem Gourmettempel außerhalb von Zürich verwöhnt. Der Chef, Rico Zandonella, stand hier schon mit 14 Jahren am Herd, als Lehrling des legendären Horst Petermann. Als der seine »Kunststuben« schließlich an Zandonella übergab, änderten sich Name und Ambiente (liebevoll verspielt, kräftige Farben und schillernde Akzente von Stardesigner Carlo Rampazzi), nicht aber der kulinarische Anspruch, von dem 2 Michelin-Sterne und 18 Gault-Millau-Punkte künden.

Seestr. 160, Küsnacht; Tel. 0 44/9 10 07 15; www.ricozandonella.ch

Schifffahrt auf dem Bodensee
Neue Perspektiven

219

Der Ausblick auf die unverbaute Rheinlandschaft, den idyllischen Untersee und zahlreiche schmucke Städtchen und Dörfer machen die Stromfahrt der Schweizerischen Schifffahrtsgesellschaft zwischen Kreuzlingen und Schaffhausen unvergesslich. 17 Landestellen, z. B. die Konzilstadt Konstanz, die Klosterinsel Reichenau oder die malerische Altstadt von Stein am Rhein laden zu Zwischenstopps ein. Besondere Schmankerl sind kulinarische Spezialfahrten wie »Schiff und Fisch« oder eine Fonduefahrt.

Kreuzlingen–Schaffhausen und zurück; Tel. 0 52/6 34 08 88; www.urh.ch; April–Okt.

220 Sauriermuseum
Für große und kleine Paläontologen

Hier kann man kleine und große Dinosaurier (23 m lang ist der Brachiosaurus) anschauen oder dem Tyrannosaurus Rex in das zähnestrotzende Maul blicken. Sogar Originalskelette, die Hälfte davon aus eigenen Grabungen, können bestaunt werden. Im Dino-Kino gibt es aufregende Saurierfilme zu sehen und alljährliche Spezialausstellungen decken Themen wie Flugsaurier, einen fossilen Wal, ein Meereskrokodil oder Ammoniten ab.

Zürichstrasse 69, Aathal;
Tel. 0 44/9 32 14 18;
www.sauriermuseum.ch

221 Napoleonmuseum Thurgau
Lustwandeln im Schloss Arenenberg

Die Parkanlage des Schlosses mit ihrer Aussicht über den See, die Wein- und Obstplantagen bis zu den Alpen ist grandios! Man lustwandelt auf blühenden Wiesen und zwischen schattigen Bäumen, bewundert die Rasenbänke, Wasserspiele und Rosenspaliere. Auch die historischen Räume, in denen der junge Napoleon III., der letzte Kaiser Frankreichs, zusammen mit seiner Mutter Hortense von 1815 bis 1838 lebte, sind sehenswert.

Arenenberg, Salenstein;
Tel. 0 58/3 45 74 10;
www.napoleonmuseum.ch

222 Seilpark Atzmännig

Goldinger Abenteuer

Spaß und Nervenkitzel in luftiger Höhe werden im Seilpark Atzmännig geboten. Acht Parcours in verschiedenen Höhen und Schwierigkeitsgraden erfordern und trainieren Geschicklichkeit und Koordinationsvermögen. Auch die kleinsten Kletterer kommen nicht zu kurz: Auf der zusätzlichen »Frechspatz-« und der »Schmutzfink-Route«, zwei Parcours mit einem speziellen Sicherungssystem, können sich schon Vierjährige ausprobieren. Falls dann noch Langeweile aufkommt, warten eine Sommerrodelbahn und ein Freizeitpark, u. a. mit Riesen-Trampolin-Anlage, in unmittelbarer Nähe.

Atzmännigstrasse, Goldingen;
Tel. 0 55/2 84 64 34;
www.atzmaennig.ch;
April–Okt.

223 Knies Kinderzoo

Zoo des Traditionszirkus Knie

Im ersten Kinderzoo Europas steht die Begegnung zwischen Mensch und Tier im Vordergrund. Die Affen und Ponys darf man füttern, das Nashorn streicheln, die Kamele reiten, der Giraffe auf der Giraffenterrasse in die Augen blicken und die Elefanten duschen. Rund 400 Tiere aus 46 Arten beherbergt der Zoo, der zum schweizerischen Traditionszirkus Knie gehört. Für die Arterhaltung der stark gefährdeten Asiatischen Elefanten setzt sich der Elefantenpark Himmapan ein, der im Frühjahr 2015 eröffnet wurde.

Oberseestrasse, Rapperswil-Jona; Tel. 0 55/2 20 67 60;
www.knieskinderzoo.ch; März–Okt.

224

Markthalle Altenrhein

Hundertwasser am Bodensee

Vergoldete Zwiebeltürme, leuchtende Farben, geschwungene Linien, ungleiche Fenster, unebene Böden, bunte Keramiksäulen, schattige Wandelgänge und begrünte Dachflächen sind die Merkmale der Architektur von Friedensreich Hundertwasser. In seiner Bauweise wollte er alle Gleichmacherei, Sterilität und Anonymität ausschalten. Ein anschauliches Beispiel hierfür ist in der Gemeinde Thal zu finden. Ursprünglich als Markthalle entworfen, wird das Gebäude mittlerweile für kulturelle Veranstaltungen genutzt und beherbergt darüber hinaus ein Restaurant und eine Galerie.

Knotternstrasse 2, Staad; Tel. 0 71/8 55 81 85;
www.markthalle-altenrhein.ch

Forum Würth

Kunst am Bodensee

225

Direkt am Bodensee-Radweg gelegen, gibt es in Rorschach neben Natur und schöner Landschaft auch etwas für das Auge von Kunstliebhabern: Im Forum Würth wird Klassische Moderne und zeitgenössische Kunst ausgestellt, ein besonderer Schwerpunkt liegt dabei auf Skulpturen.

Churerstrasse 10, Rorschach;
Tel. 0 71/2 25 10 70;
www.forum-wuerth.ch

226 Sandskulpturenfestival

Vergänglich, aber unvergesslich

Im August ist in Rorschach die Kunst aus Sand gebaut: Für das internationale Sandskulpturenfestival werden jedes Jahr ca. 250 Tonnen Sand an den See transportiert. Die Künstlerteams aus aller Welt treten gegeneinander an und formen tagelang meterhohe Skulpturen aus dem fein rieselnden Baustoff.

Arion-Wiese, Thurgauerstrasse, Rorschach; Tel. 0 79/6 34 49 32; www.sandskulpturen.ch; Aug./Sep.

227 Spuren der Textiltradition

Geschichte allerorten

Malerische Fachwerkhäuser aus der Blütezeit der Stickereiindustrie im Stadtzentrum zeugen vom damaligen Wohlstand der Stadt. Typisch sind die vielen, oft mehrgeschossigen Erker – eine geführte Tour leitet zu den schönsten von ihnen. Das nahe Textilmuseum vermittelt einen spannenden, noch detaillierteren Einblick in die faszinierende Welt der Textilien vom Mittelalter bis zur Gegenwart.

Tourist Info: Bankgasse 9, Sankt Gallen; Tel. 0 71/2 27 37 37; www.st.gallen-bodensee.ch

228 Restaurant Jägerhof

Kreativ und köstlich

Der familiär geführte Jägerhof mit seinen individuellen Zimmern überzeugt besonders durch Inhaberin Vreni Gigers und Küchenchef Agron Lleshis preisgekrönte kreative Küche. In gemütlicher und freundlicher Atmosphäre kommen die Gäste in den Genuss von dem, was das Team selbst gerne isst. Ein simples Konzept, das offensichtlich aufgeht. Etwas ganz Besonderes ist ein Tisch direkt in Vreni Gigers Küche, der für 2–6 Personen inkl. Überraschungsmenü reserviert werden kann.

Brühlbleichestrasse 11, Sankt Gallen; Tel. 0 71/2 45 50 22; www.jaegerhof.ch

Stiftsbezirk Sankt Gallen

Unesco-Weltkulturerbe

Aus der Mönchsklause des Gallus entwickelte sich das berühmte Stift, das im 9. bis 11. Jh. eines der bedeutendsten Kulturzentren des Abendlandes war und heute zum Unesco-Weltkulturerbe zählt. Hauptsehenswürdigkeit des Klosters ist die Stiftsbibliothek: Der über zwei Stockwerke reichende Saal ist ein Juwel des Rokoko. Fast könnte man bei so viel Glanz die ausgestellten Kostbarkeiten, etwa den karolingischen Klosterplan von 820, übersehen. Die Bibliothek besitzt eine der bedeutendsten Handschriftensammlungen der Welt, rund 400 davon über 1000 Jahre alt.

Klosterhof 6d, Sankt Gallen;
Tel. 0 71/2 27 34 16;
www.stibi.ch

229

Pfalzkeller

Zusammenspiel von Alt und Neu

Moderne Architektur im ehemaligen Weinkeller des Klosters St.Gallen: Unter dem Hofflügel und der Neuen Pfalz aus dem 17./18. Jh. liegen mächtige, durch unterirdische Gänge miteinander verbundene Keller, die 1998/99 durch den spanischen Architekten Santiago Calatrava zu großzügigen Tagungsräumen für mehrere Hundert Personen ausgebaut und auf der Ostseite mit einem spektakulären, versenkbaren Eingangstor versehen wurden. Die typische Formensprache von Calatrava verleiht dem Pfalzkeller Leichtigkeit. Öffentlich zugänglich ist leider nur das Tor.

230

Klosterhof, Eingang gegenüber der Kantonspolizei, Sankt Gallen; www.st.gallen-bodensee.ch

St. Laurenzen

Zeuge der Geschichte

231

Nördlich des Klosterbezirks fällt das farbig gedeckte Steildach der evangelisch-reformierten Stadtkirche St. Laurenzen auf, deren 73 m hoher Kirchturm die Türme der Kathedrale noch um 5 m überragt. Der ursprünglich gotische Bau aus dem 15. Jh. wurde in den Jahren 1850–1854 nach den Plänen von Johann Georg Müller im neogotischen Stil komplett umgestaltet und steht heute als Baudenkmal von nationaler Bedeutung unter eidgenössischem Denkmalschutz. Seit mehreren Jahrhunderten fungiert St. Laurenzen als »Leutkirche«, d. h. hier fanden und finden weltliche Versammlungen statt. Vom Turm aus bietet sich eine herrliche Aussicht über die Dächer der Altstadt, den Stiftsbezirk und auf das Appenzellerland.

Marktgasse 25, Sankt Gallen; Tel. 0 71/2 22 67 92; www.ref-sgc.ch; Turmbesteigung März–Nov., Mo–Sa, 10 und 15 Uhr, Anmeldung für Gruppen erbeten

232 Appenzeller Volkskundemuseum

Die Kunst der Käseherstellung

Woran man bei Appenzeller Land als Erstes denkt, ist sicherlich der berühmte Käse, den die Einheimischen »mitsamt em Täller« – gemeint ist auf dem Brot – essen. Wer sich für die traditionelle Käseherstellung interessiert, kann diese im Appenzeller Volkskundemuseum in einer originalgetreu rekonstruierten Alphütte erleben und seinen eigenen »Mutschli«-Laib (Mutschli ist ein kleiner, halbharter und vollfetter Käse) herstellen. Aber Käse ist nicht alles: Die umfangreichen Sammlungen an Bauernmalereien der Schweiz sowie Gerätschaften wie eine Handstickmaschine und ein Webstuhl aus dem 19. Jh., die teilweise vorgeführt werden, sind ebenfalls spannend.

Dorf, Stein AR;
Tel. 0 71/3 68 50 56;
www.appenzeller-museum.ch

233 Fahrt auf den Säntis

Atemberaubend romantisch

Das wohl beliebteste Ausflugsziel im Appenzellerland ist der 2501 m hohe Säntis. Der höchste Bergstock der Ostschweiz bietet ein imposantes Panorama vom Bodensee bis zum Zürichsee, auf den Hauptkamm der Alpen und weit ins österreichische Vorarlberg hinein. Von Appenzell aus fährt man über das westlich gelegene Dorf Urnäsch bis zur Talstation Schwägalp (1283 m) und von dort mit der Seilbahn auf den Berg. Unvergessliche Erlebnisse sind die romantischen Sonderfahrten mit Buffet und Musik an jedem Vollmondabend und die Sonnenaufgangsfahrten jeden So im Juli und Aug., bei denen dank Panorama und Frühstücksbuffet selbst Morgenmuffel zu frühen Vögeln werden.

Schwägalp, Hundwil;
Tel. 0 71/3 65 65 65;
www.saentisbahn.ch

234 Stiftung Liner

Innen und außen sehenswert

Die der Familie Liner gewidmeten Museen sind schon von außen sehenswert. Das Museum Liner ist ein postmodernes Gebäude aus dem Jahr 1998, das von den Architekten Annette Gigon und Mike Guyer entworfen wurde. Passend dazu werden Werke der beiden Maler Carl-August und Sohn Carl-Walter Liner sowie Werke des 20./21. Jh. gezeigt. Die Kunsthalle Ziegelhütte, eine ehemalige Ziegelei aus dem 16. Jh., dient als Kulturzentrum. Der Bau vereint Ziegelstein, Glas, Holz und Beton.

in Bahnhofsnähe, Appenzell;
Tel. 0 71/7 88 18 00, 7 88 18 60;
www.museumliner.ch

235

Viehschau

Vie(h)l zu sehen

Groß ist der Andrang, wenn die Landwirte sich in Ladehose, Liibli und Filzhut – also in die typische Sennentracht – werfen und auf Viehschauen ihre Jungtiere präsentieren. Die Vieh- und Milchwirtschaft ist neben dem Tourismus von großer Bedeutung im Appenzeller Land. Eine fachkundige Jury beurteilt die Kühe nach Schönheit und Leistung.

Brauereiplatz, Appenzell; www.appenzell.info; Okt.

Schlittelspaß in Toggenburg

Viele Geräte führen nach unten

Den Gipfel der Sonnenseite von Wildhaus erreicht man entweder per pedes oder mit der Gondelbahn. Auf der gemütlichen Alp Gamplüt kann man sich stärken und gleichzeitig in den Genuss einer einzigartigen Aussicht auf die Churfirstenkette kommen. Bergab geht es anschließend auf vielerlei Weise: Mit dem Schlitten, Zipfelbob, Riesentrottinett oder Airboard – in jedem Fall ist Spaß für Jung und Alt garantiert, wenn es auf der Piste rasant wieder hinunter nach Wildhaus geht. Alle Geräte können an der Bergstation geliehen werden. Zwei verschieden lange Schlittenpisten (6 km und 2 km) sorgen für zusätzliche Abwechslung, auf Anfrage sogar abends mit Beleuchtung.

Wildhaus SG; www.gampluet.ch; Nov.–Ostern

236

Schnupperkurs Curling

Neue Sportarten testen

Wer braucht schon Kanada, Schottland oder Skandinavien? Auch die Schweizer sind begeisterte Curlingspieler, ganz besonders die Wildhauser. Das lokale Curlingzentrum mit seinen vier Rinks bietet die optimale Gelegenheit, diesen Wintersport, eine Mischung aus Eisstockschießen und Kugelsportarten wie Boule und Boccia, einmal selbst auszuprobieren – und das auch im Sommer. In einem zweistündigen Schnupperkurs zeigen qualifizierte Instruktoren die Technik und Taktik des Curlings. Starke Nerven, eine ausgeklügelte Strategie und Zielgenauigkeit sind gefragt, wenn es auf der Eisbahn darum geht, zusammen mit seinen drei Teamkollegen die kreisrunden Curlingsteine näher an den Mittelpunkt des Zielkreises zu spielen als die gegnerische Mannschaft.

237

Munzenriet, Wildhaus SG; Tourist Info: Tel. 0 71/9 99 99 11; www.toggenburg.org

238 Vaduz

So wohnt man fürstlich

Jenseits des Rheins, am Fuß der »Drei Schwestern« (2052 m), liegt der Hauptort des mit der Schweiz durch eine Wirtschaftsunion verbundenen Fürstentums Liechtenstein. Rund 14 Prozent aller Liechtensteiner wohnen in Vaduz, das vom Schloss der fürstlichen Familie überragt wird. Gebaut wurde das Schloss vor ca. 800 Jahren. Fürst Franz Josef II. ließ es 1939 renovieren und ausbauen, zog mit seiner Familie ein und nahm ständigen Wohnsitz. Eine Besichtigung ist daher leider nicht möglich.

Tourist Info: Städtle 39, Vaduz;
Tel. +4 23/2 39 63 63;
www.tourismus.li

239 Kunstmuseum Liechtenstein

Neue Perspektiven

Einen markanten Akzent im Ortsbild von Vaduz setzt der Kubus des Kunstmuseums Liechtenstein, das neben den fürstlichen Sammlungen der Alten Meister auch moderne und zeitgenössische Kunst zeigt. Der im Mai 2015 eröffnete und mit dem Kunstmuseum verbundene »Weisse Würfel« bereichert das Museum mit wechselnden Ausstellungen seiner Sammlung des späten 19. Jahrhundert bis zur Gegenwart aus der Hilti Art Foundation sowie einem Kunstvermittlungsatelier für Alt und Jung.

Städtle 32, Vaduz;
Tel. +4 23/2 35 03 00;
www.kunstmuseum.li

240 Taminaschlucht

Thermalbadkultur bei Bad Ragaz

Das schmucke Bad Ragaz zählt zu den traditionsreichsten Kurorten der Schweiz, sein heilkräftiges Wasser wird noch heute in Thermalbädern genutzt. Im 4 km entfernten, wildromantischen Bad Pfäfers gab es schon im 15. Jh. eine Kureinrichtung, die besichtigt werden kann. Nahe des Bads führt ein beeindruckender Weg durch die dramatische Taminaschlucht zur dampfenden Thermalwasser-Quelle.

Altes Bad, Pfäfers;
www.altes-bad-pfaefers.ch;
April–Okt.

Bern und das Berner Oberland

Auf dem ultimativen »Selfie« sollten Alphornbläser, die Eiger-Nordwand und dicke Murmeltiere zu sehen sein. Geht nicht? Dann versucht man es eben in den grünen Idyllen von Emmental und Frutigland oder aber in den Freibergen an der französischen Grenze. Natürlich muss man auch in die Hauptstadt Bern. Hier tanzt der Bär, allerdings tut er das – alle Schweizer wissen das – nicht sehr schnell. Direkte Demokratie braucht eben ihre Zeit, und die verbummelt man zwischen dem Bundeshaus und den Laubengassen der zum Welterbe erklärten Altstadt auf angenehmste Weise.

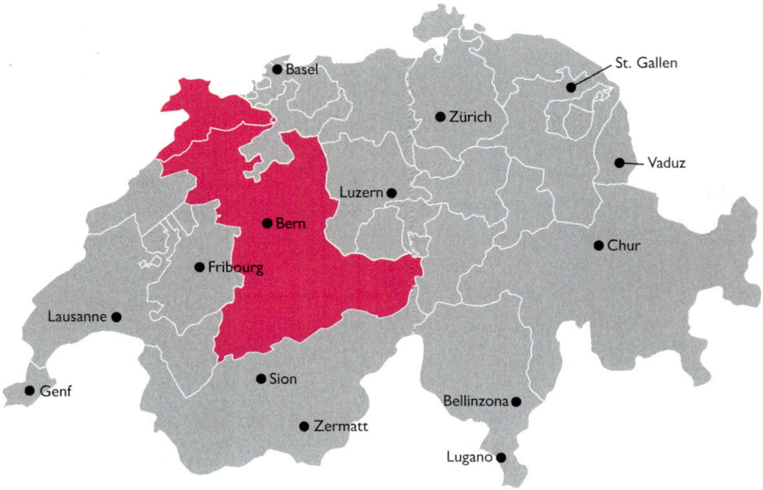

Herzlich: Bern und das Berner Oberland vereinen viele Klischees – Idylle pur findet man etwa auf der Alp Iserin im Saanenland.

Saint-Ursanne

Perle des Jura

Saint-Ursanne, ein 700 Einwohner großer Ort nahe Porrentruy im Schweizer Kanton Jura, wird »Perle des Jura« genannt. Das Örtchen versetzt seine Besucher vom ersten Blick an – und der fällt meist auf die berühmte vierbögige Doubs-Brücke aus dem 18. Jh. – in längst vergangene Zeiten.

www.closdudoubs.ch

241

Freiberge

Hochplateau im Jura

Die Freiberge sind ein etwa 200 qkm großes, auf 1000 m Höhe gelegenes Hochplateau im Jura. Bekannt ist die Region für das raue Klima und die karge Parklandschaft mit offenen Weiden, Baumgruppen und Tannenwäldern. Hier wird die einzige Schweizer Pferderasse, der Freiberger, gezüchtet. Der Landstrich bietet sich an für Velotouren, Wanderritte, Wanderungen, Schneeschuhwandern, Langlaufen und Hundeschlittenfahrten. Landschaftlich sehenswert ist auch der Étang de la Gruère, ein Moorsee mit einzigartiger Vegetation.

242

Tourist Info: Rue de la Gruère 6, Saignelégier; Tel. 0 32/4 32 41 60; www.juratourisme.ch

243 Zentrum der Pferdezucht

Pferdemarkt in Saignelégier

Saignelégier mit seinen rund 2600 Einwohnern ist das Zentrum der in den Franches Montagnes (Freibergen) betriebenen Pferdezucht. Jedes Jahr am zweiten August-Wochenende findet ein großer Pferdemarkt statt, der »Marché-Concours national des chevaux«. Höhepunkt dabei sind die Pferde- und Wagenrennen, begleitet von allerlei Darbietungen und Essständen. Im Winter sind die internationalen Hundeschlittenrennen eine bekannte Attraktion.

Tourist Info: Rue de la Gruère 6, Saignelégier; Tel. 0 32/4 32 41 60; www.marcheconcours.ch; Aug.

244 Taubenlochschlucht

Zwischen Frinvillier und Bözingen

Die Schlucht zwischen Frinvillier und Bözingen ist seit über 100 Jahren über einen Wanderweg für Touristen erlebbar. Die Landschaft ist atemberaubend und verändert sich im Verlauf des Wegs enorm: Je weiter man sich vom ruhigen Bielersee entfernt und in das Halbdunkel der bewaldeten Taubenlochschlucht hineintaucht, desto wilder tosen die Fluten des Baches.

Tourist Info: Bahnhofplatz 12, Biel; Tel. 0 32/3 29 84 84; www.biel-seeland.ch

245 Neues Museum

Zwei Häuser – ein Museum

Das Neue Museum Biel ist 2012 aus dem Zusammenschluss der beiden Museen Schwab und Neuhaus entstanden. Eine Dauerausstellung präsentiert die »Pfahlbausammlung«, deren prähistorische Objekte die Besucher auf eine Zeitreise durch vergangene Kulturen der Region schickt. Sehenswert ist auch die kinematographische Sammlung, die die Pionierzeit des Kinos dokumentiert.

Seevorstadt 50–56, Biel;
Tel. 0 32/3 28 70 30;
www.nmbiel.ch

246 Biel

Historisches Zentrum mit Charme

Biel, zweitgrößte Stadt im Kanton Bern mit ca. 52000 Einwohnern, verdient nicht nur wegen ihrer hübschen Lage an der Nordostspitze des Bielersees einen Besuch. Das Durcheinander von Französisch und Schwyzerdütsch verleiht ihr einen eigenen Reiz. Mittelpunkt des historischen Ortskerns ist der Ring, eine malerische Platzanlage mit Zunfthäusern, dem Vennerbrunnen von 1546 und der spätgotischen Stadtkirche. Die Figur des Fähnrich steht für das Recht der Bieler, eigene Truppen zu stellen.

www.biel-bienne.ch

247 Drei-Seen-Rundfahrt

Schiff ahoi!

Das Drei-Seen-Land verdankt seinen Namen dem Bieler-, Neuenburger- und Murtensee. Über Kanäle sind sie miteinander verbunden. Von Biel wie auch von Murten kann man auf einem Schiff alle drei Seen bereisen. Die Bielersee-Schifffahrts-Gesellschaft verspricht »vielfältige Landschaften mit Rebbergen, Winzerdörfern und Gemüsefeldern«. Denn die Region ist das größte Gemüseanbaugebiet der Schweiz. Hier verläuft auch die Schweizer Sprachgrenze und es wird Deutsch wie auch Französisch gesprochen.

Badhausstrasse 1a, Biel;
Tel. 0 32/3 29 88 11;
www.bielersee.ch

248

Le Chasseral

Schnell auf die Spitze

Der Chasseral ist mit 1607 m Höhe die höchste Erhebung im Berner Jura, im Nordwesten des Kantons Bern. Bis auf eine Höhe von 1400 m ist der Chasseral bewaldet, darüber befinden sich Bergweiden. Erstaunlich: Man braucht nur etwa 20 Min. bis zum Gipfel. Von dort aus kann man eine einmalige Rundsicht auf die Schweizer Alpen bis zum Nordjura, die Vogesen und den Schwarzwald genießen. Vom Gipfel aus sind zahlreiche Dolinen (trichterförmige Senken) zu sehen, die sich in dem klüftigen und verkarsteten Kalkgestein gebildet haben.

Tourist Info: Place de la Gare 2, St-Imier; Tel. 0 32/9 42 39 49; www.parcchasseral.ch

St. Petersinsel

Romantischer Bielersee

249

Auf der verträumten Halbinsel im Bielersee – heute ein Naturschutzgebiet – lebte 1765 der Schriftsteller und Philosoph Jean-Jacques Rousseau in einem Kloster (von 1127), dessen Mauern seit 1530 ein Gasthaus und Klosterhotel beherbergen. Auch heute noch ein »spezieller Flecken Erde«.

Erlach; Tel. 0 32/3 38 11 14; www.st-petersinsel.ch

251 Museum Franz Gertsch

Zeitgenössische Kunst in Burgdorf

Franz Gertsch, geb. 1930 in Mörigen im Kanton Bern, gelang der internationale Durchbruch 1972 auf der documenta 5. Das Museum präsentiert Ausstellungen mit Werken verschiedener zeitgenössischer Künstler. Im Mittelpunkt steht jedoch Gertsch' Schaffen seit 1984, das hier fast vollständig gezeigt wird. Vor allem die fotorealistischen Porträts sowie die detaillierten Naturstudien beeindrucken.

Platanenstr. 3, Burgdorf;
Tel. 0 34/4 21 40 20;
www.museum-franzgertsch.ch

252 Burgdorf

Zentrum des Emmentals

1175 erstmals erwähnt, das mit seiner gewaltigen Burg über den Dächern der Stadt einen eindrucksvollen Anblick bietet – wenngleich sich darunter auch viel neuzeitliche Banalität breitgemacht hat. Gleich drei Museen machen die Burg heute zum »Kulturschloss«: Das Schlossmuseum präsentiert Lokal- und Regionalgeschichte, das Helvetische Goldmuseum widmet sich der Kulturgeschichte des Edelmetalls, das auch in der Emme gewonnen wurde und – bei Goldwasch-Erlebnistagen – immer noch wird, und das Völkerkundemuseum beweist, dass es eine Welt hinter dem Emmental gibt. Vom Bergfried schaut man auf die Berner Alpen und hinab auf die wunderbare mittelalterliche Altstadt. Aus der feudalen Oberstadt mit ihren Patrizierhäusern zwischen Schloss und Kirchenhügel gelangt man über eine Treppe ins Kornhausquartier, die Unterstadt, in der Handwerker und andere Gewerbetreibende am Fuß des Burgfelsens lebten.

Tourist Info: Bahnhofstrasse 44, Burgdorf; Tel. 0 34/4 02 42 52;
www.emmental.ch;
Kulturschloss: Tel. 0 34/4 23 02 14; www.kulturschloss.ch

250 Schloss Jegenstorf

Alles Barock

Ein Hauch von Weltgeschichte weht durch das hübsche Gemäuer. Hier hatte der Oberbefehlshaber der Schweizer Armee, General Guisan, in den Kriegsjahren 1944 und 1945 sein Quartier aufgeschlagen. Schon damals bezog er ein Museum, das 1936 für die bernische Wohnkultur geschaffen wurde.
In der Geschlossenheit seiner vornehmlich barocken Interieurs hat Jegenstorf in der Schweiz nur wenige Gegenstücke. Was den Besuch heute doppelt lohnend macht, ist ein Spaziergang durch den Schlosspark mit seinen mächtigen Platanen.

General-Guisan-Str. 5, Jegenstorf;
Tel. 0 31/7 61 01 59; www.schloss-jegenstorf.ch; Mai–Okt.

Bärenpark
Echte Berner Bären

253

Der Bär, Wappentier der Stadt, grüßt allgegenwärtig von Ansichtskarten, Zunftzeichen oder Lebkuchen. Der Legende nach gedachte der Stadtgründer Berchtold V. von Zähringen die Siedlung nach dem ersten Tier zu benennen, welches er hier erlegen würde. Bereits 1480 beschlossen die Berner, in den Stadtgräben echte Bären anzusiedeln. Zunächst brummten sie in der Stadt selbst, dann im Bärengraben und nun im Bärenpark – ein 6000 qm großes Areal am Hang der Aare, das eine naturnahe, artgemäße Haltung ermöglicht.

Grosser Muristalden 6, Bern;
Tel. 0 31/3 57 15 25;
www.baerenpark-bern.ch

254

Kreissaal
Bar und Club

Im Hintergrund läuft gepflegter Jazz, im Vordergrund perlt frisch gezapftes Bier: Die Zeichen im Kreissaal stehen auf Entspannung. Unten gibt es Sitzmöbel in ausreichender Zahl, kuschelige Accessoires fehlen dagegen. Das Ambiente wird geprägt von alten Sandsteinmauern. Oben hat man sich ganz der hohen Barkultur verschrieben. Der Laden läuft gegen 23 Uhr erst so richtig an. Übrigens: Szenelokale haben es nicht nötig, mit Schildern auf sich hinzuweisen.

Brunngasshalde 63, Bern;
Tel. 0 31/3 12 50 00;
www.kreissaal.be

255

Bad Marzili
Paradiesisches Flussbad

An heißen Tagen erfrischt nichts mehr als ein Sprung in die Aare. Das »Marzili« ist eine Berner Institution und sehr schön gelegen in der Flussschleife unter dem Bundeshaus, das hinter hohen Bäumen eine eindrucksvolle Kulisse schafft. Die FKK-Abteilung – das »Paradiesli« – ist nur für Frauen zugänglich.

Marzilistr. 29, Bern;
Tel. 0 31/3 11 00 46;
www.aaremarzili.ch; Mai–Sep.

256

Bärner Fasnacht

Berner Tanzbären

Am 11. November wird er zum Winterschlaf in den Käfigturm gebracht, gute drei Monate später weckt man ihn wieder auf. Und dann tanzt er, der Berner Bär, ganze drei Tage lang. Bereits im 15. Jh. sind Fasnachtsspiele belegt, in der heutigen Form gibt es die Bärner Fasnacht aber erst seit dem Jahr 1982. Sie bietet seither ein buntes Programm mit Umzügen, Straßentheater und viel Musik. Den Reigen eröffnet am Donnerstagabend die »Bärebefreiig beim Käfigturm«, Höhepunkt am Freitag ist der Fackelumzug sowie am Samstag der »Grosse Umzug mit Monsterkonzert« auf dem Bundesplatz.

Altstadt, Bern; www.fasnacht.be; 3 Tage zwischen Mitte Feb. und Mitte März

257

Handwerkermärit

Schönes Selbstgemachtes

49 Handwerker gründeten im Jahr 1984 den Berner Verein für das Handwerk. Bereits zwei Jahre später veranstalteten sie den ersten »Märit« (Markt) auf der Münsterplattform, dem malerischen »Balkon der Altstadt« über der Aare. Seitdem ist die Organisation auf rund 80 Mitglieder angewachsen, die an jedem ersten Samstag im Monat echte Handarbeit unter den mächtigen Rosskastanien vor dem Berner Münster anbieten. In der Weihnachtszeit werden die Stände zusätzlich am ersten Advent sowie dem ersten und dritten Dezember-Wochenende aufgebaut. Zu kaufen sind Produkte aus Berner Werkstätten und Ateliers – von Holzschalen und Pfeffermühlen über Puppen, Stofftiere, Vasen oder Holzspielzeug bis zu Decken, Kleidung und sogar Kosmetik – von Hand gefertigt und aus natürlichen Ingredienzien hergestellt.

Münsterplattform, Bern; www.handwerkermaerit.ch; 1. Sa im Monat, März–Dez.

Einstein Museum

Auf den Spuren eines Genies

258

Kapiert eh keiner. Oder etwa doch? »Die Relativitätstheorie verstehen«, das sollen die Besucher des Einstein Museums. 1905 formulierte Albert Einstein in Bern die Spezielle Relativitätstheorie, und hier rüttelte er neben seinem »Brotjob« am Eidgenössischen Amt für geistiges Eigentum (Patentamt) kräftig an den Grundfesten der klassischen Physik. Das wird im Museum nicht nur anhand gut inszenierter Text- und Bilddokumente gezeigt. Besucher können sich an verschiedenen Experimenten versuchen und zu einer virtuellen Reise in den Weltraum starten.

Helvetiaplatz 5 (im Historischen Museum), Bern; Tel. 0 31/3 50 77 11; www.einsteinmuseum.ch

Käfigturm

Politisches Forum

Der Käfigturm diente über Jh. als Gefängnis. Bis 1897 saßen hier Gesetzesbrecher ein, dann wurden die verbliebenen 70 Delinquenten in das neue Bezirksgefängnis überführt und der Tower diente als Archiv. Frei zugänglich für Besucher ist auch das Uhrwerk, das noch heute den großen Zeitmesser mit den roten Zifferblättern an den Hauptseiten antreibt. Jeden Tag muss ein Mitarbeiter in das oberste Stockwerk steigen, um das Uhrwerk mit den schweren Gewichten anzuwerfen, wobei hier nur die Stunden, nicht aber die Minuten angezeigt werden. Der Käfigturm birgt seit 1999 das »Polit-Forum des Bundes«, ein Informationszentrum der Bundeskanzlei und der Parlamentsdienste. In Ausstellungen werden außerdem politische Themen aufgegriffen – von der Sprachvielfalt in der Schweiz bis zum Wirken Nelson Mandelas.

259

Marktgasse 67, Bern;
Tel. 0 58/4 62 75 00;
www.kaefigturm.ch

Berner Münster

260

Dem Himmel nah

Das Münster ist mit 100,6 m Höhe das höchste Gotteshaus der Schweiz. Das Hauptportal stellt das Jüngste Gericht dar. Das Bogenfeld über dem Türsturz – geschaffen von Erhart Küng im 15. Jh. – zeigt mehr als 280 Figuren, darunter viele, die sich für ihre Missetaten verantworten müssen. Wer sich nicht für Kulturgeschichte interessiert, dürfte die Aussicht schätzen. Die Turmtreppe führt auf zwei Plattformen, die einen grandiosen Blick über die Stadt offenbaren.

Münsterplatz 1, Bern; Tel. 0 31/3 12 04 62;
www.bernermuenster.ch

261 Berner Puppentheater

Märchenstunde für Jung und Alt

Ein alter Weinkeller ist Spielstätte für Hand- und Stockpuppen, Marionetten und Schattenfiguren in kunstvoll arrangierten Kulissen. Mit viel Liebe zum Detail spricht die künstlerische Leitung unter Monika Demenga und Hans Wirth nicht allein Kinder an. Auf dem Spielplan stehen neben selbst geschriebenen Stücken wie »Sticheli und Stacheli« auch »Der kleine Prinz« oder »Jedermann«. Freilich geht das nicht immer auf Hochdeutsch über die Bühne. Wer Stücken wie »Ds Krokodil wott zrügg a Nil« folgen möchte, sollte ein wenig Berndeutsch verstehen.

Gerechtigkeitsgasse 31, Bern; Tel. 0 31/3 11 95 85; www.berner-puppentheater.ch

262 Bierhübeli

Club mit Livemusik

Wenn ein Club eine eigene Bushaltestelle hat, kann er nicht ganz unwichtig sein. So verhält es sich mit dem »Bierhübeli«, einem echten Meilenstein des Berner Nachtlebens. Klingt gut, aber ehrlicherweise muss gesagt werden, dass die Häuser oberhalb des Neubrückstutzes seit dem 18. Jh. »Bierhübeli« heißen und die dortige Kneipe schon lange nicht mehr existiert. Nichtsdestotrotz verspricht der Name des Clubs angenehme Plüschigkeit – und siehe da: Das Interieur erfüllt mit Parkettboden, Stuckdecke und Balkon alle Erwartungen. Was auf der Bühne passiert, kann sich ebenfalls sehen und hören lassen. Der Samtvorhang hob sich schon über Adam Green, den Stereo MC's, Wir sind Helden, Fettes Brot, den Orishas und vielen mehr. Auch Jazz und Kabarett werden geboten. Dazu gibt es eine nette Lounge und im Sommer ein Gartenlokal.

Neubrückstr. 43, Bern; Tel. 0 31/3 05 31 50; www.bierhübeli.ch

263 Casino Relais & Ratsstube

Lokale für alle Anlässe

Das altehrwürdige Casino wurde bereits 1909 als kultureller Veranstaltungsort mit Restaurants und Cafés eröffnet. Im Casino-Restaurant genießt man den Blick auf die Aare und das Historische Museum sowie die schweizerisch-mediterranen Speisen von Küchenchef Marc Berger. Im selben Haus befindet sich das Casino Relais. Der vordere Bereich wurde als moderne Lounge gestaltet. Im Nebenraum, in der denkmalgeschützten Ratsstube, kann man das quirlige Treiben auf der Straße beobachten.

Herrengasse 25, Bern; Tel. 0 31/3 28 03 28; www.casinobern.ch

Botanischer Garten

Fest der Sinne

264

Am Nordende der Lorrainebrücke erwartet mitten in der Stadt ein wahrlich buntes Naherholungsgebiet seine Besucher: Seit 1859 gedeiht hier der Botanische Garten. Auf 2,6 ha wachsen etwa 6000 Pflanzenarten. Rund 1000 Bäume, Sträucher und Kleingehölz in den Außenanlagen verleihen dem Garten ein parkähnliches Flair. In den Gewächshäusern sind tropische und subtropische Vegetation zu sehen. Ein Fest für die Augen bietet das Orchideenhaus.

Altenbergrain 21, Bern;
Tel. 0 31/6 31 49 45;
www.botanischergarten.ch

265 Club du Théâtre

Gehobener Szeneclub

Der einstige Gourmettempel der Bundesstadt ist heute der Szeneclub mit dem höchsten Aufmerksamkeitsfaktor, und die »People«-Seiten der lokalen Presse nähren sich wiederholt von Events wie Klischée, The Lick oder Faces Nights im Du Théâtre. DüDü 30 löste die »Celebreighties« ab – Motto: »Feiern, ohne alle paar Schritte über Teenager zu stolpern«. Die Gäste sind älter als 30 Jahre und tanzen zu »Last Night a DJ Saved My Life« und »We Are Family«.

Hotelgasse 10, Bern;
Tel. 0 31/3 11 44 33;
www.dutheatre.ch

266 Cinematté

Programmkino

Ein Reservat für Filme, die erst Kunst sein müssen, ehe sie Kohle machen dürfen: Das ist dieses schöne Kino im Mattequartier direkt an der Aare. Ein Kulturverein achtet darauf, dass wirklich nur gezeigt wird, was ausgewiesenen Cineasten genügt – z. B. eine Reihe mit klassischen japanischen Samurai-Filmen. Wer nach den Stunden im Kinosessel starre Glieder hat, kann sich nebenan im Club »Wasserwerk« Bewegung und einen Drink verschaffen.

Wasserwerkgasse 7, Bern;
Tel. 0 31/3 12 45 46;
www.cinematte.ch

267 Confiserie Tschirren

Schokolade für die ganze Welt

»Makers of fine chocolate since 1919« steht unter dem Firmennamen. Familie Tschirren produziert seit drei Generationen Pralinen, Schokolade und Torten für Schleckermäuler. Selbstverständlich gibt es auch den Haselnuss-Lebkuchen, eine Berner Spezialität. Die süßen Teile können in den drei Berner Filialen erworben werden, aber auch in New York, San Francisco, Montreal und über das Internet.

Kramgasse 73, Bern;
Tel. 0 31/8 12 21 22;
www.swiss-chocolate.ch

268 Historisches Museum

Vergangene Zeiten und fremde Kulturen

Wie eine Mischung aus Märchenschloss und Ritterburg wirkt das verspielte Gemäuer, das eine der bedeutendsten kunsthistorischen und völkerkundlichen Sammlungen der Schweiz birgt. Präsentiert werden prächtige Burgunder-Teppiche sowie der Berner Silberschatz mit Meisterwerken europäischer Schmiedekunst. Seit 2009 bietet der spektakuläre Anbau »Kubus/Titan« noch mehr Platz.

Helvetiaplatz 5, Bern;
Tel. 0 31/3 50 77 11;
www.bhm.ch

Elfenau

»Hideaway« seit 1814

269

Anna Feodorowna, gebürtige Juliane von Sachsen-Coburg-Saalfeld, entfloh ihrer unglücklichen Ehe mit einem russischen Großfürsten und ließ sich in Bern nieder. 1814 erwarb sie das Gut an der Aare mitsamt Landhaus und ergänzte es um eine Orangerie und einen englischen Landschaftspark. Heute ist das Anwesen Sitz der Stadtgärtnerei und selbstverständlich topgepflegt. Im Sommer lockt zudem das stilvolle Parkcafé Orangerie. Übrigens: Der Berner Tierpark ist nur etwa 15 Gehminuten vom Haupthaus entfernt.

Elfenauweg 92, Bern;
Tel. 0 31/3 21 71 34;
www.orangerie-elfenau.ch

Westside Mall von Libeskind

Stilvoll shoppen

Das Westside in Bümpliz-Oberbottigen ist sozusagen die zeitgenössische Antwort auf die gediegene Shoppingwelt der Berner Altstadt. Es möchte sich nicht als schnödes Einkaufszentrum verstehen, sondern als »ein urbaner Marktplatz und eine stimulierende Erlebnisdestination mit internationalem Flair«, so Architekt Daniel Libeskind (Jüdisches Museum Berlin), der den riesigen Komplex in gewohnt kantiger Manier hochgezogen hat. Neben der Mall wurden noch eine Badelandschaft mit Riesenrutschen, Saunen und Dampfbädern, ein Multiplexkino mit elf Sälen sowie ein Holiday-Inn-Hotel mit 144 Zimmern integriert.

Riedbachstr. 100, Bern;
Tel. 0 31/5 56 91 11;
www.westside.ch

270

Fischerstübli

Berner Beiz

271

Eine der charmantesten Beizen der Stadt liegt im ehemaligen Hafenviertel am Matte-Bach. Die Geschichte des Hauses greift nahezu 400 Jahre zurück. Damals versorgte der Bach Mühlen und Werkstätten und seine Fischgründe ernährten viele Familien. Der angrenzende Mühlenplatz und die schöne Terrasse erinnern ein wenig an eine mediterrane Piazza. Und auch kulinarisch begegnen sich hier heimische Spezialitäten und Mittelmeerküche. Die Karte ist klein, fein und saisonal; im Mittelpunkt steht, wie könnte es anders sein, der Fisch.

Gerberngasse 41, Bern;
Tel. 0 31/3 11 03 04;
www.fischerstuebli.ch

272 Harmonie

Ein perfekter Ort für Fondue

Wer nach dem besten Fondue in Bern fragt, bekommt drei, vier Restaurants genannt – das Harmonie ist mit Sicherheit darunter. Seit 1915 ist das Altstadt-Restaurant in Familienbesitz. Seitdem hat sich an der Einrichtung allen Ernstes nicht viel geändert. Das Fondue gibt es in vielerlei Varianten – das Fondue Classique ist dasjenige, welches dem Ruf des Hauses vorauseilt. Dazu gibt es »Gschwellti« (Pellkartoffeln), Silberzwiebeln und Cornichons.

Hotelgasse 3, Bern;
Tel. 0 31/3 13 11 41;
www.harmonie.ch

273 Berner Symphonieorchester

Große Klänge

Seit 1877 hat Bern ein Symphonieorchester, und heute zählt es zu den renommiertesten Schweizer Ensembles, mit dem Großen Saal im Kulturcasino besitzt es zudem einen wunderbaren Aufführungsort. Die Symphoniker treten auch im Stadttheater oder im Konservatorium auf. Das Berner Symphonieorchester (BSO) zählt ca. 100 Musiker aus verschiedenen Nationen. Geleitet wird es von dem Pianisten und Dirigenten Mario Venzago.

Bern; Tickets über Konzert Theater Bern; Tel. 0 31/3 29 52 52; www.konzerttheaterbern.ch

274 Restaurant Essort

»Die Kunst des Einfachen« perfektioniert

Das Restaurant Essort ist eine der besten kulinarischen Adressen der ganzen Stadt. Die Philosophie »Die Kunst des Einfachen« trifft in mehrerlei Hinsicht zu: So simpel wie der Name ist auch die Wahl des Essens: Man braucht sich lediglich zwischen zwei verschiedenen Menüs entscheiden – mit Fleisch bzw. Fisch oder ohne. Was dann kommt, schmeckt in beiden Fällen sehr gut.

Jubiläumsstrasse 97, Bern;
Tel. 0 31/3 68 11 11;
www.essort.ch

275 Confiserie Eichenberger

Tortenträume werden wahr

Eichenberger komponiert seit 1959 »Läckerli« für Leckermäuler. Das Stammhaus mit Tea Room sitzt in der Schweizerhoflaube am Bahnhof. Petits Fours (Kleingebäck) bringt der Service zur Auswahl direkt an den Tisch. Zu den Spezialitäten der Konfiserie zählen neben Pralinés und Lebkuchen (aus Haselnüssen) auch die exklusiv kreierte Flüstertorte. Weitere Filiale mit Café in der Kramgasse.

Bahnhofplatz 5, Bern;
Tel. 0 31/3 11 33 25;
www.confiserie-eichenberger.ch

276 Gurtenfestival

Musikalischer Sommer

Der Gurten ist ein echter Multifunktionsberg – Freizeitpark, Naherholungsgebiet und Veranstaltungscenter im Süden von Bern. Beim großen Gurtenfestival gibt es Friede, Freude und Musik, vier Sommertage lang. Auf der großen Open-Air-Bühne konnte man bereits Top-Acts wie die Kaiser Chiefs, The Chemical Brothers und H.I.M. sehen, auf der Zeltbühne traten die bösen Buben von Turbonegro gegen die nette Amy Macdonald an. Und auf der Waldbühne ließ sich die Schweizer Musikszene vernehmen – mit Klängen zwischen Folk, Punk und Trip-Hop.

Gurten, Köniz;
www.gurtenfestival.ch; Mitte Juli

Einsteinhaus

277

Aus dem Leben eines Genies

Sieben Jahre lebte Albert Einstein in Bern, von 1903 bis 1905 in der Kramgasse 49. Besucher bekommen einen weitgehend authentischen Einblick in die Welt von Albert Einstein und Gattin Mileva Marić – auch wenn die Möbel nicht der Familie gehörten, sondern nur aus der Epoche stammen.

Kramgasse 49, Bern; Tel. 0 31/3 12 00 91; www.einstein-bern.ch

278 Bundeshaus

Zentrum der Schweizer Regierung

Im Bundeshaus sitzen die Schweizer Regierung, der Bundesrat; hier tagen die Abgeordneten des eidgenössischen Parlaments, die Bundesversammlung. Der Komplex besteht aus drei Teilen: Bundeshaus Ost, entstanden 1888–1892, vom Bundesplatz aus gesehen rechts das Bundeshaus West (1852–1857) sowie das markante Parlamentsgebäude mit den drei Kuppeln in der Mitte (1902 fertiggestellt). Das Bundeshaus ist der Stolz aller Schweizer. Schon bei der Planung schwärmte Architekt Hans Wilhelm Auer: »Es gilt, ein Werk zu schaffen, das dem Lande zu unvergänglichem Ruhm dient, ein Symbol schweizerischer Einheit und Einigkeit, die höchste Bestätigung des nationalen Kunstsinns.«

Bundesplatz 3, Bern;
Führungen: Tel. 0 58/3 22 90 22;
www.parlament.ch

279 Gourmanderie Moléson

Kulinarische Reisen

Jedes Jahr unternimmt das Moléson-Team eine lukullische Entdeckungsreise in fremde Länder. Was dabei gefällt, erhält Einzug in den Speiseplan der Gourmanderie in der Aarbergergasse. Aus dem Elsass brachten Bernhard & Sue Hüsser etwa Tartes flambées, die Flammkuchen, mit, aus Paris Joue de bœuf braisée – butterweiche Rinderbacken – und aus London asiatische Gerichte mit leicht europäischer Note. »Knorr und Maggi«, versichern die Macher, »haben in diesem Haus keine Chance.« Alles ist frisch, die Desserts sind hausgemacht, das Fleisch stammt von Tieren aus artgerechter Haltung. Aufgetischt wird im denkmalgeschützten Altstadtbau aus dem 17. Jh.

Aarbergergasse 24, Bern;
Tel. 0 31/3 11 44 63;
www.moleson-bern.ch

280 Sichlete

Berner Volksfest

Aus dem traditionellen Erntedankbrauch der Berner Bauern ist längst ein kleines Volksfest mit buntem Programm und üppiger Verpflegung auf dem Bundesplatz geworden. Höhepunkte sind ein Alp-Abtrieb durch die Altstadt mit Schau-Melken und Krönung der »Miss Sichlete« – der schönsten Kuh. Viel Interesse weckt auch der Bauernmarkt mit feinen Produkten der lokalen und regionalen Landwirtschaft. Der Name der erst 1999 neu aufgelegten Brauchtumsveranstaltung erinnert daran, dass das Getreide früher mühsam mit der Sichel geschnitten werden musste.

Bundesplatz, Bern;
Mitte Sept.

Heimatwerk

Schweizer Souvenirs

Souvenirs »Made in Switzerland« findet man in den Läden des Heimatwerks. Unter dem Label werden Handwerkserzeugnisse angeboten, die man den Daheimgebliebenen guten Gewissens mitbringen kann: Spielzeug, Schmuck und Textilien, Kuckucksuhren und Käsemesser, Fondue-Geschirr und Küchen-Accessoires. Besonders edle Stücke sind die luxuriösen Musikdosen, Singvögel und Taschenmusikuhren von Reuge, der sich als einziger Schweizer Hersteller bis heute gegen die Konkurrenz aus Übersee behauptet hat.

281

Kramgasse 61, Bern;
Tel. 0 31/3 11 30 00;
www.heimatwerk-bern.ch

282 Internationales Jazzfestival Bern

Klangerlebnisse seit 1976

Chick Corea, Art Blakey, Sonny Rollins, Dave Brubeck, Diana Krall, B. B. King ... Die Liste der Stars, die dem Berner Jazzfestival seit 1976 die Ehre gegeben haben, ist lang. Und sie wird Jahr für Jahr länger. Im Publikum sitzen nicht nur eingeweihte Spezialisten, sondern Musikliebhaber jeder Couleur. Denn die Berner Veranstalter präsentieren ein gleichermaßen hochklassiges wie abwechslungsreiches Programm zwischen Bebop und Bigband, Afro und Latin, Soul und Gospel, Blues und R&B. Die Künstler treten auf verschiedenen Bühnen auf, immer dabei ist Marians Jazzroom und das Event-Zelt im Park des Hotels Innere Enge sowie Bühnen des Theater Berns.

verschiedene Orte in Bern;
www.jazzfestivalbern.ch;
März–Mai

283 Musigbistrot

Ohren- und Gaumenschmaus

Der Name ist Programm und macht deutlich, dass man hier einen abwechslungsreichen Abend verbringen kann: erst »Bistrot«, dann »Musig«, beides richtig lecker. Verarbeitet die Küche vor allem frische, ökologisch korrekte und vorwiegend aus heimischer Landwirtschaft stammende Produkte, setzt der Club sozusagen auf dasselbe Prinzip. Im Musigbistrot hat hauptsächlich die Berner Szene in ihrer ganzen Vielfalt ein Zuhause gefunden: Jazz, Pop, Rock, Soul, Latin und Songwriting. Das Musikprogramm verhilft vielen Nachwuchskünstlern zu ersten öffentlichen Auftritten. Am letzten Montag im Monat kommt die Literatur zu ihrem Recht: »Rauschdichten« heißt die Reihe, die Gedichte, Spoken-Word- und Slam-Texte auftischt.

Mühlemattstr. 48, Bern;
Tel. 0 31/3 72 10 32;
www.musigbistrot.ch

Gurten

Hausberg von Bern

284

Der »Güsche« ist schweißtreibend oder mit der Standseilbahn zu erreichen. An sonnigen Tagen bilden sich oft Schlangen am Kassenhäuschen. Doch das Warten lohnt sich: In 864 m Höhe bietet sich ein grandioser Blick auf die Stadt, die Berner Alpen und die Gipfelkette des Jura.

Talstation: Köniz-Wabern; Tel. 0 31/9 70 33 33; www.gurtenpark.ch

Heiliggeistkirche

Offene Kirche in Bern

285

Die Heiliggeistkirche ist das Hauptwerk des reformierten Kirchenbaus in der Schweiz und wurde zwischen 1726 und 1729 erbaut. Sie bietet rund 2000 Sitzplätze, und häufig ist »jede Menge los«. Das Haus ist eine »offene Kirche« und lädt all jene zu einem Besuch ein, »die sich einem Moment der Ruhe und der Geborgenheit hingeben möchten. Oder ein Gegenüber für ein Gespräch suchen.«

Spitalgasse 44, Bern; www.heiliggeistkirche.ch

Cave & Café Alpin

Französische Weine

Stephan Minder und Beat Moser haben sich für die inneren Werte entschieden. Früher lud der Laden in der Gerechtigkeitsgasse im Untergeschoss zu Café und Apéro und bot im Erdgeschoss junge, neue Mode an. Mittlerweile sind die Äußerlichkeiten aussortiert und durch eine veritable Auswahl vor allem an heimischen und französischen Weinen ersetzt. Dazu gesellen sich Spezialitäten wie die Lucques-Oliven, die nur im Languedoc angebaut werden. Übrigens: Alle Produzenten kennen die Inhaber persönlich.

286

Gerechtigkeitsgasse 19, Bern; Tel. 0 31/3 11 25 75; www.alpinbern.ch

287 Seilpark am Thunplatz

Berner Baumkronen erkunden

Wer den Affen in sich rauslassen will, egal ob groß oder klein, kommt an diesem Ausflug in den Dählhölzliwald im Süden Berns nicht vorbei: Mitten in dem natürlichen Baumbestand hat ein Hochseilgarten eröffnet. Mit 2000 m Strecke und 80 Plattformen ist der Berner Seilpark einer der größten in der Schweiz. Auf den sieben verschiedenen Parcours bewegt man sich in Höhen bis 23 m. Voraussetzung: Theorietest – am besten im Vorfeld online machen.

Thunplatz, Bern; Tel. 0 31/3 51 09 11; www.ropetech.ch; März–Nov.

288 Marians Jazzroom

Jazzbar mit Flair

Der Club befindet sich seit 1992 im Untergeschoss des Hotels Innere Enge. Seitdem treten die Künstler hier nahezu im Akkord auf: zwei Konzerte täglich (außer Sonntag und Montag) und dies von September bis Mai. Marians Veranstalter präsentieren neben Jazz und Blues auch Gospel, R&B, Soul und Crossover. Das Clubambiente: Plüschbänke mit Bistrotischen, die »Louis Armstrong Bar«, und die Wände zieren Fotos mit Größen des Musikgeschäfts.

Engestr. 54 (Hotel Innere Enge), Bern; Tel. 0 31/3 09 61 11; www.mariansjazzroom.ch

289

Kindlifresserbrunnen

Theorien über eine Berner Berühmtheit

Die berühmteste Brunnenskulptur Berns schmückt den Kornhausplatz. Der Fribourger Bildhauer Hans Gieng schuf 1545/46 den Kindlifresserbrunnen mit der Figur des feisten, langnasigen Unholds, der sich aus einem mit Kindern gefüllten Sack bedient. Eines der puttenähnlichen Kleinen verschwindet im Schlund des Menschenfressers. Der Riese trägt einen spitzen Hut, der zu Spekulationen führte, ob die Figur einen Juden darstellen und auf den angeblichen Ritualmord an dem Jungen Rudolf von Bern (1290–1294) verweisen sollte. Eine andere Deutung sieht in dem Bild den griechischen Gott Kronos, der die eigenen Kinder fraß. Eine weitere Theorie geht davon aus, dass eine Fastnachtsfigur als Vorlage des Brunnes diente.

Kornhausplatz, Bern

Chäsbueb

»Sweet dreams are made of cheese«

290

Es heißt, bei entsprechendem Wind könne man den Käse schon beim Zytgloggeturm riechen. In Zeiten, da in den Molkereiregalen der Supermärkte die aroma-arme Beliebigkeit herrscht, ist das ein vortrefflicher Grund, sich verführen zu lassen. Der Käse beim Chäsbueb in der Kramgasse stimuliert sowohl Geschmacks- als auch Geruchssinn. Kurt Staudenmann, der »Maître Fromager«, wählt mehrmals pro Woche rund 250 Käsesorten aus. Kunden kaufen die guten Stücke gerne auch vakuumverpackt.

Kramgasse 83, Bern;
Tel. 0 31/3 11 22 71;
www.chaesbueb.ch

291 Kleine Schanze

Erholung in der Stadt

Ein kleiner Park, nicht weit von Bundeshaus und Marzilibahn, verführt zu süßem Nichtstun. Für Urlauber kein Problem, aber es erstaunt, wie viele Berner sich hier tummeln. Sie genießen ihre Mittagspause, den Aperó oder auch das Denkmal des Weltpostvereins. Im Pavillon-Restaurant, umgeben von viel Grün, macht fast schon die Umgebung satt. Wenn das nicht reicht, verschreibt der Koch Hühnchenbrust mit Zitronengras, Chili, Frühlingszwiebeln und Sojasprossen oder Pasta mit Eierschwämmli-Carbonara, im Bierteig gebacken.

Bundesgasse 7, Bern;
Tel. 0 31/3 11 23 04;
www.kleineschanze.ch; März–Nov.

292 St. Peter und Paul

Meisterwerk der Neugotik

Ein Meisterwerk stellt diese Kirche aus dem 19. Jh. dar, die von französischen Architekten geplant wurde, darunter Édouard Deperthes, Baumeister des Rathauses von Paris. Das Gebäude gilt als eines der wichtigsten Werke der Neugotik. Elemente der Romanik und Frühgotik sind für das charakteristische Aussehen verantwortlich. Der Innenraum war ursprünglich überraschend spröde, hier wurde erst Anfang des 20. Jh. Hand angelegt. Bei der Gestaltung der Fresken und der farbigen Fenster stand der Jugendstil Pate.

Rathausgasse 2, Bern;
www.stpeterundpaul.ch

293 Kunstmuseum

Von der Gotik bis zur Gegenwart

Das älteste Kunstmuseum der Schweiz, 1879 eröffnet, verfügt über mehr als 3000 Gemälde und Skulpturen sowie rund 48000 Zeichnungen, Foto- und Filmdokumente. Die Sammlung bietet einen großartigen Querschnitt der abendländischen Malerei bis heute – mit Namen wie Manet und Cézanne, Klee, Dalí, Picasso, Rothko und Pollock.

Hodlerstr. 8–12, Bern;
Tel. 0 31/3 28 09 44;
www.kunstmuseumbern.ch

Kornhauskeller

Wunderschöne Gewölbe

294

Eines der auffälligsten Gebäude Berns ist das für hiesige Verhältnisse monumentale Kornhaus. Von 1711 bis 1718 erbaut, lagerten in den drei Geschossen bis Ende des 19. Jh. die staatlichen Getreidevorräte. 1893 wurde das Untergeschoss in ein Festlokal umgewandelt. So entstand u. a. die Holzgalerie, die heute als Bar und Lounge fungiert. Beeindruckend die kunstvollen Wandbemalungen. Die Küche paart italienische Küche mit Schweizer Klassikern.

Kornhausplatz 18, Bern; Tel. 0 31/3 27 72 72;
www.bindella.ch

Meridiano

Berner Gourmettempel

295

Der Kursaal Bern, respektive die Gastronomie im Hotel Allegro, hat sich in den letzten Jahren zum kulinarischen Mittelpunkt der Schweizer Bundesstadt entwickelt. Mehrere Restaurants bieten italienische, asiatische und mediterrane Gaumengenüsse an, allen voran das Meridiano, von Gourmet-Instanzen wie Gault Millau und Michelin mit Punkten und Sternen hochdekoriert. Die Terrassen des Allegro Hotels bieten bei schönem Wetter einen exklusiven Aussichtsplatz auf die Berner Alpen – vor allem im sechsten Stockwerk des Meridiano. Zum Schlemmen verführen Scampi aus Südafrika, kurz angebraten und abgesetzt auf einer bittersüßen Mousseline. Das sautierte Kalbsfilet mit Lardo (Speck) wird von Bärlauchpesto und frischen Eierschwämmli begleitet. Weinkarte mit Tropfen aus Europa und Nordamerika.

Kornhausstr. 3, Bern;
Tel. 0 31/3 39 55 00;
www.meridiano-kursaal.ch

Marzilibahn

Kurz, kürzer, Marzili

296

Die Marzilibahn ist mit 105 m Länge die kürzeste Standseilbahn Europas. Sie verbindet die höher gelegene Altstadt mit dem Marziliquartier am Ufer der Aare. Die 32 m Höhenunterschied bewältigt sie in etwa anderthalb Minuten. Im Juli 1885 trat die Bahn ihre Jungfernfahrt an.

Bergstation: Bundesterrasse 7;
Talstation: Münzrain 20, Bern;
www.marzilibahn.ch

297

Rosengarten

Idyllischer Aussichtspunkt

Einen der schönsten Ausblicke auf die Stadt bietet der Rosengarten, nur wenige Minuten vom Bärengraben entfernt. Früher ein Friedhof, wurde das Gelände 1913 in einen öffentlichen Park umgewandelt. Hier wachsen 223 Rosen-, 200 Iris- sowie 28 Rhododendronarten. Für den Seerosenteich schuf der Schweizer Bildhauer Karl Hänny die Skulpturen der Europa und des Neptun. Das Rosengarten-Restaurant empfängt seine Gäste in einem Pavillon aus den 1950-Jahren: Dank der großen Fensterfront blickt man über die Altstadt und bei gutem Wetter bis zu den Voralpen.

Alter Aargauerstalden, Bern;
Restaurant: Tel. 0 31/3 31 32 06; www.rosengarten.be

298 Klötzlikeller

Uriges Restaurant mit Geschichte

Unter anderem Namen wird der Klötzlikeller bereits 1635 erwähnt. Die Küche des kleinen, rustikalen Kellerlokals serviert Consommé mit Sherry und Croûtons oder Hähnchenfilets an Cognac. Selbstredend offeriert das »Chlödu« auch Kalbsleberli, Fondue und Berner Platte.

Gerechtigkeitsgasse 62, Bern;
Tel. 0 31/3 11 74 56;
www.kloetzlikeller.ch

299 Mit der Rikscha durch Bern

Stadtrundfahrten der besonderen Art

Rikschas mit schmaler Silhouette und aerodynamischer Verkleidung bieten ausgefallenes Sightseeing an. Sie erreichen Ecken der Altstadt, in die kein Auto fahren darf. Auf Vorbestellung kann man im Fahrradtaxi sogar ein Fondue genießen sowie auch Brunch, Apéro oder Walliserplatte.

Bern; Tel. 0 31/3 71 17 17;
www.rikschataxi.ch

300 Museum für Kommunikation

Kommunikation und ihre Geschichte

Wie sagen wir, was wir wollen? Wie drücken wir aus, was wir nicht wollen? Das Museum für Kommunikation hilft, diese Fragen zu beantworten – mit altmodischen Schaustücken wie historischen Postbussen oder Analogtelefonen mit Wählscheibe sowie mit virtuelle Inszenierungen, die Jung und Alt in die Zukunft künstlicher Räume mitnehmen. Das Museum versteht sich als Haus, das Spaß macht!

Helvetiastr. 16, Bern;
Tel. 0 31/3 57 55 55;
www.mfk.ch

301 Mille Sens

Nachhaltig genießen

Klassisch elegant, zugleich angenehm modern, Speis und Trank in gewohnt hoher Qualität. So präsentiert sich das Mille Sens nach dem Umzug aus der Markthalle in die neuen Räume in der Schweizerhof-Passage. Das Mille Sens serviert »authentische und ethisch vertretbare Lebensmittel« und versteht darunter nachhaltig produzierte Ware, gerne aus heimischen Gefilden. Die Karte bietet ein Crossover aus mediterranen, schweizerischen und asiatischen Gerichten, Gastgeber Urs Messerli mit dem »Mille Vins« eine Vinothek für Liebhaber.

Spitalgasse 38, Bern;
Tel. 0 31/3 29 29 29;
www.millesens.ch

Rathaus

Politisches Zentrum

Seit bald 600 Jahren konzentriert sich die politische Macht von Stadt und Kanton im Berner Rathaus. Erbaut von 1406 bis 1416, damals zählte Bern weniger als 5000 Einwohner, ist es trotz des wachsenden Raumbedarfs bis heute Sitz der Kantonsregierung. Der Umbau zwischen 1940 und 1942 gab dem Gebäude sein mittelalterliches Antlitz zurück. Sehenswert sind außen die Reliefs an der Treppe sowie die Säulenhalle im Erdgeschoss. Der Deckenstuck in der Wandelhalle stellt die Geschichte des Kantons Bern bis ins 19. Jh. dar.

302

Rathausplatz 2, Bern;
Tel. 0 31/6 33 75 18;
www.be.ch/rathaus

303

Berner Lauben

Weltberühmte Arkadengänge

Weltberühmt ist Bern für seine Lauben, jene Arkadengänge, die Anfang des 15. Jh. entstanden und sich über eine Länge von etwa 6 km durch die Altstadt ziehen. Nach den verheerenden Bränden im Mittelalter setzte man beim Wiederaufbau nicht mehr auf leicht entflammbare Holzbauten, sondern auf Sandstein als Baumaterial. So wurden noch existierende Holzhäuser zur Straße hin um Steinfassaden im Arkadenstil erweitert, was den Vorteil hatte, dass der so gewonnene Bereich als Handelsplatz dienen konnte.

Innere Stadt, Bern

304

Naturhistorisches Museum

Verblüffende Natur

Naturwissenschaft beginnt mit dem Staunen über die Phänomene der Natur. Und gestaunt wird hier viel. Etwa mehr als 200 Tier-Dioramen, die kleine wie große Besucher nach Asien, Amerika und Afrika versetzen. In »Die große Knochenschau« entdeckt man, dass Finnwal und Spitzmaus trotz augenfälliger Unterschiede doch miteinander verwandt sind. Auch die weiteren Ausstellungen vermitteln anschaulich Kenntnisse, die man nicht so leicht vergisst.

Bernastr. 15, Bern; Tel. 0 31/3 50 71 11; www.nmbe.ch

305 Shnit

Kurzfilmfestival auf fünf Kontinenten

In der Kürze liegt die Kunst. Aus den ersten Kurzfilmnächten wurde ein bedeutendes Festival, auf dem es »freche, packende, bewegende, sprich: unterhaltsame Kurzfilme« geben soll. Das Festivalzentrum liegt im Kulturhaus PROGR, die Filme werden an »kultigen« Spielorten und in sieben Städten weltweit präsentiert.

Waisenhausplatz 30 (PROGR), Bern; www.shnit.ch; Okt.

306 Altes Tramdepot

Hausgebrautes und Panorama

Von 1890 bis 1901 diente der Bau am Bärengraben tatsächlich als Betriebsgebäude der Straßenbahn. Danach befand sich dort eine Autowerkstatt, später die Requisitenkammer des Stadttheaters. Heute prägen freiliegende Stahl- und Holzbalken und große Fenster die Halle, in der ein eigenes Bier gebraut wird. Die Speisekarte führt Tessiner und internationale Gerichte. Im Sommer lockt der Biergarten – mit Blick auf den Bärengraben, die Aare und die Altstadt.

Grosser Muristalden 6, Bern; Tel. 0 31/3 68 14 15; www.altestramdepot.ch

307 Zemp

Antiquitäten und Skuriles

Ruedi Zemp ist ein Berner Unikum, und sein Sortiment richtet sich an Liebhaber von Spielzeug und Modelleisenbahnen, die vor mehr als 80 Jahren gefertigt wurden – etwa 500 Modelle von 150 Marken. Zudem bietet er technische Antiquitäten an: uralte Fernsprecher, Schweizer Waffen (von 1905), Kameraobjektive oder Kinoprojektoren, die mehr als 100 Jahre alt sind. »Ich bin in einem Museum aufgewachsen«, erinnert sich Ruedi Zemp an die Sammelleidenschaft seines Vaters, von dem er den Laden übernahm.

Rathausgasse 45, Bern; Tel. 0 31/3 11 72 61

Schwellenmätteli

Kulinarische Insel

Wenn die Berner an ihre »Riviera« fahren, steigen sie einfach die Stufen neben der Kunsthalle hinab. Auf einem flachen Kiesbett liegt das Areal, einer über dem Fluss schwebenden Halbinsel gleich. Liegestühle laden zum Lauschen der Aare ein, die sich an den Schwellen bricht und tosend ihren Weg findet. Das rundum verglaste Café-Restaurant mit Terrasse bietet Spezialitäten wie Nüsslisalat und diverse Fischgerichte. Etwas – im wahrsten Wortsinne – versetzt, erwartet das italienische Ristorante Casa abends seine Gäste. Spezialität ist ein »teuflisch« zubereitetes Stubenküken, Pollastrello alla diavola. Die Spaghetti all'arrabbiata werden klassisch mit Tomaten und Peperoncini zubereitet.

Dalmaziquai 11, Bern; Tel. 0 31/3 50 50 01; www.schwellenmaetteli.ch

Dampfzentrale

Kulturzentrum

»Das Tanzfest«, »Tanz in Bern« oder »Steps, das Tanzfestival« – wenn sich in Bern Musik und Rhythmus in Choreografie und Bewegung ausdrückt, bereitet garantiert die Dampfzentrale das Parkett. Das Kulturzentrum im Marziliquartier fördert zeitgenössischen Tanz, Performance und Neue Musik. Das riesige Gebäude an der Aare wurde 1904 als Dampfkraftwerk errichtet, 1973 stillgelegt und Ende der 1980er-Jahre als Kulturzentrum umgebaut. Im gleichnamigen Restaurant mit seiner schöner Terrasse lässt es sich gut entspannen.

309

Marzilistr. 47, Bern;
Tel. 0 31/3 10 05 40;
www.dampfzentrale.ch

310

Bernaqua

Erlebnisbad

Das topmoderne Spaßbad ist Teil des Konsumtempels Westside in Bern-Brünnen: Kinder lieben die drei Riesenrutschen – sie rauschen bis zu 17 m tief in die Becken. »Magic Eye«, die längste, misst 175 m. Furchtlosigkeit verlangt der Sturz in das 152 m lange »Black Hole«, wogegen man auf dem »Emotion Ride« 169 m weit durch Düfte, Klänge, Nebel und Lichteffekte saust. Eltern erholen sich im Spa und der komfortablen Saunawelt.

Riedbachstr. 98, Bern;
Tel. 0 31/5 56 95 95;
www.bernaqua.ch

311

Buskers Festival

Straßenfest

»Buskers« (engl.) sind Straßenmusiker, und ihnen gehört die Altstadt – wenigstens während der drei Tage am ersten oder zweiten Wochenende im August. Beim Buskers Festival performen Artisten, Puppenspieler, Seiltänzer, vor allem aber Musiker. Gespielt werden traditioneller Folk und Gipsy-Jazz ebenso wie Ska oder Hip-Hop. Bunt Gemischtes gibt es nicht nur für die Ohren, sondern auch für Nase und Gaumen: Viele Essstände an den Straßen sorgen für die Verköstigung.

Altstadt, Bern;
www.buskersbern.ch; Aug.

312 Tierpark Dählhölzli

Tiere aus aller Welt

Besucher erleben den Zoo wie einen Landschaftspark, vor allem auf dem Waldareal, wo Hirsche und Wisente zu sehen sind. Im Vivarium bewundert man Tomatenfrösche, Nashornleguane und Stumpfkrokodile, auf dem Freigelände vor allem nordisch-europäische Arten wie Elche und Wölfe. Eine der Attraktionen: die Vogelart der Papageitaucher, die nur in wenigen Zoos zu sehen ist.

Tierparkweg 1, Bern;
Tel. 0 31/3 57 15 15;
www.tierpark-bern.ch

313 Zibelemärit

Volksfest mit Geschmack

Am vierten November-Montag steigt alljährlich der Zibelemärit, der »Zwiebelmarkt«. Er ist Überbleibsel der ehemals 14 Tage dauernden Martini-Messe aus dem 19. Jh. Schon um 5 Uhr morgens beginnt das Markttreiben in den Altstadtgassen. Um 16 Uhr steigt als Höhepunkt die besonders bei jungen Teilnehmern beliebte große Konfettischlacht. Übrigens, wenn man den amtlichen Preislisten glauben darf: Früher wurden nie Zwiebeln gehandelt.

Innere Stadt, Bern; Nov.

314 Theater Remise

Kultur-Kaleidoskop

In Mattenhof-Weissenbühl hat sich diese kleine Studiobühne mit ihren ambitionierten Eigenproduktionen und Gastspielen einen guten Namen im Kulturleben der Bundesstadt gemacht. Berührungsängste? Gibt es nicht. Märchen der Gebrüder Grimm stehen ebenso auf dem Programm wie absurdes Theater von Samuel Beckett oder Horror von Stephen King. Dazu noch viel Musical und Tanz. Im Rahmen seiner »Studio-Bühne Bern« bietet der Trägerverein auch Schauspiel- und Tanzkurse.

Laupenstr. 51, Bern;
Tel. 0 31/8 59 12 77;
www.theaterremisebern.ch

316

Grand-Prix

Volkslauf durch Bern

Ob es nun »die schönsten zehn Meilen der Welt« sind, wie die Berner Touristiker behaupten, sei dahingestellt. Ist auch egal, denn die Kulisse dieses klassischen Volkslaufs hat den sprachlichen Superlativ gar nicht nötig. Der Start liegt unterhalb des Stade de Suisse am Guisanplatz. Der Rundkurs führt durch die Altstadt und an der Aare entlang bis zum Tierpark und wieder zurück. Die Teilnehmerzahl liegt bei mehr als 30000 Sportlern. Auch wer den Läufern nur zuschauen möchte, hat seinen Spaß am großen Event: Ein Dutzend Musikbands sorgen neben der Strecke für gute Stimmung.

Bern; www.gpbern.ch; Mai

Verdi

»Mangiare« und Musik

315

Schönes Lokal mit loderndem Kaminfeuer, offenem Mauerwerk und freigelegten Stützbalken. Das Ristorante ist eine Hommage an Verdi, viele Requisiten stammen aus seiner Zeit. Der Koch orientiert sich an der emilianischen Heimat des Komponisten und bringt z. B. »Bollito misto« auf den Tisch.

Gerechtigkeitsgasse 7, Bern;
Tel. 0 31/312 63 68;
www.bindella.ch

317 Zsa Zsa Bar

Kleinste Bar Berns

Dies mag Berns vermutlich kleinste Bar sein. Wer also nur gucken will, ist hier falsch am Platz. Dafür kommt man auf wenig Raum fast zwangsläufig schnell ins Gespräch. Liegt in der beschaulichen, etwa ruhigeren Brunngasse: angenehmes Licht, heimelige Atmosphäre, viele Getränke, wenige Snacks.

Brunngasse 11, Bern;
Tel. 0 31/3 12 13 08

318 Adamek

Erste Adresse für Perlenschmuck

»Schmuck zeigt Stil« ist das Motto von Goldschmied Nicolas Adamek und seinem kleinen Team, das stilvoll in der Kramgasse residiert. Sein Vater gründete den Betrieb dort 1937. Eine besondere Empfehlung verdient das Adamek für Liebhaber von schönem Perlenschmuck.

Kramgasse 56, Bern;
Tel. 0 31/3 11 75 20;
www.adamek.ch

319 Wein & Sein mit Härzbluet

Gemütlichkeit im Kellergewölbe

Auf Speisekarten kann das Wein & Sein mit Härzbluet gerne verzichten. Schließlich zaubert die Küche jeden Abend ausschließlich ein einziges Menü auf den Tisch. In dem Kellergewölbe mit Platz für nur 24 Gäste ist die Atmosphäre fast familiär – das erleichtert das »Sein«. Und den »Wein« kann man an der klimatisierten Wand aussuchen oder von der Sommelière empfehlen lassen.

Münstergasse 50, Bern;
Tel. 0 31/3 11 98 44;
www.weinundsein.ch

320 Loeb

Traditionsgeschäft

Wer in Bern nach dem Weg fragt, bekommt nicht selten Beschreibungen wie diese: »Gehen Sie bis zur Loebegge. Danach biegen ...«. Kein Straßenplan kennt die Loebegge, aber jeder Berner die »Loeb-Ecke«. Dort, wo der Bubenbergplatz auf Spitalgasse trifft, sitzt das Mutterhaus des Kaufhauses, das 1881 als Textilfachgeschäft gegründet wurde und seit 1899 diesen Standort hält. Das Familienunternehmen ist tief verwurzelt mit der Stadt. Das Unternehmen setzt auf die Schwerpunkte Mode, Kosmetik, Wohnen, Freizeit und Lebensmittel.

Spitalgasse 47–51, Bern;
Tel. 0 31/3 20 71 11;
www.loeb.ch

Wasserspiel am Bundesplatz

Spritziges Bern

26 Düsen – stellvertretend für die 26 Schweizer Kantone – »verstecken« sich zwischen den Natursteinplatten aus Valser Gneis. Computergesteuert schießen Wasserfontänen aus dem Boden empor, bis zu 7 m hoch.

Bundesplatz, Bern; www.bundesplatz.ch; Frühlingsanfang–1. Nov. 11–23 Uhr (Di, Sa ab 14 Uhr)

321

322 Zytglogge

Kurioses Glockenspiel

Im Mittelalter war der Zeitglockenturm, von den Bernern »Zytglogge« genannt, als Wachturm Teil der Wehrmauer. Nach einigen territorialen Erweiterungen hatte er – nun mitten in der Stadt gelegen – als militärisches Instrument ausgedient. Er wurde mit Uhr und Schlagwerk ausgestattet und gab fortan die Zeit an. Das mittlerweile berühmte Glockengeläut wurde 1530 vollendet. Das Figurenspiel ist ebenso faszinierend wie kurios und seiner Zeit voraus: Wer nichts verpassen will, sollte schon ein paar Minuten vor der vollen Stunde da sein – exakt 3,5 Min., denn dann kräht der goldene Hahn das erste Mal und kündigt das Spektakel an. Kurz darauf dreht der Bärenzug, Sinnbild der Stadtwache, seine Runde, und der Hahn meldet sich ein zweites Mal. Anschließend »bimmelt« der Harlekin mit seinen beiden Schellen die neue Zeit ein: eine Narretei, fehlen doch weitere zwei Minuten zur vollen Stunde. Amtlich wird es, wenn Chronos, der Gott der Zeit, die Sanduhr dreht und mit dem Zepter den Takt für die vier Schläge der Turmglocke vorgibt.

Zytglogge 3, Bern;
www.zytglogge-bern.ch

323 Alpines Museum

Verhältnis zwischen Berg und Mensch

Allein weil die Schweiz das Land der berühmten Berge ist, darf der Besuch des Alpinen Museums nicht fehlen. Das »alps« zeigt die Berge unter den Aspekten Identität, Mobilität, Tourismus, Tradition und Innovation, Kultur und Natur – es fragt z. B.: Wie haben Menschen dort seit Jh. überlebt, wo wohnen und arbeiten sie? Wie kommen andere darauf, zum Spaß auf die Gipfel zu steigen?

Helvetiaplatz 4, Bern;
Tel. 0 31/3 50 04 40;
www.alpinesmuseum.ch

324 Schöngrün

Kunst trifft Küche

Im Zentrum Paul Klee genießt man nicht nur die Werke des weltbekannten Malers – im Haus vollführt auch ein Küchenteam seine Künste, von denen sich andere eine Scheibe abschneiden könnten: Das Restaurant Schöngrün in einer denkmalgeschützten Villa am Nordeingang der Ausstellungshallen ist dank kreativer Speisen und Top-Bewertung im Michelin zum Ziel der Gourmetjünger geworden. Architekt Renzo Piano erweiterte das Haus um ein lichtdurchflutetes, gut belüftetes Gewächshaus, bekannt als »Glaspavillon«.

Monument im Fruchtland 1,
Bern; Tel. 0 31/3 59 02 90;
www.restaurant-schoengruen.ch

326 Zentrum Paul Klee

Vielfältige Kunstvermittlung

Das Zentrum Paul Klee ist nicht einfach ein Museum, sondern ein interdisziplinäres Kulturprojekt mit Lesungen und Theateraufführungen, Konzerten, eigenem Musikensemble und einem Kindermuseum. Stararchitekt Renzo Piano hat den 2005 eröffneten Bau als Folge von drei großen Wellen aus Stahl und Glas entworfen. Paul Klee hatte sein erstes und sein letztes Atelier in Bern. Von den rund 10000 erhaltenen Werken des deutschen Künstlers besitzt das ZPK rund 4000 Gemälde, Aquarelle und Zeichnungen, die in einer regelmäßig rotierenden Auswahl gezeigt werden.

Monument im Fruchtland 3, Bern; Tel. 0 31/3 59 01 01; www.zpk.org

325 Giesserei Berger

Glocken selbst gießen

Glocke ist nicht gleich Glocke: Die »Giesserei Berger« fertigt seit 1730 Kuhglocken und Pferdeglocken, Schafglocken und Geißglocken, Haus-, Griff- und Schiffsglocken. Und lädt nach Anmeldung Interessierte ein, die eigene, persönliche Glocke zu gießen.

Bäraustr. 1/6, Bärau im Emmental; Tel. 0 34/4 08 38 38; www.glocken.ch

327 Sensorium

Mit allen Sinnen

Rüttihubelbad? Das ist kein Spaßbad, sondern ein anthroposophisches Kulturzentrum. Das Sensorium führt die Besucher an ca. 70 Erlebnisstationen, um Bekanntes und Unbekanntes zu hören, zu sehen, zu riechen und zu tasten. Alles dreht sich um die Aktivierung der sinnlichen Wahrnehmungen. Das Ziel: Dem Menschen zu zeigen, wie eins er mit der Natur ist, wenn er sich auf seine Sinne verlässt.

Rüttihubel 29, Walkringen;
Tel. 0 31/7 00 85 85;
www.ruettihubelbad.ch

328 Thun

Charmanter Ort am Thunersee

Thun ist über die Aare mit dem See verbunden. Charmant präsentiert sich das Bälliz, eine kleine Aare-Insel. Das Eiland ist für Autos tabu und lädt so zum Flanieren und Einkaufen ein. In beeindruckender Höhe thront das Schloss Thun über der Altstadt. Das Besondere im historischen Zentrum ist die Hochparterre-Bauweise, durch die sich ein Teil des Lebens im ersten Stock abspielt: Boutiquen und Cafés bieten ihre Dienste auf Terrassen an.

Tourist Info: Bahnhofplatz, Thun;
Tel. 0 33/2 25 90 00;
www.thunersee.ch

329 Trubschachen

Tolle Traditionen

Trubschachen ist ein erstaunliches Örtchen im hübschen Emmental: knapp 1400 Einwohner, aber Standort von »Bretzeli«-Kekse-Bäcker Kambly. Das weltweit exportierte Gebäck kennen alle Schleckermäuler. Nicht nur die Kambly Erlebniswelt lockt Besucher an: Im Heimatmuseum ist ein altes Bauernhaus und seine Einrichtung inkl. Käsereieinrichtung und Nagelschmiede so erhalten, wie es vor mehr als 200 Jahren erbaut und belebt wurde – ein Zeitsprung in das ländliche Emmental des 18. Jh.

Museum: Hasenlehnmattestr. 1, Trubschachen; Tel. 0 34/4 95 60 38; www.stiftung-hasenlehn.ch; Kambly: www.kambly.com

330

Schloss Schadau

Residenz mit Riesen-Rundbild

Thun zählt nur etwa 40000 Einwohner, kann aber neben Schloss Thun mit Schloss Schadau eine zweite stattliche Residenz vorweisen. Es stammt aus dem 19. Jh. und beherbergt ein Gastronomiemuseum sowie ein Restaurant mit Außenplätzen und Seeblick. Im Schlosspark ist in einem Rundbau das Thun-Panorama, das älteste erhaltene Rundbild der Welt, untergebracht. Es ist 38 m breit und 7,5 m hoch. Der Künstler Marquard Wocher schuf es in den Jahren 1809 bis 1814 auf dem Dach eines Hauses in der Thuner Altstadt. Es gewährt intime Blicke in Amtszimmer, Wohnstuben und Gassen aus dem 19. Jh. Schloss Schadau liegt auf der westlichen Uferseite an der Mündung zum Thunersee, dem Aarebassin.

Seestr. 45, Thun;
www.schloss-schadau.ch;
www.thun-panorama.com

331

332 Panoramabrücken-Rundweg

Über sieben Brücken gehen

Seit 2011 in ständigem Ausbau, entsteht um den Thunersee ein Rundweg von 56 km Länge, der insgesamt sieben Schluchten und Gräben mit Hängebrücken überquert. 95 Prozent der Wege bestehen bereits, sind zum Teil aber nur mit steilen Auf- und Abstiegen zu meistern. Die Brücken liegen 200 bis 300 m über Seeniveau und weisen Spannweiten bis zu 340 m auf. Ihr Passieren bietet atemberaubende Perspektiven auf die Natur in der Region. Der Weg führt an den Auengebieten Weissenau und Kanderdelta und am Wasser- und Zugvogelreservat Unteres Thunerseebecken vorbei. Am besten startet man seine Wanderung an den ganzjährig geöffneten Panoramabrücken Sigriswil (erhebt Eintritt) oder Leissigen.

Sigriswil: Parkplatz Ende Raftstr., Leissigen: Parkplätze Stoffelberg; www.brueckenweg.ch

Schloss Oberhofen

Zauberhaftes Bauwerk am Thunersee

Schloss Oberhofen, knapp 5 km hinter Thun am östlichen Ufer des Sees gelegen, erinnert spontan an die Lustbauten des bayerischen Märchenkönigs Ludwig II. Hier ein Turm, da ein Erker, fantasievolle Fassadenverzierungen und vor allem – das kleine Seetürmchen mit dem spitzen Helm in das Wasser gebaut und über eine gedeckte Brücke mit dem Schloss verbunden. An die ehemalige Residenz ist eine reizende englische Parkanlage mit einem Laubengang aus Hainbuchen angegliedert. Wunderbar ist die Sicht vom Turm auf den Ort und den Thunersee. Heute laden von Mai bis Oktober ein Wohnmuseum mit Interieurs aus dem Mittelalter sowie ein orientalischer Rauchsalon zur Besichtigung ein.

Schloss, Oberhofen; Tel. 0 33/2 43 12 35; www.schlossoberhofen.ch

Schloss Hünegg
Hilterfingen

333

Am Nordufer des Thunersees, inmitten eines Parks mit hohen, alten Bäumen, steht das hübsche Schlösschen mit seinen Türmchen und Giebelchen und Erkerchen. Überhaupt darf man das »-chen« getrost an nahezu alles hängen, was Hünegg – erbaut zwischen 1861 und 1863 – betrifft. Seit 1900 ist die sehenswerte Ausstattung unverändert geblieben. Sie bildet den Rahmen für Zeitreisen in die untergegangene Wohnwelt der Belle Époque – aber auch für beschauliche Kammermusikkonzerte.

Staatsstr. 52, Hilterfingen; Tel. 0 33/2 43 19 82; www.schlosshuenegg.ch; Museum: Mai–Okt.

334 Beatushöhlen
Unterirdische Wunderwelten

Dieses in Zigtausend Jahren entstandene Grottensystem ist nach dem Wandermönch Beatus benannt, der im 6. Jh. n. Chr. die Schweiz christianisierte. Er verjagte in den Höhlen einen Drachen mit seinem Kreuz auf Nimmerwiedersehen. In dem Höhlensystem beeindrucken vor allem die unterirdischen Wasserfälle sowie die Spiegelgrotte: Hier reflektieren sich die Tropfsteine auf der Oberfläche eines kleinen Sees.

Beatenberg-Sundlauenen; www.beatushoehlen.ch; März–Okt.

335 Interlaken
Touristisches Zentrum der Region

Interlaken (5600 Einwohner) zwischen Thuner- und Brienzer See ist die touristische Drehscheibe der Region. Bereits im 14. Jh. warb das erste Hotel (heute Hotel Interlaken) um Gäste. Der Höheweg am Nordrand ist eine von Luxushotels gesäumte Promenade, von der sich ein unvergleichlich schöner Blick auf das Jungfraumassiv ergibt. In der Nähe liegt der 1859 erbaute Kursaal mit Spielkasino. Verwalter schmalerer Geldbeutel orientieren sich im Zentrum: Dort reihen sich Cafés und Restaurants Glied an Glied.

Tourist Info: Höheweg 37, Interlaken; Tel. 0 33/8 26 53 00; www.interlaken.ch

336 Schynige Platte

Nostalgische Panoramafahrt

Die Schynige Platte ist eine Plattform oberhalb von Interlaken. Seit 1893 fährt von Wilderswil eine Zahnradbahn zum Berghotel auf 1967 m Höhe. Für die knapp 7 km lange Strecke benötigt sie 52 Min. Die Passagiere sitzen auf einfachen Holzbänken und genießen die Aussicht auf Unterseen sowie Wilderswil mit dem Abendberg. Am Ziel wartet das Berghotel Schynige Platte mit großer Terrasse. Übrigens: Die Sicht auf das Dreigestirn Eiger, Mönch und Jungfrau ist phänomenal.

Wilderswil; www.jungfrau.ch; hotelschynigeplatte.ch

337 Schweizerisches Freilichtmuseum Ballenberg

Schweizer Alltag vom 14. bis 19. Jahrhundert

Der Landschaftspark, auf dem das Freilichtmuseum entstanden ist, umfasst 660000 qm. Ballenberg war von Anfang an kein bloßes Ausflugsziel, sondern gewissermaßen ein volkskundliches Inventar: So lebten und arbeiteten die Schweizer in vergangenen Jh. Mittlerweile stehen ca. 100 historische Objekte auf dem Gelände, Hofgebäude, alte Werkstätten, Schmieden und Kornspeicher. Alle Bauwerke sind an ihren alten Standorten fachgerecht abgetragen worden. In Ballenberg hat man sie, regional gegliedert, in neuen Ensembles wieder aufgebaut, so dass Besucher dort quasi zu Fuß durch die Schweiz spazieren können: vom Jura ins Mittelland, über Wallis und Tessin in die Zentralschweiz und hinüber nach Graubünden.

Museumsstr. 131, Hofstetten bei Brienz; Tel. 0 33/9 52 10 30; www.ballenberg.ch; April–Okt.

Giessbachfälle

Rauschende Natur

338

Am Südufer des Brienzer Sees stürzen die Wasser mehrerer Gebirgsbäche in 14 Kaskaden 400 m über eine teilweise baumbestandene Felswand hinab. 500 Meter tiefer landen sie im Brienzer See. Den schönsten Zugang hat man über den Schiffsanleger »Giessbach See«, von dem aus die Giessbachbahn, 1879 eröffnet und älteste Standseilbahn Europas, zum direkt an den Fällen gelegenen Grandhotel Giessbach führt. Die sehenswerte Anlage stammt aus dem 19. Jh. und ist »mittlerweile ein Kulturgut von nationaler Bedeutung«.

Tourist Info: Hauptstrasse 143, Brienz; Tel. 0 33/9 52 80 80; www.brienz-tourismus.ch

339

Holzschnitzkunst

Institution der Holzbildhauerei

Das am Nordostufer des Brienzer Sees auf 571 m Höhe gelegene, 3000 Einwohner zählende Brienz ist ein Zentrum der Holzschnitzkunst. In der Schule für Holzbildhauerei, der einzigen Einrichtung in der Schweiz, in der das Handwerk gelehrt wird, kann man dem Nachwuchs bei der Arbeit zusehen. Im Zuge einer dreitägigen Schnupperlehre dürfen alle Interessierten das Schnitzen, Modellieren und Zeichnen selbst ausprobieren.

Schleegasse 1, Brienz; Tel. 0 33/9 52 17 51; www.holzbildhauerei.ch

340

Brienzer Rothorn

Mit Dampf hinauf

Das Brienzer Rothorn in den Emmentaler Alpen liegt auf der Kantonsgrenze zwischen Luzern, Obwalden und Bern. Am Gipfel hat man eine beeindruckende Aussicht in die Berner Hochalpen, auf Eiger, Mönch, Jungfrau, Blüemlisalp und Rosenhorn. Am originellsten erreicht man ihn mit der Brienz-Rothorn-Bahn. Sie ist neben der Strecke über den Furkapass die einzige von einer Dampflokomotive gezogene regelmäßig verkehrende Eisenbahn der Schweiz.

Brienz; www.brienz-rothorn-bahn.ch; Mitte Mai–Okt.

341 Klettersteig Tälli

Der wahrscheinlich älteste der Schweiz

Die Via ferrata Tälli im Berner Oberland ist der älteste Kletterparcours in der Schweiz. 78 m Leitern und 550 Kletterhaken wurden dafür in der Wand der eindrucksvollen Gradmerflue am Sustenpass verankert. Sagen die Berner. Die Graubündener berufen sich auf den Klettersteig Pinut, der soll 1739 erstmals schriftlich erwähnt worden und deswegen der älteste sein. Egal, Tälli führt über Felsstufen, grasige Absätze und schmale Bänder und gilt als Klettersteig mit mittlerer Schwierigkeit, den man nur bei sicherem Wetter gehen sollte, weil es mittendrin kein Zurück gibt. Belohnt werden die Kraxler mit spektakulären Aussichten. Ausgangspunkt ist das Berghaus Tälli, welches mit der Tällibahn ab der Sustenpassstrasse bequem zu erreichen ist.

zwischen Furen und Gadmen;
www.taelli.com; Juli–Okt.

342 Rosenlaui

Wildromantische Gletscherschlucht

Die Gletscherschlucht Rosenlaui liegt 15 km von Meiringen entfernt im Reichenbachtal, unterhalb des Rosenlaui-Gletschers. Sie ist Teil des Unesco-Weltnaturerbes Schweizer Alpen Jungfrau-Aletsch. 1903 wurde ein Weg von 573 m Länge mit mehreren Tunnels und einer Höhendifferenz von 155 m in den Kalkfelsen gesprengt. Der Pass führt über steile, von Spritzwasser nasse Stufen durch den Canyon, in dem das Schmelzwasser vom Rosenlaui-Gletscher fließt und dessen Wände zum Teil 70 bis 80 m hoch sind. Maler wie Joseph Anton Koch, Caspar Wolf und François Diday hielten die wildromantische Landschaft auf der Leinwand fest.

bei Meiringen;
www.rosenlauischlucht.ch;
MItte Mai–Mitte Okt.

343 Aareschlucht

Spektakuläre Ausmaße

Die Aareschlucht östlich von Brienz wird allgemein als Naturwunder gepriesen. Dort hat sich die Aare eine 1400 m lange und bis zu 200 m tiefe Klamm durch den Gebirgszug des Kirchet gegraben. An ihrer engsten Stelle ist die Schlucht nur 1 m breit, während die höchste Seitenwand 180 m hoch über den Fluss ragt. Bereits 1888 wurde sie für die Öffentlichkeit gangbar gemacht und im ersten Jahr von 12000 Neugierigen besucht. Ab dem Eingang West bis zur Mitte ist die Schlucht sogar barrierefrei zugänglich.

Haslital; Eingang Innertkirchen: Tel. 0 33/9 71 10 48; Eingang Meiringen: Tel. 0 33/9 71 40 48; www.aareschlucht.ch; April/Mai–Nov.

Gelmerbahn
Steile Fahrt bergauf

344

Diese Bahn wurde für den Bau der Gelmerstaumauer konstruiert und sollte ab 1926 ursprünglich Baumaterial transportieren. 2001 musste sie runderneuert werden und der Eigentümer, die Kraftwerke Oberhasli, erkannte, dass Refinanzierung über Nervenkitzel sowohl dem Investor als auch dem Publikum nutzen würde. Mittlerweile ist die offene Standseilbahn mit maximal 106 Prozent Steigung eine Attraktion und ein sinnbildliches »Naturereignis« für jene, denen Achterbahnen am Reißbrett konstruierte Massenware sind. Die Fakten: 1028 m lang, 450 m Höhendifferenz, 10 Min. Fahrzeit, 7,2 km/h Geschwindigkeit – kurz: die steilste Standseilbahn Europas.

Handegg; Tel. 0 33/9 82 26 26; www.grimselwelt.ch; Juni–Okt.

Hotel Eden
Edles Traditionshaus

345

Einen angenehmen Aufenthalt sollte man in diesem Domizil wörtlich nehmen. Den besten Blick auf den Thunersee, das Schloss Spiez und die Gipfel von Eiger, Mönch und Jungfrau bietet das 1906 eröffnete Hotel Eden. Das Vier-Sterne-Superior-Haus mit 43 Zimmern mit Aussicht ist von einer gepflegten Gartenanlage mit altem Baumbestand umgeben, die bei gutem Wetter auch als Sonnenterrasse dient. Das lichte Restaurant mit eleganten Kronleuchtern ist im Stil der Belle Époque gehalten. Die Küche verheißt innovative regionale Gerichte wie Innerschweizer Black Angus Rind mit Belperknollen-Schaum und Brioche, die Bibliothek mit Kamin und Spieltischen strahlt englische Club-Atmosphäre aus. Mit Panoramahallenbad, Saunalandschaft, Wellness-Angeboten und Fitnessbereich lädt das komfortable Spa zum Wohlfühlen ein.

Seestr. 58, Spiez; Tel. 0 33/6 55 99 00; www.eden-spiez.ch

Mit der Bahn auf den Niesen

347

360°-Bergpanorama

Eine Standseilbahn startet von Mülenen zum Niesen, dem Spiezer Hausberg. Sie bewältigt teilweise Steigungen von 68 %, bis sie in 30 Min. am Ziel, der Niesen-Kulm auf 2362 m Höhe, angelangt ist. Die Alpenwelt: grandios! Oben wartet ein Berghaus darauf, seine Gäste mit Speis und Trank zu versorgen.

Mülenen bei Spiez; Tel. 0 33/6 76 77 11; www.niesen.ch; Mitte April–Mitte Nov.

346

Spiez

»Schönste Bucht Europas«

Spiez nennt sich ebenso selbstbewusst wie augenzwinkernd »schönste Bucht Europas«. Die Gemeinde schmeichelt sich im Halbkreis um die charmante Uferpartie im Westen des Thunersees. Als Wahrzeichen gilt Schloss Spiez mit Wehrturm, Kirche, Museum, Café und Restaurant sowie kleinem Schlosspark. Das milde Klima lässt Palmen an der Promenade gedeihen und erlaubt, an den Hängen Weinreben zu kultivieren. Durch seine zentrale Lage rasch und bequem erreichbar, ist Spiez willkommener Ausgangspunkt für Ausflüge zu bekannten Sehenswürdigkeiten des Berner Oberlandes und der ganzen Schweiz.

Tourist-Info: Am Bahnhof, Spiez; Tel. 0 33/6 55 90 00; www.spiez.ch; www.thunersee.ch

Männlichen

Aussichtsgipfel

Als Aussichtsgipfel mit Blick auf die Drei- und Viertausender der Jungfrauregion bietet sich der im Westen aufragende Männlichen (2343 m) an, der auch als Skigebiet geschätzt wird. 30 Minuten dauert die Fahrt von Grindelwald auf den Gipfel mit der längsten Gondelbahn Europas (6,2 km), der Luftseilbahn Grindelwald-Männlichen.

348

Grundstr. 54, Grindelwald;
www.maennlichen.ch

349

Gletschertour

Wanderung durch das Unesco-Welterbe

Der Aletschgletscher ist der größte Gletscher Europas und Herzstück des Unesco-Welterbes Jungfrau-Aletsch. Auf zahlreichen Wanderungen ist das majestätische Eismeer zu bewundern, aber das Höchste ist, ihn selbst zu bewandern. Die Voraussetzungen: Kondition für 6 Std. Marsch, gute Wanderausrüstung und Trittsicherheit. Führungen mit Bergführern aus Grindelwald und Übernachtung auf 2850 m in der Konkordiahütte starten auf dem Jungfraujoch und enden am nächsten Tag mit dem Abstieg über den Märjelensee auf der Fiescheralp.

Dorfstr. 103, Grindelwald; Tel. 0 33/8 54 12 80;
www.grindelwaldsports.ch; Juni–Anfang Okt.

350 First Flieger

Tarzan-Feeling

45 Sekunden und 800 m lang saust man mit dem First Flieger ungebremst bergab – erst kurz vor dem Ziel stoppt eine Feder auf sanfte Weise. Eine Art Hängesitz und eine Gurtkonstruktion versprechen Sicherheit und v. a. das Gefühl, in der Luft zu schweben. Adrenalin garantiert!

Gondelbahn: Dorfstr. 187, Grindelwald; www.jungfrau.ch; Mitte Dez.–März und Mai–Okt.

351 World Snow Festival

Eiskalte Kunst

Wenn gepresste Schneeblöcke meterhoch in Reih und Glied an die Natureisbahn in Grindelwald geliefert werden, ist die Schlittschuh-Saison beendet. Dann haben Künstlerteams eine Woche lang Zeit, aus den Blöcken Skultpuren zu bilden; ohne Hilfssubstanzen, nur mit Schnee, Wasser und Eis. Das erste Event war 1983, als Japaner eine riesige Heidi schufen.

Grindelwald; www.worldsnowfestival.ch; 3. Wo. im Jan.

352 Velogemel fahren

100-jähriger Funsport

Das Velogemel ist eine Grindelwalder Besonderheit, die hier erfunden wurde und sich nirgendwo außer im Berner Oberland durchgesetzt hat. Der Schreiner Christian Bühlmann hat diese Mischung aus Fahrrad und Schlitten 1911 erfunden, in einer Zeit, als noch keine Räumkommandos die Straßen von den Schneemassen befreiten. Heute ist das einspurige Gefährt, bei dem zwei Kufen die Räder »ersetzen«, ein Fun- und Sportgerät, das man sich in fast jedem Sportgeschäft ausleihen kann.

Tourist Info:
Dorfstr. 110, Grindelwald;
Tel. 0 33/8 54 12 12;
www.grindelwald.ch

Jungfraujoch

»Top of Europe«

Nirgendwo sonst in Europa kann man derart bequem eine solche Höhe erreichen. Über mehrere Haltestellen (im Bild die Station Eismeer) geht es bis auf 3454 m Höhe zur Endstation: dem höchsten Bahnhof Europas, genannt »Top of Europe«. Hier ist die Luft dünn, das Licht gleißend und das ganze Jahr über Winter. Deshalb warme Kleidung und Sonnenbrille nicht vergessen. Wer noch höher hinaus will, fährt mit dem Lift auf die Aussichtsterrasse der Sphinx, einer Forschungsstation oberhalb des Bahnhofs – bei gutem Wetter mit Sicht bis nach Frankreich und Deutschland.

Rail Info: Höheweg 37, Interlaken; Tel. 0 33/8 28 72 33; www.jungfrau.ch

353

354

Eispalast auf der Jungfrau

Gletschereis-Welt

Gewaltiges an der Bergstation Jungfraujoch: Vor rund 50 Jahren schufen zwei Bergführer mit Eispickel, Säge und unermüdlicher Leidenschaft im Gletschereis eine Halle von über 1000 qm Fläche und bestückten sie mit zahlreichen Eisskulpturen.

Rail Info: Höheweg 37, Interlaken; Tel. 0 33/8 28 72 33; www.jungfrau.ch

355

Trümmelbachfälle

Im Tal der 72 Wasserfälle

4 km südlich von Lauterbrunnen wartet ein ohrenbetäubendes Spektakel auf die Besucher. Die Trümmelbachfälle werden von zehn Gletschern gespeist – im Berginnern! Das Innere ist begehbar gemacht worden: Es ist laut, feucht, faszinierend.

bei Lauterbrunnen; Tel. 0 33/8 55 32 32; www.truemmelbachfaelle.ch; April–Anfang Nov.

356

Schilthorn

Der Name ist »Gloria« – »Piz Gloria«

Das oberhalb von Mürren auf 2970 m Höhe gelegene Schilthorn lockt mit einem Restaurant, das sich sanft um die eigene Achse dreht und dabei immer wieder einen anderen Blick auf Eiger, Mönch und Jungfrau freigibt. Und ja, manche haben diesen Ort schon einmal gesehen: »Im Geheimdienst Ihrer Majestät« hieß der James-Bond-Film aus dem Jahr 1969 mit George Lazenby als 007. Das Drehrestaurant war Sitz des Oberschurken Blofeld. Im Kino hieß die Bösewichtzentrale Piz Gloria – seitdem trägt der Gipfel den Untertitel »Piz Gloria«.

Talstation Stechelberg, Lauterbrunnen; Tel. 0 33/8 26 00 07; www.schilthorn.ch

357 Inferno-Skirennen

Fast wie die Profis

Es kommt nie im Fernsehen und ist doch ein berühmtes Ereignis: Das »Internationale Inferno-Rennen Mürren« ist das größte – auf 1850 Teilnehmer begrenzte – Amateurrennen des alpinen Skisports. Und zugleich mit der bekannten Inferno-Abfahrt das älteste noch stattfindende Skirennen der Welt. Hier geht es ums Mitmachen, nicht ums Gewinnen. Genießer benötigen etwa 45 Min. für die 15,8 km lange Strecke, Sieger 15 Min. Der Start liegt unterhalb des Kleinen Schilthorns.

Mürren; www.inferno-muerren.ch; Ende Jan.

358 Saanen

Hübsches Dorf im Saanetal

Das Saanetal ist bekannt für sein Dorf Gstaad, dabei hat der Verwaltungssitz Saanen ebenfalls einiges zu bieten. In dem schmucken Dorf mit 35 historischen, bis zu 500 Jahre alten Chalets lohnt ein Besuch der spätgotischen Mauritiuskirche. Das kleine Gotteshaus beherbergt Fresken aus dem 15. Jh. und eine kunstvoll mit Intarsien verzierte Renaissancekanzel.

Tourist Info: Promenade 41, Gstaad; Tel. 0 33/7 48 81 81; www.gstaad.ch; www.saanen.ch

359 Gstaad

Jetset-Treff

Touristisches Zentrum des Saanenlands ist das 1050 m hoch gelegene Gstaad, ein charmanter Ort inmitten prächtiger Berge, in dem sich im Winter Prominenz aus aller Welt ein Stelldichein gibt. 1913 öffnete das Palace Hotel, das noch heute zu den exklusivsten Grandhotels der Welt zählt und als Gstaads inoffizielles Wahrzeichen bezeichnet werden kann. Ein weiteres Markenzeichen ist das Menuhin Festival im Juli/August mit Schwerpunkten auf Kammermusik und symphonischen Werken, 1957 vom gleichnamigen Geiger gegründet.

Tourist Info: Promenade 41, Gstaad; Tel. 0 33/7 48 81 81; www.gstaad.ch

360

Swiss Open Gstaad

Großes Herren-Tennis

French Open, US Open, German Open – im Tennis finden die großen Turniere in den großen Städten statt: Paris, New York, Hamburg. In der Schweiz steigen die Swiss Open aber nicht in Zürich, Basel oder Bern, sondern in Gstaad. Und das seit 1915. Die Siegerliste des Herrenturniers liest sich wie ein Who's Who der Tennisgeschichte: Stefan Edberg, Roy Emerson, Guillermo Vilas, Emilio Sánchez, Roger Federer. Kein Boris Becker? Natürlich nicht, in Gstaad spielt man im Juli auf Sand, nicht auf Rasen oder Hartplatz.

Gstaad; Tel. 0 33/748 08 60; www.creditagricolesuisseopengstaad.ch; Juli

361

Simmental

Außergewöhnlich schöne Bilderbuchlandschaft

Hinter Saanen zweigt in Zweisimmen ein Sträßchen ins obere Simmental ab, das bekannt ist für seine mit dekorativer Zimmermannskunst geschmückten Bauernhäuser. Hauptort des malerischen Tales ist das Wintersportzentrum Lenk, das sich durch seine Schwefelquellen auch als Kurbad einen Namen gemacht hat. Der Komponist Felix Mendelssohn Bartholdy (1809–1847) pries das Simmental auf seinen sommerlichen Reisen als »das grünste Tal Europas«.

Tourist Info: Rawilstr. 3, Lenk; Tel. 0 33/7 36 35 35; www.lenk-simmental.ch

362 Stockhorn

Atemberaubende Aussichten

Die Fahrt aufs Stockhorn erschließt ein fantastisches Panorama, v. a. wenn man das letzte Stück zum Gipfel hinaufsteigt. Der Blick über die senkrechte Nordwand ist ergreifend, aber noch zu toppen, wenn man vom Restaurant durch einen Tunnel auf den Aussichtssteg hinaustritt, der frei über dem Abgrund schwebt – mit Glasboden und nur für Schwindelfreie.

Kleindorf, Erlenbach; Tel. 0 33/ 6 81 21 81; www.stockhorn.ch

363 Alpaufzug Engstligenalp

Kuhwanderung ins Sommerdomizil

In Adelboden findet einer der spektakulärsten Alpaufzüge des Landes statt: Ungefähr 500 Kühe werden für den sommerlichen Weidegang auf das Hochplateau der Engstligenalp getrieben. Um ca. 5.30 Uhr beginnt die Wanderung der Nutztiere, ab 5 Uhr können Gäste mit der Luftseilbahn auf die Alp fahren und sich die besten Plätze für den Empfang der Kühe sichern.

Adelboden; www.engstligenalp.ch; Ende Juni

364 Engstligenfälle

Zusammentreffen der Bergbäche

Die »Entschligäfäll« gehören zu den höchsten Wasserfällen der Schweiz. Die Bergbäche der Alp sammeln sich und stürzen in zwei Stufen von insgesamt 600 Metern ins Engstligental. Das Wasserschauspiel ist per Bus, Luftseilbahn oder zu Fuß über einen gemütlichen, 90-minütigen Spaziergang erreichbar.

ab Adelboden; www.engstligenalp.ch

365 Blausee

Schönheit von innen

Zwischen Frutigen und Kandersteg weisen linker Hand Schilder auf den berühmten Blausee hin. Er ist nur 0,6 ha groß, aber bekannt wie ein bunter Hund. Die einzigartige Farbe, dem das Gewässer seinen Namen verdankt, verursachen unterirdische Quellen. Einer Sage nach entstammt das Blau den Augen eines Mädchens, das sich aus Trauer über den Tod des Geliebten hier ertränkte. Verbürgt ist, dass der See vor mehr als 15000 Jahren durch einen Felssturz entstand, in dessen Klippen sich das Wasser sammelte.

Tourist Info: Äussere Dorfstr. 26, Kandergrund; Tel. 0 33/6 75 80 80; www.kandersteg.ch

Landgasthof Ruedihus

Kunstvolles Chalet

Das berühmteste Chalet des Frutiglandes ist das Ruedihus. 1753 erbaut, gilt es als Meisterwerk der helvetischen Zimmermannskunst. Wer Gebäude zu »lesen« vermag, sollte sich Zeit nehmen: Der zweigeschossige Blockbau ist mit Friesen und Gesimsen reich verziert. Die Pächter, Anne und Réne Mäder, wurden im Jahr 2000 von der Vereinigung Swiss Historic Hotels für ihre »umsichtige Restaurierung« geehrt. Besucher sollten den Kopf unter den Stützbalken einziehen. Es ist eng, klein – aber urgemütlich. Die Speisen stammen aus dem Umland und sind meist biologisch angebaut. Wahrlich entzückend sind die Gästezimmer: ein jedes im Landhausstil individuell eingerichtet. Die Telefone scheinen aus dem 19. Jh. zu stammen, bieten aber den Komfort der Jetztzeit.

366

Hinder de Büele, 3718 Kandersteg; Tel. 0 33/6 75 81 81; www.ruedihus.ch

Oeschinensee

Von Bergen umrahmt

Naturfreunden sei der Oeschinensee empfohlen. Er liegt auf einer Höhe von etwa 1600 m, umrahmt von den Gipfeln Blüemlisalp, Oeschinen-, Fründen- und Doldenhorn. Auf der einen Seite steigen karge Felsblöcke empor, auf der anderen sprießt genügsames Grün. Wanderer nehmen den Aufstieg in ca. 35 Min., bequemer – und schneller – geht es mit der Gondelbahn. Am See lädt ein Restaurant zu Speis und Trank. Am Nordwestufer gefriert im Winter am Heuberg ein Bergwasserfall und bildet einen bis zu 15 m hohen bizarren Eisturm.

367

bei Kandersteg;
www.oeschinensee.ch

Luzern und die Zentralschweiz

Die Geschichte mit dem Apfel und der Armbrust ist zwar nett, aber Legende. Wahr ist dagegen, dass hier »Wätterschmöcker« leben, die Ameisen beobachten, um daraus das Wetter fürs nächste Jahr vorherzusagen. Die Urkantone Uri, Schwyz und Unterwalden sind voller spitzer Berge und scharfer Typen. Die Berge heißen Mythen oder Güpfi. Die Typen fahren Touristen auf Raddampfern von der Bilderbuchstadt Luzern aus über den Vierwaldstättersee oder mit der Zahnradbahn auf die Rigi. Wilhelm Tell? Steht im Souvenirgeschäft.

Sagenhaft: Viele Legenden ranken sich um die Zentralschweiz – mythisch ist die Stimmung oberhalb von Seedorf, hoch über dem Nebelmeer des Urnersees, heute noch.

368 Willisauer Ringli
Lokale Spezialität

Willisau ist nicht nur für seine schöne Altstadt, sondern auch für seine kulinarische Besonderheit, die Willisauer Ringli, bekannt. Die Zutaten sind schnell aufgelistet: Zucker, Mehl, Honig und Zitrusfrüchte. Aber Vorsicht, nicht beim Nachbacken erwischen lassen: Das ringförmige bräunliche Gebäck darf ausschließlich in Willisau hergestellt werden. Also besser hinfahren, sich unter die Einheimischen mischen und an ihrem Ursprungsort die Ringli korrekt einnehmen, indem man sie auf der Zunge zergehen lässt.

Ringli-Laden: Menznauerstr. 20, Willisau; Tel. 0 41/9 70 10 22; www.ringliladen.ch

369 Musikinstrumenten-Sammlung
Zum Anschauen und Ausprobieren

Das Konzept des Museums vereint zwei unterschiedliche Bereiche: Heinrich Schumachers Sammlung von Lauten und Gitarren aus dem 19. Jh. und daneben, besonders für Kinder spannend, Instrumente des Ehepaars Leonie und Christian Patt-Tobler, die ausprobiert werden dürfen. Bei letzterer Sammlung handelt es sich um in den 1950er-Jahren nachgebaute Instrumente des Mittelalters und der Renaissance.

Am Viehmarkt 1, Willisau; Tel. 0 41/9 71 05 15; www.musikinstrumentensammlung.ch

370 Sursee
Zwischen Mittelalter und Renaissance

Ausgezeichnet mit dem Wakkerpreis, kann Sursee stolz auf seinen vorbildlichen Schutz des Ortsbilds sein. Dieses ist von spätgotischen und Renaissance-Bauten geprägt. Ein Spaziergang vorbei an Rathaus, Haus Beck und Baseltor führt den besonderen Charakter der Kleinstadt sowie die Entwicklung der Baustile vor Augen.

www.sursee.ch

371

Auffahrtsumritt

Brauchtum in Beromünster

Am Christi Himmelfahrtstag ist ganz Beromünster auf den (Pferde-)Beinen. Schon vor Sonnenaufgang ziehen über 150 Reiter, gefolgt von zehn Mal so vielen Fußgängern mit Kreuzen, Monstranzen und Bannern über Wald und Wiese. Das frühe Aufstehen und der Gang des 18 km langen Pilgerwegs lohnen sich spätestens dann, wenn der Tross am Ziel angelangt ist und beim feierlichen Einzug in den bunt geschmückten Flecken unter Musikbegleitung von Tausenden Besuchern erwartet wird. Den Beromünsterern gefällt »d'Möischterer Uffert« jedenfalls schon seit über 500 Jahren.

Beromünster; Tel. 0 41/9 30 14 82; www.auffahrtsumritt.ch; Mai

Teddybär-Museum

Zum Knuddeln

372

Nach jahrelanger privater Sammelleidenschaft und inspiriert durch den schieren Platzmangel in ihrem Haus, führte Brigitte Iten im Jahr 2000 eine Teddybären-Wanderung durch: Im Teddybär-Museum haben die über 2000 Ausstellungsstücke aus aller Welt ein neues Zuhause gefunden und können seither von jedermann bestaunt werden.

Stadtstrasse 29, Sempach;
Tel. 0 41/4 60 07 50

Höllgrotten

Bezaubernde Welten

Seit ihrer Entdeckung vor über 150 Jahren bezaubern die Tropfsteinhöhlen im Lorzentobel bei Baar ZG Jung und Alt. Die Präsentation der Höllgrotten wurde 2012 rundum neu gestaltet und so lassen sich die 6000 Jahre alten Stalagtiten und Stalagmiten auf eine abwechslungsreiche und moderne Art erkunden. Ein für die Besucherinnen und Besucher bequemer Rundgang von oben nach unten erlaubt neue Blickwinkel und mithilfe von LED-Beleuchtung lässt sich das Gestein in seiner natürlichen Farben- und Formenvielfalt ganz genau bestaunen. Neben täglichen Führungen und Infotafeln gibt es Spezialprogramme für Kinder und Märchenfans: Aus dem Audio-Guide erzählt das Maskottchen »Höllgrotte-tüüfeli«, wie es einst zur Höhlenbildung kam, und einmal im Monat bietet Gisela Eng eine Märchen- und Sagenführung an.

373

Lorzendamm 29, Baar ZG;
Tel. 0 41/7 61 83 70;
www.hoellgrotten.ch; April–Okt.

374

Zytturm

Zuger Wahrzeichen

Den besten Überblick über die Stadt Zug verschafft man sich von ihrem Wahrzeichen aus. Der Zytturm ist gut an seiner blau-weißen Turmhaube erkennbar. Neben der Zeit (= Zyt) zeigt er Monat, Mondstand, Wochentag und Schaltjahr an. Erbaut wurde er als Durchlass im ältesten Stadtmauerring, später diente er als Gefängnis und Feuerstube. Heute kann jeder die Aussicht aus 52 m Höhe genießen. Den Schlüssel zum Blick erhält man in der Wunderbox am Fischmarkt 10.

Kolinplatz, Zug; www.zug-tourismus.ch

375 Ristorante Ana Capri

Aussichtsreiche italienische Küche

Wer schöne Aussichten in Zug zusammen mit italienischer Küche genießen will, ist hier richtig. Hausgemachte Teigwaren und frischer Fisch sowie regionale und saisonale Angebote, wie etwa Eglifilets Zuger Art, sind die kulinarischen Spezialitäten des Hauses, der zusätzliche Augenschmaus ist ein herrlicher Blick aus dem Speisesaal im ersten Stock.

Fischmarkt 2, Zug;
Tel. 0 41/7 10 24 24;
www.anacapri-zg.ch

376 Galerie Carla Renggli

Zeitgenössische Schweizer Künstler

Rund sechs wechselnde Ausstellungen zeitgenössischer Schweizer Künstler werden pro Jahr in der Galerie Carla Renggli gezeigt. Kunstliebhaber mit einem kleineren Geldbeutel werden im Erdgeschoss der Galerie fündig: Die dortige Kunsthandlung bietet eine Auswahl an über 4500 thematisch geordneten Kunst- und Fotokarten.

Ober-Altstadt 8, Zug;
Tel. 0 41/7 11 95 68;
www.galerie-carlarenggli.ch

377 Zuger Kirschtorte

Der süße Klassiker der Schweiz

Was die Sachertorte für Österreich und die Schwarzwäldertorte für Deutschland ist, ist die Zuger Kirschtorte für die Schweiz. Erfunden wurde sie in der Konditorei Treichler, die zum 100-jährigen Jubiläum im Jahr 2015 ein Zuger Kirschtorten Museum eröffnet hat.

Bundesplatz 3, Zug;
Tel. 0 41/7 11 44 12; www.treichler-zuger-kirschtorte.ch

378 Aklin

Am Zytturm

Das Restaurant Aklin besticht durch seinen hübschen Standort in einem Haus von 1787 direkt am zentral gelegenen Zuger Zytturm. Das historische Ambiente spiegelt sich auch in der Inneneinrichtung wider. Besonders das Aklin-Stübli mit Blick auf den Kolinplatz und die kleinere Erker-Stube zeichnen sich durch dunkle Holzvertäfelung, Bauernbuffets und Kachelöfen aus. In der Küche wird das Heimelige zum Heimischen, wenn z. B. Spezialitäten aus der im selben Haus ansässigen Metzgerei verarbeitet werden.

Kolinplatz 10, Zug;
Tel. 0 41/7 11 18 66;
www.restaurantaklin.ch

Hohle Gasse
Wilhelm Tells Spuren

379

Auf den Spuren von Freiheitskämpfer Wilhelm Tell: Dem »Weissen Buch von Sarnen« aus dem 15. Jh. zufolge erschoss er in dieser von Baumwipfeln überdachten Gasse den habsburgischen Landvogt Gessler mit einem Pfeil. Zur Erinnerung daran wurde 1638 am Ende des Hohlwegs die Tellskapelle gebaut, welche später im Innenraum mit einem Gemälde von Tells Tod ergänzt wurde. Die ursprüngliche Verbindung Zürich–Gotthard wurde 1937 sogar so umgebaut, dass die Hohle Gasse vom Verkehr entlastet und ihr mythisches Flair erhalten werden konnte.

3 km von Küssnacht in Richtung Arth; www.hohlegasse.ch

380

Luzern-Interlaken Express
Alpenpanoramastrecke über den Brünig

Raus aus der Stadt – wem danach der Sinn steht, dem sei eine Bahnfahrt auf der Schmalspurstrecke von Luzern nach Interlaken Ost (oder umgekehrt) empfohlen. Die zweistündige Fahrt durch das Herz der Schweiz wird von einem fantastischen Alpenpanorama, vorbei an fünf kristallklaren Seen sowie diversen Wasserfällen und Flüssen, begleitet. Von Mai bis Oktober gibt es entlang der Strecke noch mehr zu entdecken: Dann grüßen die 13 lebensgroßen, aus Holz geschnitzten Tiere der Brünig-Safari. Wer genau hinschaut, sieht vielleicht ein echtes Eichhörnchen vorbeihüpfen. Ein schöner Zwischenhalt ist z. B. Sachseln am Sarnersee.

ab Luzern; www.zentralbahn.ch/panorama.

381

»Pompidou«-Boutiquen
Die Welt in Luzern

Manchmal kommt sogar im wunderschönen Luzern Fernweh auf. An einem Ort kann man dieses entweder bekommen oder stillen: Die drei »Pompidou«-Boutiquen führen mit Herzblut ausgewählten Modeschmuck, Taschen und Einrichtungsgegenstände aus aller Welt.

Kornmarktgasse 7, Luzern; Tel. 0 41/4 10 67 10; www.pompidou.ch

382 Brasserie Bodu

Brasserie, Weinstube und Café

Ihr Bistro-Charme macht die Brasserie Bodu zum vermutlich schönsten Restaurant der Stadt. Der Einfluss des französischen Betreibers von Richard Beaudoux ist unverkennbar. Das Angebot reicht von Miesmuscheln bis Elsässer Sauerkrautplatte und beinhaltet eine vielfältige Auswahl an Bordeaux-Weinen. Besonders schön sitzt es sich auf dem Balkon mit Sicht auf die Reuss.

Kornmarkt 5, Luzern;
Tel. 0 41/4 10 01 77;
www.brasseriebodu.ch

383 Luzerner Fasnacht

Die drei »verreckten« Tage

Die Luzerner Fasnacht ist das größte Fest des Jahres der Stadt. Einer der Höhepunkte ist der »Schmutzige Donnerstag«, wenn um Schlag fünf Uhr morgens über 50 »Guuggenmusigen« in der Altstadt dem Morgen entgegenspielen. Der zweite wichtige Tag der Fastnacht ist der »Güdismontag«. Organisiert wird alles vom Luzerner Fasnachtskomitee, das sich 1951 aus den vier Gesellschaften »Zunft zu Safran«, »Maskenliebhabergesellschaft«, »Gesellschaft zu Fidelitas« und »Weyzunft« gründete.

www.luzerner-fasnacht.ch; Feb.

Rathaus Brauerei

Bier unter Bogen

384

Im Arkadengeschoss des Luzerner Rathauses lagerten früher Wein und Butter und unter den Schwibbogen boten Händler ihr Gemüse feil. Fast 400 Jahre später entstand hier der Rathaus Braukeller. Braumeister Reinhard Knispel braut mehrmals wöchentlich nach dem bayrischen Reinheitsgebot die beiden Biere »Rathaus Naturtrüb« und »Rathaus Bock« sowie saisonale Sorten, die direkt aus dem Bottich über die mit 30 cm wohl kürzeste Zapfleitung der Welt ausschließlich im Restaurant Rathaus Brauerei ausgeschenkt werden.

Unter der Egg 2, Luzern;
Tel. 0 41/4 10 52 57;
www.braui-luzern.ch

Seebad Luzern

Grande Dame der Luzerner Badeanstalten

385

Als elegant, ruhig und traditionell könnte man das mitten in Luzern gelegene Seebad bezeichnen, das 1885 eröffnet und seither immer wieder unter Bewahrung des ursprünglichen Charakters restauriert wurde. Tagsüber laden das Sonnendach und der Vierwaldstättersee zum (Sonnen-) Baden ein, nach 20 Uhr bleibt das zugehörige Restaurant geöffnet. In der Grande Dame sucht man vergeblich nach Sprungtürmen und Tischtennis – dafür sind die jungen Wilden wie das Strandbad Lido oder die »Ufschötti« zuständig.

Nationalquai, Luzern;
Tel. 0 41/4 10 18 12;
www.seebadluzern.ch; Mai–Sep.

386 Blue Balls Festival

Am Luzerner Seeufer

Einmal im Jahr verwandelt sich das Luzerner Seeufer in eine einzige große Bühne: Neun Tage lang findet das Blue Balls Festival auf acht Bühnen in drei Locations statt. Im KKL Luzern, im Pavillon für Open-Air-Konzerte und im Hotel Schweizerhof begeistern sich 100 000 Besucher für über 100 Events wie Blues-, Jazz-, Soul-, Funk-, World-, Rock- und Pop-Konzerte (im Bild Aloe Blacc) sowie Fotografie, Street-Art, Video, Film und Gespräche. Kulinarische und Bazarstände runden das Programm ab.

rund um das Luzerner Seebecken; Tel. 0 43/2 43 73 23;
www.blueballs.ch; Juli

387 Stern

»Shining Star« am Gastronomiehimmel

Nach über 700 Jahren Gastronomie im selben Gebäude leuchtet's seit 2012 noch ein bisschen heller in der Burgerstrasse. Das Restaurant Stern und sein junges Team gibt sich zeitlos zwischen Schweizer und internationaler Küche mit nostalgischen Einflüssen. Die Einrichtung ist gemütlich, mit viel Holz und in warmen Farbtönen gehalten. Im Sommer wärmt zusätzlich die Sonne auf der Terrasse.

Burgerstrasse 35, Luzern;
Tel. 0 41/2 27 50 60;
www.sternluzern.ch

388 Dampfschiff Uri

Ältester aktiver Schaufelraddampfer

Die »Uri« macht ihrem Namen alle Ehre – sie ist der älteste aktive Schaufelraddampfer der Schweiz. Seit 1901 tuckert die »Uri« über den Vierwaldstättersee. Wer das besondere Flair ihrer Geburtszeit nachempfinden möchte, bucht am besten eine Fahrt erster Klasse mit einem Platz im üppig verzierten neobarocken Salon, der an eine Gartenlaube erinnert.

ab Luzern; Tel. 0 41/3 67 67 67; www.lakelucerne.ch

389 Museggmauer

Luzerner Wahrzeichen

Die mittelalterliche Stadtmauer beeindruckt mit ihren neun Türmen und 900 m Länge. Besonders die nach fast 500 Jahren immer noch funktionierende Uhr im Zytturm ist sehenswert. Dass sie zur vollen Stunde eine Minute früher als alle anderen schlägt, ist übrigens kein Fehler, sondern ihr gutes, altes Recht. Alles andere wäre bei einer Schweizer Uhr auch verwunderlich. Vier Türme und ein Teil des Wehrgangs sind zugänglich.

Luzern; www.museggmauer.ch; April–Okt.

390 Sammlung Rosengart

Picasso und Co.

Die Sammlung Rosengart war ursprünglich die private Sammlung der Kunsthändler Vater Siegfried und Tochter Angela Rosengart. Seit 2008 sind im Museum Sammlung Rosengart die Werke von Pablo Picasso, Paul Klee, Chagall und weiteren 20 Künstlern des Impressionismus und der Klassischen Moderne der Öffentlichkeit zugänglich. Die oft persönlichen Beziehungen zu den Künstlern werden z. B. an einigen Gemälden mit Porträts von Angela Rosengart deutlich.

Pilatusstrasse 10, Luzern; Tel. 0 41/2 20 16 60; www.rosengart.ch

391

Lucerne Festival

Luzerner Klangwelten

Das alljährliche Lucerne Festival im Sommer ist das wichtigste Kulturereignis der Stadt. Eröffnet wird es vom eigens formierten Lucerne Festival Orchestra, das sich aus international renommierten Solisten, Kammermusikern, Professoren und den Mitgliedern des Mahler Chamber Orchestra zusammensetzt. Auf dem Festivalprogramm stehen sowohl Meisterstücke der Klassik als auch Uraufführungen. Mit der Lucerne Festival Academy verfügt das Festival seit 2004 über ein Ausbildungsinstitut für hochbegabte junge Musiker. Das Lucerne Festival am Piano im November und das Lucerne Festival zu Ostern ergänzen das Programm.

Luzern; Tel. 0 41/2 26 44 00;
www.lucernefestival.ch;
März oder April, Aug.–Sep., Nov.

393

Kapellbrücke

Das Wahrzeichen Luzerns

Die Brücke wurde in der ersten Hälfte des 14. Jh. als Verbindungssteg und Teil der Befestigungsanlage errichtet und gilt als eine der ältesten Europas. Ca. 300 Jahre später wurden Bildtafeln mit Szenen der Schweizer und der Stadtgeschichte sowie aus den Biographien der Stadtpatrone St. Leodegar und Mauritius eingefügt und schmückten seither den Brückengang. Vermutlich durch einen Zigarettenstummel fing die Brücke im Jahr 1993 Feuer und brannte bis auf die Brückenköpfe und den Wasserturm aus. Dank monatelanger Rekonstruierung konnte sie wieder aufgebaut werden, auch die Tafelbilder wurden zumindest teilweise gerettet.

392

Gletschergarten

Wunderkammer

Hier wird auf spannende Weise die 20 Mio. Jahre alte Geschichte des Gletschergartens dargestellt. Der Reiz des Museums besteht darin, dass es teilweise seit über 100 Jahren nicht verändert wurde und so auf eine Entdeckungsreise zu den Interessen der damaligen Besucher führt, z. B. ins orientalistische Spiegellabyrinth.

Denkmalstrasse 4, Luzern;
Tel. 0 41/4 10 43 40;
www.gletschergarten.ch

394 Hofkirche

Drei Baustile in einem Gebäude

Auffällig ist die Westfassade mit einer Baustilmischung aus Gotik, Renaissance und Barock. Das Innere, z. B. die Orgel mit ihren 5949 Pfeifen, gestaltete großteils der Spätrenaissance-Bildhauer Niklaus Geisler. Die wöchentliche Führung »Erlebnis Hofkirche« zeigt Raritäten wie die weltweit einzigartige Regenmaschine, das sagenumwobene Drachengewand oder den Burgunderkelch.

Sankt Leodegarstrasse 6, Luzern; Tel. 0 41/2 29 95 00; www.kathluzern.ch

395 Comic-Festival Fumetto

Für Comic- und Luzern-Fans

Das Fumetto ist nicht nur eines der wichtigsten Comic-Festivals Europas unter Einbezug artverwandter Medien, es lädt auch dazu ein, Luzern aus neuen Blickwinkeln zu entdecken: Manche Ausstellungen finden an ansonsten unzugänglichen Orten wie stillgelegten Industriearealen oder leeren Schwimmbecken statt. Das Vermittlungs- und Rahmenprogramm ist vielfältig und reicht von App bis Zeichnerduell.

Luzern; Tel. 0 41/4 12 11 22; www.fumetto.ch; März/April

396 Wiederkehr

Name ist Programm

Dass Tiziana und Markus Wiederkehr Quereinsteiger in der Gastronomie sind, möchte man bei diesem passenden Nachnamen nicht vermuten. Umso schöner, dass der Wirt seinen Beruf als Banker an den Nagel gehängt hat. Es ist eine Freude, als Gast den Namen des Restaurants zum Programm zu machen: Küchenchef Markus Thomczyk zaubert klassisch-moderne, französische und regionale Kompositionen, und auch durch das saisonal wechselnde Angebot kommt keine Langeweile auf. Unser Tipp: das preiswerte Mittagsmenü.

Zürichstrasse 16, Luzern; Tel. 0 41/4 10 41 44; www.restaurant-wiederkehr.ch

KKL

Für Augen und Ohren

397

Nicht nur die unzähligen Veranstaltungen dort, sondern auch das Gebäude selbst machen das Kultur- und Kongresszentrum am See zu einem Luzern-Highlight. Entworfen wurde es vom französischen Architekten Jean Nouvel, eingeweiht im Jahr 2000. Trotz seiner riesigen Fläche von 12000 qkm scheint das Dach zu schweben. Auch innen macht das KKL von sich hören – dank der brillianten Akustik des Konzertsaals.

Europaplatz 1, Luzern; Tel. 0 41/2 26 70 70;
www.kkl-luzern.ch

398

Löwendenkmal und Alpineum

Zwei Luzerner Sehenswürdigkeiten

»Das traurigste und bewegendste Stück Stein der Welt« – eine einprägsame Aussage über ein Denkmal. Wenn sie von Mark Twain stammt, umso mehr. Der dänische Bildhauer Bertel Thorvaldsen entwarf den in einen natürlichen Felsen gehauenen »sterbenden Löwen von Luzern« und schuf damit eine Touristenattraktion, die seit ihrer Einweihung 1821 nicht an Anziehungskraft eingebüßt hat. Anlass waren die ca. 800 gefallenen Schweizer Gardisten, die 1792 in Paris beim Sturm auf die Tuilerien den Palast des französischen Königs Louis XVI verteidigten. Initiiert wurde das Denkmal von Karl Pfyffer, der ebenfalls Gardist war und sich zu seinem Glück zum Zeitpunkt des blutigen Dramas im Urlaub in Luzern befand. 80 Jahre nach Errichtung wurde ihm gegenüber das »Alpineum« eröffnet: Es zeigt große Panoramagemälde mit vorgelagerten künstlichen Landschaften, etwa vom Gornergrat oder vom Pilatus.

Denkmalstrasse, Luzern;
www.alpineum.ch; April–Okt.

399 Altstadt von Luzern

Wenn der Weg zum Ziel wird

Das mittelalterliche Zentrum Luzerns grenzt sich durch die Museggmauer im Norden und den Fluss Reuss im Süden ab. Sein Name »Großstadt« führt genauso in die Irre wie die vielen kleinen Gässchen, die die Altstadt Luzerns prägen und schon so manchen Touristen orientierungslos werden ließen. Macht nichts, denn zwischen all den repräsentativen Patrizierhäusern, wie etwa dem spätgotischen barockisierten Haus Zur Gilgen oder dem Göldlinhaus aus dem 16. Jh. verliert man sich gerne. Durch die Zeit der letzten sechs Jh. kann man auf einem Spaziergang vom Weinmarkt (hier beschworen die Luzerner 1332 ihren eidgenössischen Bund mit Uri, Schwyz und Unterwalden), über den Kapellplatz mit Peterskapelle, den an eine berühmte Fasnachtsfigur erinnernden Fritschibrunnen, den Hirschenplatz und den von Rathaus und dem Zunfthaus zu Pfistern eingerahmten Kornmarkt reisen.

www.luzern.com

Jesuitenkirche

Aus einem Guss

Innerhalb von nur elf Jahren erbaut, gibt es in der Jesuitenkirche einiges zu bestaunen: Die erste große Barockkirche der Schweiz wird ihrer Epoche mehr als gerecht, wenn man sich den roten, fast 20 m hohen Hochaltar aus Stuckmarmor, der zwischen den hellweißen Wänden herausleuchtet, ansieht. Sprichwörtlich getoppt wurde das Bauwerk durch die 1893 aufgesetzten Zwiebeltürme. Zum Komplex gehört auch der Rittersche Palast aus der Frührenaissance, in dem heute die Kantonsregierung arbeitet.

400

Bahnhofstrasse 11a, Luzern; Tel. 0 41/2 40 31 33; www.jesuitenkirche-luzern.ch

401 Seepromenade

Luxuriöse Grandhotels am Wasser

Schon vor über 150 Jahren taten die Luzerner viel für ihre Gäste. Wo zuvor nur eine hölzerne Brücke den Stadtkern mit der Hofkirche verband, wurde am nördlichen Seeufer extra ein Stück Land aufgeschüttet. Hier, direkt am Wasser, wurden luxuriöse Grandhotels gebaut, die seither neben dem üblichen Komfort Hotels dieser Klasse, einen malerischen Ausblick bieten. Das erste Hotel dieser Art war der 1845 eröffnete »Schweizerhof«, 25 Jahre später folgte das »National«, in dem etwas später Auguste Excoffier und Cäsar Ritz anzutreffen waren.

Nationalquai, Luzern

402 Meisterkonditorei Heini

»Lozärner Rägetröpfli« und mehr

Eine der beliebtesten Confiserien Luzerns ist die Meisterkonditorei Heini. Das liegt zum einen an ihren immer neuen und einzigartigen Kreationen wie den »Lozärner Rägetröpfli«, zum anderen einfach am guten Geschmack der über 20 Torten, die zur Auswahl stehen. Die Auszeichnung als freundlichstes Geschäft der Stadt lässt erahnen: Schokolade macht nicht nur Kunden glücklich.

Hertensteinstr. 66 (Falkenplatz), Luzern; Tel. 0 41/4 12 20 20; www.heini.ch

403 Bourbaki Panorama

Riesiges Rundbild

Wie funktionierten die »Neuen Medien« des 18. und 19. Jh.? Was faszinierte die Leute damals? Das Bourbaki Panorama verkörpert den damaligen Trend, riesige naturalistisch gemalte Rundbilder anzufertigen. Der Betrachter ist sprichwörtlich mittendrin. Auf diesem Bild von 1881 mit über 110 m Breite und 10 m Höhe gibt es viel zu sehen.

Löwenplatz 11, Luzern;
Tel. 0 41/4 12 30 30;
www.bourbakipanorama.ch

404 Verkehrshaus

Bewegende Geschichte

Bewegend ist sie und so wird sie auch dargestellt: die Geschichte des Verkehrs und seiner Vehikel sowie deren gesellschaftspolitische Auswirkungen. Mehr als 3000 Objekte auf über 20000 qkm garantieren Masse; Multimediastationen und Unzähliges zum Ausprobieren sorgen für Klasse. Die Bereiche reichen u. a. von Autos über Schiffe und Gondeln bis hin zu Flugzeugen und Hubschraubern.

Lidostrasse 5, Luzern;
Tel. 0 41/3 70 44 44;
www.verkehrshaus.ch

405 Rathaus

Baustil-Mix

Das Luzerner Rathaus wurde zwischen 1602 und 1606 im Stilmix aus italienischer und lokaler Bautradition errichtet. Ein breites, bäuerliches Walmdach überdacht das Gebäude mit seiner Renaissance-Fassade und schützt so gegen Wind und Wetter. Noch mehr Schutz bot der ältere gotische Wacht- und Beobachtungsturm, der mit integriert wurde. Unter den offenen Arkaden an der Reuss findet der Wochenmarkt statt. Die darüberliegende Kornschütte, früher öffentliches Warenhaus, ist heute ein städtischer Ausstellungsraum. Das Rathaus steht unter Denkmalschutz.

Kornmarkt 3, Luzern

Historisches Museum

Kulturgütersammlung

Ein Toaster aus den 1950er-Jahren, ein Zahnarztstuhl von 1890 oder über 6000 Jahre alte Steinbeile – in diesem Schaudepot sind Tausende verschiedenste Dinge ausgestellt. Über welche davon man wie (viel) erfahren möchte, ist völlig frei. Interessant gestaltet ist die Spurensuche auf eigene Faust allemal. Jedes Objekt besitzt einen Strichcode, der mithilfe eines Scanners Informationen wie detaillierte Objekterklärungen, thematische Rundgänge oder ein Quiz für Kinder bereithält.

406

Pfistergasse 24, Luzern;
Tel. 0 41/2 28 54 24;
www.historischesmuseum.lu.ch

407 Wirtshaus Galliker

Kulinarischer Klassiker

Ein kulinarischer Klassiker Luzerns ist das Wirtshaus Galliker, das seit über 150 Jahren von der gleichnamigen Familie betrieben wird. In diesem altehrwürdigen, gemütlichen Lokal wird seit jeher Schweizer Hausmannskost serviert. Da dürfen Gerichte wie Kalbsleberli, Hackbraten oder Luzerner Chügelipastete (mit Ragout gefüllter Blätterteig) nicht fehlen. Man ahnt: Die einzigen Gäste, die hier nicht glücklich werden, sind Vegetarier. So und Mo hat das Galliker übrigens geschlossen.

Schützenstrasse 1, Luzern;
Tel. 0 41/2 40 10 02

408 Kulinarische Themenfahrten

Speisen auf dem See

Egal für welche Tageszeit (zum Sonntagsbrunch, am Mittag oder zum Sonnenuntergang) oder für welches kulinarische Reiseziel (Thai-, Fajita-, Spaghetti-, Fondue- und Raclette-Schiff) man sich entscheidet – auf den Themenfahrten der Schifffahrtsgesellschaft des Vierwaldstättersees isst das Ambiente immer mit.

Europaplatz, Luzern; Tel. 0 41/3 67 67 67; www.lakelucerne.ch

Bürgenstock

Höchster Freiluft-Aufzug Europas

409

Seit dem 19. Jh. zieht es Übernachtungsgäste und Tagesausflügler auf den Bürgenstock am Vierwaldstättersee hinauf. Wo vor ein paar Jahrzehnten Filmstars wie Sophia Loren oder Sean Connery abstiegen, wird momentan ein ganzer Hotelkomplex modernisiert. Was dabei in jedem Fall geöffnet bleibt, ist der Hammetschwand-Lift von 1905, aus der Zeit der »Belle Époque«. Überwindung kostet es schon, den höchsten Freiluft-Aufzug Europas zu betreten. Dafür ist bei der Fahrt über 152,8 m Nervenkitzel garantiert, eine imposante Sicht auf die steil abfallenden Felsen hinunter in den See erst recht.

Luzern, Exklave Bürgenstock; Tel. 0 41/6 12 90 90; www.buergenstock.ch; Mai–Okt.

Penthouse

Über Luzerns Dächern

410

Wo lässt sich eine laue »Leuchtenstadt«-Sommernacht am schönsten verbringen? Eine sicherlich gute Antwort liegt hoch oben, in der Penthouse Bar des Hotels Astoria. Eine Augenweide ist schon der Weg dorthin: Das Hotel wurde von den Star-Architekten Jacques Herzog und Pierre de Meuron aus Basel entworfen, u. a. bekannt für die Elbphilharmonie in Hamburg. Nach dem Betreten des Hoteleingangs geht es mit dem Fahrstuhl in die Bar in den obersten beiden Stockwerken. Auf drei Dachterrassen mit einer tollen Aussicht auf die Stadt Luzern und die Berge findet jeder seinen Lieblingsplatz. Und wer genug hat vom Blick in die Ferne, für den heißt es hier Sehen und Gesehen werden, und, besonders am Wochenende bei wechselnder Musik zwischen Mashup und House, ab auf die Tanzfläche.

Pilatusstrasse 29, Luzern; Tel. 0 41/2 26 88 88; www.penthouse-luzern.ch

Sedel

Alternatives Luzern

Party hinter Gittern – was soll das sein? In Luzern ist es seit über 30 Jahren ein einzigartiges Konzept. Als Anfang der 1980er-Jahre die Proteste der Jugend stärker und der Ruf nach Raum für die alternative Musikszene größer wurde, sah sich die Stadt Luzern in Zugzwang und gab die seit Jahren geschlossene Strafanstalt Sedel an die heutige Interessengemeinschaft Luzerner Musiker ab. Diese verwandelte den Sedel in ein Kulturzentrum mit 54 Proberäumen plus Club, in dem Konzerte und DJs aller Stilrichtungen zu sehen und hören sind.

411

Sedelhof 2, Emmenbrücke;
Tel. 0 41/4 20 63 10;
www.sedel.ch

412 Chäs Barmettler

Luzerner Käseparadies

»Sweet dreams are made of cheese« ... Käseliebhaber gelangen bei Chäs Barmettler ins Paradies. Über 100 Sorten stehen zur Auswahl, darunter zahlreiche lokale Spezialitäten wie Sbrinz (eine der ältesten Käsesorten Europas), viele Rohmilchkäsesorten und eine Fondue-Hausmischung.

Hertensteinstr. 2, Luzern;
Tel. 0 41/4 10 21 88;
www.chäs-barmettler.ch

413 Handwerksmarkt

Kunstvolles aus Luzern

An jedem ersten Sa im Monat bieten rund 70 Kunsthandwerker auf dem Weinmarkt ihre Eigenproduktionen an. Die Produktpalette ist bunt und beinhaltet u. a. Keramik, Schmuck, Bilder, Glas, Holzspielsachen, Lederwaren, Bekleidung und Metall. Wer vom vielen Schauen hungrig wird, kann zum Wochenmarkt am Rathausquai weiterziehen.

Weinmarkt, Luzern;
www.handwerksmarkt.ch;
April–Dez.

414 Casagrande

Souvenirs so weit das Auge reicht

Mehr Schweiz und Klischee in einem Laden geht kaum. Neben dem Meer an Souvenirs wie Kuhglocken, Taschenmessern, (Kuckucks-)Uhren, T-Shirts, Postkarten, Schweizer Flaggen findet man ... Touristen aus aller Welt und natürlich: jede Menge Schoki. Über Geschmack lässt sich streiten, interessant ist ein Blick in das Casagrande jedoch allemal.

Grendelstrasse 6, Luzern;
Tel. 0 41/4 18 60 60;
www.casagrande.ch

415

Steinbock-Safari

Wanderungen mit Wildhütern

Die Steinbock-Kolonie auf dem Pilatus zu beobachten, ist ein unvergessliches Erlebnis für die ganze Familie. Bei einer geführten Tour kommt man dem Bergwild ganz besonders nah: Dafür sorgen Wildhüter mit jahrelanger Erfahrung – sie wissen, wo sich die Tiere aufhalten. Zudem lernen die Teilnehmer viel über die Fauna und Flora in der Gegend. Paket inkl. Menü und Übernachtung.

Kriens; Reservierung: Tel. 0 41/3 29 12 12; www.pilatus.ch; Mai/Juni–Okt.

416

Längste Sommerrodelbahn der Schweiz

Adrenalin auf 1350 m Länge

Von Kriens aus ist die Sommerrodelbahn in rund 30 Min. mit der Panorama-Gondelbahn bis Fräkmüntegg zu erreichen. Oben angekommen, geht es rasant wieder bergab: Zahlreiche Steilkurven und Tunnels im 1350 m langen Chromstahlkanal sorgen für Tempo und Abwechslung. Wer den Geschwindigkeitsrausch in Zahlen messen möchte, kann dies mit einem Blick auf die Geschwindigkeitsanzeige tun.

Talstation: Schlossweg 1, Kriens; Tel. 0 41/3 29 11 11; www.pilatus.ch; Mai–Okt.

Pilatus

Großer Aussichtsberg

417

Der Hausberg der Luzerner hat zu jeder Jahreszeit etwas zu bieten: verschiedenste Wintersportmöglichkeiten von Airboard bis Zipfelbob sowie Wandern, Mountainbiken, Gleitschirmfliegen etc. im Sommer. Egal wonach einem auf dem 2132 m hohen Berg der Sinn steht, ein besonderer Pilatus-Moment steht immer auf dem Programm: die Fahrt hinauf mit der steilsten Zahnradbahn der Welt (S. 224).

ab Kriens; Tel. 0 41/3 29 11 11;
www.pilatus.ch

Pilatus Seilpark

Luftige Höhen

Der größte Seilpark der Zentralschweiz auf dem Berg Pilatus verspricht mit seinen zehn Parcours à sechs bis elf Stationen schier unendlich viel Spaß und Abenteuer in unterschiedlichen Schwierigkeitsgraden.

418

Ab acht Jahren kann man hier Geschicklichkeit, Mut und Konzentration fordern und fördern. Für eine Extraportion Adrenalin sorgt der »Powerfan«, ein patentiertes System, das einen freien Fall aus 20 m Höhe garantiert, ohne dass man sich gehalten fühlt.

Talstation: Kriens;
Tel. 0 41/3 29 11 11;
www.pilatus.ch;
Mai–Okt.

419

Glarus

Stadtspaziergang mit geologischen Phänomenen

Geologie mitten in der Stadt erleben: Fast an jeder Ecke der kleinsten Hauptstadt der Schweiz wartet ein Phänomen – versteinerte Spiralschnecken oder Armfüßler aus der Saurierzeit im Rathausbrunnen, Steinplatten voller Austern als Sockelplatte einer Hausfassade sowie Haifischzähne in einem Fensterrahmen aus Muschelkalk. Der Faltprospekt »Brunnentrog und Haifischzahn« führt zu 16 geologisch bedeutenden Bausteinen in Glarus, manchmal wird ein geführter Rundgang angeboten. Nebenbei wird einem das nach Straßenkarrees wie in New York aufgebaute Stadtbild vor Augen geführt.

Glarus; www.geo-life.ch

Glarner Hauptüberschiebung

Unesco-Weltnaturerbestätte

Zentrales Element der Unesco-Weltnaturerbestätte Tektonikarena Sardona ist die Glarner Hauptüberschiebung. Hier haben sich 250 Mio. Jahre alte Gesteinsschichten über einen erheblich jüngeren (35–50 Mio. Jahre alten) Fels geschoben, als scharfe Kante gut erkennbar zwischen Elm und Flims. Ein Höhenweg führt zu den faszinierendsten Orten dieses einzigartigen Phänomens.

Zwischen Elm GL und Flims; Tel. 0 81/7 23 59 20; www.unesco-sardona.ch

420

421 Freulerpalast

Schloss und Museum

Kaspar Freuler, Schweizer Offizier am französischen Königshof, ließ sich dieses prachtvolle Palais Mitte des 17. Jh. in seinem Heimatort Näfels im Stil der Spätrenaissance erbauen. Seit seinem Bestehen ist es das bekannteste Gebäude im Kanton Glarus. Für diesen Ruf sind besonders die Innenräume verantwortlich, die teilweise mit wunderschönen Intarsien und Schnitzereien von der Kassettendecke bis zum Boden ausgestattet sind. Seit 1946 ist ein Museum eingerichtet, das die Geschichte des Kantons anhand von verschiedenen Themengebieten darstellt.

Freulerpalast, Näfels;
Tel. 0 55/6 12 13 78;
www.freulerpalast.ch; April–Nov.

422 Schabziger Käse

Spezialität aus Glarus

So ein Käse! Von wegen: Wer sich im Kanton Glarus aufhält, sollte sich den Schabziger auf keinen Fall entgehen lassen. Diese regionale Spezialität ist erkennbar an der Kegelform und ihrer grünlichen Farbe. Der Schabziger besitzt weder Rinde noch Löcher, aber umso mehr Geschmack. Letzeren erhält er durch den Zigerklee, eine würzige Gebirgspflanze. Als »Schabzigerstöckli« zum Abschaben mit einem Messer oder einer Mühle eingekauft, lässt sich der Schabziger am schönsten inmitten der natürlichen Umgebung seiner Zutaten probieren: auf einer Kräuterwiese zwischen grasenden Kühen, am besten im Wonnemonat Mai. Traditionell wird er nicht am Stück, sondern z. B. als »Zigerhörnli« oder als »Zigerbrüt« (Butterbrot mit Schabziger) gegessen.

Glarus; www.schabziger.ch

423 Sonnegg

Restaurant auf der Sonnenseite

»Klein, aber fein«, so könnte das Restaurant »Sonnegg« in Glarus umschrieben werden. Der Speisesaal ist mit seinen drei Tischen winzig – im Sommer wird er um eine Terrasse ergänzt, sodass ein paar Gäste mehr in den Genuss der 190 angebotenen Weine, darunter einige Raritäten, und der saisonalen klassischen Gerichte kommen. Während die Weinkarte nach dem Motto »Masse und Klasse« gestaltet ist, lebt die Speisekarte mehr nach dem Prinzip der klassischen Version dieses Sprichworts. Das freundliche Personal trägt ebenfalls zur familiären Atmosphäre im Sonnegg bei. Die Aussicht orientiert sich an der Küche: eher gehoben. So bieten die lauschigen Außenplätze einen herrlichen Blick auf die Glarner Berge.

Asylstr. 32, Glarus;
Tel. 0 55/6 40 11 92;

Kloster Einsiedeln

Marienwallfahrtsort

424

835 zog der Benediktinermönch Meinrad in den »Finstern Wald« und lebte dort bis zu seiner Ermordung. Meinrads Mörder wurden von seinen zwei zahmen Raben bis nach Zürich verfolgt und dadurch überführt. Die Tiere bleiben als Wappentiere des Klosters in Erinnerung, das 100 Jahre später von weiteren Einsiedlern gegründet wurde. Bis heute hat sich das Stift zu einem wichtigen internationalen Wallfahrtsort entwickelt. Die heutige Anlage, ein barocker Bau aus dem 18. Jh., gilt als eines der bedeutendsten barocken Kulturgüter nördlich der Alpen.

Einsiedeln; Tel. 0 55/4 18 61 11; www.kloster-einsiedeln.ch

Natur- und Tierpark

Europäische Wildtiere ganz nah

426

Das wildromantische, rund 34 ha große Bergsturzgebiet macht den Tierpark Goldau zu einem der schönsten der Schweiz. Besucher können hier 100 heimische und europäische Wildtierarten, darunter Hirsche, Wölfe, Bären, Luchse und Greifvögel, von nahem beobachten und teilweise sogar streicheln.

Parkstr. 40, Goldau; Tel. 0 41/8 59 06 06; www.tierpark.ch

425 Schafbock- & Lebkuchenmuseum

Köstliche Tradition in Einsiedeln

Das Haus Goldapfel ist ein vollständig erhaltenes Geschäftshaus aus dem 19. Jh. – genauso traditionsreich ist der dort ansässige Familienbetrieb. Das Schafbock- und Lebkuchenmuseum mit Nostalgieladen verzaubert den Besucher. Geblökt wird hier nicht: Schafbock heißt das berühmte Einsiedler Wallfahrtsgebäck aus süßem Honigteig.

Kronenstrasse 1, Einsiedeln;
Tel. 0 55/4 12 23 30;
www.goldapfel.ch

427 Schwanau

Restaurant auf einer einsamen Insel

In einer Traumkulisse liegt das Insel-Restaurant Schwanau. Neben einer Kapelle und einer Burgruine zählt es zu den einzigen Gebäuden der Insel. Mit dem Schiff geht es im Viertelstundentakt von Lauerz aus hinüber in die Oase der Ruhe und des Genusses. Motto: Moderne Küche in heimeliger Atmosphäre.

Insel Schwanau 1, Lauerz;
Tel. 0 41/8 11 17 57;
www.schwanau.ch;
April–Okt.

428 Fresken und Kuppeltürme

Altstadt von Schwyz

Ein Schmuckstück der Schwyzer Altstadt ist das Rathaus. Die Fassadenmalerei geht auf das 19. Jh. zurück und stellt die Schlacht am Morgarten dar. Der Bau selbst stammt aus dem 17. Jh., wie auch einige prachtvolle Herrenhäuser, die Zeugen der Blütezeit des schwyzerischen Landpatriziats sind. Die Hofstatt Ital Reding ist öffentlich zugänglich.

www.info-schwyz.ch

429 Forum Schweizer Geschichte

Interaktive Ausstellung

Wo früher Korn und Verteidigungsmaterial aufbewahrt wurde, wird heute das Leben der Menschen im 13. und14. Jh. gezeigt. Auf die Entstehung der alten Eidgenossenschaft wird ein besonderes Augenmerk gelegt. Ein Erlebnisparcours führt durch die Welt des Mittelalters, u. a. vorbei an einem zum Kampf gerüsteten Ritter zu Pferd, einem im Skriptorium diktierenden Mönch und einem Säumer auf der Teufelsbrücke. Auch typisch Schweiz: Alle Informationen stehen in vier Sprachen zur Verfügung.

Zeughausstrasse 5, Schwyz;
Tel. 0 58/4 66 80 11;
www.forumschwyz.ch

430

Grosser Mythen

Wanderung mit 360°-Panorama

Das Wahrzeichen von Schwyz hat einen verheißungsvollen Namen. Und er hält, was er verspricht. Spätestens, wenn man den Gipfel mit Restaurant und atemberaubendem 360°-Panorama erreicht hat, weiß man: Der steile Aufstieg hat sich gelohnt. Der Blick auf die Berggipfel der Alpen, den Talkessel von Schwyz, die Zentralschweizer Seen und die Weite des Mittellandes lassen einen staunen. Hinauf geht's zu Fuß von Schwyz über das Frauenkloster St. Josef im Loo oder mit der Seilbahn ab Brunni zur Holzegg, die am Fuße des Grossen Mythen liegt. Von hier sind es noch 1,5 Std. auf den Grossen Mythen.

ab Schwyz oder Brunni; www.mythenregion.ch

431

Spettacolo

Straßenkunstfestival

Über 50 Artisten, Komödianten, Schauspieler und Musiker verwandeln alle zwei Jahre die Seepromenade in einen Ort der internationalen Straßenkunst. Die Aufführungen werden auf Open-Air-Bühnen und in einem Zirkuszelt präsentiert. Ein Programm für Kinder und kulinarische Angebote aus aller Welt runden das Programm ab.

Brunnen; www.spettacolo-brunnen.ch; Mitte Aug. 2016

432 Rigi-Bahn

Erste Bergbahn Europas

Das war knapp: Die Rigibahn wurde im Mai 1871 offziell eröffnet, fünf Monate vor der Steinbruchbahn Ostermundigen, obwohl diese schon seit 1870 inoffiziell in Betrieb war. Seither schmückt sie sich mit dem Namen »erste Bergbahn Europas«. Vielleicht ist es diese Ehre, die die Zahnradbahn seit über 140 Jahren auf ihren Berg, die Rigi, fahren lässt. In den historischen Wagen von 1871–1911 kommt Nostalgie pur auf.

Bahnhofstrasse, Vitznau; Tel. 0 41 / 3 99 87 87; www.rigi.ch

433 Festung Vitznau

Labyrinth im Berg

Die Artilleriefestung Vitznau entstand während des Zweiten Weltkriegs und wurde lange geheim gehalten, seit 1998 kann sie besichtigt werden. Milizsoldaten führen durch 500 m Stollen, Kampfstände, Munitionslager, ein Kraftwerk, Werkstätten und sogar einen Operationssaal. Für Gruppen werden Übernachtungen im ersten »Festungshotel« der Schweiz angeboten.

Vitznau; Tel. 0 41 / 3 97 01 86; www.festung-vitznau.ch; Mai–Okt.

434 Gasthaus Tübli

Charmant und regional

Bis ins 19. Jh. war Gersau nur auf dem Seeweg oder über den Gätterlipass erreichbar. Heute kommt man zum Glück unkomplizierter in die »Riviera der Innerschweiz«, mit ihrer romantischen Lage am Südhang der Rigi. Von schönen Ansichten allein lebt es sich bekanntlich nicht – ein Genuss für alle Sinne ist das Gasthaus Tübli. Das Wirtepaar serviert je nach Saison verschiedene Fondues, frische Felchenfilets oder Spezialitäten wie »Urner Älpler Magronen« in stets heimeliger Atmosphäre.

Dorfstrasse 12, Gersau; Tel. 0 41/8 28 12 34; www.gasthaus-tuebli-gersau.ch

435 Rütli

Mythos der Schweiz

Auf den Spuren eines Schweizer Nationalmythos: Das Rütli ist eine Bergwiese am westlichen Ufer des Urnersees, eines Arms des Vierwaldstättersees. Auf dieser Wiese sollen sich der Legende nach die Vertreter der drei Urkantone Uri, Schwyz und Unterwalden (heute Ob- und Nidwalden) gegen die Habsburger verschworen haben. Es wurde der Rütlischwur geleistet. Natürlich wird hier der Nationalfeiertag am 1. August mit Reden, Fahnenschwingen und Musik besonders gefeiert. Ein Restaurant lädt das ganze Jahr über zum Verweilen ein.

Rütli, Seelisberg; www.ruetli.ch

436 Taschenmesser bauen

Victorinox Brand Store

Was der Unternehmer Karl Elsener, Inhaber einer Messerschmiede in Ibach bei Schwyz, 1897 als »Offiziers- und Sportmesser« gesetzlich schützen ließ, machte bald als »Swiss Army Knife« weltweit Karriere. Heute heißt dieses Modell »Spartan«, und man kann es nach vorheriger Anmeldung im Besucherzentrum der Firma unter Anleitung selbst montieren, Namensgravur inbegriffen.

Bahnhofstrasse 3, Brunnen; Tel. 0 41/8 20 60 10, www.swissknifevalley.ch

437 Gold waschen

Schatzsuche im Entlebuch

Hier ist so manches Gold, was glänzt. Die Schatzsucher können sogar außergewöhnlich reines Napfgold finden. Bis zu 1 g kann man an einem Nachmittag aus der Grossen Fontanne fischen, besonders, wenn die einheimischen, erfahrenen Führer bei der Suche helfen. Glück und Erlebnis-Reichtum ist in jedem Fall garantiert – spätestens, wenn man mit den Füßen im Wasser die atemberaubende Schlucht auf sich wirken lässt.

Romoos; Tel. 0 79/4 65 16 43; www.napfgolderlebnis.ch

Biosphäre Entlebuch

Von der Unesco geschützt

438

Biosphären, das sind »Regionen, die über seltene und vielfältige Lebensräume verfügen, eine Landschaft mit besonderer Schönheit und Eigenart darstellen sowie eine geringe Beeinträchtigung dieser besonderen Werte zeigen«. Wenn das nicht überzeugend klingt ... Die Natur im Entlebuch ist wirklich einmalig schön: zahlreiche Hoch- und Flachmoore, die Lebensraum vieler gefährdeter Pflanzen- und Tierarten sind, Karstgebiete wie das Voralpenmassiv »Schrattenfluh« und vieles mehr. Kommen, Sehen und Staunen ist hier angesagt.

bei Schüpfheim; Tel. 0 41/4 85 88 50; www.biosphaere.ch

Rössli

Gourmet-Naturküche

439

Suppe aus geräuchertem Schnee, mit Kieselsteinen pochierter Fisch, mit Ameisensäure mariniertes Fleisch? Das mag für so manchen befremdlich klingen – aber nur solange er die eigenwilligen Kompositionen nicht probiert hat. Der Besitzer und Koch des »Rössli«, Stefan Wiesner, tüftelt leidenschaftlich gerne und ausgiebig mit allen Zutaten, die es in der Gegend gibt, darunter auch Torf, Weidenrinde oder Misteln. Die Wirkung der Ingredienzen werden gegebenenfalls mit dem örtlichen Drogisten besprochen. Auch wenn es etwas gedauert hat, geben Wiesener anerkannte Gourmets mit 17 Gault-Millau-Punkten und einem Michelin-Stern recht. Pro Jahr konzipiert er vier Gourmet-Menüs von Grund auf neu, aber stets treu seinem Leitbild der Landküche aus regionalen, frisch zubereiteten und hausgemachten Produkten.

Hauptstrasse 111, Escholzmatt; Tel. 0 41/4 86 12 41; www.hexer.ch

Kanu fahren

Auf dem Vierwaldstättersee

Ob auf eigene Faust oder als geführte Tour, das Paddeln auf dem Vierwaldstättersee und dem Sarnersee macht einfach Spaß. Die Mischung aus einsamen Buchten, abwechslungsreichem Panorama und sportlicher Betätigung lassen die Wasserrattenherzen höher schlagen. Z. B. das Kanuzentrum am Vierwaldstättersee bietet ein- bis mehrtägige Touren und Kurse an.

Unterdorfstrasse 21, Alpnach Dorf;
Tel. 0 41/6 70 30 05; www.kanuzentrum.ch

440

Steilste Zahnradbahn der Welt

Auf den Pilatus

441

Roter Rekord: Mit einer Steigung von bis zu 48 Prozent ist die Zahnradbahn von Alpnachstad auf den Pilatus die steilste der Welt. Diesen Rekord hält sie schon seit ihrer Eröffnung im Jahr 1889. Eine solche Steigung erfordert eine ausgeklügelte Technik: Ingenieur Eduard Locher entwickelte nur für diese Strecke ein System, bei dem die Zahnräder horizontal greifen. 30 Min. dauert die 1635 Höhenmeter überwindende Fahrt zur Bergstation, bergab dauert's zehn Min. länger.

Brünigstrasse 2, Alpnachstad;
Tel. 0 41/3 29 13 13;
www.pilatus.ch;
Mai–Nov.

442 Belvédère

Dinieren am Wasser

Seit 2011 kocht der Nachwuchsstar Fabian Inderbitzin im Belvédère klassisch-solide französische Küche mit mediterranen und asiatischen Akzenten. Schick ist nicht nur das Restaurantgebäude, das sich direkt am Vierwaldstättersee befindet, sondern auch eine Art der Anreise – per Schiff direkt an den Steg vor die Tür des Belvédère.

Seestrasse 18 a, Hergiswil NW;
Tel. 0 41/6 30 30 35;
www.seerestaurant-belvedere.ch

443 Glasi Hergiswil

Glas selbst blasen

Wie wird Glas per Hand hergestellt? Diese Frage kann in der Schweiz an nur einem Ort anschaulich beantwortet werden: in der 1817 gegründeten Glasi. Jedes angefertigte Produkt ist hier ein Unikat, und wer mag, kann nicht nur zuschauen, sondern sein eigenes Glasbläsertalent testen. Ein Highlight ist das Glas-Labyrinth, das man dank Pantoffeln und Handschuhen ohne Beulen durchlaufen kann.

Seestrasse 12, Hergiswil NW;
Tel. 0 41/6 32 32 32;
www.glasi.ch

Nidwaldner Museum

Facettenreiche Kunst

444

An vier Standorten ist das Nidwaldner Museum angesiedelt: in Stans im Winkelriedhaus (ein Profanbau aus dem 13. Jh.), im 2012 eingeweihten Pavillon und im Salzmagazin sowie in der im Zweiten Weltkrieg in den Fels gebauten Festung Fürigen in Stansstad. Ausgestellt werden u. a. Kunstwerke aus der Zentralschweiz.

Stans; Tel. 0 41/6 18 73 40;
www.nidwaldner-museum.ch

445

Stanserhorn

Alle Wege führen nach oben

Wie beliebt's? Nostalgisch oder hochmodern? Wer auf das Stanserhorn fahren möchte, kann seit 2012 beides haben und die 1900 m Höhe z. B. mit der »CabriO-Bahn« (im Bild) überwinden. Dank innovativer Seilbahntechnik und offenem Oberdeck sind schöne Aussichten garantiert. »Oldie but Goldie« ist die Standseilbahn aus dem Jahr 1893, zur Zeit ihrer Eröffnung die Einzige ihrer Art. Wie dem auch sei – alle Wege führen nach oben und dort wahrscheinlich auch ins Drehrestaurant Rondorama mit noch mehr Weitblick in die Bergwelt.

Stansstaderstrasse 19, Stans;
Tel. 0 41/6 18 80 40;
www.stanserhorn.ch; April–Nov.

Le Mirage

Französische Küche

446

Wer in die Brasserie oder das Restaurant Le Mirage kommt, wird nicht nur in den Genuss französischer Küche erster Klasse kommen, sondern auch herzlich empfangen: Gastgeber Walter Blaser und sein Team aus Köchen und Servicekräften sorgen für eine angenehme Atmosphäre, ihr Service wurde sogar schon zum freundlichsten des ganzen Landes gewählt. Beim Blick auf die monatlich wechselnde Menükarte verwundert es nicht, dass hier gute Stimmung herrscht: Hausspezialitäten, wie Randencremesuppe, Burgunderschnecken, Salade Lyonaise, Œuf en cocotte, überbackene Zwiebelsuppe, Entrecôtefächer, Tarte Tatin, Soufflé glacé au Grand Marnier, Dame blanche und weitere saisonale Köstlichkeiten lassen das Wasser im Mund zusammenlaufen. Die festlich geschmückten Räumlichkeiten tun ihr Übriges.

Stansstaderstrasse 90, Stans;
Tel. 0 41/6 11 08 30;
www.brasserie-lemirage.ch

447

Gasthaus Schlüssel

Herzlichkeit und Hochgenuss

»Es gid, was hed«: Das ist der Grundsatz des Gasthaus Schlüssel im gleichnamigen Boutique-Hotel. Ein gutes Motto bei den leckeren regionalen Produkten wie Käse, im Dorf gebrannter Schnaps, Fleisch von einheimischen Bauern und manchmal das, was der Wirt selbst gejagt hat. So weit die einen Vorgaben, die anderen sind die Gästewünsche. Die Gastwirte Aschwanden-Huber kommen an den Tisch und sprechen das Menü individuell ab.

Oberdorfstrasse 26, Beckenried; Tel. 0 41/6 22 03 33;
www.schluessel-beckenried.ch

449 Inseln im Urnersee

Neuland durch Wiederverwertung

Fifty-fifty zwischen Naturschutz und Badespaß – auf den mit Gestein aus dem Gotthard-Basistunnel aufgeschütteten Inseln im Urnersee kommen alle auf ihre Kosten. Auf drei Inseln wird das Flachwassergebiet im Flussdelta wiederhergestellt und so Lebensraum für Flora und Fauna geschaffen, über die weiteren drei Inseln freuen sich die menschlichen Wasserratten, wenn sie z. B. von den angelegten Felsblockstufen ins Wasser springen.

Flüelen; www.uri.info

448 Bikeboard fahren

Rasante Abfahrt nach Emmetten

Das ist der letzte Gipfel-Schrei: Bikeboards besitzen drei Räder und sind eine Mischung aus Tretroller und Skateboard. Auf der 5,7 km langen Strecke von der Bergstation der Gondelbahn Emmetten-Stockhütte hinunter nach Emmetten verfällt man schon mal in einen Geschwindigkeitsrausch. Für Sicherheit sorgen Helme, die zusammen mit den Bikeboards an der Bergstation vermietet werden.

Talstation: Kirchweg, Beckenried; Tel. 0 41/6 24 66 00; www.klewenalp.ch

450 Wassersport auf dem Urnersee

Wellen-Wunderland

Die perfekte Welle und Brise sind auf dem Urnersee zu finden. Das hat »Windsurfing Urnersee« längst erkannt und bietet sowohl den Verleih als auch Kurse auf Boards an. Wer nach mehr sucht, kann sich bei diversen weiteren Wassersportarten wie Kitesurfen, Wakeboarden, Seekajak fahren oder der Trendsportart Standuppaddeln austoben. Die Lage am Südufer des Vierwaldstättersees mit herrlichem Panorama und viel Abendsonne verspricht lange Sommertage zum Ausprobieren.

Unterer Winkel 11, Flüelen; Tel. 0 41/8 70 92 22; www.windsurfing-urnersee.ch; Ostern–Okt.

Weg der Schweiz

Der Eidgenossenschaft auf der Spur

Zum 700-jährigen Jubiläum der Schweiz entstand um den südlichen Teil des Vierwaldstättersees ein 35 km langer Wanderweg. Das Besondere: Er spiegelt das ganze Land wider, indem jedem Kanton ein eigener Abschnitt und jedem Schweizer Bürger umgerechnet fünf mm gewidmet sind. Das ganze Jahr über kann man die acht Abschnitte begehen, in welcher Reihenfolge ist jedem Wanderer freigestellt. Eine der schönsten Strecken verläuft von Flüelen nach Sisikon, großteils direkt am See entlang und auf der alten, in den Fels gehauenen Axenstraße. Eine der Sehenswürdigkeiten am Wegesrand ist die Tellskapelle.

Gesamtstrecke Rütli–Brunnen;
Tel. 0 41/8 25 00 46;
www.weg-der-schweiz.ch

451

452 Telldenkmal
Nationalheld-Ehrung

»Erzählen wird man von dem Schützen Tell, so lang die Berge stehn auf ihrem Grunde.« Voller Stolz und Selbstbewusstsein sprachen die Schweizer von ihrem Nationalhelden, als 1895 das Telldenkmal errichtet wurde. Seither hat sich weder an der Bronzestatue noch am Verhältnis zu Wilhelm Tell etwas geändert. Vielmehr wurde hier nicht nur das Kunstwerk selbst, sondern auch der Tell-Typus geschaffen. Und wo könnten diese Werte besser verkörpert werden als im Hauptort des Kantons Uri, am Schauplatz des berühmten Apfelschusses?

Rathausplatz, Altdorf; www.tell.ch

453 Hölloch
Erkundungstour im Muotathal

Das Hölloch wurde erst im Jahr 1875 entdeckt. Seither wurden über 200 km Länge erforscht, was es zum zweitgrößten Höhlensystem Europas macht. Auf Touren zwischen 1,5 Std. und drei Tagen kann man die gewaltige Arbeit der unterirdischen Wasser, die während rund einer Million Jahre gewirkt haben, erfahren. Zur Namensgebung gibt es verschiedene Theorien, aber keine Angst: Mit Hölle hat keine etwas zu tun.

Muotathal; Tel. 0 41/3 90 40 40; www.trekking.ch

454 Rasant über den Klausenpass
Mit Oldtimer oder Velo in 1500 m Höhe

Von 1922 bis 1924 war der Klausenpass Austragungsort legendärer Rennen. Wer die 136 Kurven in Rekordzeit schaffte, dem war Ruhm sicher. Heute finden hier immer wieder Memorials mit historischen und neuen Fahrzeugen statt. Ansprechend ist die Passroute über die Glarner Berge auch für Fahrradfahrer: Eine fordernde Tour über 1500 Höhenmeter führt darüber.

Radtour: Linthal GL–Altdorf UR; Mai–Okt.; Autorennen: www.klausenrennen.ch

455 Globi-Express

Bahnfahrt mit einem Kinderbuchhelden

Wer würde nicht gerne zusammen mit einem beliebten Schweizer Kinderbuchhelden reisen? Die Zentralbahn macht's möglich. Ein Wagen des Luzern-Engelberg Express wurde in eine Globi-Welt verwandelt: An den Tischen kann man in Globi-Büchern blättern und über eine App den Geschichten der berühmten Figur, die wie eine Mischung aus Papagei und Mensch aussieht, lauschen. Der Blick aus dem Fenster lohnt sich nicht nur wegen der herrlichen Aussicht auf Dörfer, Berge, den Vierwaldstättersee und das Engelbergertal – wer an sechs Haltestellen Globi bei saisonal typischen Aktivitäten entdeckt und mindestens vier Quizfragen dazu richtig beantworten kann, bekommt am Zielort Engelberg eine praktische Snackbox geschenkt. Die 43-minütige Fahrt kostet keinen Aufpreis, auch Ermäßigungen wie die Juniorkarte sind gültig.

Luzern–Engelberg;
www.zentralbahn.ch/globi

Titlis Cliff Walk

Hängebrücke

456

3020 m Höhe, 500 m Abgrund, 150 Schritte Herzklopfen. Das erwartet einen auf dem Titlis Cliff Walk, der spektakulären Hängebrücke hoch oben am Gipfel. Zum Überqueren braucht man Nerven so stark wie die Drahtseile, an denen sie hängt. Die Brücke ist über 100 m Länge gespannt und dabei nur einen m breit. Einen Rekord stellt sie nebenbei auch auf: den der höchstgelegenen Hängebrücke Europas. Bei sehr schlechtem Wetter wird sie geschlossen, aber ohne Aus- bzw. Tiefblick macht's sowieso keinen Spaß.

Talstation Titlisbahn, Engelberg;
Tel. 0 41/6 39 50 50;
www.titlis.ch; bei gutem Wetter

Cantina Caverna
Essen im Stollen

458

Tunnelbauen und Felsensichern macht hungrig – das war der erste Grund für die Eröffnung der Cantina Caverna, eine im Stollensystem des Brünigmassivs gelegene Kantine. Mit dem Bau der weltweit größten unterirdischen Schießanlage wurde der Kundenkreis und damit räumliche und kulinarische Angebote des Restaurants erweitert. Der Anspruch von Küchenchef Roland Vogler ist kreative Küche, die einfache, aber hochwertige Produkte in raffinierte, einmalige Gerichte verwandelt – ganz ohne Hummer, Kaviar, Trüffel und Co.

Walchistrasse 30, Lungern;
Tel. 0 41/6 79 77 22;
www.cantina-caverna.ch

457

Bruder Klaus
Ein Wegstück Schweizer Geschichte

Der Einsiedler Niklaus von Flüe, später als Bruder Klaus bekannt, gilt als eine der kraftvollsten Figuren bei der Entwicklung der Eidgenossenschaft. Viele Wanderwege führen zu den Spuren seines Wirkens, z. B. ins Tal des Flusses Melchaa, vorbei an Kapellen und über eine 100 m lange Fachwerkbrücke.

Stans-Ranft–Kerns;
www.flueliranft.ch/wandern

459

Schmetterlingspfad
Ein Paradies für Schmetterlinge

115 Arten wurden schon entlang des Schmetterlingspfads nachgewiesen. Die Vielfalt ist auf die abwechslungsreiche Landschaft zurückzuführen – der Weg verläuft über Geröll, Moore, unterschiedliche Wiesen und Wälder sowie an Seeufern und Bachläufen. Auf www.lungern-tourismus.ch kann man die Arten anhand Größe, Farbe und Höhe des Lebensraums nachschlagen.

Schöenbüel–Lungern;
Tel. 0 41/6 78 14 55

460

Eisfischen
Im Melchsee und Tannensee

Umringt von schneebedeckten Bergen, bei klirrender Kälte und mit Glück bei Sonnenschein, kann man auf den Seen Fische aus dem selbstgebohrten Eisloch fangen. Der Tourismusverein Melchsee-Frutt bietet Ausflüge mit Profis sowie Leihausrüstung wie Eisbohrer und Schneeschaufeln an. Rechtzeitige Anmeldung empfohlen.

Tourist Info: Sarnerstrasse 1,
Kerns; Tel. 0 41/6 69 70 60;
www.melchsee-frutt.ch

Vier-Seen-Wanderung

Malerische Landschaften

Eine der schönsten Wanderstrecken in der Zentralschweiz ist die der Vier-Seen-Wanderung. Die beeindruckende Landschaft und dazu viel Wasser am spiegelglatten Trübsee, tiefblauen Engstlensee, türkisfarbenen Tannensee und malerischen Melchsee sorgen für jede Menge Abwechslung. Atemberaubende Alpen-Ausblicke auf die Berner Bergwelt entlohnen für manchen anstregenden Aufstieg. Wer trotzdem außer Puste ist, kürzt die 5-stündige Route mit den Bergbahnen und dem Fruttli-Zug ab, leiht sich unterwegs ein Trotti Bike oder rastet an einer der Feuerstellen.

461

Seilbahnstation Melchsee-Frutt; Tel. 0 41/6 69 70 60; www.melchsee-frutt.ch

Freilichtspiele

Kultur am Gotthard

462

»Unter allen Gegenden, die ich kenne, die liebste und interessanteste« war die Gotthardregion schon für Goethe. Wenn das kein gutes Omen ist, muss sich Rolf Alberti gedacht haben, als er 1997 auf die Idee eines Freilichttheaters kam. Seitdem spielen alle paar Jahre mehrere Hundert Mitwirkende Stücke wie die »Gotthardposcht« oder die »Tyyfelsbrigg« und begeistern Zehntausende Besucher. Neben den Tellspielen und den Alpentönen in Altdorf zählen die Freilichtspiele zu den großen traditionellen Kulturereignissen in Uri.

Andermatt o. Göschenen; Tel. 0 41/8 88 05 05; www.gotthardkultur.ch

463

St. Peter und Paul

Wahrzeichen von Andermatt

Die katholische Dorfkirche ist mit ihrem schlanken Turm das Wahrzeichen von Andermatt. Die Kirche wurde 1602 errichtet und am Ende des 17. Jh. von Bartholomäus Schmid in seinem typischen Stil erweitert. In ihrem Inneren ist sie reich mit Rokokostuck geschmückt. Der prunkvolle geschnitzte Hochaltar wurde vom Walliser Künstler Johannes Ritz gefertigt. Ihre reiche Ausstattung macht die Kirche St. Peter und Paul zu einem der wichtigsten Gotteshäuser des Kantons Uri.

Tourist Info: Gotthardstrasse 2, Andermatt; Tel. 0 41/8 88 71 00; www.andermatt.ch

464

Teufelsbrücke

Spannende Sage

»Do sell der Tyfel e brigg bue!« ist der Beginn einer Sage zur Namensgebung der Teufelsbrücke. Nachdem alle Versuche, im 13. Jh. eine Brücke über den reißenden Fluss zu bauen, fehlschlugen, wurde angeblich ein Pakt mit dem Teufel geschlossen: Brückenbau gegen eine Seele. Man schickte einen Geißbock los und überlistete den Teufel schlussendlich.

Gotthardstrasse bei Andermatt; www.andermatt.ch

465 Woldmanndli

Andermatter Brauchtum

Alljährlich, wenn am Chilbi-Samstag (dem Kirchweihsamstag), die Kirchturmuhr 1 Uhr Mittag schlägt, ziehen in Jutesäcke gehüllte »Woldmanndli« mit schwarzen Gesichtern lautstark und fröhlich vom Bergwald ins Dorf, wo sie herzlich empfangen werden. Früher waren die »Woldmanndli« Arbeiter im Bannwald oberhalb von Andermatt, die nach einem arbeitsreichen Sommer ins Dorf zurückkehrten.

Andermatt; www.uri.info;
3. Sa im Okt.

466 Talmuseum Ursern

Patrizierbau und Mehrspartenhaus

Außen hui, innen auch: Das Talmuseum Ursern ist in einem schönen Patrizierbau mit Rokokomalerei an den Fassaden und einer spätbarocken Innenausstattung untergebracht. Dieser diente einst dem russ General Suworow als Quartier und wird seither Suworowhaus genannt. Neben dem Haus an sich gibt es Ausstellungen, z. B. über Wohnen um 1790 oder die Skilegende Bernhard Russi zu sehen.

Gotthardstrasse 113, Andermatt; Tel. 0 41/8 87 06 24;
www.museum-ursern.ch

467 Bannwald

Naturschutz seit 1397

Der Begriff Bannwald klingt vermeintlich negativ, zeugt aber von frühen Bemühungen der Talbewohner, den Wald zu schützen: Bereits 1397 wurde er mithilfe eines Bannbriefs protegiert, um die Menschen weiterhin vor Lawinen und Steinschlag zu bewahren. Selbst Äste und Tannenzapfen dürfen nicht entfernt werden. Wer mehr darüber erfahren möchte oder einfach Lust auf einen Spaziergang im Wald hat, sollte sich den Lehrpfad ab der Gurschenalp (erreichbar per Luftseilbahn) nach Andermatt hinunter vornehmen.

Tourist-Info: Tel. 0 41/8 88 71 00;
www.andermatt.ch

Genferseeregion und Fribourg

»Zurück zur Natur!« Jean-Jacques Rousseau, Genfs berühmtester Sohn, sagte das natürlich auf Französisch, weil alle hier so sprechen. Und es stimmt sogar. Im frankophonen Nordwesten der Schweiz schaut man von den grünen Jura-Höhen über die blauen Wellen des Genfersees bis zum schneeweißen Mont Blanc am Horizont. Kultur gibt es aber auch noch: Weinberge zum Beispiel, das Büro der Vereinten Nationen oder das Jazzfestival in Montreux, dazu sehr schicke Uhren und sehr feine Schokolade. Zivilisation ist manchmal gar nicht schlecht!

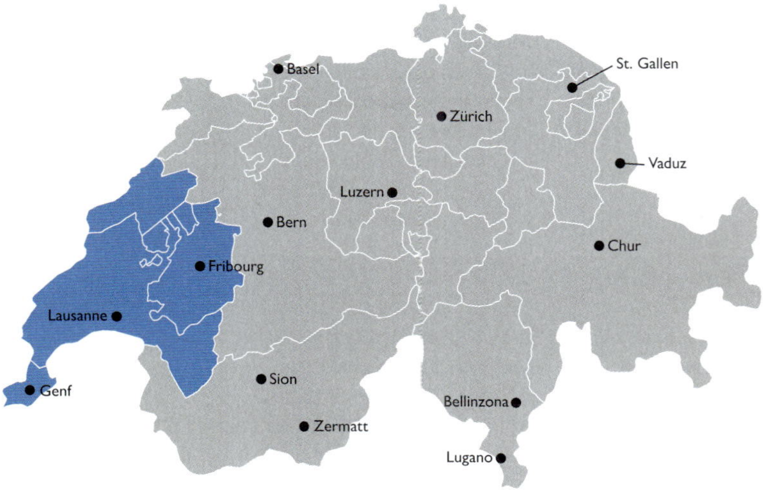

Beeindruckend: Rund um den Genfersee hat der Mensch viel Schönes im Einklang mit der Natur geschaffen – die Fontäne des Jet d'Eau betrachtet man entspannt vom Genfer Quai du Général-Guisan aus.

468 La Chaux-de-Fonds

Spannende Architektur

Das ins Unesco-Welterbe aufgenommene Stadtbild von La Chaux-de-Fonds ist gezeichnet durch das zu Beginn des 19. Jh. nach einem katastrophalen Brand neu angelegte Schachbrettmuster. Am besten überblicken kann man diese Struktur vom 14. Stock des »Tour Espacité«, dem gut erkennbaren runden Hochhaus im Stadtzentrum. Die Stadt ist die Geburtsstätte des bedeutenden Architekten Le Corbusier. Hier steht eines seiner Frühwerke, das »Maison Blanche«, das er 1912 für seine Eltern erbaut hatte.

Tour Espacité: Espacité 1, La Chaux-de-Fonds; www.neuchateltourisme.ch

469 Uhrenmuseum

Buchstäbliche Zeitreise(n)

Mehr als 4500 Ausstellungsstücke, davon 2700 Uhren und 700 Wanduhren, zeigt das weltweit größte Uhrenmuseum »Musée international d'horlogerien«. Im Restaurierungszentrum für die antiken Zeitmesser können die Uhrmacher bei der Arbeit beobachtet werden. Weiter geht die Reise in die Zeit, als die blühende Uhrenindustrie des Neuenburger Juras für mehr als die Hälfte der weltweiten Produktion verantwortlich zeichnete.

Rue des Musées 29, La Chaux-de-Fonds; Tel. 0 32/9 67 68 61; www.mih.ch

470 Laténium

Das Leben nach der Eiszeit

»Wissen vermitteln und zum Träumen anregen« heißt das Motto im größten Archäologiemuseum der Schweiz, eingerichtet am Fundort einer keltischen Siedlung. Acht interaktiv gestaltete Etappen führen durch 50000 Jahre europäische Geschichte. Im Museumspark wurden Ökosysteme der verschiedenen Epochen und Pfahlbauten rekonstruiert. Originalgetreu ist der tolle Blick über den See.

Espace Paul Vouga, Hauterive; Tel. 0 32/8 89 69 17; www.latenium.ch

471 Centre Dürrenmatt

Literatur und bildende Kunst

Das Haus, in dem Friedrich Dürrenmatt einst lebte und schrieb, wurde von Mario Botta zu einem Museum, dem Centre Dürrenmatt umgestalt. Ausgestellt sind Manuskripte, Zeichnungen und Gemälde des Literaten. Nicht zuletzt inspiriert auch die großartige Aussicht aufs Mittelland und die Alpen von der Terrasse.

Chemin du Pertuis-du-Sault 74, Neuchâtel; Tel. 0 58/4 66 70 60; www.cdn.ch

472 Schloss und Stiftskirche

Märchenhaftes Wahrzeichen-Ensemble

Dominiert wird das Stadtbild Neuchâtels vom Ensemble des mächtigen Schlosses aus dem späten 12. Jh. und der Stiftskirche, einer dreischiffigen Pfeilerbasilika aus dem 12./13. Jh. Im Inneren bewahrt sie als besondere Kostbarkeit den Kenotaph der Neuenburger Grafen: Mit seinen 15 bemalten Statuen ist es das bedeutendste gotische Grabdenkmal der Schweiz.

Château 1, Neuchâtel; Tourist Info: Tel. 0 32/8 89 68 90; www.neuchateltourisme.ch

473 Papiliorama

Schmetterlinge überall

Nirgendwo liegen Tag und Nacht so nah beieinander wie hier: Im amphitheaterartig gebauten Papiliorama sind bei warmen und feuchten Klimabedingungen tropische Pflanzen und rund 1000 Schmetterlinge zu sehen, ebenso der komplette natürliche Lebenszyklus des Schmetterlings vom Ei über die Raupe bis zur Puppe. Einzigartig ist die Mondscheinstimmung im abgedunkelten Nocturama, welches das Beobachten der nachtaktiven Faultiere, Greifstachler, Nachtaffen, Ozeloten, Gürteltiere u. a. ermöglicht.

Moosmatte 1, Kerzers FR; Tel. 0 31/7 56 04 60; www.papiliorama.ch

Murten

475

Charme vergangener Zeiten

Auf einer Anhöhe am Südostufer des Murtensees (Lac de Morat) liegt Murten. Beim Anblick des ringmauerumgürteten Städtchens und seines Schlosses fühlt man sich in vergangene Zeiten zurückversetzt. Besonders reizvoll ist der Blick durch die Hauptgasse mit den barocken Fassaden der Laubenhäuser auf das trutzige Berntor. Um das historische Flair zu erhalten, wurde Leuchtreklame hier verboten. Mehr als 20 Denkmäler und touristische Sehenswürdigkeiten wurden mit Schildern bestückt, die neben einer Kurzbeschreibung auch mit einem QR-Code ausgerüstet sind. So lässt sich die Altstadt ganz nach eigenem Gusto erkunden.

Tourist Info: Tel. 0 26/6 70 51 12; www.murtentourismus.ch

Frohheim

474

»Cucina italiana«

Das »Da Pino Ristorante Frohheim« ist ein angenehmes Restaurant, in dem man auch draußen auf der schönen Terrasse im Schatten von Bäumen oder unter der Pergola sitzen kann. Die Küche ist italienisch, besonders interessant ist der Weinkeller, der einige lohnende Entdeckungen zu bieten hat.

Freiburgstrasse 14, Murten;
Tel. 0 26/6 70 26 75;
www.dapino-frohheim.ch

476 Avenches

Spaziergang durch die Altstadt

Avenches, ein im 13. Jh. gegründetes Städtchen, wirkt schön beschaulich. Besonders sehenswert sind das von den Bischöfen von Lausanne errichtete Schloss mit seinem Portal und der reich dekorierten Fassade, die reformierte Kirche Sainte-Marie-Madeleine, das Hôtel de Ville (Rathaus) aus dem 15. Jh. und die Rue Centrale mit ihren Laubengängen und Brunnen.

www.avenches.ch

477 Opéra Festival

Opernsommer im Amphitheater

Seit seiner Premiere 1995 zieht das Opéra Festival Zehntausende Zuschauer an, die sich vor der wunderschönen Kulisse des Amphitheaters die bedeutendsten Opern ansehen und -hören. Auf dem Programm standen bisher Inszenierungen von Aida, Carmen, Nabucco, Die Zauberflöte, La Traviata, Il Trovatore, Don Giovanni, Lucia di Lammermoor, La Bohème u. a.

Place de la Foire, Avenches;
Tel. 0 26/6 76 06 00;
www.avenchesopera.ch; Juli

Aventicum

Spuren der Römer

Das Amphitheater des ansonsten eher mittelalterlich geprägten Städtchens Avenches erinnert daran, dass der Ort mit ca. 20000 Einwohnern einst Hauptstadt der römischen Provinz Helvetien war. Neben dem Opéra Festival findet hier im Sommer das Rock Oz'Arènes Festival statt.

478

Zur einstigen Römerstadt Aventicum gehören u. a. auch das römische Theater, die Thermen des Forums, der riesige Cigognier-Tempel und der Tornallaz-Turm, der einzige noch intakte der ursprünglich 73 Türme der römischen Ringmauer.

Avenches; Tel. 0 26/5 57 33 00;
www.aventicum.org

480 Magdalena-Einsiedelei

In Felswänden gebaut

Ein geologisches Phänomen, das seinesgleichen sucht: Beim Bau der Magdalena-Einsiedelei im 17. Jh. kamen fossile Strukturen von Sanddünen zum Vorschein, die vom Vorhandensein eines Meeres in Freiburg vor ungefähr 20 Mio. Jahren zeugen. Der wellenartig geformte Sandsteinboden ist Zeuge dieser Vergangenheit. Sehenswert ist zudem, wie die Einsiedelei in den Felswänden über dem Schiffenen-Stausee eingegraben ist. Sie besteht aus verschiedenen Räumen mit einer Gesamtlänge von 120 m.

Räsch bei Düdingen; Tel. 0 26/4 92 55 03; www.duedingen-tourismus.ch; April–Okt.

479 Estavayer-le-Lac

Mittelalterliches Flair am See

Am südöstlichen Ufer des Neuenburgersees liegt Estavayer-le-Lac. Rund 6000 Einwohner leben in diesem Ort, dessen mittelalterliche Struktur auf einem durch alte Stadtmauern festgelegten Grundriss von nur 300 m mal 200 m festgelegt ist. Das besondere Flair ist geprägt von historischen Toren, malerischen Häusern und extrem schmalen Gassen. Herausragend sind das Schloss Chenaux und die Stiftskirche St. Laurent (14. Jh.) mit gotischem Chorgestühl. Es werden verschiedene Erkundungstouren der »Rosenstadt« angeboten: Ob mit Guide, Audio-Kommentaren via QR-Codes oder mit einer Broschüre ausgerüstet – für jeden Geschmack ist etwas dabei. Eine Pause gönnt man sich am schönsten am Seeufer.

Tourist Info: Rue de l'Hôtel de Ville 5, Estavayer-le-Lac; Tel. 0 26/6 62 66 80; www.estavayer-payerne.ch

481 CIMA Museum

Musikdosen- und Automatensammlung

»Willkommen im Land der mechanischen Träume«, begrüßt Sainte-Croix seine Besucher auf einem Schild. Sainte-Croix war einst auf die Herstellung von mechanischen Werken spezialisiert – bis zu 600 Arbeiter in über 40 Unternehmen produzierten hier Ende des 19. Jh. mechanische Singvögel und Musikautomaten. Von dieser Tradition und dem Know-how zeugt die einzigartige Musikdosen- und Automatensammlung CIMA (Centre International de la Mécanique d'Art). Der große schreitende Mensch, ein Automat, weist im Ort den Weg zum Museum – einer Welt voller Entdeckungen, weit weg von der digitalen Gegenwart.

Rue de l'Industrie 2, Sainte-Croix; Tel. 0 24/4 54 44 77; www.musees.ch; Besuch nur mit Führung

482 L'Auberge

Frische Küche im historischen Gebäude

Im schmucken Dorf Baulmes nahe Yverdon-les-Bains liegt das »L'Auberge« in einer historischen Herberge. Das Gebäude ist von 1622, aber die Zeit ist hier nicht stehen geblieben! Inhaberin Christiane Martin kocht persönlich, z. B. frisch gefangenen Fisch oder vegetarische Gerichte. Dazu gibt es eine große Auswahl an Schweizer Weinen.

Rue de l'Hôtel de Ville 16, Baulmes; Tel. 0 24/4 59 11 18; www.lauberge.ch

483 Château de Grandson

Monument am Neuenburgersee

»Karl der Kühne verlor bei Grandson das Gut, bei Murten den Mut, bei Nancy das Blut.« So fasst ein Schweizer Spruch die drei Schlachten im 15. Jh. zusammen, in denen die Eidgenossen die Burgunder besiegten. Das stolze, 1476 zurückeroberte Château de Grandson gibt es immer noch, ebenso die reiche Beute, die hier neben Waffen, Regionalia, Oldtimern u. a. in Teilen ausgestellt ist.

Place du Château, Grandson; Tel. 0 24/4 45 29 26; www.chateau-grandson.ch

484 Église Saint-Jean-Baptiste

Für Augen und Ohren

Ein Juwel romanischer und gotischer Baukunst ist die im Ortskern von Grandson gelegene Pfarrkirche Saint-Jean-Baptiste. Schöne romanische Abschlüsse, stilisiert oder mit ausdrucksvollen Figuren verziert, sind wesentliches Schmuckelement der Monolithsäulen, die wahrscheinlich aus der Römerzeit stammen. Nicht nur die Augen der Besucher, auch die Ohren kommen in einen besonderen Genuss: 24 in die Wände eingelassene Schallgefäße sorgen für eine hervorragende Akustik.

Rue Haute 23, Grandson; Tel. 0 24/4 45 20 22; www.patrimoine.vd.ch

485

Maison D'Ailleurs

In Yverdon-les-Bains und ganz woanders

»Haus von Anderswo« – das ist der poetische und treffende Name des Museums für Utopie, Science-Fiction und außergewöhnliche Reisen. Fans von Jules Verne und Konsorten verlieren sich hier in kürzester Zeit im Irgendwo und möchten nirgendwoanders sein: Zwischen Zehntausenden Büchern, Magazinen, Spielzeugen, Kunstwerken und vielem mehr lässt es sich hier schier unendlich lange stöbern. Der größte Teil des Bestandes stammt vom Schriftsteller Pierre Versins, der das Museum 1976 gründete, in der Zwischenzeit sind einige weitere private Sammlungen zu unterschiedlichen Schwerpunkten hinzugekommen.

Place Pestalozzi 14, Yverdon-les-Bains; Tel. 0 24/4 25 64 38; www.ailleurs.ch

487

Gros de Vaud

Auf dem Radweg Nr. 63

Der einfache, konditionell doch recht anspruchsvolle Radweg Nr. 63 ist auf zwei Etappen ausgelegt: Die erste verläuft über 47 km durch die hügelige Kornkammer der Westschweiz, das »Gros de Vaud«: Von Payerne nach Echallens führt der Weg an Flüssen, Getreidefeldern und massiven Bauernhäusern aus Stein vorbei. Die zweite, etwas kürzere Strecke durch die Rebberge der La Côte, endet in Rolle am Ufer des Genfersees.

Payerne–Rolle; www.veloland.ch

486 Plage d'Yverdon

Badespaß am Neuenburgersee

Der Neuenburgersee fordert geradezu zum Baden heraus. Besonders schön kann man dies neben der Campinganlage in Yverdon-les-Bains am kostenlos zugänglichen Strand tun. Eine große Rasenfläche und viele Bäume, die Schatten spenden, bieten sich zur Erholung nach dem Schwimmen an. Eine von hier fußläufig entfernte Alternative zur »Natur pur« ist das Freibad Piscine plein air d'Yverdon-les-Bains mit Wasserrutsche und mehreren Türmen für einen Sprung ins kühle Nass aus luftiger Höhe. Etliche Tischtennisplatten, ein Beachvolleyball-Feld und vieles mehr bieten zudem Vergnügen an Land.

Chemin des Grèves de Clendy, Yverdon-les-Bains; Allée Winterthur, Yverdon-les-Bains; Tel. 0 24/4 23 60 90; Mai–Sep.

488 Abbatiale

Kirche für die Sinne

Der Kontrast von gelben und grauen Steinquadern, das Spiel zwischen Licht und Schatten im Innenraum erzeugt in der ehemaligen Abteikirche »Abbatiale de Payerne« ein eindrücklich stilles Raumerlebnis. Kein Wunder, dass dieses von der burgundischen Königsfamilie finanzierte Gotteshaus aus dem 11. Jh. zu den bedeutendsten romanischen Sakralbauten der Schweiz gehört. Auch ein Blick in den Kapitelsaal ist lohnend – hier informiert eine Ausstellung über die Geschichte der Kirche, zudem sind Kunstausstellungen zu sehen.

Place du Marché, Payerne;
Tel. 0 26/6 62 67 04;
www.musee-abbatiale.ch

489 Bourg und Auge

Mittelalter in Fribourg

Das mauerumgürtete Fribourg wuchs bereits im 13. Jh. über die natürlich schützende Saane-Halbinsel hinaus. Mittelalterliche Züge tragen die Viertel Bourg (Burg) und Auge (Au), wie man bei einem Bummel durch die engen Gassen leicht feststellen kann. Die Westecke des ältesten Siedlungsgevierts markiert das Rathaus.

www.fribourgtourisme.ch

490 Musée Gutenberg

Vom Buchdruck bis zum Computer

Im ehemaligen Kornhaus der Stadt ist das »Musée Suisse des Arts Graphiques et de la Communication« untergebracht. Die Geschichte der Schrift- und Drucktechnik und der Kommunikation wird von Gutenberg bis zur modernen Computersatztechnik dargestellt. Schritt für Schritt wird nicht nur die Entwicklung der Branche gezeigt, sondern es werden auch die einzelnen Arbeitsschritte erklärt.

Place Notre-Dame 16, Fribourg;
Tel. 0 26/3 47 38 28;
www.gutenbergmuseum.ch

491 Le Gothard

Kultlokal

Museumsreife Kneipenatmosphäre (Jean Tinguely war seinerzeit ein gern gesehener Gast!) verspricht das Le Gothard: Einheimische genießen hier Blutwurst, Schweinefüße und alle Arten köstlicher Fondues. Und hinterher ein Dessert mit Crème double de la Gruyère.

Rue du Pont-Muré 16, Fribourg;
Tel. 0 26/3 22 32 85;
www.le-gothard.ch

492

Kathedrale St. Niklaus

Herausragend im Fribourger Stadtbild

Das Stadtbild Fribourgs wird von der gotischen Kathedrale St. Niklaus dominiert. Der monumentale Bau (1283 bis 1490) wurde später um die Seitenkapellen erweitert und mit einem spätgotischen Chor (1631) versehen. Die dreischiffige Pfeilerbasilika besticht durch ihre reiche Bauplastik. 76 m und 365 Stufen geht es über eine Wendeltreppe hinauf, wenn man den – einer Legende nach unvollendeten – Glockenturm besteigt. Von der kostbaren Ausstattung verdienen die spätgotische Grablegung (1433), das Chorgestühl und Chorgitter (1466) sowie die bunten Jugendstil-Glasfenster des polnischen Künstlers Jozef Mehoffer besondere Erwähnung. Auf der Orgel soll schon der berühmte Virtuose Franz Liszt gespielt haben.

Rue des Chanoines 3, Fribourg;
Tel. 0 26/3 47 10 40;
www.stnicolas.ch

493 Le Beausite

Charmanter Genuss

Im Beauregard-Quartier, dem ehemaligen Arbeiterviertel Fribourgs, oberhalb des Bahnhofs entstand 1909 ein prächtiges Lokal. Bis heute verbinden sich hier architektonischer Glanz und kulinarische Genüsse. Die Jugendstil-Brasserie Le Beausite ist eine Institution und überzeugt in jeder Hinsicht. Mit Leidenschaft und Charme pflegt man hier klassische französische Gastlichkeit bei erlesenen Gerichten. Küche, Keller und Service sind exzellent. Besonders zu empfehlen sind Fisch und Meeresfrüchte, die Bouillabaisse ist legendär.

Route de Villars 1, Fribourg;
Tel.: 0 26/4 24 66 46;
www.le-beausite.ch

494 Espace Jean Tinguely

Kunst im ehemaligen Straßenbahndepot

In der ehemaligen Halle der Tramgesellschaft richtete die Stadt Fribourg die Stiftung und das Museum »Espace Jean Tinguely – Niki de Saint Phalle« ein. Ausgewählte Arbeiten des Künstlerpaars, darunter Tinguelys bewegliche Skulpturen, die gleichzeitig mehrere Sinne ansprechen, und Saint Phalles Nanas werden präsentiert.

Rue de Morat 12, Fribourg;
Tel. 0 26/3 05 51 40;
www.fr.ch/mahf

495 Musée d'Art et d'Histoire

Kunst aus dem Kanton

Die Villa Ratzé, ein eleganter Renaissancebau, zeigt Kunstwerke und Gegenstände aus neun Jh., u. a. eine umfangreiche Skulpturensammlung aus dem 16. Jh. Den Park davor schmücken Werke von Niki de Saint Phalle, Luginbühl, Ramseyer, Wiggli und Angéloz.

Rue de Morat 2, Fribourg;
Tel. 0 26/3 05 51 40;
www.mahf.ch

496 Restaurant Hôtel de Ville

Unkompliziertes Gourmetrestaurant

Der Wunsch von Frédérik Kondratowicz ist es, ein »Bistro chic« zu führen, ein unkompliziertes Gourmetrestaurant. Seine marktfrische und originelle Küche, die gemütliche Atmosphäre und diverse Auszeichnungen geben ihm Recht. Direkt neben dem Rathaus, bietet das Restaurant vom Balkon aus eine schöne Sicht auf die Altstadt.

Grand-Rue 6, Fribourg;
Tel. 0 26/3 21 23 67;
www.restaurant-hotel-de-ville.ch

497 Le Belvédère
Gastronomie-Tradition

In einem der ältesten Häuser der Stadt findet sich das »Le Belvédère«. Nicht nur die Geschichte des Hauses, auch die gastronomische Tradition reicht hier lange zurück: Bereits im 19. Jh. zog hier ein beliebtes Café viele Gäste an. Die hübsche Terrasse mit ihren 100-jährigen Kastanienbäumen und Sicht auf die historische Altstadt sowie den Fluss Saane laden zum Verweilen ein. Bei einem der angebotenen lokalen Biere, etwa dem Klosterbier der Freiburger Biermanufaktur, oder einem handgerösteten Kaffee lässt es sich doppelt gut aushalten.

Grand-Rue 36, Fribourg;
Tel. 0 26/3 23 44 07

498 Parcours des Magiciens
Fribourg auf die magische Art

Jedes Jahr im Herbst verwandeln sich die Unterstadt und das Au-Quartier für einige Wochen in eine wundersame, verzaubernde Welt. Der Künstler Hubert Audriaz heckt zusammen mit Kindern immer wieder neue Themenparcours aus. Diese Rundgänge locken Jung und Alt auf eine Entdeckungsreise, die zu unbekannten Orten, geheimen Nischen und auf die Spur der Geheimnisse von Fribourg und seinen Bewohnern führt.

Fribourg; Tel. 0 26/3 50 11 11;
www.fribourgtourisme.ch;
Sep./Okt. jeden Sa/So

499 L'Aigle Noir
Treffpunkt in Fribourg

Im »L'Aigle Noir« trifft sich die Prominenz der Stadt. Drei Räumlichkeiten stehen als Orte zum Schlemmen zur Auswahl: der traditionelle Speisesaal, historische Salons und die Veranda, deren versenkbare Verglasung eine schöne Aussicht über die Altstadt und die Voralpen bietet. Die ambitionierte Küche ist klassisch-französisch, mit lokalen Spezialitäten wie Saucisson aux choux.

Rue des Alpes 10, Fribourg;
Tel. 0 26/3 22 49 77;
www.aiglenoir.ch

500 TM Café und Le Talkwine

Hot-Spot der Jungen

Hier ist auf zwei Stockwerken etwas geboten: Das »TM Café« ist eine Bar, in der man es sich auf Sofas gemütlich machen kann. Das junge Publikum kommt hierher wegen der DJ-Abende (vornehmlich mit Elektromusik) und der Themenabende, oder auf einen Aperitif (tolle Weinauswahl und Kleinigkeiten wie Käse und Sushi) im »Talkwine«.

Rue de Romont 29–31, Fribourg; Tel. 0 26/3 21 53 81; www.tmcafe.ch

501 St. Nikolausumzug

Der Schutzpatron der Stadt zu Besuch

Das Nikolausfest ist eines der populärsten Volksfeste in Fribourg. Tagsüber ist ein abwechslungsreiches Programm mit Laternen-Atelier, Ausstellungen etc. geboten, bis gegen 17 Uhr der Samichlaus auf einem Esel durch die Straßen zieht und mit seinen Schmutzlis (Knechten Ruprecht) Lebkuchen verteilt. Am Ende hebt er in einer Ansprache kritisch die Ereignisse des vergangenen Jahres hervor.

Place du Collège St-Michel, Fribourg; www.fribourgtourisme.ch; 1. Samstag im Dez.

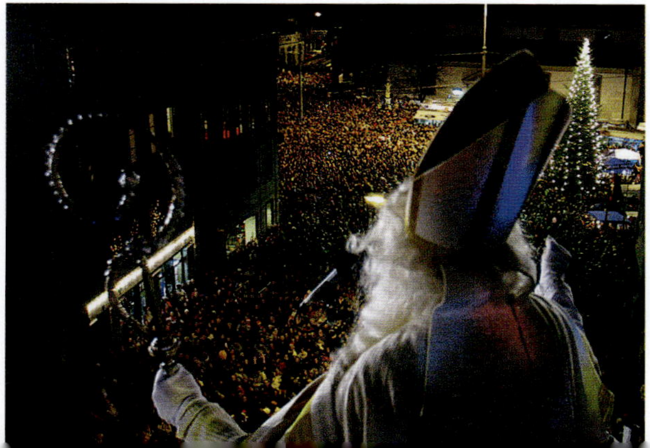

502 Marionetten Museum

Puppen erleben

Auf vielen Reisen und vier Kontinenten haben die beiden Künstler Jean Bindschedler und Marie-José Aebi die seit 1985 ausgestellte Marionettensammlung zusammengetragen: Das Museum zeigt u. a. Schattenfiguren und Puppen für verschiedene Spieltechniken aus China, Indien, Indonesien, Afrika, Südamerika und Europa. In denselben Räumlichkeiten gibt das Freiburger Marionettentheater regelmäßig Vorstellungen auf Französisch für Erwachsene und Kinder.

Derrière-les-Jardins 2, Fribourg; Tel. 0 26/3 22 85 13; www.marionnette.ch

Urlandschaft Brecca

Von Gletschern geformt

503

Das Naturschutzgebiet Breccaschlund ist eines der schönsten Schweizer Täler, die die Gletscher vor Zehntausenden von Jahren geschaffen haben. Flora und Fauna sind hier unvergleichlich: Bergahornbäume mit markanten Formen, Gämsen, Murmeltiere und Alpenblumen und vieles mehr.

Plaffeien; Tourist Info: Tel. 0 26/4 12 13 13; www.schwarzsee.ch

504

Schwarzsee

Ganzjähriges Ferienziel

Der malerische, von Tannenwäldern und Wiesen umgebene Schwarzsee ist ganzjährig ein beliebtes Ferienziel. Das Wandernetz z. B. umfasst ca. 200 km und führt hinauf bis auf den höchsten Berg der Region, den 2239 m hohen Schafberg. Zu den schönsten Touren zählen die zu den Gipfeln Kaiseregg und Schwyberg. Im Winter führen zahlreiche Schneeschuh- und Winterwanderwege, Langlaufloipen und Skipisten durch die Region. Wenn es ganz kalt ist, wird der Schwarzsozusagen zum Weißsee und man kann auf ihm Schlittschuhlaufen und Eisstockschießen.

Tourist Info: Schwarzsee; Tel. 0 26/4 12 13 13; www.schwarzsee.ch

505 Grottes de Vallorbe

Größte Höhlen des Jura

Außerhalb der Ortschaft liegen die beliebten Tropfsteinhöhlen Grottes de Vallorbe, ein faszinierendes Grottensystem entlang des unterirdischen Orbe-Flusslaufes. Sie werden auch »Feenhöhlen« genannt, denn die Legende besagt, dass hier Feen gehaust und Männer bezirzt haben.

Chemin de la Résurgence 1, Vallorbe; Tel. 0 21/8 43 22 74; www.grottesdevallorbe.ch

506 Juraparc

Wilde Tiere in natürlicher Umgebung

Im Juraparc auf der Alp Mont d'Orzeires werden Przewalski-Pferde, Bisons, Bären und Wölfe gezüchtet, die sich in natürlicher Umgebung bewegen. Auf einem etwa 400 m langen und 3 m hohen Laufsteg mit Informationen zu den einzelnen Arten lassen sich die Tiere aus nächster Nähe und doch in sicherer Umgebung beobachten.

Route de la Vallée de Joux 3, Vallorbe; Tel. 0 21/8 43 17 35; www.juraparc.ch

508 Caves du Pèlerin

Weichkäse zum Dahinschmelzen

Ein Käse macht sich rar: Von Mitte September bis Ostern wird hier der hauseigene Vacherin Mont d'Or verkauft, eine Weichkäse-Spezialität aus dem Jura, die im 19. Jh. als Hartkäse-Ersatz und Notlösung für die Milchknappheit im Winter erfunden wurde. Nebenan ist ein kleines, hübsches Museum zur Geschichte des Käses eingerichtet.

Rue du Mont-d'Or 17, Les Charbonnières; Tel. 0 21/8 41 10 14; www.vacherin-le-pelerin.ch

507 Abtei von Romainmôtier

Die Klassenälteste

Die Abtei von Romainmôtier ist die älteste der Schweiz und wurde im 10. Jh. von Kluniazensermönchen auf noch älteren Fundamenten erbaut. Zwischen alten Mauern und in gewundenen Gässchen lässt es sich herrlich abtauchen und die Zeit vergessen. Die Klosterkirche ist eine Zeitreise: Die Fundamente stammen aus dem 5.–7. Jh., Fresken aus dem 13. und 15. Jh. Sie bietet eine wunderschöne und dementsprechend beliebte Kulisse für Hochzeitsfeiern – im Sommer wird es hier fast täglich roman(t)isch.

Chemin Derrière-l'Eglise, Romainmôtier; Tel. 0 24/4 53 14 65; www.romainmotier-tourisme.ch

509 Dent de Vaulion

Berg mit Panorama

In der Gegend des Vallée de Joux gibt es viele Wanderwege – besonders beeindruckend ist jedoch der Blick vom 1483 m hohen Dent de Vaulion. Das 360°-Panorama erstreckt sich vom Suchet im Nordosten bis zum Genfersee im Süden über den Neuenburgersee und die Ebene von Orbe – bis zu acht Seen sind zu sehen! Im Tal befindet sich Vaulion, das Dorf, nach dem die Bergspitze benannt ist. Schön und lecker rasten lässt es sich hier oben im Chalet bei der Spezialität des Hauses: dem Käsefondue.

Zu Fuß über Vallorbe/La Mâche; www.myvalleedejoux.ch; Mai–Okt.

511 Lac de Joux

Eingebettet zwischen Bergrücken

Der Lac de Joux im Waadtländer Jura liegt auf 1000 m im gleichnamigen Hochtal Vallée de Joux. Die herbe Schönheit und unversehrte Natur locken das ganze Jahr über Gäste an: Im Sommer ist der Lac de Joux toll zum Surfen und Segeln – und im Winter, wenn er zufriert, wird er zu einer Panorama-Schlittschuhbahn. Der See besitzt übrigens keinen oberirdischen Abfluss, sondern das Wasser versickert im kalkigen Seegrund und kommt erst einige km weiter bei Vallorbe wieder an die Oberfläche.

Le Sentier; Tourist Info: Tel. 0 21/8 45 17 77; www.myvalleedejoux.ch

510 Jura-Höhenweg

Gemütliches Wandern

Wandern in den Alpen bedeutet frühmorgens aufbrechen, den Berg hoch, immer weiter, immer höher – der Lohn ist ein Sandwich auf dem Gipfel und das Gefühl, etwas geleistet zu haben. Wandern im Jura hingegen bedeutet: gemütlich zur ersten »Buvette« laufen, einkehren für einen heißen »Tomme«, den für den Jura typischen Alp-Weichkäse, dazu ein Glas Chasselas, danach beschwingt weiterwandern zur nächsten Einkehr. Das klingt vielleicht übertrieben, ist aber nicht allzu weit von der Realität entfernt. Zum Genusswandern eignen sich die geschwungenen Hügel des Jura hervorragend. Das Wegnetz ist gut, die besonders schöne, wenn auch etwas anstrengende Etappe 13 des Jura-Höhenwegs führt in ca. 6,5 Std. durch den Waadtländer Jura und über den Mont Tendre. Der Blick auf den Genfersee, die Alpen und die Vogesen bleibt unvergesslich. Eine gute Wanderkarte ist hilfreich.

Le Pont bis Col du Marchairuz; www.wanderland.ch

Centre d'Initation à l'Horlogerie

Uhrmacherkunst

Die Welt der Uhren von innen entdecken, mit bloßem Auge kaum erkennbare Rädchen und Schrauben in die richtige Position bringen und das Prinzip von Antriebsmechanismus, Räderwerk und Hemmungsmechanismus verstehen, … Uhrenliebhaber können sich von Olivier Piguet, Uhrmacher und -kenner, in die jahrhundertealte Uhrmacherkunst einweihen lassen. Auf verschiedenen Niveaus können Amateure dieses Handwerk in Theorie und Praxis erlernen, etwa wie man ein mechanisches Uhrwerk zerlegt, reinigt, ölt und wieder zusammenbaut.

512

Derrière-la-Côte 12, Le Sentier; Tel. 0 21/8 45 71 24; www.olivierpiguet.ch

513

Moulin Huilerie

Ölmühle

Seit sechs Generationen bzw. seit rund 170 Jahren produziert die Familie Bovery am Ufer des Flusses Morges in der hauseigenen Mühle Öl – als eine der letzten bis heute nach traditioneller Herstellungsmethode. Die Spezialität ist das Nussöl, aber es gibt noch elf weitere Öle, außerdem Senf, Essig und Nusskekse. Wer stolzer Besitzer eines Nussbaums ist, kann seine Kernernte hier abliefern, zuschauen, wenn diese durch natürliche Jute gepresst wird, und dann sein eigenes Öl mit nach Hause nehmen.

Route du Moulin 10, Sévery;
Tel. 0 21/8 00 33 33;
www.huilerie-de-severy.ch

514

Le Cerf

Eines der besten Restaurants der Schweiz

Das Le Cerf ist mit zwei Michelin-Sternen eines der besten Restaurants des Landes und das seit ca. 30 Jahren. Küchenchef Carlo Crisci begeistert mit seinen wandelbaren Gerichten und Zutaten – mal mit Wildkräutern, mal mit Molekularküche. Der Preis für ein Menü beginnt bei rund 200 sFr., in der Brasserie ist es deutlich günstiger.

Rue du Temple 10, Cossonay;
Tel. 0 21/8 61 26 08;
www.lecerf-carlocrisci.ch

515

Maison du Blé et du Pain

Alles rund ums Brot

Mitten in der Kornkammer des Waadtlandes liegt das »Haus des Weizens und des Brotes«. Hier wird die Geschichte von Getreide und Brot alles andere als trocken dargestellt, und noch weniger im Café, das berühmt ist für sein Frühstück und die Creme-Tarte.

Place de l'Hôtel de Ville 5,
Echallens; Tel. 0 21/8 81 50 71;
www.maison-ble-pain.com

516

Bulle

Zentrum des Greyerzerlandes

Der Hauptort des Greyerzerlandes ist bekannt für Veranstaltungen wie Folklore- und Viehmärkte. Die Kochkunst bleibt dabei die größte Attraktion, v. a. wenn die Wirte ihre sechsstündigen »Chilbi-Menus«, u. a. mit Cuchaule, Chilbi-Senf, Chämischinken, Lammgigot mit Büschelibirnen, Bricelets und Greyerzer Doppelrahm, anbieten.

Tourist Info: Place des Alpes 26,
Bulle; Tel. 0 84/8 42 44 24;
www.la-gruyere.ch; Sep.

Musée Gruérien

Greyerzer Kulturerbe

Das Musée Gruérien zeichnet in seiner Dauerausstellung die Kultur der Region anhand von sieben Themen nach: »Ein Käse auf Erfolgstour«, »Kamine im Grünen«, »Daheim«, »Eine Stadt im Aufschwung«, »Wechselnde Grenzen«, »Unter dem Zeichen des Kreuzes« und »Echo der Bilder«.

517

Rue de la Condémine 25, Bulle; Tel. 0 26/9 16 10 10; www.musee-gruerien.ch

Alpabzug

518

Rückkehr der Älpler nach Charmey

Der Alpabzug wird vielerorts gefeiert, selten aber so üppig und ausgelassen wie im freiburgischen Charmey. Die Älpler in ihren Trachten und die mit Blumen und Tannenzweigen geschmückten Kühe kehren nach vier Monaten ins Tal zurück, und die Menschen im Ort veranstalten einen großen Handwerksmarkt, auf dem traditionelle Arbeiten wie Töpfern, Stroh- und Korbflechten, Sattelung, Drechseln und Bildhauern vorgeführt werden. Außerdem ehren Alphorngruppen, Fahnenschwinger, Tanzorchester und Jodler die Rückkehrer lautstark auf dem Dorfplatz.

Tourist Info: Les Charrières 1, Charmey; Tel. 0 26/9 27 55 80; www.la-gruyere.ch; letzter Sa im Sep.

Friedhof in Jaun
Holzschnitzkunst

519

Am Übergang zur deutschsprachigen Schweiz und im höchsten Teil des Gruyère liegt die kleine Ortschaft Jaun. Neben den zahlreichen erhaltenen Chalets lohnt sich die Besichtigung des Friedhofs, denn hier ist herrliche Handwerkskunst zu bewundern: Auf jedem Grab erhebt sich ein geschnitztes Holzkreuz, das den Beruf oder ein Hobby des Verstorbenen darstellt, vereinzelt sind sogar die Verstorbenen selbst abgebildet. Die Tradition wurde vom Künstler Walter Cottier ins Leben gerufen und von seinen Nachfolgern bis heute fortgeführt.

Jaun; Tel. 0 26/9 29 82 03;
www.pfarrei-jaun.ch

520

Musée HR Giger
Die Welt der fantastischen Kunst

Der surrealistische Künstler Hansruedi Giger (1940 bis 2014) wurde durch seine für den Film »Alien« geschaffenen Kreaturen weltberühmt. Im Schlösschen St. Germain in Gruyères eröffnete der Oscar-Preisträger (beste visuelle Effekte) sein eigenes Museum, das eine Werksammlung mit Bildern, Skulpturen, Möbeln und Filmkulissen umfasst. Gleich gegenüber kann man in der HR Giger-Bar weiter in die Welt der fantastischen Kunst eintauchen.

Château St. Germain, Gruyères;
Tel. 0 26/9 21 22 00;
www.hrgigermuseum.com

521

Château de Gruyères
Mittelalterliches Flair in Gruyères

Das historische Städtchen Gruyères hat sein mittelalterliches Ortsbild bewahrt. Die ehemalige Grafenresidenz liegt am oberen Ortsende auf einem Hügel über der Saane. Das sehenswerte Schloss aus dem 13. Jh. ist heute ein Museum zu acht Jh. regionaler Architektur, Geschichte und Kultur. Eine moderne Ergänzung zur Schlossbesichtigung ist die vom Hofnarren Chalamala erzählte Multimedia-Schau »Gruyères«, die alle 30 Min. gezeigt wird.

Rue du Château 8, Gruyères;
Tel. 0 26/9 21 21 02;
www.chateau-gruyeres.ch

522

Observatorium

Dem Universum ganz nah

Dem Himmel ganz nah kommt man auf dem Aussichtsgipfel Moléson bei Gruyères. Auf den Berg gelangt man per Seilbahnen mit Panoramafenster. Oben angekommen, gibt es auf 2002 m Höhe rund um die Uhr etwas zu entdecken: Tagsüber kann man durch das größte Fernrohr der Welt spähen und das Beobachtungsfeld von 360 Grad, vom Genfersee bis zum Jura und vom Mont-Blanc bis zu den Gipfeln des Berner Oberlands, genießen. Und nachts wird Gruppen von mindestens zehn Personen eine Einführung in die Astronomie angeboten: Teleskope führen auf eine nächtliche Reise durch Tausende von Lichtjahren, ergänzt wird die Beobachtung der Himmelskörper durch Videoanimationen.

mit der Seilbahn auf den Moléson, Moléson-sur-Gruyères; Tel. 0 26/9 21 85 00; www.moleson.ch; Mai–Okt.

523

Maison du Gruyère

Käserei in Gruyères

In der komplett renovierten Industriekäserei bei Gruyères kann man zusehen, wie der würzige Greyerzer Käse hergestellt wird. 36 Bauern liefern täglich zwei Mal die wichtigste Zutat – die Milch – an die Käserei. Unter dem Auge des Besuchers stellen die Käsermeister und ihre Mannschaft die 35 kg schweren Laibe Gruyère her. In vier Käsekessi mit einem gesamten Fassungsvermögen von 4800 l wird jeder Laib Käse produziert und reift dann zusammen mit den anderen 6999 Laiben im Keller. Eine Ausstellung, die alle Sinne anspricht, informiert noch eingehender über die Käseherstellung

Place de la Gare 3, Pringy-Gruyère; Tel. 0 26/9 21 84 00; www.lamaisondugruyere.ch

Musée du Tibet

524

Himalaja in Gruyères

In der perfekten Umgebung, in einer renovierten ehemaligen Kapelle, wird buddhistische Kunst aus dem Himalaja gezeigt. Wie kamen all die Skulpturen, Gemälde und rituellen Objekte ausgerechnet nach Gruyères? Alain Bordier, der Stifter des Museums, reist seit den 1970er-Jahren nach Indien, Tibet und in andere asiatische Länder – so wurde seine Leidenschaft für die buddhistische Kunst geweckt und er begann, diese zu sammeln. Ziel des Museums ist es, Bordiers privates Interesse den Besuchern des Museums näherzubringen.

Rue du Château 4, Gruyères; Tel. 0 26/9 21 30 10; www.tibetmuseum.info

Alpkäserei Moléson

Traditionelles Käsen

Eingerichtet in einem typischen Chalet des 17. Jh. mit einem Dach, das mit über 90000 Holzschindeln gedeckt ist, kann eine Alpkäserei besichtigt werden. Nach der Begrüßung und einer Kostprobe verschiedener Gruyère-Sorten führt der Senner die traditionelle Herstellung in einem großen Kupferkessel über einem Holzfeuer vor. Daneben gibt es eine Ausstellung über die früher verwendeten Gerätschaften und eine audiovisuelle Vorführung zu regionalen Spezialitäten. Eine schöne Ergänzung zur Industriekäserei Maison du Gruyère.

Place de l'Aigle 12, Moléson-sur-Gruyères; Tel. 0 26/9 21 10 44; www.fromagerie-alpage.ch; Mai–Sep.

526 Le Chalet

Rustikales Ambiente

Das beliebte Restaurant im Herzen des Städtchens und nicht weit vom Schloss entfernt lockt mit feinen traditionellen Käsegerichten und rustikalem Ambiente. Hungrige Gäste aus aller Herren Länder versammeln sich hier, um ein Fondue-Caquelon, ein Raclette mit Bündnerfleisch oder Meringues mit Crème de Gruyere (Doppelrahm) zu kosten. Die Einrichtung in den beiden Stockwerken ist urig, im Sommer sorgen die Schatten spendenden Bäume auf der Terrasse für Gemütlichkeit. Mehr Schweiz-Feeling geht kaum!

Rue du Bourg 53, Gruyères;
Tel. 0 26/9 21 21 54;
www.chalet-gruyeres.ch

527 Auberge de la Halle

Gemütliches Gasthaus im Zentrum

Die Auberge de la Halle mit der getäfelten Gaststube, dem Bankettsaal, der lichtdurchfluteten Veranda und der kleinen Terrasse zur Fußgängerzone strahlt einen heimeligen Charme aus. Die Spezialität des Hauses ist die nahrhafte »Soupe de Chalet« mit Nudeln und Käse.

Rue du Bourg 24, Gruyères;
Tel. 0 26/9 21 21 78;
www.aubergehalle.ch

528 CERN

High-Speed-Reise in die Zukunft

Unter einem hölzernen Globus (Durchmesser 40 m) schießt die Europäische Organisation für Kernforschung (CERN) im 26,7 km langen unterirdischen Ringtunnel Elementarteilchen beinahe in Lichtgeschwindigkeit aufeinander, um zu erforschen, was die Welt im Innersten zusammenhält. Besucher erleben Wissenschaft und Hightech und lernen, was sie im Alltag davon haben.

Route de Meyrin 385, Meyrin;
Tel. 0 22/7 67 76 76;
www.cern.ch

529 Marché de Carouge

Bauern- und Kunstmarkt

Seit über 200 Jahren kommen Bauern auf den Marktplatz von Carouge. Unter Platanen werden Gemüse, Obst, Käse und weitere kulinarische, aber auch künstlerische Träume feilgeboten. Auch die Genfer nehmen den Abstecher hierher gerne auf sich und decken sich jeden Mi und Sa Vormittag mit Lebensmitteln ein.

Place du Marché, Carouge

530 Geburtshaus von Rousseau

Auf den Spuren des großen Genfers

Das Geburtshaus von Jean-Jaques Rousseau in der Grand-Rue beherbergt heute das »Maison de Rousseau et de la Littérature«. Auf einem audiovisuellen Rundgang kann der Besucher den Lebensweg des berühmten Genfer Bürgers, Schriftstellers, Philosophen der Aufklärung und Musikers nachverfolgen.

Grand-Rue 40, Genf;
Tel. 0 22/3 10 10 28;
www.m-r-l.ch

531 Orthodoxe Kirche

Russicher Goldglanz

Vor über 150 Jahren errichtete die russisch-orthodoxe Kirche mit Unterstützung von Anna Feodorowna Constantia, der Schwägerin von Zar Alexander I. diese schillernde Glaubensstätte in Genf. Nach drei Jahren Bauzeit wurde das Meisterwerk des byzantinisch-moskowitischen Stils fertiggestellt. Die Goldkuppeln sind von Weitem zu sehen und dienen als guter Orientierungspunkt in der Stadt. Dostojewski taufte hier seine Tochter Sophie, die heute auf dem Friedhof Plainpalais begraben liegt.

Rue De-Beaumont 18, Genf

532 Victoria Hall

Genfer Klangerlebnis

In dem prunkvollen Konzertsaal im Stil der »Beaux-Arts« mit seiner großen Orgel spielt sich ein beachtlicher Teil des Genfer Kulturlebens ab: Auf dem Programm stehen hauptsächlich Klassik-Konzerte, z. B. des Orchestre de la Suisse Romande und von renommierten internationalen Orchestern, aber auch andere Stilrichtungen, wie etwa Jazz. Eine perfekte Akustik sorgt für ein außergewöhnliches Klangerlebnis. Gebaut wurde die Spielstätte Ende des 19. Jh. zu Ehren der englischen Königin.

Rue du Général-Dufour 14, Genf;
Tel. 0 22/4 18 35 00; www.ville-ge.ch/culture/victoria_hall

Platz der Nationen

Internationales Genf

Der »Platz der Nationen« bzw. »Place des Nations« bildet das Zentrum des internationalen Genfs, denn hier befindet sich der UN-Palast, der europäische Sitz der Vereinten Nationen. Allein schon wegen seiner Ausmaße ist das Gebäude sehenswert: 600 m lang, 2800 Büros und 34 Konferenzsäle. Auf dem Platz steht auch der überdimensionale, 12 m hohe »Broken Chair«, ein Stuhl, dem ein halbes Bein fehlt. Das Mahnmal wurde vom Genfer Künstler Daniel Berset geschaffen und symbolisiert den Kampf gegen den Einsatz von Landminen.

Avenue de la Paix 14, Genf; Tel. 0 22/9 17 48 96; www.unog.ch

533

534 Seebad Genève-Plage

Naherholung in Genf

In einem 2 ha großen bewaldeten Park am Ufer des Genfersees gelegen, bietet das Bad Genève-Plage seit dem Jahr 1932 jeden Sommer eine Menge Erholung. Wer neben Entspannung etwas Nervenkitzel sucht, kann von den bis zu 10 m hohen Türmen ins Wasser springen.

Quai de Cologny 5, Genf;
Tel. 0 22/7 36 24 82;
www.geneve-plage.ch

535 Place du Bourg-de-Four

Ein Platz zum Verweilen

An der Place du Bourg-de-Four in der Altstadt spielt sich das Genfer Leben im Sommer ab: In den Cafés kann man wunderbar bei einem Kaffee entspannen und die besondere Stimmung, eine Mischung aus Trubel und Gemütlichkeit, erspüren. Aus dem Brunnen in der Mitte des Platzes kann man sogar trinken.

Genf; www.geneve-tourisme.ch

536 Kathedrale Saint-Pierre

Schlichte Schönheit mit Ausblick

Bereits im 12. Jh. gebaut, liegt der Zauber der Kathedrale Saint-Pierre seit Calvins reformatorischem Denken im 16. Jh. in der Abwesenheit von Protz und Prunk. Trotzdem weist die Kirche die höchste Anzahl romanischer und gotischer Kapitelle in der Schweiz auf. Vom 157 Stufen hohen Kirchturm kann man sehr schön die Altstadt und den See überblicken.

Place du Bourg-de-Four 24, Genf;
Tel. 0 22/3 11 75 75;
www.saintpierre-geneve.ch

537 Bains des Pâquis

Genfer Stadtbad

Die ganze Wucht des Genfer Reichtums lässt sich von den Bains de Pâquis aus bewundern. Das Stadtbad aus den 1930er-Jahren ragt regelrecht in den See und zieht seither zu jeder Zeit die Menschen an. Das Sommerprogramm besteht natürlich aus Sonne tanken und Baden. Im Winter versprechen eine Sauna, ein Türkisches Bad und ein Hamam Erholung. In der Abendsonne sieht das Wasser des Sees zu jeder Jahreszeit von den Bains des Pâquis aus wie flüssiges Gold.

Quai du Mont-Blanc 30, Genf;
Tel. 0 22/7 32 29 74;
www.bains-des-paquis.ch;
Strandbad Mai–Aug.

Mapping Festival
Digitale Kunst in Genf

538

Wenn die Veranstalter des Mapping Festivals Orte wie das Musée d'Art et d'Histoire und den Tanzclub »Le Zoo« verwandeln, dann entstehen für circa zehn Tage ganz besondere Kunst- und Klangwelten der digitalen Kultur: Grafische Lichtmuster werden in die Dunkelheit projiziert, elektronische Musik wird gespielt und es werden Performances und Installationen gezeigt – alles auf dem neuesten Stand der Technik. Der Austausch unter den Künstlern wird durch Workshops zu Themen wie »3D LED Fashion« oder »Stage Design« gefördert.

Genf; www.mappingfestival.ch; Mai/Juni

539 Mamco
Moderne und zeitgenössische Kunst

Das »musée d'art moderne et contemporain« ist das größte und jüngste Museum für moderne und zeitgenössische Kunst in der Schweiz. Mit seiner Sammlung von 4000 Kunstwerken, von denen sich ein Drittel im Eigenbesitz des Museums befindet, genießt es internationalen Ruf. Gezeigt werden u. a. Werke von Maurizio Nannucci (siehe Bild), Robert Filliou, Gordon Matta-Clark und Franz Erhard Walther sowie dreimal jährlich große neue Ausstellungen. Das Industriegebäude beherbergt außerdem das Centre d'Art Contemporain.

Rue des Vieux-Grenadiers 10, Genf; Tel. 0 22/3 20 61 22; www.mamco.ch

540 Electron Festival
Von Rave bis Avantgarde

An Ostern wird Genf zur Hauptstadt der Clubkultur. Vier Tage lang trifft jugendliche Feierfreude auf hochklassige elektronische Musik. An zehn Locations bietet das Electron Festival neben Live-Acts und DJs vielfältiger Genres auch Workshops, Kunstprojekte, multimediale und interaktive Formate.

Genf; www.electronfestival.ch; Ostern, Do–So

541 Jardin Anglais

»Very British«

Am linken Seeufer liegen mehrere Parkanlagen, u. a. der Jardin Anglais nahe der Altstadt. Er ist der erste nach englischem Vorbild angelegte Genfer Park und wurde 1854 durch Auffüllen des Holzhafens dem See abgewonnen. Seine Blumenuhr, die gewundenen Alleen, Wäldchen, Rotunden und der große bronzene Springbrunnen machen bis heute seinen Charme aus. Im alten Musikpavillon werden an vielen Sommerabenden Konzerte gegeben.

Rues-Basses Longemalle, Genf

542 Jet d'Eau

Ein Highlight in Genf

An der Rive Gauche, dem linken Seeufer, schießt der Jet d'Eau 140 m gen Himmel. Das Wahrzeichen der Stadt, eine von einem Sicherheitsventil eines Wasserwerks aufsteigende Wasserfontäne, ist von Weitem zu sehen. 500 l Wasser werden pro Sekunde mit einer Geschwindigkeit von 200km/h hochgedrückt. Den schönsten Blick auf den Jet d'Eau hat man von den Bains des Pâquis.

Quai Gustave-Ador, Genf

543 Reformationsdenkmal

Erinnerung an Calvin

Südlich der Altstadt von Genf erholen sich v. a. Studenten der nahe gelegenen Universität im Parc des Bastions. Ein beliebter Picknickplatz hier ist das Reformationsdenkmal von 1909 (das Jahr des 400. Geburtstags von Calvin), das an die internationale Ausstrahlung der Genfer Reformation erinnert. Eine 100 m lange, schlicht gehaltene Steinwand zeigt Statuen der großen Reformatoren Guillaume Farel, Johannes Calvin, Théodore de Bèze und John Knox. Links und rechts davon folgen Reliefs zu wichtigen Ereignissen der Reformationsgeschichte.

Promenade des Bastions 1, Genf

Geschichte der Reformation

Museum in Genf

Die Geschichte der Reformation und die Geschichte von Genf sind untrennbar miteinander verbunden – ein Besuch des Internationalen Museums der Reformation lohnt sich also doppelt.

544

Der im 16. Jh. in Genf wirkende Reformator Johannes Calvin wird multimedial animiert, führt durch verschiedene Zimmer und erzählt dabei Geschichten aus seinem Leben und über die Reformation, z. B. anhand eines virtuellen Banketts oder von Hugenottenpsalmen, denen man auf einer Kirchenbank sitzend lauschen kann.

Rue du Cloître 4, Genf;
Tel. 0 22/3 10 24 31;
www.musee-reforme.ch

545 Rotkreuzmuseum

Geschichte der humanitären Hilfe

Das Rotkreuz- und Rothalbmondmuseum »Musée international de la Croix-Rouge et du Croissant-Rouge« zeichnet mithilfe von zwölf Begegnungen mit Zeugen unserer Zeit den roten Faden des humanitären Abenteuers nach. Plakate, Fotografien, Filme und Gegenstände aus allen Kontinenten über die Aktionen der Bewegung vom Ende des 19. Jh. bis in die heutige Zeit sind zu besichtigen.

Avenue de la Paix 17, Genf;
Tel. 0 22/7 48 95 11;
www.redcrossmuseum.ch

546 Fondation Baur

Kunst aus Fernost

Der Geschäftsmann Alfred Baur entdeckte auf seinen Fernostreisen die Liebe zur Kunst und begann über 45 Jahre lang Kunstobjekte und Kultgegenstände aus China und Japan zu sammeln. Kurz vor seinem Tod vermachte er diese der Öffentlichkeit: Über 9000 Objekte aus 1000 Jahren, darunter aus Keramik, Schnupftabakbehälter und japanische Drucke, Netsuke (geschnitzte Figuren), Möbel und Schwerter, entführen in eine ferne Welt.

Rue Munier-Romilly 8, Genf;
Tel. 0 22/7 04 32 82;
www.fondation-baur.ch

547 L'Usine

Alternatives Kulturzentrum

Das L'Usine hat eine bewegte Vergangenheit als in den 1980ern besetztes Gebäude. Heute wird in diesem autonomen Kulturzentrum ein abwechslungsreiches Programm angeboten, das von Kino und Theater über Kunst bis hin zu Livemusik und DJ-Abenden reicht.

Place des Volontaires 4, Genf; Tel. 0 22/7 81 34 90; www.usine.ch

548 Bol d'Or Mirabaud

Segelregatta

An drei Tagen Mitte Juni treffen sich begeisterte Segler auf mehr als 500 Segelbooten zur Europäischen Regatta »Bol d'Or Mirabaud«. Rund 123 km von Genf nach Le Bouveret und wieder retour müssen dabei zurückgelegt werden. Die Zuschauer können per GPS-Tracking hautnah mitverfolgen, wo ihr Lieblingsschiff gerade unterwegs ist und wie seine Chancen auf die begehrte Trophäe stehen.

www.boldormirabaud.com; Genf–Le Bouveret; Juni

549 Café du Soleil

Käsefondue ohne Ende

Käsefondue gibt es (fast) überall in der Schweiz – aber nur wenige Restaurants haben so viel Flair und Tradition wie das Café du Soleil. Hier geht es etwas eng, laut und nicht besonders elegant zu, aber gerade das macht den Charme dieses urigen Restaurants aus. Neben dem Klassiker Käsefondue gibt es sehr gute Platten mit Bündner Fleisch und andere Schweizer Spezialitäten. Seit über 400 Jahren mögen die Genfer das Essen im Café du Soleil und wie es aussieht, wird das mindestens die nächsten 400 Jahre genau so bleiben.

Place du Petit-Saconnex 6, Genf; Tel. 0 22/7 33 34 17; www.cafedusoleil.ch

550

Fondation Martin Bodmer

Seltene Schriftstücke

Mehr als 160000 Schriftstücke aus drei Jahrtausenden und in ca. 80 Sprachen hat der Sammler und Mäzen Martin Bodmer (1899–1971) zusammengetragen, darunter ägyptische Totenbücher, eines der seltenen Exemplare der Gutenberg-Bibel, handgeschriebene Noten von Mozart oder eine Originalausgabe des Kommunistischen Manifests. Die Sammlung umfasst sogar eine Mineralien- und Fossiliensammlung. In dem von Mario Botta konzipierten Architekturtempel werden diese Zeugnisse menschlicher Schöpfungskraft im Museum und der Biblioteca Bodmeriana ausgestellt.

Route Martin-Bodmer 19–21, Cologny;
Tel. 0 22/7 07 44 36; www.fondationbodmer.ch

551

Antigel Festival

Highlight des Winters

Wenn Tänzer sich in lebende Skulpturen verwandeln und Parkplätze, Müllverbrennungsanlagen und Hallenbäder zu ihren Bühnen werden, wenn Genfs Vororte erwachen und weltberühmte Musiker dort Konzerte geben, wenn Kultur ihre Grenzen sprengt, dann läuft das heißeste Festival des Winters: das »Festival Antigel«.

Genf und Nachbargemeinden;
www.antigel.ch; Jan.–März

552 Schloss Coppet

Heimat der Madame de Staël

Bekanntheit erlangte Schloss Coppet erst im 18. Jh., als der Finanzminister von Ludwig XVI. hier wohnte. Seine Tochter Madame de Staël machte es zu einem Zentrum der Aufklärung und zum Treffpunkt Intellektueller.

Coppet; Tel. 0 22/7 76 10 28; www.chateaudecoppet.ch; Ostern–Okt.

553 Visions du Réel

Filmfestival in Nyon

Das internationale Filmfestival – mit Schwerpunkt Dokumentarfilm – ist eines der wichtigsten Filmfestivals der Schweiz. Auf dem Programm stehen jährlich rund 110 Filme aus 45 Ländern, die Hälfte davon sind Premieren. Der Großteil der Werke ist auf Französisch oder Englisch, Regisseure aus aller Welt geben sich hier sieben Tage lang die Klinke in die Hand.

Nyon; Tel. 0 22/3 65 44 55; www.visionsdureel.ch; April

554 Le Café du Marché

Ein Engländer in Nyon

Das Motto des Inhabers und Küchenchefs ist einfach, klar und überzeugend: »Ich koche, was ich gerne esse«, sagt der Engländer Tom Watson über seine Küche, die von seinen vielen früheren Reisen beeinflusst ist. In Nyon haben er und das Restaurant »Le Café du Marché« eine Heimat gefunden. Nicht nur die Speisen, sondern auch der Service und die Stimmung sind hervorragend.

Rue du Marché 3, Nyon; Tel. 0 22/3 62 49 79; www.lecafedumarche.ch

555 Nyon

Wandelbare Kleinstadt

Nyon ist für eine Stadt zwar klein (19000 Einwohner), aber sehr oho. Und abwechslungsreich, denn hier gibt es für alle Geschmäcker etwas zu erleben. Comicfans wandeln auf den Spuren von Tim und Struppi (der Band »Der Fall Bienlein« spielt hier), Hobbyhistoriker zieht es zu den römischen Ruinen und ins Museum für Geschichte und Porzellan im Schloss, Naturfreunde sehen sich das Blumenmosaik im Park Bourg de Rive an und eigentlich alle spazieren durch die hübsche Altstadt mit ihren Laubengängen und zu den Fischern am Ufer des Genfersees.

Tel. 0 22/3 65 66 00; www.nyon-tourisme.ch

556 Château de Prangins
Geschichte der Schweiz

Der Ableger des Schweizer Nationalmuseums erzählt die Geschichte der Schweiz von 1750 bis 1920. Im Schloss Prangins aus dem 18. Jh. wurden dafür die perfekten, rund 40 Räume gefunden, in denen die Objekte ausgestellt sind. Auch die Präsentation der Sammlung zu den Themen Wirtschaft, Schule, Gesundheit, Tourismus und Emigration gestaltet sich anschaulich und spannend – von der Breguet-Wanduhr über einen Kolonialwarenladen bis zur Hagelkanone ist alles zu sehen.

Avenue Général Guiguer 3, Nyon; Tel. 0 58/4 69 38 90; www.chateaudeprangins.ch

557 Paléo Festival
Open Air mit jungen Talenten und Stars

Gitarren, Gitarren, Gitarren: Paléo ist mit ca. 230 000 Besuchern das größte Schweizer Open-Air-Festival, entsprechend groß sind die Musiker, die hier auftreten: Depeche Mode, Santana und The Black Keys waren schon dabei. Auch Nachwuchsbands, Straßentheater und klassischer Musik, die das Organisationsteam gut findet, werden hier eine Plattform auf einer der sechs Bühnen geboten.

Route de Saint-Cergue, Nyon; Tel. 0 22/3 65 10 10; www.paleo.ch; Ende Juli

558 Waadtländer Jura
Natur pur bei Saint-Cergue

Blumenwiesen, dichte Wälder, Hochmoore, Höhlen und verschiedenste Tierarten sind im Waadtländer Jura zu entdecken. Beispielsweise fühlt sich hier eine riesige Waldameisenkolonie rundum wohl. Der Höhenzug zwischen Genfersee und Frankreich ist also wunderbar für leichtere Wanderungen geeignet – von Saint-Cergue gehen besonders schöne Touren aus, z. B. auf den 1677 m hohen Panoramaberg La Dôle.

www.st-cergue-tourisme.ch

559 Rolle

Blütezeiten von gestern bis heute

Die immer wiederkehrenden Blütezeiten des Ortes Rolle zeigen sich an den verschiedenen Bauwerken: das mittelalterliche Schloss der Grafen von Savoyen, die Bürgerhäuser des 17.–19. Jh. und ein Casino von 1875.

Tourist Info: Grand-Rue 1, Rolle;
Tel. 0 21/8 25 15 35;
www.tourisme-rolle.ch

560 Antiquitäten Moinat

Schöne alte Dinge

Historische Jagdgemälde, Empire-Stühle, Silbergeschirr oder Porzellanfiguren – seit 1920 handelt die Familie Moinat mit antiquarischen Möbeln und Kunstgegenständen. Wer hier nicht fündig wird, kann in den zwei weiteren Filialen in Rolle und Genf weiterstöbern oder sich sein Zuhause individuell einrichten lassen.

Route de Genève 20, Rolle;
Tel. 0 21/8 22 52 00;
www.moinatantiques.com

561 Waldpark Arboretum

Unendliche Pflanzenvielfalt

3 km von Aubonne entfernt liegt das Arboretum, ein frei zugänglicher Waldpark mit einer schier unendlich großen Pflanzenvielfalt. Rund 3000 verschiedene Baum- und Straucharten aus allen Kontinenten sind zu sehen – Obstgärten von anno dazumal, ein Wald wie im Nordwesten der USA, ein Waldpflege-Pfad und viele Wasserstellen machen einen Spaziergang hier spannend.

Chemin de Plan 92, Aubonne;
Tel. 0 21/8 08 51 83;
www.arboretum.ch

562 Saint-Prex

Mittelalterliche Idylle

Saint-Prex wirkt gerade durch seine etwas verschlafene Atmosphäre charmant: Die Altstadt liegt auf einer beinahe dreieckigen, geschützten Halbinsel. Reizvoll lassen den Ort die Seepromenade, das Schloss, die verschiedenen Brunnen, die engen Gässchen, die gedrungenen, rebenberankten Häuser, aber auch die Weinberge in der Umgebung erscheinen. Das Wahrzeichen von Saint-Prex, der Glockenturm am Stadttor aus dem 13. Jh., ist weithin zu erkennen. Ein Besuch des Städtchens ist Entspannung, Idylle und Natur pur.

Tourist Info: Tel. 0 21/8 06 50 26;
www.morges-tourisme.ch

564 Pinte au XXème Siècle

Waadtländer Spezialitäten

Historisch, preiswert und authentisch ist die Pinte au XXème Siècle. Lokale Spezialitäten wie Steak Tartare, »saucisse au choux« (Kohlwurst), »Papet Vaudois« (ein waadtländischer Eintopf mit Lauch und Kartoffeln), Pferdesteak und natürlich Fondue kann man hier probieren. Die Pinte ist nicht nur ein guter Ort zum Essen, sondern es stehen auch über 70 Weine aus der Region auf der Karte. Samstagabend, sonntags und in den Sommerferien ist das Lokal leider geschlossen.

Passage de la Couronne 5, Morges; Tel. 0 21/8 01 27 00; www.xxemesiecle.com

563 Schlösser im Weinbaugebiet La Côte

Beeindruckende Bauten in zauberhafter Landschaft

Auf dem Küstenstreifen zwischen Genf und Lausanne werden ca. die Hälfte der Waadtländer Weine produziert. In dieser zauberhaften Umgebung gibt es viele imposante spätmittelalterliche Schlösser zu sehen – eines der schönsten liegt im Winzerdorf Vufflens-le-Château. Auch wenn es nur von außen zu besichtigen ist, lohnen sich eine Fahrt hierher und ein Spaziergang durch die Weinberge.

Place du Village, Vufflens-le-Château; www.morges-tourisme.ch

565
Galeere »La Liberté«
Ein Schiff als sozialer Anker

Auf der motorbetriebenen Galeere »La Liberté« kann man ab Morges über den Genfersee schippern. Beim Bau der Galeere wechselten sich fünf Jahre lang Arbeitslose aus dem Bauhandwerk ab. 600 Personen haben an diesem 1992 von Gewerkschaftssekretär Jean-Pierre Hirt konzipierten Projekt mitgewirkt. Es war dazu gedacht, Handwerkern, die Opfer der Wirtschaftskrise der 1990er-Jahre waren, Mut zu machen.

ab Morges;
Tel. 0 21/8 03 50 31;
www.galere.ch; Mai–Okt.

566
Fondation de l'Hermitage
Kunst in inspirierendem Ambiente

Oberhalb von Lausanne, in einem wunderschönen Park mit Blick auf die Kathedrale Notre-Dame und den See, befindet sich der Sitz der »Fondation de l'Hermitage«. Im historischen Herrenhaus der Stiftung werden Gemälde waadtländischer und ausländischer Künstler, darunter eine eine Porträtsammlung und Werke des Impressionismus, in jährlich zwei bis drei Ausstellungen gezeigt. Der Park ist immer öffentlich zugänglich.

Route du Signal 2, Lausanne;
Tel. 0 21/3 20 50 01;
www.fondation-hermitage.ch

567
Café Romand
Brasserie mit Tradition

Seit 1951 gibt es das »Café Romand« am Place Saint-François schon – kein Wunder, denn die Zeit vergeht hier wie im Flug und bei ein paar Schoppen Wein in der stadtbekannten Brasserie lässt es sich einfach schön verweilen. Bevor das »Café Romand« Einzug gehalten hat, befand sich in dem Gebäude eine Brauerei, an der Inneneinrichtung hat sich seit Eröffnung kaum etwas geändert – und das macht den besonderen Charme des »Café Romand« aus. Auf der Speisekarte stehen Waadtländer und Schweizer Spezialitäten.

Place Saint-François 2, Lausanne;
Tel. 0 21/3 12 63 75;
www.cafe-romand.ch

568

Café Saint Pierre

Populärer Studenten-Treff

Inmitten der verwinkelten Gassen Lausannes liegt ein Ort, der immer lebendig ist: Das Café Saint Pierre ist ein beliebter Treffpunkt für Studenten aus der ganzen Welt. Zu essen gibt es zu jeder (Tages-) Zeit etwas anderes: Sa und So den berühmten Brunch, eine wechselnde Mittagskarte und abends sollte man sich durch die verschiedenen Tapas probieren.

Place Benjamin-Constant 1, Lausanne; Tel. 0 21/3 23 36 36; www.cafesaintpierre.ch

569 Café de Grancy

Wohnzimmeratmosphäre

Im Café de Grancy fühlt man sich sofort wohl – das liegt zum einen an der Wohnzimmeratmosphäre mit einem Bücherregal, Brettspielen und Sofas zum Versinken. Zum anderen gibt es hier von früh bis spät einfach gutes Essen.

Avenue du Rond-Point 1, Lausanne; Tel. 0 21/6 16 86 66; www.cafedegrancy.ch

570 Mad Club

Legende im Nachtleben von Lausanne

Der Mad Club ist sozusagen der Ursprung des heutigen Flon-Quartiers – als hier statt Bars, Läden und Galerien noch braches Niemandsland war, wurden im Mad schon legendäre Partys auf mehreren Stockwerken gefeiert. So ist es bis heute – v. a. bei internationalen DJ-Größen lohnt sich frühes Kommen und damit kürzeres Anstehen.

Rue de Genève 23, Lausanne; Tel. 0 21/3 40 69 69; www.madclub.ch

571 Béjart Ballet

Ballett von Weltrang

Der Tänzer und Choreograf Maurice Béjart (1927–2007) gilt als Erneuerer des Balletts: Er emanzipierte die männlichen Tänzer von den weiblichen, ließ sie auch mal in Jeans auftreten und erschloss dem Ballett ein völlig neues Publikum. 1987 zog er mit seinem Ensemble nach Lausanne, das noch heute zweimal jährlich hier mit Werken vom Meister selbst und anderen Choreografen auftritt, bevor es auf Welttournee geht.

Lausanne; www.bejart.ch; Mai/Dez.

572 Notre-Dame

Königin der Kirchen

Die Kathedrale Notre-Dame gilt als die Königin von Lausanne. Auch wenn die Königin des Öfteren »kränkelt« und ihr weicher Sandstein immer wieder behandelt werden muss, entschädigt ihre gotische Pracht mit dem strahlenden Gelb der Wände. Auf dem Glockenturm mit der 6,5 t schweren Glocke namens Maria Magdalena arbeitet einer der letzten historischen Nachtwächter in Europa. Jeden Abend steigt Renato Häusler die 153 Stufen in den Turm hinauf und sagt die Zeit an – ein Stück Lausanne wie in vergangenen Zeiten!

Place de la Cathédrale, Lausanne; www.lausanne-tourisme.ch

573

Place de la Navigation

Treffpunkt im Stadtteil Ouchy

An der Place de la Navigation im südlichen Stadtteil Ouchy treffen sich Skater, Jogger und Sonnenanbeter und die Kinder springen um die Figuren eines begehbaren Schachbretts oder in den Springbrunnen. Das »C« der großen Wetterfahne am Ende der Mole blitzt auf und die Sonne spiegelt sich auf den Wellen des Genfersees – dies ist der perfekte Platz zum Ausspannen.

Place de la Navigation, Lausanne; www.lausanne-tourisme.ch

Olympisches Museum

Sportgeschichte

In neuem Glanz erstrahlt das 2013 renovierte Olympische Museum. Auf über 3000 qm mit über 1000 Ausstellungsobjekten erstreckt sich die Dauerausstellung und auf jeder der drei Etagen wird eine Grundlage der Olympischen Spiele der Neuzeit thematisch behandelt: von den Ursprüngen über die Vorstellung der Disziplinen und Olympioniken bis hin zum Herz der Wettkämpfe im »Olympischen Dorf«. Umgestaltet wurde auch der zugehörige Park, der zum Verweilen zwischen Natur, Kunst und Sportanlagen, die wie Kunstwerke anmuten, einlädt. Das Highlight ist eine echte Wettkampfbahn, auf der man sich virtuell mit dem aktuellen Olympiasieger über 100 m messen kann. Ein großartiges Panorama bietet die Terrasse des Café TOM im obersten Stock.

574

Quai d'Ouchy 1, Lausanne;
Tel. 0 21/6 21 65 11;
www.olympic.org/museum

575

Eislaufen im Szeneviertel

Lausanne auf Eis

Auf der Esplanade du Flon, dem zentralen Ort des avantgardistischen Viertels, finden regelmäßig kulturelle oder festliche Veranstaltungen statt. Im Winter wird der Platz zur Freilufteislaufbahn. Bei kostenlosem Eintritt kann man hier zwischen alten Industriegebäuden seine Runden und Pirouetten drehen oder an manchen Abenden Events wie After Work-On Ice-Parties, Schneeball-Abende oder Hockey-Ballet-Matches besuchen. Wer keine eigenen Schlittschuhe besitzt, kann diese vor Ort ausleihen. Neben den zahlreichen Restaurants in der Nachbarschaft gibt es einen Imbissstand direkt an der Bahn, der zum Pausieren einlädt.

Rue du Port-Franc, Lausanne; www.flon.ch; Nov.–Feb.

576 The Great Escape

Eine Bar zum Entspannen

Junge Lausanner und Studenten, die bis spät in die Nacht um die Häuser ziehen wollen, haben es etwas schwer in ihrer Stadt. Zum Glück gibt es die Bar »The Great Escape«, in der man wunderbar entspannt Bier vom Fass trinken und Burger essen kann. Wird es drinnen zu voll, verpacken die Kellner einfach alles in Pappschachteln und man sucht sich draußen vor der Tür ein gemütliches Plätzchen. Die Bar ist bei Einheimischen und Touristen gleichermaßen beliebt – dazu trägt ohne Frage auch die Übertragung aller großen Fußballspiele aus der englischen Premier League und allen Top-Ligen Europas sowie anderer Sportarten wie Hockey oder Rugby bei.

Rue Madeleine 18, Lausanne;
Tel. 0 21/3 12 31 94;
www.the-great.ch

577 Bleu Lézard

Restaurant und Kellerclub

Die »blaue Eidechse« im Herzen Lausannes ist ein Klassiker, und das sogar auf doppelte Weise. Auf zwei Ebenen verbringt man hier Abende in lebendiger und etwas lauterer Atmosphäre: Oben im Erdgeschoss wird gegessen und getrunken, unten im Kellerclub getanzt und gejammt bei Rock-, Balkan-, Jazz-, Drum'n'Bass-, Jazz-Konzerten und DJ-Sets. Für Abwechslung und jeden Geschmack ist also gesorgt. Das Publikum ist ebenso bunt gemischt, viele Gäste sind Studenten. Die gemütliche Einrichtung des Lokals wird von Zeit zu Zeit um Werke von wechselnden lokalen Künstlern ergänzt. Seit über 20 Jahren ist und bleibt das Bleu Lézard eine feste Größe im Lausanner Nachtleben.

Rue Enning 10, Lausanne;
Tel. 0 21/3 21 38 30;
www.bleu-lezard.ch

578 Le Bourg

Vielfältige Kultur

Das »Le Bourg« ist ein ehemaliges Filmtheater, das umfunktioniert wurde. Die Kultur ist geblieben und sogar vielfältiger geworden: Heute treten im ehemaligen Kinosaal Künstler aller Art auf: Junge Bands und DJs aus der quirligen Lausanner Musikszene finden hier ihre Bühne, es werden Poetry Slams, Beatbox-Wettbewerbe sowie Theateraufführungen, Kultfilmabende, Diskussionen, Lesungen und Vernissagen veranstaltet. An Sommerwochenenden geht es auf der Dachterrasse »Bourg-Plage« ebenso lebendig zu.

Rue du Bourg 51, Lausanne;
Tel. 0 21/3 11 67 53;
www.le-bourg.ch

Trendviertel Flon

Lausannes Hotspot

Im südlichen Zentrum liegt das Flon, einst Flusstal, heute rund um die Uhr pulsierendes Trendviertel. Jeder Meter ist so modern wie möglich, eine Mischung aus der Anmutung der alten Lagerhallen und neuer, großflächiger Verglasung ist hier entstanden. Z. B. transportiert ein verglaster Aufzug die Menschen von der Metro-Station zur Fußgängerbrücke, in der Fußgängerzone stehen futuristische Beton-Sitzmöbel und eine Fassade ist mit beleuchteten Membranen gepolstert. Filmkulissenatmosphäre zum Anfassen – also: hinfahren, flanieren, entdecken.

rund um den Bahnhof Flon, Lausanne; www.flon.ch

579

580 Les Printemps de Sévelin
Zeitgenössischer Tanz

Der weltweit bekannte Choreograf Philippe Saire lebt nach einigen Jahren in Paris seit 1996 wieder in seiner Heimatstadt Lausanne und betreibt hier sein »Théâtre Sévelin 36«, eine der bedeutendsten Bühnen der Region. Ziel dieser Institution ist die Kreation, Vermittlung und Inszenierung von nationalen und internationalen Werken. Jedes Frühjahr kommen für drei Wochen zeitgenössische Tanzkompanien und faszinierte Zuschauer aus aller Welt zum Festival »Les Printemps de Sévelin« – und zur lokalen tanzbegeisterten Szene hinzu.

Lausanne; www.theatresevelin36.ch; März/April

581 Place de la Palud
Shopping in Lausanne

In der Fußgängerzone, an der Place de la Palud und in der Rue de Bourg, schlagen die Shoppingherzen höher – hier findet man neben den üblichen Ketten auch einige Traditionsgeschäfte, z. B. für Tabak und Uhren. Besonders schön ist die Place de la Palud mit der von historischen Gebäuden umrundeten, farbenfrohen Justiziastatue am Brunnen, an dem jeden Mi und Sa ein Markt stattfindet.

www.lausanne-tourisme.ch

582 Brasserie du Château
Bier und Pizza at its best

Die beliebte Kneipe kann mit zwei Attraktionen aufwarten: Bier und Pizza. Beides ist hausgemacht, hervorragend und variantenreich. Zwischen kupfernen Braukesseln trinkt und isst man direkt an der Quelle. Und genießt auf zwei Stockwerken die bunte Pub-Atmosphäre.

Place du Tunnel 1, Lausanne; Tel. 0 21/3 12 60 11; www.biereduchateau.ch

583 BDFIL
Comic-Festival in Lausanne

Im September kommen Comic-Zeichner und Autoren zum »Festival international de bande dessinée de Lausanne«. Dann werden vier Tage lang Ausstellungen, v. a. von Schweizer Künstlern, gezeigt. Auch Newcomer erhalten Förderung: Es gibt Preise für unveröffentlichte Arbeiten zu gewinnen und es werden diverse Kurse angeboten.

Place de la Cathédrale 12, Lausanne; Tel. 0 21/3 12 78 10; www.bdfil.ch; MItte Sep.

584

Disc-à-Brac

Lausanne

Eline Müller kennt die Musikszene der Romandie und ihren Plattenladen wie ihre Westentasche. Hier gibt es eine wunderbare und umfangreiche Auswahl an gebrauchten und neuen CDs und Schallplatten – und manchmal auch kleinere Live-Konzerte.

Rue de l'Ale 2, Lausanne; Tel. 0 21/3 23 23 51; www.disc-a-brac.ch

585

Collection de l'Art Brut

»Rohe Kunst« in Lausanne

»Die Kunst legt sich nicht in gemachte Betten; sie läuft davon, sobald ihr Name ausgesprochen wird, denn sie schätzt das Inkognito. Am wohlsten fühlt sie sich, wenn sie vergessen hat, wie sie heißt.« An diese Aussage des Künstlers Jean Dubuffet lehnt sich der Begriff »Art Brut« an: Art-Brut-Künstler sind Autodidakten, die sich jeder kulturellen Konditionierung oder sozialen Anpassung entziehen. Die meisten Werke der Sammlung, die Jean Dubuffet der Stadt Lausanne schenkte, stammen von psychisch Kranken und Gefängnisinsassen. Wie die Künstler der »rohen Kunst« ihr Leben und Leiden mit Papier und Leim verarbeiteten, erzählen Filme und Texte. In der Sammlung befinden sich u. a. Werke von Adolf Wölfi, der in einer Zelle Musik für selbst gebastelte Blasinstrumente komponierte.

Avenue des Bergières 11, Lausanne; Tel. 0 21/3 15 25 70; www.artbrut.ch

Cully Jazz Festival

587

Jazz aller Formen

Mitten im hübschen Weinbaugebiet Lavaux und direkt am Genfersee liegt das kleine Örtchen Cully, das jedes Jahr sein eigenes, neuntägiges Jazz-Festival auf die Beine stellt. Seit über 30 Jahren reisen Jazzmusiker hierher und begeistern die rund 45000 Zuhörer, darunter waren schon Carla Bley und Bobby McFerrin. Die musikalische Bandbreite reicht von klassischem Jazz über Blues, Modern Jazz, Rock und französische Chansons bis hin zu Einflüssen aus der elektronischen Musik.

Place de l'Hôtel-de-Ville 2, Cully; Tel. 0 21/7 99 99 00; www.cullyjazz.ch; April

586 Weingut Alain Chollet

Ganz nah an der Gewinnung des Weins

Eng und steil ist die Straße, die zum Weingut von Alain Chollet führt – den Weg finden Weinliebhaber mit der richtigen Nase trotzdem. Die gesamte Ernte wird von Hand gelesen und im eigenen Weinkeller gekeltert. Während der Erntezeit kann man mithelfen und wird mit einer Flasche Wein pro Std. entlohnt.

Le Daley, Chemin des Moines, Lutry; Tel. 0 21/7 99 13 45; www.alainchollet.ch

588 Auberge du Vigneron

Genießen mitten im Weinbaugebiet

Hier schmeckt nicht nur das Essen ausgezeichnet – egal ob Wurst aus dem Nachbardorf Cully mit Linsen, marokkanische Tajine oder eine klassische Tarte Tatin – und natürlich der Wein. Auch der Blick von der Restaurant-Terrasse über die Weinterrassen ist spektakulär.

Route de la Corniche 14, Epesses; Tel. 0 21/7 99 14 19; www.aubergeduvigneron.ch

589 Saint-Saphorin

Malerischer Ort am See

Zwischen Wasser und Wein schmiegt sich Saint-Saphorin an den Genfersee. Wer hier ins erfrischende Nass springt und immer weiter schwimmt, landet in Frankreich. Dazu gibt es jedoch keinen Grund – wer durch das kleine mittelalterliche Dorf flaniert, versteht Jean Villard Gilles und die vielen anderen Künstler, die hier schon einen Zufluchtsort fanden.

Tourist Info: Tel. 0 21/9 62 84 64; www.saint-saphorin.ch

591

Weinterrassen des Lavaux

Unesco-Welterbe

Vor gut 900 Jahren haben Mönche die Landschaft des Lavaux, das sich von Lausanne bis zum Schloss Chillon hinter Montreux zieht, geformt und die Weinterrassen hier in mühevoller Arbeit angelegt. Spätestens seit der Ernennung zum Unesco-Welterbe in der Kategorie »Kulturlandschaften« ist das Ziel der Einheimischen, dieses Erbe zu erhalten und unter dem Schutz der Natur weiterzuentwickeln. In bis zur 17. Generation bestellen die ca. 250 Winzer ihre Rebfläche, alle anderen können in der herrlichen Umgebung wandern, radfahren und natürlich die Arbeit der Weinbauern kosten.

Bei Rivaz; Tourist Info: Tel. 0 21/9 62 84 64; www.lavaux.ch

590

Auberge de l'Onde

Genuss im Winzerhaus

Küchenchef Christophe Mazzieri zaubert kreative Gerichte, zu denen Jérôme Aké Béda, einer der besten und charmantesten Sommeliers der Schweiz, stets den passenden Wein empfiehlt. Die Räumlichkeiten des schönen Winzerhauses machen den Restaurantbesuch perfekt.

Ortsmitte, Chemin Neuf 2, St-Saphorin; Tel. 0 21/9 25 49 00; www.aubergedelonde.ch

Animai Festival

Für junge Kreative

592 »Animai« ist ein Wortspiel aus »Animation de mai«, zu deutsch »was losmachen im Mai«. Es ist wirklich was los, wenn an fünf Nachmittagen in Vevey mehrere 1000 Kinder und Jugendliche trommeln und singen, rappen und breakdancen, filmen und fotografieren oder sich verkleiden und Theater spielen. Das junge Publikum ist eingeladen, an diversen kreativen, spielerischen oder sportlichen Workshops teilzunehmen. Ein weiterer Schwerpunkt liegt auf Suchtprävention – Experten geben gerne Auskünfte und diskutieren mit den Festivalbesuchern. An den Abenden steht dann die große Bühne im »Théâtre de Verdure« mit Konzerten im Mittelpunkt und der Westschweizer Rock-, Pop-, Elektro-, Chansons-, Reggae- und Hip-Hop-Musiker-Nachwuchs wird gefördert.

Jardin du Rivage, Vevey;
Tel. 0 21/9 25 53 60;
www.animai.ch;
Mai

593

Die stählerne Gabel

Wahrzeichen mit Geschmack

Guter Geschmack ist in Vevey sichtbar: Das Wahrzeichen wurde zum zehnten Geburtstag des »Alimentariums« (Museum für Ernährung) im Jahr 1995 vom Schweizer Künstler Jean-Pierre geschaffen und ragt vor der Uferpromenade 8 m hoch aus dem Wasser.

Quai Perdonnet, Vevey; www.alimentarium.ch

594 Schifffahrt auf dem Genfersee

Romantisch zu Wasser

»Der See ein einziges Funkeln und Flirren« schrieb einst der Schriftsteller Vladimir Nabokov über den Genfersee. Am schönsten lässt sich diese Stimmung auf den Sonnenterrassen der über 100 Jahre alten Dampfschiffflotte »Belle Epoque« erleben.

mehrere Abfahrtsorte; Tel. 0 84/8 81 18 48; www.cgn.ch

595 Musée Jenisch

Grafische Kunst

Der Kunst auf dem Trägermaterial Papier hat sich das Musée Jenisch verschrieben: Zeichnungen von der Renaissance bis zur Gegenwart aus der grafischen Sammlung des Kantons Waadt sowie einer bedeutenden Sammlung an grafischen Werken des Expressionisten Oskar Kokoschka umfassen die 30000 Werke, die hier zu bestaunen sind.

Avenue de la Gare 2, Vevey; Tel. 0 21/9 25 35 20; www.museejenisch.ch

596 Villa »Le Lac«

Meisterwerk von Le Corbusier

Im Westen von Vevey steht zwischen See und Straße die Villa »Le Lac«, die der berühmte funktionalistische Architekt Le Corbusier 1923–24 für seine Eltern baute. Erhalten sind auch große Teile der von Le Corbusier entworfenen Innenausstattung. Zugänglich ist das Haus im Rahmen von Veranstaltungen und Ausstellungen sowie für Gruppen nach Vereinbarung.

Route de Lavaux 21, Corseaux; Tel. 0 79/8 29 63 08; www.villalelac.ch

597 Confiserie Poyet

Schokoladenparadies

Blaise Poyets Köstlichkeiten aus Schokolade sollte man sich keinesfalls entgehen lassen. Sogar Calvins Reformationsideen hat der Schokoladenmeister in Form einer Praline ausgedrückt – selbstverständlich als eine sehr herbe Sorte. Die Chocolaterie führt auch Degustationen durch, bei denen man in die Welt der Schokolade von der Herstellung bis zur Schokoladenprobe eintauchen kann. Höhepunkt am Ende der zwei Std. ist die Kreation einer eigenen Schokoladensorte. Als genüssliche Ergänzung wird eine Weinprobe angeboten.

Rue du Théâtre 8, Vevey; Tel. 0 21/9 21 37 37; www.confiseriepoyet.ch

600 Schweizer Spielmuseum

In Spielen um die Welt

Gespielt wird seit jeher auf der ganzen Welt. Vom einfachen Würfelspiel (mit Steinen, Bällen, Murmeln etc.) zum anspruchsvollen Schachspiel führt das »Musée Suisse du Jeu« auf eine interaktive Reise in die Welt alter und neuer Spiele. Nicht nur die Klassiker, sondern auch Überraschendes gibt es hier zu entdecken: Pachisi aus Indien, Awele aus Afrika, Nyout aus Korea und besonders amüsant ist die Sammlung thematischer Schachsets aus dem 19. Jh., wo sich z. B. Kreuzritter und Muslime gegenüberstehen.

Rue du Château 11, La Tour-de-Peilz; Tel. 0 21/9 77 23 00; www.museedujeu.ch

598 Mit dem Sternenzug bergauf

... Und mit dem Rad bergab

Spaß und Ausblick garantiert: Die ca. 1000 Höhenmeter hinauf ins Sportgebiet Les Pléiades fährt der Sternenzug (»Train des Etoiles«), und von dort geht es zwei bis drei Std. auf einer Radstrecke nur noch bergab – über die Feriendörfer Les Paccots und La Frasse führt der Weg bis nach Châtel-St-Denis und weiter auf der Fahrradroute Nr. 9 nach Vevey.

Vevey–Les Pléiades und retour; www.lake-geneva-region.ch

599 Schweizer Kameramuseum

Die Entwicklung der Fotografie erleben

Von der Camera obscura über die Laterna magica bis zur Digitalkamera: Das Museum zeigt unterschiedlichste Apparate und Abzüge. Zudem werden die Biografien einiger für die Fotografie bedeutender Erfinder dargestellt. Fotogenische Zeichnungen selbst kreieren und entwickeln heißt es am Wochenende im Fotolabor.

Grande Place 99, Vevey; Tel. 0 21/9 25 34 80; www.cameramuseum.ch

601 Léman Tradition

Treffen historischer Schiffe

Am Ufer des Genfersees setzen jeden Sommer altehrwürdige Schiffe ihre (dreieckigen) Lateinersegel und nehmen Interessierte mit auf Kreuzfahrten und Regatten. Die restaurierten Schiffe stammen teilweise aus dem 19. Jh. oder wurden nach alten Plänen gebaut.

Montreux; Tel. 0 76/3 30 25 16; www.leman-tradition.ch; 3 Tage um den 1. Aug.

Freddie-Mercury-Statue

Queen in Bronze

602

Freddie Mercury, der Sänger der Rockgruppe Queen, war so fasziniert von Montreux' Beschaulichkeit, dass er sich an diesem Ort niederließ. Er erwarb hier ein Aufnahmestudio und produzierte darin sein letztes Album mit der Band: »Made in Heaven« – ein Titel, der gut von der Aussicht von der Uferpromenade inspiriert sein könnte. Selbiges dachten sich wohl die Fans, die hier eine Statue des Musikers errichteten, ihr Idol seither ununterbrochen auf den Genfersee blicken lassen – und Freddie Mercury ein Geschenk des Himmels machten.

Place du Marché, Montreux; www.montreuxmusic.com

Montreux Jazz Festival

Stelldichein der Stars

603

Was haben Queen, Aretha Franklin, David Bowie, Deep Purple, Adele und die Black Eyed Peas gemeinsam? Sie alle waren schon da – auf dem Montreux Jazz Festival. Claude Nobs ist der Vater des Festivals, das sich seit seiner Gründung im Jahr 1967 schnell zu einem der renommiertesten Musikfeste für Jazz, Rock und Blues entwickelte. Nobs, das menschliche Musiklexikon reist schier unermüdlich durch die Weltgeschichte, immer auf der Suche nach Neuentdeckungen der Szene und dabei, Freundschaften zu den Größen des Business zu knüpfen und zu pflegen. Und so kommt es, dass sich hier in Montreux seit jeher die Stars ein Stelldichein auf eigentlich zu kleinen Bühnen geben. Andererseits – wer will nicht Teil einer Legende sein?

Montreux; Tel. 0 21/9 66 45 50; www.montreuxjazzfestival.com; Juli

605

Montreux Noël

Weihnachtsstimmung in Montreux

Direkt am Seeufer werden jedes Jahr zahlreiche chaletartige Stände für den Weihnachtsmarkt von Montreaux aufgebaut. In diesem romantischen Ambiente gibt es Kunsthandwerk, Schmuck, Schnitzereien und Weihnachtsdeko aus der Region zu kaufen. Kinder basteln in der Markthalle ihre eigenen Kerzen oder backen Plätzchen. Wer dann noch nicht genug in Weihnachtsstimmung gekommen ist, zieht weiter zum nahe gelegenen Mittelaltermarkt am Schloss Chillon, zum Weihnachtsdorf in Caux oder zum Haus des Weihnachtsmanns mit Rentier-Park und Elfen-Dorf auf dem Berg Rochers-de-Naye.

Montreux; www.montreuxnoel.com; Nov./Dez.

604

Rochers-de-Naye

Gipfel der Panoramen

Auf dem Felsmassiv Rochers-de-Naye liegt einem die Welt unter 2042 Höhenmetern zu Füßen, allen voran der Genfersee, den man von hier komplett überblickt. Die Zeit verfliegt nur so – gut, dass es beim Gipfelrestaurant mongolische Jurten gibt, in denen man übernachten kann.

bei Montreux; Tel. 0 21/9 89 81 90; www.goldenpass.ch

607 Montreux

Prachtvolle Stadt am Genfersee

Die »Hauptstadt der Waadtländer Riviera« liegt auf einer Halbinsel mit anschließender Bucht und erstreckt sich vom Ufer des Genfersees über mehr als 100 Höhenmeter hinauf zu den Weinbergen. Am schönsten ist sie entlang der Uferpromenade mit ihren exotischen Blumen, Bäumen und Pflanzenskulpturen, die sich bis nach Vevey erstreckt. An den Ortsrändern der 25500-Einwohner-Stadt stehen alte (Hotel-)Paläste der Belle Époque, allen voran das berühmte Montreux Palace.

Tourist Info: Place de l'Eurovision, Montreux; Tel. 08 48/86 84 84; www.montreuxriviera.com

606 Schloss Chillon

Felsinsel im Genfersee

»Chillon! Dein Gefängnis ist ein heiliger Ort« schrieb der Dichter Byron, der dem hier eingekerkerten François Bonivard ein literarisches Denkmal setzte. Wer die Felsinsel im Genfersee, auf der das Schloss Chillon seit dem 12. Jh. steht, heute besucht, muss nicht leiden, sondern kann glücklicherweise in paradiesischem, wenn auch viel besuchtem Flair schwelgen.

Avenue de Chillon 21, Veytaux; www.chillon.ch

608 Les Grangettes

Naturparadies

Am Fuße der Berge Monts-d'Arvel Grammont liegt ein einzigartiges Paradies für Fischreiher, Eisvögel, Biber, Zugvögel und andere Tierarten: das wildromantische Naturschutzgebiet »Les Grangettes«, der letzte geschützte Uferstreifen am Genfersee. Auf besondere und v. a. umweltfreundliche Weise lässt sich das Reservat bei einer zweistündigen Fahrt mit einem solarbetriebenen Elektroboot erkunden, auf Wunsch sogar in Begleitung eines Naturfotografen.

Naturschutzgebiet: www.pronatura-grangettes.ch; Bootstour: Port de Villeneuve; Tel. 0 79/2 50 11 04; www.tem-navigation.com

609

Ballonfestival

»Semaine de Ballons«

Jedes Jahr in der letzten Januarwoche ist Château d'Oex Austragungsort der wichtigsten alpinen Ballon-Veranstaltung: Die »Semaine de Ballons« vereint etwa 80 Ballonfahrer aus aller Welt – in einer Art Familientreffen, da nur die erfahrensten Piloten eingeladen werden. Ein faszinierendes Spektakel von Formen und Farben ist zu beobachten, wenn die Heißluftballons bei besten Windbedingungen und inmitten der Schönheit der Berge zum Himmel aufsteigen. Schwindelfreie Festivalbesucher mit dem nötigen Kleingeld können als Passagiere mitfahren.

Château-d'Oex;
www.festivaldeballons.ch;
letzte Woche im Jan.

610 Pays d'Enhaut

Typische Architektur im Osten des Waadt

Im Hochtal »Pays d'Enhaut« gibt es viele schöne historische Gebäude in den Dörfern zu bewundern – ein herausragendes Beispiel steht in Rossinière: Das reich verzierte »Grosse Chalet« mit seinen 113 Fenstern aus dem 18. Jh. ist jedoch in Privatbesitz.

Le Borjoz, Rossinière;
www.rossiniere.ch

611 La Pierreuse

Wanderung durchs Naturschutzgebiet

3,5 Std. dauert diese Wanderung durch das 34 qkm große Naturschutzgebiet, in dem es vor Wildtieren wimmelt. Zuerst gondelt man von Rougemont auf den Aussichtsberg La Videmanette, dann beginnt die Wanderung über den Col de Videman zur steinigen Alp La Pierreuse. Der letzte Abschnitt führt durch das Voralpental bergab nach Les Granges und Château-d'Oex.

Rougemont–Château-d'Oex;
www.lake-geneva-region.ch

612 La Maison de L'Etivaz

Zentrum des L'Etivaz-Käses

Alles Gute kommt von oben: In rund 70 Alpbetrieben rund um L'Etivaz wird der gleichnamige Hartkäse während des Sommers produziert. Erhältlich ist diese herkunftsgeschützte Spezialität in mehreren Varianten, u. a. im »Maison de L'Etivaz«. Wer Entscheidungsschwierigkeiten hat, dem sei eine Käseprobe empfohlen – und ein Besuch des Reifungskellers sowieso.

Route des Mosses 72, L'Etivaz;
Tel. 0 26/9 24 70 60;
www.etivaz-aoc.ch;

613 Festival du Film

Berge auf Leinwand

Wer die Berge liebt, hat im August doppelten Grund, nach oben in die Waadtländer Alpen zu fahren – denn dann findet das alljährliche »Festival du Film des Diablerets« statt. An neun Tagen werden Filme rund um das Thema Berge gezeigt. Egal ob Klettern, Snowboarden, Freeride oder Gleitschirmfliegen – der Berg ruft, und das als Kulisse im und außerhalb des Vorführungssaals! Ein weiterer Schwerpunkt des Festivals liegt auf dem Schutz der Natur in den Bergen.

Maison des Congrès, Les Diablerets; Tel. 0 24/4 92 20 40;
www.fifad.ch;
Mitte Aug.

614

Tour de la Palette

Wanderung über Berg und See

Eine Tour wie aus dem Bilderbuch: Mit einer nostalgischen Gondelbahn fährt man von Les Diablerets hoch zur Bergstation Isenau. Von dort kann man in rund 2,5 Std. über den Col des Andérets und den Col de Voré den Berg La Palette umrunden. Das Highlight der Wanderung bildet der Lac Retaud: Hier spiegeln sich die Gipfel des Diablerets-Massivs im Wasser des Sees. Weiter geht es in Richtung La Marnèche und anschließend zwischen Alpenrosen, Kühen und Schafen wieder zurück zur Isenau. Am Ende des Tages kann man von den zahlreichen überwundenen Pässen erzählen und sich ob der überschaubaren Höhenmeter über entsprechend wenig Muskelkater freuen.

Route du Pillon, Les Diablerets; www.wanderland.ch

615

Restaurant Botta

Architektur und Aussicht

Mitten im schroffen Bergmassiv, an der Liftstation Glacier 3000, steht das vom Stararchitekten Mario Botta entworfene Bergrestaurant. Bleibt nur noch die Wahl, aus welchem der drei Stockwerke man das Bergpanorama genießen möchte.

Col du Pillon, Les Diablerets;
Tel. 0 24/4 92 09 31;
www.glacier3000.ch

616

Drehrestaurant Le Kuklos

Das Auge isst mit

In 90 Min. führt das Restaurant »Kuklos« (griech. für »Drehung«) eine Drehung um sich selbst durch und gibt beeindruckende Ausblicke auf das Matterhorn, den Grand Combin, die Eigernordwand, den Mont Blanc u. a. Gipfel frei.

La Berneuse, Leysin;
Tel. 0 24/4 94 31 41;
www.leysin.ch

617 Images et Atmosphères

Was kostet die Welt?

Auf 6000 qkm sind im »Images et Atmospheres« nicht nur Bilder und Stimmungen zu finden, sondern die ganze Welt – insbesondere Asien – wird tatsächlich greifbar: japanische Möbel, chinesische Tees, indische Sandalen etc.

Chemin de Champex 1, Aigle;
Tel. 0 24/4 66 79 06;
www.images-atmospheres.ch

618 Château d'Aigle

Wechselvolle Prämissen

Umgeben von den Weinhängen des Chablais thront das Château d'Aigle. Bis 1972 »residierten« hier keineswegs Herrscher und Adelige – sondern Verurteilte. Heute befindet sich hier statt einem Gefängnis das Reb- und Weinmuseum, dessen Sammlung Bilder, Gläser, Weinanbaugeräte und Etiketten von Weinflaschen umfasst.

Place du Château 1, Aigle;
Tel. 0 24/4 66 21 30;
www.chateauaigle.ch

619 Radfahren wie ein Profi

Centre Mondial du Cyclisme

Wie fühlt es sich an, wie ein Profi-Radsportler seine Runden auf einer Velodrome-Fahrbahn zu drehen? Die Antwort erhält man im Weltradsportzentrum »Centre Mondial du Cyclisme«, in dem man (nach Anmeldung) an einem zweistündigen Einführungskurs teilnehmen kann. Ähnliche Kurse für Gruppen gibt es außerdem auf der BMX-Strecke.

Chemin de la Mêlée 12, Aigle;
Tel. 0 24/4 68 58 11;
www.cmc-aigle.ch

620 Bergwerk

Salzgewinnung in Bex

Seit dem Ende des 15. Jh. wird in Bex schon das »weiße Gold« gewonnen. Die Stollen und Schächte des Bergwerks und das über die Jahrhunderte entstandene, weit verzweigte Tunnelsystem können besichtigt werden. Dabei »irrt« man nicht nur umher, sondern bekommt interessante Einblicke in die Entwicklung der Salzgewinnung in Bex. Ebenso wandelt man auf den Spuren von Alexandre Dumas, der die Salzminen schon im Jahre 1832 besuchte. In größeren Gruppen können sogar längere Trekkingtouren gebucht werden.

Route des Mines de Sel, Bex;
Tel. 0 24/4 63 03 30;
www.mines.ch

Wallis

Der Berg ruft – und alle Welt kommt nach Zermatt, um ihn anzusehen. Was sich lohnt, weil das Matterhorn im Original wirklich viel größer ist als auf dem größten Foto. Mit dem Glacier-Express geht es dann durchs Rhonetal, vorbei an weiteren Viertausendern, vorbei auch am längsten Alpengletscher, dem Aletschgletscher. Zum Glück gibt es neben den Riesen aus Fels und Eis aber auch Weinberge und andere mehr oder weniger geneigte grüne Hänge, von denen sich wahre Lawinen guten Geschmacks in schöne Bergdörfer und alte Städte wie Brig, Sion und Martigny ergießen.

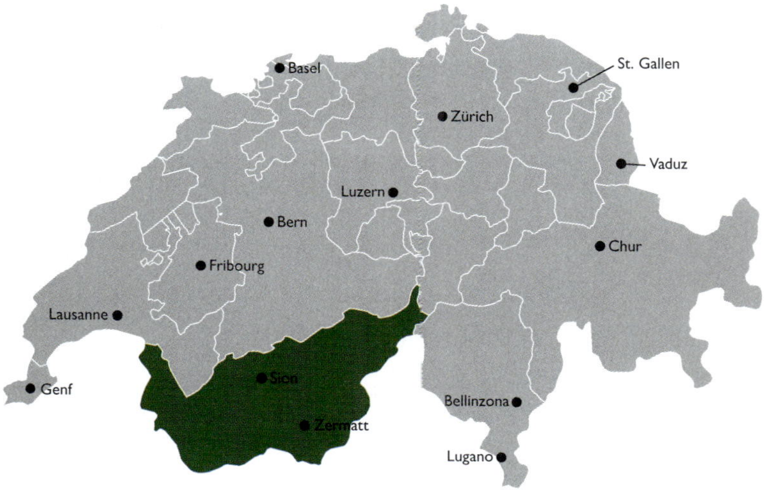

Herausragend:
Die höchsten Gipfel der Schweiz und die größten Gletscher der Alpen sind im Wallis zu finden – wie hier im Gebiet der Alpage de Nava.

Rhonegletscher

Eisiges Erlebnis

Der »gewaltige, zu Eis gewordene Wasserfall«, wie man den Rhonegletscher im 19. Jh. nannte, schrumpft. Doch auf 2300 m Höhe ist seine Faszination noch zu spüren. Vom Hotel Belvédère an der Furka-Passstraße aus kann man an die Gletscher-Eiszunge heran- und sogar hineinlaufen. Denn seit mehr als einem Jahrhundert wird hier alljährlich eine etwa 100 m lange Grotte ins Eis geschlagen. Während er an der Oberfläche eher weißgrau oder sogar schmutzig wirkt, erscheint der Gletscher in seinem Inneren als schimmernder Eispalast in verschiedensten magischen Blautönen.

Gletsch; www.gletscher.ch; Eisgrotte von Juni–Okt.

Mit dem Flyer durchs Wallis

Schweizer E-Bike

623

Ein »Flyer« ist die Schweizer Version eines E-Bikes, also ein Fahrrad mit kleinem, akkubetriebenem Elektromotor. Das obere Wallis ist für diese Art der Fortbewegung prädestiniert: Es gibt zahlreiche Stationen, an denen Flyer gemietet oder Akkus ausgetauscht werden können – und natürlich traumhafte Radrouten mit attraktiven Zwischenstopps, z. B. von Bitzingen über Ernen, eines der schönsten Dörfer im Wallis, nach Binn. Wer ambitionierter ist, kann von Oberwald aus sogar den Furkapass in Angriff nehmen (1061 m Höhe).

Obergoms; Tourist Info: Tel.0 27/ 9 74 68 68; www.obergoms.ch

622

Fahrt mit Originaldampfloks

Über die Furka-Bergstrecke

Die Eröffnung des Furka-Basistunnels beendete 1982 den Bahnbetrieb auf der hochalpinen Zahnrad-Bergstrecke. Doch dann wurden Eisenbahn-Enthusiasten aktiv: Mit immensem Aufwand gelang es, die heute über 100-jährigen Originaldampfloks zu restaurieren, die Strecke wieder instand zu setzen und eine Konzession für den regelmäßigen Betrieb zu erhalten. Inzwischen fahren die historischen Loks im Sommer wieder von Oberwald den Berg hinauf und auf der anderen Seite des Furkapasses hinunter bis Realp.

Oberwald–Realp; www.dfb.ch; Juni–Sep.

624

Goms

Langlauf-Eldorado

Das schneesichere Hochtal Goms ist ein Langläufer-Paradies: Fast 100 km Loipen sind von Nov. bis März sowohl für die klassische und für die Skating-Technik gespurt und verbinden alle zwölf Gommer Dörfer miteinander. Da fast in jedem Ort die Züge der Matterhorn Gotthard Bahn halten, können erschöpfte Langläufer gemütlich mit dem Zug an den Ausgangspunkt zurückkehren.

Obergoms; www.obergoms.ch

625 Rafting auf der Rhone

Sicheres Abenteuer

Rafting muss nicht riskant sein. Auf der jungen Rhone erlebt man mit dem Siegel der Schweizer Stiftung »Safety in Adventures« gefahrlose Schlauchboot-Abenteuer. In Oberwald werden Touren mit großen Raftingbooten (für sechs Personen) oder kleineren »Fun Yaks« angeboten. Der Veranstalter sorgt für Betreuung, Neoprenbekleidung und Sicherheitsausstattung.

Oberwald; Tel. 0 27/9 73 25 75; www.garbely-adventure.ch

626 Internationaler Gommerlauf

Beliebter Langlaufwettbewerb

Was vor mehr als vier Jahrzehnten als lokales Langlauftreffen begann, ist heute einer der größten, bekanntesten und beliebtesten Langlaufwettbewerbe der Schweiz. Am Internationalen Gommerlauf Ende Februar nehmen jedes Jahr fast 2000 Sportler aus aller Welt teil. Seit 2014 erstreckt sich der Hauptlauf auf die Marathondistanz von 42 km; auf kürzeren Strecken messen sich aber auch weniger ambitionierte Läufer und der Langlauf-Nachwuchs.

Oberwald; www.gommerlauf.ch; Feb.

627 Fafleralp

Ort der Erholung

Weit hinten im Lötschental, wo man es kaum mehr erwarten würde, steht etwas verborgen auf einer bewaldeten Anhöhe das schöne alte Hotel Fafleralp. In traumhafter Lage ist es in den Sommermonaten ein Platz, sich abseits von Hektik und Lärm rundum wohlzufühlen. Die Reize der hochalpinen Bergwelt und die gute Walliser Küche des Restaurants tragen ihren Teil dazu bei. Aber auch die Tatsache, dass bei allem Komfort Fernseher und Telefone in den Zimmern nicht zu finden sind.

Im Paradies, Fafleralp, Lötschental;
Tel. 0 27/9 39 14 51;
www.fafleralp.ch; Feb.–Okt.

628

Wellness vor schroffen Felsen

Leukerbader Thermen

3000 Liter warmes Wasser sprudeln pro Minute aus den Thermalquellen von Leukerbad. Die Quellen waren wohl schon den Römern bekannt, den Badebetrieb gibt es seit dem Mittelalter. Der Ort liegt in einem fast ringsum von hohen Felswänden umgebenen Talkessel. Wer sich in den wohlig warmen Außenbecken der Thermen erholt, blickt auf ein beeindruckendes Panorama aus Fels und Eis. Während die Leukerbad-Therme mit Rutsche und Kinderspielbecken besonders Familien anspricht, ist die Alpentherme ruhiger – und bietet die schönsten Bergperspektiven.

Leukerbad; www.leukerbad-therme.ch; www.alpentherme.ch

Längster Klettersteig der Schweiz

Am Daubenhorn

629

Der Daubenhorn-Klettersteig oberhalb von Leukerbad ist nicht nur der längste, sondern gleichzeitig der wahrscheinlich spektakulärste Klettersteig der Schweiz. Damit ist er allerdings auch höchst anspruchsvoll und nur schwindelfreien, geübten und entsprechend ausgerüsteten Berggängern zu empfehlen. Das Überwinden steiler Stellen erleichtern Leitern mit einer Gesamtlänge von über 16 m; mehr als 2 km Stahlkabel bieten Sicherungsmöglichkeit. Der Steig führt vom Gemmiweg mitten in die steile Felswand des Daubenhorns. 1000 Höhenmeter sind bis zum Gipfel (2941 m) zu überwinden. Dabei durchsteigt man sogar eine ca. 100 m lange natürliche Höhle. Falls die Kondition für die rund achtstündige Gipfeltour nicht ausreicht, gibt es nach dem ersten Drittel die Möglichkeit, wieder nach Leukerbad abzusteigen.

Leukerbad; www.viaferrata-leukerbad.ch; Juli–Okt.

630 Schäferfest

Folklore auf der Gemmialp

Jeden letzten Sonntag im Juli wird es am sonst beschaulichen Ufer des Daubensees turbulent. Beim »Schäferfest« wird für Hunderte Weideschafe »Gläck« ausgestreut (Kleie und Salz), worauf die Vierbeiner ganz wild sind. Für Bauern und Hirten von beiden Seiten des Gemmipasses ist dies ein ungezwungenes Freundschaftstreffen, Besucher genießen Folklore und Walliser Spezialitäten.

Leukerbad; www.gemmi.ch; Juli

631 Erlebnisklettersteig

Highlight auf der Gemmi

Von der Bergstation der Gemmibahn aus erreicht man einen neuen spektakulären Sportklettersteig mit Seilbrücken nach französischem Vorbild. Der »Erlebnisklettersteig« (Kletterschwierigkeit 4) führt etwa 800 m beinahe horizontal an der fast senkrechten Gemmiwand entlang – 150 m über Grund. Von der Gemmi-Aussichtsplattform sind die Kletterer gut zu beobachten.

Leukerbad; www.gemmi.ch

Godswärgjistubu

Walliser Gaststube

632

Im kleinen Bergdorf Albinen kann man hervorragend essen. Das »Wirtshaus Godswärgjistubu« bei der Kirche bietet ein täglich wechselndes saisonales Vier-Gänge-Menü an. Konsequent setzt das Wirtspaar auf eine frische einheimische Küche. Zumeist stammen die Zutaten aus eigenen Gärten oder von nahen Wiesen und Wäldern. So liebevoll wie die Speisen ist auch das Ambiente eingerichtet. Die sorgfältig restaurierte und stimmungsvolle Walliser Gaststube stammt aus dem Jahr 1636. Auch stilvoll übernachten kann man im Haus.

Albinen; Tel. 0 27/4 73 21 66; www.godswaergjistubu.ch

633 Ringackerkapelle
Barocke Pracht

Auf einer Geländeterrasse südlich von Leuk steht einer der prächtigsten Barockbauten des Wallis: Die üppig ausgestattete Ringackerkapelle wurde in den 1690er-Jahren von der Leuker Bürgerschaft gestiftet.

Ursprünglich gehörte sie zu einem ringförmig ummauerten Pestfriedhof – daher die Bezeichnung »Ringacker«. Der Jungfrau Maria geweiht, ist die Kapelle bis heute Ziel von Wallfahrten. Die eindrucksvolle Orgel auf der steinernen Empore aus dem Jahr 1722 wurde vor einigen Jahren aufwendig restauriert und erklingt nun wieder in vollem Ton.

bei Leuk;
www.burgerschaft-leuk.ch

634 Pfynwald und Bhutanbrücke
Sprachgrenze und Naturparadies

Das Schutzgebiet Pfynwald stellt im Wallis die Sprachgrenze dar. Westlich wird französisch gesprochen, östlich davon deutsch. Zahlreiche Legenden von Wegelagerern, Hexen und verwunschenen Plätzen ranken sich um den Wald, der durch seine Föhrenwälder und Auenlandschaften nicht zuletzt ein Naturparadies darstellt: 130 Vogelarten, Biber, Dachse, Frösche, Libellen, Nattern und andere mehr tummeln sich hier. Einen schönen Einblick vermittelt eine Rundwanderung vom Bahnhof Leuk-Susten, bei der man die 134 m lange »Bhutanbrücke« (über den imposanten Illgraben – und die Sprachgrenze) überquert. Dieser Hängesteg wurde von Schweizer und bhutanesischen Ingenieuren gemeinsam errichtet und soll von den besonderen Beziehungen der Bergregionen Bhutan und Wallis zeugen.

Leuk;
www.pfyn-finges.ch

636 Über den Lötschenpass
Fünf-Stunden-Wanderung

Bis ins Mittelalter hinein war der Lötschenpass einer der wichtigsten Verbindungswege zwischen dem Wallis und dem Berner Oberland. Heute ist es ein eindrucksvolles Wander-Erlebnis, die nördliche Alpenkette zu Fuß zu überqueren. Nimmt man anfangs die Seilbahn zur Lauchernalp zu Hilfe und am Ende im Gasterntal einen Wanderbus bis Kandersteg, lässt sich der Weg über den Pass in fünf Stunden bewältigen. Etwa zweieinhalb Stunden braucht man bis zur Lötschenpass-Hütte. Hier kann man rasten und Kraft sammeln für einen steilen Abstieg von etwa 1000 Höhenmetern. Trittsicher sollte man für diesen Weg sein.

Lötschental; Seilbahn: Wiler;
www.loetschenpass.ch

635

Schafabzug

Von der Gemmialp ins Tal

Alljährlich Anfang September steht 800 Walliser Schafen ein steiler Abstieg bevor. Beim traditionellen »Alpabzug« führen die Schäfer ihre Herden von den Sommerweiden auf der Gemmialp hinunter ins Tal. Auf dem historischen Gemmiweg werden die Schafe in engen und steilen Serpentinen zunächst bis zur Leukerbader Allmei, wo gerastet wird, und dann weiter nach Leuk geführt. 1700 Höhenmeter haben sie dann hinter sich. Außer für Schäfer und Schafe ist der Alpabtrieb jedes Jahr auch für zahlreiche Schaulustige ein ganz besonderes Erlebnis.

Leukerbad/Leuk; www.leukerbad.ch; Sep.

637

Aletsch-Panoramaweg

Den Gletscher im Blick

Von der Belalp führt eine eindrucksvolle Panoramawanderung zur eigentlich benachbarten Riederalp. Auf der Luftlinie sind die beiden Almen nicht weit voneinander entfernt. Doch es trennt sie die tiefe Massaschlucht. Um zur Nachbar-Alp auf die andere Seite zu gelangen sind daher zweimal mehr als 500 Höhenmeter zu überwinden. Vier bis fünf Stunden dauert die Schluchtdurchquerung. Erleichert wird sie zum einen durch die herrlichen Ausblicke – fast beständig ist der Große Aletschgletscher in seiner ganzen Pracht zu sehen. Zum anderen macht außerdem seit 2008 eine 124 m lange Hängebrücke die Überquerung der Schlucht leichter – schwindelerregende 50 m über dem Grund und mit einer herrlichen Aussicht, sowohl auf den Gletscher als auch ins Tal.

Belalp/Riederalp; www.wanderweg-riederalp-belalp.ch; im Sommer

Langgletscher und Anenhütte

638

Wanderung im Lötschental

Die Bilderbuch-Landschaften des Lötschentals lassen sich am besten auf einer Rundwanderung erleben. Sie beginnt an der Fafleralp und führt zunächst zum glasklaren Grundsee, dann über das Hochplateau bis hinauf zum mächtigen Langgletscher. Aus ihm fließt durch große Gletschertore ständig Schmelzwasser und bildet die Lonza. Ziel ist die Anenhütte, die nach Lawinenzerstörung (durchaus gelungen) modern wiedererrichtet wurde. Hier kann man sowohl köstliche Speisen als auch imposante Ausblicke auf Gletscher und Tal genießen. Der Rückweg führt auf die andere Seite der Lonza und über die Guggialp zurück zum Ausgangspunkt.

www.loetschental.ch; www.anenhuette.ch

Canyoning

Schluchten-Erkundung

639

Einer Schlucht »auf den Grund gehen«, von oben nach unten, das ist Canyoning. Dem Lauf eines Wildflusses zu folgen, ist kein Spaziergang, aber ein sportliches Naturerlebnis ohnegleichen: rutschend, springend, schwimmend oder am Seil. Unter professioneller Anleitung und bestens ausgerüstet kann man den ganzen Sommer die Massaschlucht erkunden.

Blatten; Tel. 0 27/9 21 60 45; www.belalpalpincenter.ch; Mai–Okt.

640 Schweizergarde

Dem Mythos auf der Spur

Seit über 500 Jahren stellen Schweizer die Schutztruppe des Papstes. Viele davon kamen aus Naters. Deshalb beleuchtet hier, in den Gewölben einer ehem. Felsenfestung oberhalb des Ortes, das Gardemuseum den Mythos und die Hintergründe der Schweizergarde des Vatikan.

Naters; Tel. 0 27/9 21 60 30; www.zentrumgarde.ch; Juni–Okt. Sa oder auf Anfrage

641 Villa Cassel

Das Unesco-Weltnaturerbe erfahren

1902 errichtete Sir Ernest Cassel, Finanzberater des englischen Königs, auf dem Bergkamm über der Riederalp eine mondäne Fachwerkvilla. Heute vermittelt hier Pro Natura die Faszination der einzigartigen Flora und Fauna im Unesco-Weltnaturerbe rund um den Aletschgletscher.

Riederalp; www.pronatura-aletsch.ch; Juni–Okt.

642 Gläcktricka

Natürliche Alpenküche

»Gläcktricka« ist im Wallis nicht nur ein Holzgefäß für die Fütterung des Viehs mit essenzieller Nahrungsergänzung (das »Gläck«), sondern auch der Name eines reizenden Restaurants auf der Bettmeralp. Aus regionalen, möglichst biologischen Zutaten zaubert Lisa Engler frische und deftige Walliser Küche. Alpenkräuter spielen dabei eine entscheidende Rolle.

Haus Topas, Bettmeralp; Tel. 0 27/9 27 15 13; www.restaurantglaecktricka.ch

643 Seilpark Baschweri

Tarzan-Feeling

Mit Blick auf die Walliser Alpen durch die Baumkronen eines romantischen Lärchenwalds schweben – das kann man auf der autofreien Bettmeralp. Der Seilpark Baschweri in fast 2000 m Höhe ist der höchste Seilpark der Schweiz und bietet sechs Parcours unterschiedlicher Schwierigkeitsgrade: vom Kinderparcours bis zur 200 m langen »Tyrolienne«-Fahrt am Drahtseil für Adrenalinsüchtige. Neue Perspektiven auf die Walliser Bergwelt sind hier garantiert.

Bettmeralp; Tel. 0 27 /9 28 41 89; www.aletscharena.ch; im Sommer tgl., sonst eingeschränkte Öffnung

644 Gletschertour

Auf dem Aletsch

Einen Gletscher zu erleben, das ist mehr als bewundernde Blicke aus der Ferne. Mit dem Aletschgletscher – 23 km lang, bis zu 900 m dick und geschätzte 27 Mrd. t schwer – kann man im Sommer von der Bettmeralp aus hautnah Kontakt aufnehmen. Auch ohne spezielle Ausbildung gelangen Besucher in geführten Gletscher-Rundtouren sicher zum und über das Eis. Der Aletschgletscher und seine Umgebung sind zentraler Bestandteil des Unesco-Weltnaturerbes »Schweizer Alpen Jungfrau-Aletsch«.

Bettmeralp; Tel. 0 27/9 28 60 60; www.jungfraualetsch.ch; Juni–Okt.

645 Tandemflug

Die Alpen aus Vogelperspektive

Wie ein Adler über den Alpenhimmel zu kreisen – das ist möglich: Auf der Fiescheralp bieten mehrere Gleitschirmschulen Tandemflüge an. Auch ohne Vorkenntnisse erlebt man hier mit einem erfahrenen Gleitschirmflieger das Alpenpanorama aus der Vogelperspektive. Entweder im kurzen Gleitflug oder hoch hinaus mit der Thermik.

Fiesch; www.flyingcenter.ch; www.flug-taxi.ch

646

Zum Strahler werden

Mineraliensuche im Binntal

Das Binntal ist ein Eldorado für »Strahler«, wie Mineraliensucher hier genannt werden. Reichtum und Faszination seltener Gesteine können Besucher auf geführten Mineralienexkursionen kennenlernen oder sich auf der Halde vor der Grube Lengenbach selbst als Strahler versuchen.

Binn; www.grube-lengenbach.ch

647

Landschaftspark Binntal

Intakte Natur

Idyllische Dörfer und Weiler, ursprüngliche, unverdorbene Natur – das Binntal ist nicht nur für seinen Reichtum an außergewöhnlichen Mineralien bekannt. Die intakte, liebevoll gepflegte Kulturlandschaft lädt zum Wandern und Entdecken eines harmonischen Miteinanders von Mensch und Natur ein. Über 180 gefährdete Tier- und Pflanzenarten leben und wachsen in dem Hochtal, darunter viele seltene Blumen.

www.landschaftspark-binntal.ch

Unberührtes Tal

Derborence

648

Felsstürze riegelten den Talkessel von Derborence im 18. Jh. von der Außenwelt weitgehend ab. Als dann in den 1960er-Jahren eine Straße das Tal erreichte, stand es schon unter Naturschutz. So hat sich an den kargen Berghängen und im dichten Pionierwald um den See eine vielfältige Flora und Fauna erhalten: Hier leben Steinböcke und Luchse, gedeihen Feuerlilien und Orchideen, kreisen Königsadler und Bartgeier in der Luft. Wanderer und Erholungssuchende erleben Natur in einer Ursprünglichkeit, wie sie in den Alpen selten ist.

www.derborence.ch;
www.contheyregion.ch

Alpmuseum Colombire

Das Leben auf der Alp

649

Die ganze Welt der traditionellen Alpwirtschaft ist im kleinen Weiler Colombire erlebbar. Das Besucherzentrum »Relais« mit Restaurant und schöner Terrasse erschließt Alp- und Ökomuseum, die in mehreren Gebäuden Alpbetrieb und Wanderviehwirtschaft lebendig werden lassen. Dazu gehören authentische »Maiensässe«, jene einfachen Bauernhütten für die sommerliche Weidewirtschaft auf der Hochalm. Sie wurden in der Umgebung sorgfältig ab-, und hier in traditioneller Bauweise wieder aufgebaut.

Crans-Montana; Tel. 0 79/8 80 87 88; www.colombire.ch

650

Golf mit Alpenblick

Die Greens von Crans-Montana

Auf dem sonnigen Hochplateau wurde bereits 1906 der erste Golfplatz angelegt – damals der höchstgelegene der Welt, auf rund 1500 m Höhe mit Sicht auf die südliche Alpenkette. Große Tradition haben auch die Swiss Open, die seit über 70 Jahren hier stattfinden. Außer den von Severiano Ballesteros und Jack Nicklaus entworfenen exklusiven Greens im Ortskern gibt es in und um Crans-Montana noch etliche weitere Golfplätze, sogar für Anfänger ohne Handicap.

Crans-Montana; www.crans-montana.ch

651

Happyland

Größter Vergnügungspark der Schweiz

Der größte Schweizer Vergnügungspark ist ganz auf Kinder zugeschnitten. Die meisten Attraktionen stehen, zumindest in Begleitung, schon Dreijährigen offen. Dabei reichen die Vergnügungen von Riesenschaukeln und -rutschen über klassische Achterbahnen bis zu »Splash River« oder »Nautic Jets«, wo Gefährte nach rasantem Auf und Ab ins Wasser rauschen.

Rue du Foulon 7, Granges; Tel. 0 27/4 58 34 25; www.happyland.ch; März–Okt.

652 Stadt der Sonne

Stadtrundgang in Sierre

Sechs Hügel und gleich mehrere Schlösser prägen die charmante Altstadt von Sierre. (Die deutschsprachige Minderheit nennt ihre Stadt Siders.) Am besten lässt sie sich zu Fuß erkunden; die Touristeninformation am Bahnhof hält dazu eine kostenlose Broschüre bereit. Und auch gutes Wetter ist fast garantiert: Sierre führt die Sonne nicht nur im Wappen, sondern rühmt sich als »Cité du soleil« außergwöhnlichen Sonnenreichtums.

Sierre; www.sierre.ch

653 Chateau de Villa

Raclette- und Wein-Genuss

Was wäre das Wallis ohne Raclette und Wein? Und wo könnte man Vielfalt und Raffinesse dieser beiden Walliser Grundnahrungsmittel besser erkosten als im Chateau de Villa? Der Keller hält 650 verschiedene lokale Weine bereit, beim Degustations-Raclette werden nacheinander fünf unterschiedliche Käse aus fünf Walliser Tälern serviert.

Rue de Sainte-Catherine 4, Sierre;
Tel. 0 27/4 55 18 96;
www.chateaudevilla.ch

654 Fondation Rainer Maria Rilke

Walliser Dichterleben

Das Wallis war die letzte Heimat Rainer Maria Rilkes. Von 1921 an wohnte er oberhalb von Sierre. Hier vollendete er nach langer Schreibblockade die »Duineser Elegien« und fand 1927 seine letzte Ruhestätte. Die Walliser Jahre des Dichters dokumentiert die »Fondation Rilke«. Eine Dauerausstellung in der barocken Maison de Courten zeigt Briefe, Fotos, Zeichnungen und Manuskripte aus Rilkes letzten Jahren. Auch Lesungen, Vorträge und Sonderausstellungen gibt es hier.

Rue du Bourg 30, Sierre;
Tel. 0 27/4 56 26 46;
www.fondationrilke.ch;
April–Okt. Di–So

Didier de Courten

Gourmettempel

655

Dass Didier de Courten einer der besten und kreativsten Köche der Schweiz ist, dokumentieren zwei Michelin-Sterne. Was er serviert, greift Traditionen auf und geht weit darüber hinaus, ohne sie zu missachten. Gleiches gilt für den äußeren Rahmen: Beim altehrwürdigen Hotel Terminus, das de Courten 2005 in seiner Heimatstadt übernahm, erstrahlt die historische Fassade in altem Glanz, das Innere in neuem Chic. Im Haus auch die preisgünstigere Brasserie »L'Atelier Gourmand«.

Rue du Bourg 1, Sierre;
Tel. 0 27/4 55 13 51;
www.hotel-terminus.ch;
Di–Sa

656

Weinlehrpfad

Von der Zucht bis zum Keltern

Schon seit rund 2500 Jahren wird im Wallis Wein angebaut. Ein außergewöhnliches Museum hat sich dieser spannenden Tradition alpinen Weinbaus verschrieben: Das Walliser Reb- und Weinmuseum besteht aus drei Elementen, nämlich zwei Teilmuseen sowie einem Lehrpfad mitten durch die Weinberge, der beide verbindet. Der Standort in Salgesch, untergebracht im alten Zumofenhaus, legt den Schwerpunkt auf die Reben – von der Zucht über den Anbau bis zur Verarbeitung, also dem Keltern, im Wandel der Zeit. Der andere Museumsstandort im Meyerhaus in Sierre hingegen beschäftigt sich mit (sozusagen dem Ergebnis) Wein und den vielfältigen Rollen, die er kulturell, wirtschaftlich und sozial spielt. Beide Museumsteile sind durch einen reizvollen 6 km langen Rebweg miteinander verbunden, wo zahllose Informationstafeln das von den Jahreszeiten geprägte Leben im Weinberg erläutern. Etwa 2,5 Stunden dauert die Wanderung, der Lehrpfad kann in beiden Richtungen begangen werden.

Rue de Saint-Catherine 6, Sierre;
Museumsplatz, Salgesch;
Tel. 0 27/4 56 35 25;
www.walliserweinmuseum.ch;
März–Nov. Mi–So

657 Week-end au bord de l'eau

Facettenreiches Festival am See

Wenn alljährlich zu Beginn der Schweizer Sommerferien das Festival »Week-end au bord de l'eau« beginnt, wird der von Weinbergen gesäumte Lac de Géronde am Stadtrand von Sierre ein Wochenende lang zum multikulturellen Hotspot. Dromedare stehen am Seeufer, Schwaden indischer Gewürze ziehen in die Nase, grellbunte Skulpturen schwimmen auf dem Wasser und elektronische Beats schallen über den See. Im Zentrum des Festivals stehen »groovige« Live-Konzerte und poppige bildende Kunst internationaler Akteure. Großen Raum nimmt aber auch das Unterhaltungsprogramm für die ganze Familie ein – vom Ballon-Bemalen über Boccia-Wettbewerbe bis zum Bade- und Boots-Vergnügen. Ein Hauch von Woodstock im Wallis.

Sierre; www.aubordeleau.ch; Juni/Juli Fr–So

658 Raron

Das Rilkedorf

Wo einst auf einem Felsen über der Rhone die Burg der Herren von Raron thronte, erhebt sich seit 500 Jahren die außergewöhnliche Pfarrkirche des Ortes. Vor 40 Jahren sprengten die Raroner in den Fuß des Burgbergs außerdem eine einzigartige Höhlenkirche. Doch sind es weniger die eindrucksvollen Kirchen oder Bürgerhäuser, die Besucher in das tausendjährige Dorf locken, sondern ein Grab an der Außenmauer der Burgkirche: Rainer Maria Rilke fand hier 1927 die letzte Ruhe. Im alten Pfarrhaus informiert ein Museum über Rilke und den Ort.

Raron; www.raron-niedergesteln.ch; Museum: Juni–Sep.

659 Visp

Ein Ort am Nadelöhr

Dass Visp an der Abzweigung des engen Visper Tals vom breiten Rhonetal in einem Nadelöhr wichtiger Verbindungswege liegt, brachte dem Ort schon früh strategische und wirtschaftliche Bedeutung. In der pittoresken Altstadt des kleinen Industrieortes zeugen alte Befestigungen und prächtige Bürgerhäuser von dieser einstigen Macht. Besonders lebendig wird die wechselvolle Geschichte der »Burgschaft Visp«. Ihre Reize treten im Rahmen geführter Stadtrundgänge zutage. Das Tourismusbüro verleiht auch sehr gut gemachte und unterhaltsame Audioguides, mit denen man der Visper Vergangenheit und Gegenwart auf eigene Faust nachspüren kann.

Tourist Info: Balfrinstr. 3, Visp; Tel. 0 27/9 46 18 18; www.vispinfo.ch

Brig
Stadtspaziergang

660

Noch heute ist Brig ein (Eisenbahn-)Verkehrsknotenpunkt; über Jahrhunderte war der Ort, dank seiner Lage am nördlichen Ende des Simplonpasses, ein wichtiges Handelszentrum. Dessen Bedeutung und Wohlstand lässt sich bis heute am Stadtbild mit seinen prächtigen Bürgerhäusern und den Prestigebauten der reichen Kaufleute ablesen. So finanzierte der Großkaufmann Kaspar Stockalper im 17. Jh. nicht nur seinen Palast, sondern auch mehrere sehenswerte Kirchen, wie die Sebastianskapelle und die Jesuitenkirche. Brig verbindet alpinen und südlichen Charme.

Brig; www.brig.ch

661 Die Belalp-Hexe
Volksskirennen im Hexenkostüm

»D'Häx isch los!«, heißt es jeden Januar im Skigebiet Blatten-Belalp. Eine Woche lang dreht sich hier alles um Hexen. Schnittiges Ski-Outfit weicht schrillen Kostümen, die Sonnenbrillen furchterregenden Masken. Höhepunkt eines umfangreichen Veranstaltungsprogramms ist die große Hexenabfahrt, eines der größten – und sicher verrücktesten – Volks-Skirennen der Schweiz. Zu absolvieren ist dabei, ob mit oder ohne Besen, eine 12 km lange Piste über 2000 Höhenmeter.

Brig; www.belalphexe.ch

662 Naters
Ein Stadtrundgang

Schon 1357 war die uralte Linde von Naters ein großer Baum, unter dem Gericht gehalten wurde. Sie steht immer noch auf dem Dorfplatz beim Pfarrhaus, wie auch das Fundament der Pranger-Säule. Auch sonst gibt es in Naters viel Traditionsreiches zu entdecken. So ist der Kirchturm von St. Mauritius romanisch, seine Spitze gotisch, der Kirchenraum frühbarock. Nebenan im Beinhaus stapeln sich Gebeine von rund 30000 Verstorbenen aus mehren Jh.

Naters; www.naters.ch

663 Cathreinhaus

Zeitzeuge in Brig

Das älteste Haus der alten Handelsstadt Brig steht an der Ecke Marien- und Sennereigasse. Als das »Cathreinhaus« 1263 errichtet wurde, hieß die spätere Mariengasse noch Judengasse. 1539 wurde das Gebäude vom Kaufmann Hildprand Furger zu einem vierstöckigen Geschäftshaus erweitert. Im Giebel sieht man das Rundbogentor, über das per Flaschenzug die Waren von und zu den Dachspeichern transportiert wurden.

Sennereigasse/Mariengasse, Brig

664 Stockalper-Palast

Zeugnis eines gewieften Kapitalisten

Er war einer der Handelsmagnaten seiner Zeit und kontrollierte den lukrativen Warentransport über den Simplon: Kaspar Stockalper verdiente Unsummen, wurde geadelt und errichtete 1658–1678 ein prächtiges Schloss: Der markante Stockalper-Palast mit seinen drei vergoldeten Zwiebeltürmen ist ein faszinierendes Stilgemisch aus Renaissance- und Barockelementen.

Brig; Tourist Info: Tel. 0 27/9 21 60 30; www.brig-simplon.ch

665 Thermal-Felsenbad

Wellness in Brigerbad

In Brigerbad verbergen sich zwischen grünen Bäumen die größten Freiluft-Thermalschwimmbäder der Schweiz, deren Vorgeschichte bis in die Römerzeit zurückreicht. Es gibt Bade- und Schwimmangebote für die verschiedensten Bedürfnisse: von 50-m-Schwimmbahnen über ein halbes Dutzend Thermalbäder in verschiedenen Temperaturen bis zu einer 182 m langen Thermalwasser-Rutschbahn am Berg. Am heißesten und entspannendsten ist das Thermal-Grottenschwimmbad.

Thermalbad 1, Brigerbad;
Tel. 0 27/9 48 48 48;
www.thermalbad-wallis.ch;

Das Safrandorf

Ort mit Geschmack

666

Es klingt nach Orient und doch wird es in dem kleinen Walliser Bergdorf Mund angebaut: Safran. Schon im 14. Jh. brachten Jakobspilger die kostbaren Safranknollen in die Schweizer Berge. Doch nur hier widmet man sich bis heute dem aufwendigen Anbau. Verwendet werden nur die Stempelfäden von »Crocus sativus«, die nach dem Pflücken in mühseliger Handarbeit aus der Blüte gezupft werden müssen. Ganze 400 Fäden sind für ein einziges Gramm Safran nötig. So erntet die Munder Safranzunft, der mehr als ein Drittel der Dorfbewohner angehören, pro Jahr gerade einmal 1–3 kg Safran. Ein solcher Aufwand erklärt den stolzen Preis. In Mund kann man Safranspezialitäten ganzjährig genießen, die Zunft bietet Führungen und Diavorträge an, ein Lehrpfad und das Safranmuseum informieren über die »Königin der Gewürze«.

Mund; Führungen/Museum:
Tel. 0 79/4 09 35 36;
www.prosafrandorf.ch

667

Dents du Midi

Paradies für Mountainbiker

Wo im Winter skigefahren wird, hat sich rund um die beeindruckenden Dents du Midi ein wahres Montainbike-Paradies entwickelt. 24 Seilbahnen bringen Biker auf die Berge, von wo aus 580 km ausgewiesene Mountainbike-Strecken – etwa die Hälfte davon auf der französischen Seite der Grenze – zur Verfügung stehen. Man kann tagelang unterwegs sein, ohne zweimal denselben Pfad zu befahren. Dabei sind die Wege sehr vielfältig, von familiengeeigneten, nicht zu steilen Trails bis zu anspruchsvollen Downhill- und Freeride-Strecken, auf denen auch Weltcups ausgetragen werden.

Portes du Soleil; Seilbahnen: Tel. 0 24/4 79 02 00;
www.bikepark.ch; Juni–Sep.

668 Chez Coquoz

Bergaromen zu Tisch in Champéry

Dieser Familienbetrieb zeigt, dass auch Pisten-Nähe kein Hinderungsgrund für kulinarische Ambitionen ist. Auf einer Höhe von 1800 m wird hier ganzjährig alles einbezogen, was Bergwiesen und -wälder an Aromen zu bieten haben: Wildfrüchte, Kräuter, Blumen und Heu, Tannennadeln, Wurzeln, Pilze etc. Von der Vorspeise bis zum Dessert finden die frischen Bergaromen saisonal auf den Tisch, beispielsweise als Brennnessel-Suppe, Ampfer-Gnocchi, Enzian-Nierenstück oder Wacholdereiscreme. Jeden Samstag wird im offenen Kamin Polenta bereitet. Hervorragend ist auch das Angebot 200 höchst beachtlicher Weine von 25 lokalen Winzern.

Planachaux; Tel. 0 24/4 79 12 55; mit der Gondelbahn Champéry–Croix de Culet erreichbar

669 Grotten und Bunker

Feen und Festungen in Saint-Maurice

Zwei höchst gegensätzliche Attraktionen von Saint-Maurice verbergen sich tief im Fels: In der Feengrotte (»Grotte aux Fées«) ergießt sich ein 77 m hoher Wasserfall in einen unterirdischen See. Nur wenig – eine Metalltür – trennt die bezaubernde Naturhöhle von einer ganz anderen, menschengemachten Höhlenwelt: Seit 1911 wurden gewaltige Bunkeranlagen in den Fels getrieben, die bis Anfang der 1990er-Jahre in (streng geheimem) Betrieb waren: Fort du Scex und Fort de Cindey. Heute sind die noch äußerst betriebsbereit wirkenden Felsenfestungen zugänglich und vermitteln ein lebendiges Bild der schweizerischen Wehrhaftigkeit im 20. Jh. Die Temperatur im Berg liegt konstant bei ca. zehn Grad.

Saint-Maurice; Grotte: Route du Chablais; www.grotteauxfees.ch; Fort de Cindey/Fort du Scex: www.forteresse-st-maurice.ch

670 Saint-Maurice

Abtei und Stadt

Die Felsenge von Saint-Maurice bildet den Eingang zum gebirgigen oberen Rhonetal. Schon früh spielte der Ort daher eine wichtige strategische Rolle. Die bis heute bestehende Abtei, die hier 515 gegründet wurde, zählt zu den ältesten und bedeutendsten Klöstern des Abendlandes.
Hier ist einer der reichsten Kirchenschätze Europas, u.a. mit einzigartigen karolingischen Klostergaben, zu bewundern. Nach den Schätzen der Abtei sollte man nicht versäumen, auch durch die charmante weltliche Altstadt von Saint-Maurice zu spazieren.

Abtei: Avenue d'Agaune 15; www.abbaye-stmaurice.ch; www.saint-maurice.ch

671

Gorges du Trient

Klamm-Erkundung

Auf seinem Weg in die Rhone hat der Wildfluss Trient eine enge, über 200 m tiefe Schlucht in den Fels gegraben. Diese spektakuläre Klamm ist bei Vernayaz entlang des reißenden Wildwassers – sicher – begehbar. Gut gesicherte Holzstege führen weit in die Schlucht hinein. Tafeln informieren über Wissenswertes, doch vor allem kann man ein betörendes Naturschauspiel mit allen Sinnen genießen. In schwindelnder Höhe über dem Steg beeindruckt außerdem eine technische Leistung: Seit den 1930er-Jahren spannt sich nahe der Mündung ins Rhonetal eine der höchsten Brücken Europas über die Trientschlucht.

Vernayaz; www.trientnature.ch; Mai–Sep.

672

Alpenzoo

Naturnahes Tierleben

Was in freier Wildbahn selten gelingt, ist hier ganzjährig garantiert: ein freier Blick auf die faszinierende Tierwelt der Alpen. Auf 1100 m Höhe und 35 000 qm sind hier in naturnaher Landschaft Murmeltiere, Hirsche, Gämsen und Steinböcke, Wölfe, Füchse, Luchse, sogar Schwarzbären u.a. zu beobachten – häufig mit Jungtieren.

Les Marécottes; Tel. 0 27/7 61 15 62; www.zoo-alpin.ch

673 Fondation Gianadda

Kunst des 20. Jahrhunderts

Einen Kunsttempel von internationalem Format würde man in einem Provinzstädtchen nicht unbedingt erwarten. Seit 1976 erinnert die »Fondation Pierre Gianadda« an den bei einem Flugzeugabsturz ums Leben gekommenen Bruder des Stifters Léonard Gianadda. In dem eigenwilligen Betonbau sind immer wieder hochrangige Sonderausstellungen zu sehen, im frei zugänglichen Park Skulpturen herausragender Künstler des 20. Jh.

Rue du Forum 59, Martigny; www.gianadda.ch; Mo–So

674 Relais des Chasseurs

Restaurant mit Aussicht

Wer das steile Sträßchen von Fully hinauf nach Chiboz erklommen hat, kann sich in 1350 m Höhe auf legendäre Wildgerichte, Schnecken oder Pilzgerichte freuen – und nicht zuletzt auf eine wahrhaft spektakuläre Aussicht.

Chiboz, Fully; Tel. 0 27/7 46 29 98; www.chiboz.ch

675 Radtour an der Rhone

Auf der nationalen Fahrradroute Nr. 1

Entlang der Rhone von den Gletscherhöhen bis zum Genfersee – das ist die nationale Fahrradroute Nr. 1 – vor imposanter Bergkulisse auf reizvollen Wegen. 320 abwechslungsreiche km legt man in acht Tagesetappen von Andermatt bis Genf zurück. Nur die erste Etappe, über den Furkapass, verlangt besondere Kondition. Etappe fünf von Martigny bis Montreux ist die schönste Tagestour.

ab Martigny; www.veloland.ch

676 Fälscherspuren

Legende von Saillon

Saillon hat nicht nur das mittelalterlichste Ortsbild im Wallis und den kleinsten Weinberg der Schweiz, sondern auch die letzte Ruhestätte des berühmtesten Schweizer Falschmünzers. Hier ist Joseph-Samuel Farinet begraben, der in den 1870er-Jahren in schweißtreibender Arbeit das Wallis mit gefälschten 20-Rappen-Stücken überschwemmte. 1880 kam er, von Gendarmen verfolgt, unter ungeklärten Umständen in einer Schlucht zu Tode. Das Wirken des Fälschers und wie er nach seinem Tod zur Legende wurde, zeigt das »Musée de la Fausse Monnaie«.

Saillon; www.saillon.ch

677

Freeride World Tour

Bergsport extrem

In über 3000 m Höhe treffen sich in Verbier jedes Jahr die besten Freerider der Welt, um sich – auf Snowboards wie auf Skiern – abseits der Pisten halsbrecherisch zu Tal zu stürzen. Der »Xtreme«-Wettkampf ist das Finale der »Freeride World Tour« an der legendär steilen, hohen und felsigen Flanke des Bec des Rosses. Auf ein paar Schwünge im Tiefschnee folgen meist riskante Sprünge über Felskanten. Neben der waghalsigen Show der Extremsport-Profis gibt es für das Publikum aber auch Aufklärungsveranstaltungen über alpine Risiken. 300 km gepflegte Pisten gibt es in Verbier und dem »4-Vallées«-Gebiet übrigens auch noch.

Verbier; www.freerideworldtour.com; www.4vallees.ch; März/April

678 Gletscherpatrouille

Wettkampf im Skibergsteigen

Die »Patrouille des Glaciers« ist ein einzigartiger Wettkampf im Skibergsteigen, organisiert von der Schweizer Armee. Erstmals wurde das Rennen im Zweiten Weltkrieg als Truppentraining veranstaltet. Die berühmte »Haute Route« zwischen Zermatt und Verbier, die normalerweise vier Tage dauert, wird dabei in einer einzigen Etappe bewältigt. Für diese Distanz – über 100 km Aufstiege und Skiabfahrten summieren sich auf 4000 Höhenmeter – liegt der Streckenrekord unter sechs Std. Inzwischen steht auch eine 50 km lange »Kurz«strecke von Arolla nach Verbier auf dem Programm. Bis zu 1800 Dreier-Patrouillen treten insgesamt gegeneinander an, etwa die Hälfte davon Angehörige der Schweizer Armee.

Verbier; www.pdg.ch; Ende April

679 Bergbahn-Safari

Spannende Bahnerlebnisse

Im Trient-Tal bieten sich (nicht nur) Bahnfreunden einzigartige Bergbahn-Attraktionen: Drei aufeinander folgende, atemberaubende Bahnen erklimmen bei Le Châtelard das Mont-Blanc-Massiv. Den Anfang macht eine Standseilbahn mit nicht weniger als 87 % Steigung, gefolgt von einer gerade einmal 60 cm breiten Miniaturspurbahn; den Abschluss macht – fast senkrecht nach oben – eine Art Freiluft-Lift. Dann ist man auf der Bogen-Staumauer des Stausees von Émosson angekommen und kann Ausblicke genießen. Wem drei Bahnen nicht genug sind, der kann seine Berg-Safari auch in Martigny beginnen und über sechs Brücken, fünf Viadukte und zwölf Tunnel mit der Panorama-Zahnradbahn nach Châtelard fahren.

VerticAlp Emosson, Le Châtelard; www.verticalp-emosson.ch; Mai–Okt.

680 Das Buchdorf

St-Pierre-de-Clages

Schon von Weitem fällt bei St-Pierre-de-Clages die eindrucksvolle romanische Kirche mit ihrem achteckigen Turm auf. Bei näherer Betrachtung sind es ein Dutzend Antiquare und Buchhändler, die den 600-Seelen-Ort prägen. Seit 1993 ist St-Pierre-de-Clages ganz offiziell eines von 22 europäischen »Bücherdörfern« und Mitglied der »International Organisation of Book Towns«. Regelmäßige literarische Veranstaltungen ziehen Bücher- und Literaturfreunde in den kleinen Ort; allein zur jährlichen »Fête du Livre« am letzten August-Wochenende strömen an drei Tagen über 15000 Besucher.

www.village-du-livre.ch

Suonen

Wandern am Wasserweg

681

Wie prekär trotz Gletschermassen und Hochgebirgsniederschlägen die Wasserversorgung für Mensch und Landwirtschaft in den Alpen ist, zeigen die Walliser »Suonen« (französisch »Bisses«): Seit dem Mittelalter wurde versucht, mit diesen offenen Kanälen und Leitungen Wasser für Mensch und Landwirtschaft zu sichern. An vielen Stellen im Wallis, z. B. bei Nendaz, kann man auf zum Teil spektakulären Routen den alten Suonen-Wasserwegen folgen.

Tourist Info: Route de la Télécabine 1, Haute-Nendaz; Tel. 0 27/2 89 55 89; www.nendaz.ch

683 Grand Café de la Grenette

Café-Institution in Sion

Es ist seit Jahrzehnten eine unverzichtbare Institution: Im »Grand Café de la Grenette« trifft sich die ganze Stadt. Ob konventionell oder unkonventionell, ob französisch- oder deutschsprachig. Unter den Arkaden des historischen Getreidemarkts sitzt man an wackeligen Holztischen und hat das städtische Leben im Blick. An lauen Sommerabenden spielen dazu Jazz- und Rockbands, kostenlos.

Rue du Grand-Pont 24, Sion; Tel. 0 27/3 22 47 09; www.lagreu.ch

682 Alphornfestival

Wettbewerb und Volksfest

An drei Tagen im Juli treffen sich in Nendaz Alphornbläser aus aller Welt zum »Valais Drink Pure Festival«. Es wird um die Wette geblasen, es werden Flaggen geschwungen und es wird gefeiert. Höhepunkt sind Wettbewerbsfinale und abschließendes Massenkonzert auf der Tracouet-Alp, wenn über 150 Bläser vor grandioser Kulisse gemeinsam ins Horn stoßen.

Nendaz; Tel. 0 27/2 89 55 89; www.nendazcordesalpes.ch; Juli

684 Museen in Sion

Kulturelle Vielfalt

In der Kantonshauptstadt Sion lohnt sich der Besuch mehrerer hervorragender Museen, um dort einen ganzen Tag zu verbringen (es muss nicht unbedingt ein Regentag sein): hoch oben, auf der Burg Valeria gelegen, das Museum für Geschichte mit einem faszinierenden Überblick, das Naturhistorische Museum zur alpinen Flora und Fauna sowie das Kunstmuseum, dessen Schwerpunkt auf moderner Kunst mit Walliser Bezug liegt.

Sion; Geschichtsmuseum: Château de Valère; Tel. 0 27/6 06 47 15; Kunstmuseum: Place de la Majorie 15; Tel. 0 27/6 06 46 90; Naturmuseum: Rue des Châteaux 12; Tel. 0 27/6 06 47 30; www.musees-valais.ch

Sion

Die Kantonshauptstadt

685

Die uralte Hauptstadt des Kantons liegt zu Füßen zweier gewaltiger Burgfelsen: Seit dem Mittelalter thronen hoch über Sion (oder deutsch: Sitten) die Burg Valère (Valeria) mit der Wallfahrtskirche Notre-Dame (12./13. Jh.) und die Bischofsburg Tourbillon (13. Jh.), heute nur noch pittoreske Ruine. Aber auch das sonnige Stadtzentrum zu Füßen der Burgfelsen ist ein geschichtsträchtiges Pflaster – mit umwerfendem Charme. In den Bann ziehen nicht nur mittelalterliche Kirchen (wie die Kathedrale Notre-Dame-du-Glacier mit ihrem romanischen Turm), stolze Patrizierhäuser (wie das des Georg Supersaxo) oder das Renaissance-Rathaus. Es ist nicht zuletzt das urbane Treiben auf Straßen und Plätzen (z. B. der Rue du Grand-Pont oder dem Getreidemarkt), das fasziniert. Zwischen den Häusern blickt man immer wieder auf Weinberge, die fast in die Innenstadt hineinreichen.

Sion; www.siontourisme.ch

686

Val d'Hérens

Eringertal

Die Erdpyramiden von Euseigne – steile, von Felsbrocken gekrönte kegelförmige Gesteinstürme – sind so etwas wie das Eingangstor zu einem der schönsten Täler des Wallis: Das Val d'Hérens (oder Eringertal) führt vom Rhonetal weit hinauf in Richtung der mächtigen Dent Blanche. In dem kesselartigen grünen Hochtal haben sich alte Walliser Traditionen besonders gut erhalten, jahrhundertealte Dörfer (wie Evolène) mit ihren typischen Holzhäusern, Stadeln und Kornspeichern lehnen sich an steile Hänge. Hier sind die berühmten Eringerkühe zu Hause. Das Tal bietet herrliche Touren in ursprünglicher Natur, kann aber auch wunderbar mit dem Schweizer Postbus erkundet werden. Mehr zum Tal auf S. 337.

www.valdherens-tourisme.ch; Postbus ab Bahnhof Sion

687

Mammutmauer

Staumauer Grande Dixence

Sie ist doppelt so hoch wie die Cheopspyramide und doppelt so voluminös (285 m, 6 Mio. Kubikmeter): Nach acht Jahren Bauzeit wurde 1961 die gigantische Staumauer der Grande Dixence fertiggestellt – und ist bis heute eine der höchsten Talsperren weltweit. Der größte Teil des Val d'Hérémence, eines Seitentals des Val d'Hérens, ist in den Fluten versunken. Die hier durch Wasserkraft erzeugte Elektrizität deckt derzeit den Strombedarf von rund 1,3 Mio. Menschen. Geführte Rundgänge geben Besuchern Einblicke in die Stauanlagen, eine Seilbahn die vom Talboden auf die Staumauerkrone führt, erlaubt Ausblicke über Tal und Stausee.

Le Chargeur, Hérémence; Tel. 0 27/3 28 43 11; www.grandedixence.ch; Juni–Okt.

688

Unterirdischer See

Lac Souterrain de Saint-Léonard

In einer riesigen Felsgrotte liegt Europas größter unterirdischer See natürlichen Ursprungs: 10 m Meter tief, mehr als 300 m lang und über 6000 qm groß. Der eindrucksvolle Höhlensee kann nicht nur besichtigt, sondern sogar mit Booten befahren werden. Mehrsprachige Führer rudern Besucher in großen Booten geschickt durch die stimmungsvoll illuminierten Gewölbe der Grotte. Etwa eine halbe Stunde dauert solch eine Bootstour, bei der man viel über dieses Naturwunder erfährt. Wem das noch nicht genug ist, der kann die Grotte außerhalb der Öffnungszeiten auch zu seinem Privatvergnügen mieten, auf Wunsch wird dabei sogar Raclette serviert.

Rue du Lac 21, Saint-Léonard; Tel. 0 27/2 03 22 66; www.lacsouterrain.com; März–Okt.

689

Réchy-Tal

Unberührte Natur

Rau und ursprünglich ist die Natur beim Hochmoor »l'Ar du Tsan« im Vallon de Réchy. In fast 2200 m Höhe schlängeln sich kleine Bergbäche durch den sumpfigen Wiesengrund, münden in das Flüsschen Rèche, das wenig später die Hochebene als Wasserfall über eine Felsklippe verlässt. Wollgras und Bergschnittlauch fallen ins Auge, doch die Moorvegetation ist ungemein vielfältig und umfasst viele seltene Arten. Die unverdorbene Naturlandschaft des Tals erwandert man am besten von der Bergstation Crêt du Midi, bis zum Moor braucht man ungefähr 1,5 Std.

Tourist Info: Rte d'anniviers, Vercorin; www.vercorin.ch

690

Abenteuerwald

Spaß für die ganze Familie

Von Wipfel zu Wipfel in luftiger Höhe: Auf der Alp Sigeroulaz oberhalb von Vercorin bietet »La Forêt de l'Aventure« Nervenkitzel für alle kletterfreudigen Gäste. Weit oben in den Bäumen führt ein Parcours durchs Geäst, mal über eine Hängebrücke, mal über ein dickes Netz, mal frei schwebend auf einer der zwölf Seilrutschen oder an Lianen schwingend. Für Kinder (ab 110 cm Körpergröße) gibt es eigene kleinere Parcours. Bei allem Abenteuer sind Groß und Klein durch Helme, Gurte und Stahlseile stets gut gesichert.

Vercorin; Tel. 0 27/4 52 29 07; www.foretaventure.ch; Juli–Aug. tgl.; Juni, Sep.–Okt. am Wochenende

691

Les 2000 mètres

Höchst gemütlich

Chandolin gehört zu den höchsten ganzjährig bewohnten Dörfern in Europa. Höchst gemütlich und stilvoll kann man in der kleinen Holzhütte auf 2000 m Höhe klassische Walliser Küche genießen. Am besten bestellt man ein Raclette und beobachtet, wie es am offenen Feuer geschmolzen wird.

Déjo Vella, Chandolin; Tel. 0 27/4 75 11 29; www.chandolin.ch

692 Mit Schneeschuhen durchs All

Wanderung auf dem Planetenweg

Die Skigebiete im Val d'Anniviers gehören zu den ruhigsten und erholsamsten im Wallis. Auch gepflegte Schneeschuhrouten gibt es hier. Zum Beispiel den Planetenweg oberhalb von St. Luc: Von der »Sonne« (bei der Bergstation Tignousa) bis zum »Uranus« legt man 5 km zurück, vorbei an allen anderen maßstabsgetreu positionierten Planeten – und herrlichem Panoramablick. Wintersport mit Muse und Inspiration.

Saint-Luc; www.saint-luc.ch; Tel. 0 27/4 76 17 10

693 Grimentz

Dorfidyll und Gletscherwein

Von der Sonne fast schwarz gebrannte Getreidespeicher, unzählige feurig rote Geranien vor den Fenstern: Grimentz ist ein Bilderbuchdorf. Der ganze Charme des Ortes zeigt sich bei einem Dorfrundgang mit Jean Vouradoux. Jeden Montag zeigt der alte Herr Gästen sein Heimatdorf und weiht sie auch in das Geheimnis des sherryartigen »Gletscherweins« ein, der in uralten Lärchenfässern im Gewölbe unter dem Bürgerhaus von 1550 vor sich hinreift. Zur kostenlosen Führung gibt es auch noch eine Kostprobe.

Grimentz; www.grimentz.ch

694 Zermatt-Marathon

Aussichtsreicher Bergmarathon

Um den Zermatter Bergmarathon zu bewältigen, reicht es nicht, eine Streckenlänge von 42,195 km zu laufen, gleichzeitig müssen 1944 m Höhe überwunden werden. Die Strecke beginnt im tiefsten Tal der Schweiz (in St. Niklaus auf 1085 m), führt über Zermatt und – mit Blick aufs Matterhorn – hinauf zum Ziel auf dem Riffelberg in einer Höhe von 2585 m.

St. Niklaus–Riffelberg; www.zermattmarathon.ch; Juli

695

Turtmanntal

Wanderung auf das Barrhorn

Traumhaft sind die Wandermöglichkeiten im hinteren Turtmanntal. Wer sich nach Ruhe sehnt, kann sie hier finden. Wer frei ohne Betriebsamkeit hoch hinaus will, wandert – ohne Seil oder Steigeisen – am Turtmanngletscher entlang und gelangt so bis auf das Barrhorn. Mit 3610 m ist es der höchste und vielleicht schönste Bergwandergipfel der Alpen.

Turtmann; www.turtmanntal.ch

Urchigs Terbil

Walliser Dorfleben

696

Auf 1500 m Höhe an einem sonnigen Hang über dem Vispertal liegt Törbel, ein wahrhaft ursprüngliches Dorf. »Urchigs Terbil« heißt darum auch die geführte Tour, die das traditionelle Alltagsleben eines typischen Walliser Dorfs deutlich werden lässt – von der alten Mühle über das Backhaus zur Weinpresse oder der alten Walke: Die ca. 1830 erbaute und über ein Wasserrad vom Törbelbach angetriebene Walkmühle klopfte noch bis in die 1950er-Jahre die im Dorf hergestellten Stoffe weich und geschmeidig.

Törbel; Tel. 0 27/9 52 12 77; www.toerbel.ch; Mai–Okt.

697

Visperterminen

Höchster Weingenuss

»Heidadorf« nennt sich der Weinort Visperterminen gerne, nach der heimischen Rebsorte Heida. Nebenberufswinzer bauen sie auf dem steilen, mit Trockensteinmauern terrassierten Südhang des Ortes an. Der Weinberg überwindet auf engstem Raum über 500 Höhenmeter und reicht bis in eine Höhe von 1150 m – der höchste in Europa.

www.heidadorf.ch

698

Zwischbergental

Wandern und Walliser Küche

Das wildromantische Zwischbergental lädt zum Wandern ein. Wer Stärkung und Unterkunft sucht, ist bei Lukas Escher gut aufgehoben. Sein Restaurant, das einzige im Tal, bietet selbst gemachten Alpkäse, Walliser Küche – täglich ein Vier-Gänge-Menü – und auch Übernachtungen.

Restaurant Bord, Bränd, Zwischbergen; Tel. 0 27/9 79 13 79; www.simplon.ch; Juni–Okt.

700 Walliser Eldorado

Goldsuche am Simplon

Dieser Tipp ist Gold wert: Südlich des Simplon, im Zwischbergental, wurde das begehrte Edelmetall jahrhundertelang geschürft. Und noch immer ist es hier zu finden. Auf Exkursionen kann man die alten Stollen erkunden und an den goldhaltigen Kiesbänken am Fluss Gold waschen. Riesige Nuggets sind nicht zu erwarten, eher Goldflitter. Doch was man findet, darf man behalten.

Gondo; www.goldmine-gondo.ch

699 Snowbiken

Ein neues Fahrgefühl

Pistenspaß einmal anders: Auf einem »Snowbike« oder »Skibob« sitzt man ähnlich wie auf einem Fahrrad. Nur hat das Gefährt Kufen statt Räder und der Fahrer Kurzski an den Füßen. Der Umgang mit dem »Schneefahrrad« verlangt ein wenig Übung und Balance, ist aber schnell erlernt. Perfekte Bedingungen dafür bietet das Hochplateau von Grächen, mehrere Skischulen bieten Leihgeräte und Schnupperkurse an.

Grächen; www.snowbike-graechen.ch; Dez.–April

701 Via Stockalper

Kulturweg

Die alten Saumwege über den 2005 m hohen Simplonpass wurden als Kulturweg »Via Stockalper« reaktiviert; benannt nach dem legendären Handelsherrn Kaspar Stockalper, der sein Vermögen diesem Pfad verdankte. Auf 33 km von Brig nach Gondo kann man – in z. B. drei Tagesetappen – wandernd die Entwicklung dieses bedeutsamen Alpenübergangs nachvollziehen, auch im Rahmen geführter Touren. Unterwegs bietet das Museum »Alte Kaserne« in Simplon zusätzliche Einblicke in die Geschichte der Passstraße.

rund um Simplon; www.viastockalper.ch; Juni–Okt.

Walserwege
Saum- und Handelspfade

702

Als sie der Boden nicht mehr ernähren konnte, verließen alemannische Bauern ab dem 13. Jh. das heimatliche Gomstal im oberen Wallis. Diese »Walser« wanderten nach Nordosten oder Süden und gründeten im Alpenraum verstreut neue Siedlungen, Enklaven mit eigener Kultur und eigenem Dialekt. Auf alten Saum- und Handelspfaden kann man den Spuren der Walser und ihres Wirtschaftens vielfach in eindrucksvollen Wanderungen folgen – sei es ein Stück weit auf eigene Faust oder geführt im Rahmen mehrtägiger Wandertouren.

verschiedene Abschnitte; www.walser-alps.eu

703 Schlitteln im Saastal
Rodeln bei Tag und Nacht

Auf zwei Kufen die Hänge hinabzugleiten, gehört zu den ältesten Fortbewegungsmöglichkeiten im Schnee – und immer noch zu den reizvollsten. Traumhafte Rodelmöglichkeiten bietet das Saastal: Die längste Schlittelabfahrt geht vom Kreuzboden ganze 11 km bis nach Saas-Grund, 5 km ist man vom Aussichtsberg Hannig hinunter nach Saas-Fee unterwegs, 3 km von Furggstalden nach Saas-Almagell. Wer den besonderen Kick sucht, sollte das »Nachtschlitteln« mit Stirnlampe nicht versäumen.

Saas-Fee u. a.; www.saas-fee.ch

704 Einen Viertausender erklimmen!
Einfach hoch auf das Allalinhorn

Wer schon immer davon träumte, einmal einen Viertausender zu besteigen, der ist am Allalinhorn richtig. Auch Ungeübte können den 4027 m hohen Gipfel in wenigen Stunden bewältigen – wenn sie etwas Bergwander-Erfahrung mitbringen und mit Unterstützung eines Bergführers. Von der Station Mittelallalin der »Metro Alpin«-Seilbahn erreicht man den Gipfel in etwa zwei Stunden über die Westflanke und den Feegletscher (600 Höhenmeter).

www.saas-fee.ch; im Sommer

Gorge Alpine

Klettersteig durch die Feeschlucht

Die grandiose Schlucht zu durchklettern, die der Wildfluss Feevispa in den Fels gegraben hat, ist Abenteuer pur – und sogar ohne Vorkenntnisse möglich. Man durchquert die Schlucht mehrfach, in luftiger Höhe über schaukelnde Hängebrücken, an fast senkrechten Leitern bzw. Nageltreppen hängend oder rasant über Seilrutschen (»Tyrolienne«) sausend – all das begleitet von einem Bergführer und gut gesichert. Auch Nacht- und sogar Winter-Touren im Klettersteig Gorge Alpine werden angeboten.

705

Saas-Fee; Tel. 0 27/9 57 44 64; www.gorgealpine.ch; Anmeldung obligatorisch; oberer Teil ganzjährig, unterer Teil Mai–Okt.

Evolène

Dorf der Tradition

706

Mehrgeschössige alte Holzhäuser prägen das charaktervolle Dorf – und eine große Verbundenheit mit der Tradition: Hier wird noch die alte, selten gewordene frankoprovenzalische Mundart (Patois) gesprochen. Den Karneval bestimmen in Evolène die furchterregenden »Peluches« in Schaf-, Fuchs- oder Murmeltierfellen, mit ihren handgeschnitzten Holzmasken.

www.commune-evolene.ch

Au Vieux Mazot

Eringer Spezialitäten

707

In einem schönen alten Stadel kann man die typische Küche des Val d'Hérens genießen. Serviert wird z. B. Eringer-Rindsfilet auf heißem Stein, wunderbarer Evolèner Eintopf mit Wurst, Speck und Birnen oder Raclette am offenen Holzfeuer.

Route Principale, Evolène;
Tel. 0 27 / 2 83 11 25

Gourmet-Trail

Hochgenüsse

Gaumenfreuden und Naturgenuss verbindet auf einzigartige Weise der »Gourmet-Trail« des Saastaler Hoteliervereins: eine kulinarische Wanderung an einem Sommersonntag – auf höchstem Niveau. Der Gourmet-Trail beginnt mit einer Gondelfahrt auf den Hannig, bei Aperitif und Amuse-Bouche. Von 2350 m Höhe wandern die Teilnehmer dann hinunter nach Saas-Fee und werden an insgesamt sechs Stationen von lokalen Gastronomen mit je einem Gang einschließlich passendem Walliser Wein auf das Feinste verköstigt, bis hin zum süßen Finale im Tal.

Saas-Fee; Tourist Info:
Tel. 0 27/9 58 18 58;
www.saas-fee.ch; Juni

708

709 Gletschergarten Dossen

Spuren der Eiszeit

Eine spektakuläre 100 m lange Hängebrücke führt – 90 m über dem rauschenden Schmelzwasserfluss des Gornergletschers – zum Gletschergarten. Hier in etwa 2000 m Höhe ist die faszinierende Landschaft zu bewundern, die das zurückweichende Gletschereis geschaffen hat: Eiszeitspuren wie Gletschertöpfe, Findlinge und urtümliche Bergwelt.

bei der Bergstation Furi, Zermatt

710 Matterhorn Museum

Der Legende nachspüren

Der letzte unbezwungene Viertausender der Alpen war das Matterhorn. Die Erstbesteigung 1865 macht Edward Whymper zum Star – und kostet vier seiner Begleiter das Leben. Die Geschichte des tragischen Triumphs (sowie Zermatts) dokumentiert das Matterhorn-Museum und zeigt u. a. das damals gerissene Seil.

Kirchplatz 11, Zermatt;
Tel. 0 27/9 67 41 00;
www.zermatt.ch

711 Whymper-Stube

Der Berg und das Fondue rufen

Das rustikale Restaurant im Untergeschoss des alten »Bergsteigerhotels« Monte Rosa erinnert an den Matterhorn-Pionier nicht nur namentlich, sondern auch an seinen Wänden. Spezialität der Whymper-Stube sind Raclettes und Fondues, beispielsweise das köstliche Käsefondue »nach Hausart« mit Birnen und Kartoffeln.

Bahnhofstr. 80, Zermatt;
Tel. 0 27/27 967 22 96;
www.whymper-stube.ch

712 Whymper und das Hotel Monte Rosa

Mythos zum Anfassen

Achtmal hatte es der Engländer Edward Whymper vergeblich von der italienischen Seite versucht. Von Zermatt aus gelang ihm dann im Frühsommer 1865 als Erster, den Gipfel des Matterhorns zu erklimmen. Trotz der Todesopfer, die die Erstbesteigung forderte, markiert sie den Beginn des touristischen Zeitalters in den Alpen. Aufgebrochen war Whymper vom »Hotel Monte Rosa«, wo bis heute die Atmosphäre der alpinistischen Gründerjahre zu spüren ist und eine Gedenktafel an ihn erinnert.

Bahnhofstr. 80, Zermatt;
Tel. 0 27/9 66 03 33;
www.monterosazermatt.ch

Matterhorn-Panoramabahn

Grandioser Gornergrat

713

Seitdem sie 1898 in Betrieb ging, bietet die Gornergratbahn ihren Fahrgästen ein unvergleichliches Panoramaerlebnis. Die steile, gut 9 km lange Strecke ist außerordentlich abwechslungsreich – und immer wieder zieht das Matterhorn am Fenster vorbei. Bereits nach einer halben Stunde hat die Zahnradbahn 1500 Höhenmeter überwunden und die Bergstation auf dem Gornergrat in rund 3100 m Höhe erreicht. Von dort ist wiederum eine der schönsten Aussichten der Alpen zu genießen, fast 30 Viertausender sind auszumachen.

ab Zermatt; www.gornergrat.ch

714 Matterhorn glacier paradise

Aussichten der Superlative

Mehr geht nicht! Europas höchste Luftseilbahn erreicht die höchste Bergstation des Kontinents in 3820 m Höhe. Per Gipfellift kommt man sogar noch bis zur Spitze des »kleinen« Matterhorns: Europas höchste Aussichtsplattform auf 3883 m. Die Luft ist vergleichsweise dünn, die Aussicht sucht ihresgleichen. Die Bergstation »Matterhorn Glacier Paradise« bietet Unterkunft, Restaurant, Seminarraum u. a. Auf dem Gletscher sind ganzjährig 20 km Skipisten geöffnet.

Zermatt; Tel. 0 27/9 66 01 01; www.matterhornparadise.ch

715 Folklore-Festival Zermatt

Zermatt im Zeichen der Tradition

Jedes Jahr am zweiten Augustwochenende steht Zermatt ganz im Zeichen der Tradition. Rund 1200 Aktive aus der ganzen Schweiz kommen zum großen Umzug mit Trachten- und Volksmusikgruppen, Fahnen- und Talerschwingern, Löffelern und anderen mehr. Im Anschluss treten die verschiedenen Vereine mit ihren Darbietungen nochmals auf dem Kirchplatz auf, wo auch nach Walliser Art gegessen, getrunken und weitergefeiert wird.

Zermatt; www.zermatt.ch; Aug.

716 Gletscherpalast

Das ewige Eis von innen erkunden

Von der Bergstation »Matterhorn Glacier Paradise« gelangt man per Aufzug tief hinein in die Gletscherzunge des kleinen Matterhorns, in den »Gletscher-Palast« rund 15 m unter der Gletscheroberfläche. Auf fast 1000 qm kann man Interessantes über Gletscher lesen, sphärische Klänge hören, gemeißelte Eisskulpturen sehen, eine 10 m lange Eisrutsche hinunterrutschen und eine Gletscherspalte entlanggehen.

Zermatt; Tel. 0 27/9 66 01 01; www.matterhornparadise.ch

717 Matterhorn Eagle Cup

Golfturnier im schottischen Stil

Ein solches Golfturnier gibt es weltweit kein zweites Mal. Es findet nicht auf einem gewöhnlichen Platz statt, sondern im ursprünglichen schottischen Stil, ohne Fairways und perfekt gestutzte Greens in freier alpiner Natur – in 2500 bis 2800 m Höhe, das Matterhorn stets im Blick. Es gibt neun Löcher und jede Menge alpine Hindernisse, bis hin zum Murmeltierbau.

Zermatt; www.matterhorn-eaglecup.ch; Juli

718 Forest Fun Park

Hochseilgarten

Im »Forest Fun Park« in Zermatt kann man den Wald aus der Eichhörnchen-Perspektive erleben – und gleichzeitig das Matterhorn im Blick behalten. Vor allem ist der Hochseilgarten für die ganze Familie geeignet, da er abgestufte Parcours mit unterschiedlichen Schwierigkeitsgraden bietet. Vom vierjährigen Dreikäsehoch bis zum waghalsigen Abenteurer findet hier jeder – gut gesichert – seine Herausforderung. Die Höhen der Seilbrücken, Tyroliennes, Strickleitern etc. reichen von 4 bis 25 m.

Zen Steckenstrasse 110, Zermatt; Tel. 0 27/9 68 10 10; www.zermatt-fun.ch; März–Okt.

720 Schneeschuhtouren

Mitten im Winterwunderland

Jenseits von Pisten und Loipen unberührte Schneelandschaften erkunden, das kann man mit Schneeschuhen an den Füßen. Diese Fortbewegung ist nicht nur einfach zu erlernen, sondern auch unübertroffen umweltverträglich: winterliches Naturerleben in reinster Form. Wenn dazu noch eine so schneesichere und atember aubende Landschaft wie in Zermatt kommt, dann fehlen zur ungetrübten Winterfeude nur noch kundige Führer. Daher werden die Zermatter Schneeschuhwanderungen von ausgebildeten Bergführern geleitet. Dauer: zwischen zwei und fünf Stunden; fehlende Ausrüstung kann gemietet werden.

Alpin Center Zermatt; Bahnhofstr. 58;
Tel. 0 27/9 66 24 60; www.alpincenter-zermatt.ch

719 Geschichtlicher Dorfrundgang

Historisches Zermatt

Es lohnt sich, nicht nur Fassaden und Panorama von Zermatt zu bestaunen, sondern auch mehr über die Hintergründe des Ortes zu erfahren. Eine versierte Führung durch das Gestern und Heute von Zermatt dauert etwa anderthalb Stunden.

Edith Villiger-Imark, Zermatt;
Tel. 0 27/9 67 29 00;
www.zermatt-walkingtour.ch;
Zeiten nach Vereinbarung

723 Großer Sankt Bernhard

Pass, Hospiz und Bernhardiner

Bernhardiner sind ein Schweizer Nationalmythos. Der berühmteste, »Barry«, hat Anfang des 19. Jh. angeblich über 40 Lawinenopfer gerettet – am St.-Bernhard-Pass. Hier wurden die Hunde von Mönchen seit dem 17. Jh. gezüchtet. Anfangs als Lastenträger, dann auch als Lawinenhunde. Die Mönche leben noch immer auf 2470 m, Bernhardiner nur noch im Sommer. Das Hospizmuseum informiert über Geschichte und Hintergründe des Passes und seine Hunde.

www.gsbernard.com, www.fondation-barry.ch; Juni–Sep..

721 Monte-Rosa-Hütte

Berghütte der Zukunft

Umgeben von Viertausendern steht am Monte-Rosa-Massiv in 2883 m Höhe die »Berghütte der Zukunft«, min. die teuerste aller Zeiten (4,2 Mio. €). Das von glänzendem Aluminium umhüllte Niedrigenergie-Holzhaus mit Hightech-Ausstattung wurde 2009 eröffnet und bietet 120 Übernachtungsplätze. Der Weg bis zur Hütte verlangt allerdings Bergerfahrung und dauert von Zermatt aus ca. fünf Stunden.

Zermatt; Tel. 0 27/9 67 21 15; www.section-monte-rosa.ch

722 Swiss Food Festival

Zermatter Hochgenuss

17 Zermatter Spitzenköche verzeichnet aktuell der »Gault-Millau«, mit insgesamt 238 Punkten – das findet man an keinem anderen Ort in der Schweiz. Anfang August (mit dem Folklore-Festival) stehen sie im Mittelpunkt des »Swiss Food Festival«: Drei Tage lang wird in Zermatt Kulinarik zelebriert. Von Kitchen-Partys der Spitzenköche in den großen Hotels über einen kulinarischen Markt in der Bahnhofstrasse bis zum exklusiven Sonntagsbrunch im Matterhorn-Express reicht das Programm.

Zermatt; Tel. 0 27/9 67 57 06; www.swissfoodfestival.ch; Aug.

Tessin

Kaum zu glauben, welche Kontraste die Schweiz bietet: Wo man auf den Uferpromenaden in Locarno und Lugano unter gepflegten Palmen flaniert, dringt man in den wilden Seitentälern in einen alpinen Dschungel vor. Die Architektur pendelt zwischen Steinzeit, Belle Époque und Hypermoderne, und für den Zweiklang von Berg und Baden warben Freigeister auf dem legendären Monte Verità bei Ascona schon vor 100 Jahren. Auch heute kann sich nackig machen, wer will. Für die tolle Fahrt mit der Schmalspurbahn durch das Centovalli sollte man sich aber wieder anziehen.

Stimmungsvoll: Dolce Vita kommt im Tessin allerorts auf – besonders romantisch ist es abends am Luganersee mit Blick auf den Monte San Giorgio.

725 Hotel La Claustra

Im Bunker nächtigen

Klaustrophobisch darf man nicht sein. Tief im Felsmassiv des Gotthard verbirgt sich auf einer Höhe von 2050 m das »La Claustra«. Was einst ein Artilleriebunker der Schweizer Armee war, ist nun eine weltweit einzigartige Rückzugsmöglichkeit mit bester kulinarischer Versorgung. 30 Betten in 17 stilvollen Zimmern (mit fließend warmem und kaltem Wasser aus fünf eigenen Bergquellen) stehen für Seminar- und Erlebnisaufenthalte bereit. Die unterirdische Welt ist in der Regel von Anfang Mai bis Ende Oktober geöffnet und nur nach Voranmeldung zugänglich.

San Gottardo, Airolo;
Tel. 0 91/8 80 50 55;
www.claustra.ch; Mai–Okt.

724 Punto Artigiano

Kunsthandwerk

Fünf örtliche Kunsthandwerkerinnen haben gemeinsam diesen inspirierenden Laden eröffnet, der schnell zum Geheimtipp wurde. Man findet hier kunstvolle Waren und Souvenirs in allen Farben und Formen. Das Spektrum reicht von Keramik über Skulpturen bis zu Textilien, Glaskunst oder Schmuck. Wer an vielfältigem Kunsthandwerk interessiert ist oder ein kreatives handgemachtes Souvenir sucht, kommt am »Punto Artigiano« eigentlich nicht vorbei. Geöffnet ist er an den ersten drei Samstagen im Monat.

Via della Stazione 58, Airolo;
Tel. 0 76/5 70 13 71;
www.lacollana.ch

726 Caseificio del Gottardo

Schau- und Selberkäsen

Alle Arbeitsschritte der handwerklichen Käseherstellung lassen sich in der Schaukäserei aus nächster Nähe live verfolgen. Unter Anleitung erfahrener Käser kann man sich sogar selbst am Käsemachen versuchen. Zweimal tgl. wird frische Milch angeliefert und weiterverarbeitet. Alle hier produzierten Köstlichkeiten werden vor Ort auch verkauft und kommen im eigenen Restaurant auf den Tisch.

Via San Gottardo, Airolo;
Tel. 0 91/8 69 17 37;
www.cdga.ch

727 Gotthard-Museum

Die Geschichte des berühmten Passes

Direkt auf der Passhöhe beim St.-Gotthard-Hospiz informiert das »Museo nazionale del San Gottardo« lebendig und abwechslungsreich über Geschichte und Bedeutung dieser wichtigen europäischen Verkehrsachse. Außerdem führt ein Museumsbesuch »zu einem vertieften Verständnis der Schweizer Gegebenheiten und hilft die helvetische Eigenart besser zu erfassen« – so das Versprechen des Museums.

Tel. 0 91/8 69 12 35; www.passosangottardo.ch; Juni–Okt.

728 Postkutschenfahrt

Reisen wie vor 150 Jahren

Natürlich gibt es preiswertere und schnellere Möglichkeiten der Alpenüberquerung. Doch eine Fahrt über den Gotthardpass mit der offenen Pferde-Postkutsche, die diese Strecke von 1842–1883 bediente, ist ein einmaliges Erlebnis. Die 28 km und 1500 Höhenmetern zwischen Andermatt und Airolo mit fünf Pferdestärken zurückzulegen, ist eine Tagesreise. Dazu gehören unterwegs allerdings auch Aperós, die der Kondukteur serviert und eine Mittagspause mit Fünf-Gänge-Menü im Gotthardhospiz.

ab Bahnhof Andermatt bis nach Airolo; Tel. 0 41/8 88 00 05; www.gotthardpost.ch

729 Centro Pro Natura Lucomagno

Tessiner Naturerlebnis

5 km südlich des Lukmanierpasses bot ehemals ein Hospiz den Pass-Reisenden Verpflegung und Unterkunft. Hotel und Campingplatz des »Pro Natura«-Zentrums bei Acquacalda tun das noch immer. Darüber hinaus bietet das Zentrum ideale Voraussetzungen, die Tessiner Bergnatur intensiver zu erleben. Vielfältige Kurse, Seminare und geführte Exkusionen vermitteln ganz unmittelbare Einsichten zum Verhältnis von Mensch und Natur.

Strada del Lucomagno, Blenio; Tel. 0 91/8 72 26 10; www.pronatura-lucomagno.ch; Juni–Okt.

730 Osteria Centrale

Küche aus der Region

Das Fleisch auf dem Teller kommt wie die Eier vom Bauernhof nebenan, das Gemüse aus streng biologischem Anbau. Seit fast 20 Jahren wird in der Osteria nur Gesundes und äußerst Leckeres serviert (auch deftige Hauptgerichte). Nicht versäumen sollte man die feinen hausgemachten Nachspeisen. Der Wein stammt von Winzern aus der nahen Umgebung. Zum 1834 erbauten Lokal gehört auch ein kleiner Theatersaal, in dem immer wieder Aufführungen und Konzerte stattfinden.

Via alla Chiesa, Olivone; Tel. 0 91/8 72 11 07; www.osteriacentraleolivone.ch

731 Olivone

Passort am Fuß des Sosto

Fast wie eine Pyramide thront der 2221 m hohe Berg Sosto als majestätische Kulisse über dem alten Passort Olivone. Seine Blütezeit erlebte der Ort im Hochmittelalter, als der Lukmanierpass noch zu den wichtigsten Verkehrsadern des Alpenraums gehörte. Herrschaftliche Landsitze und hölzerne landwirtschaftliche Bauten prägen heute das Dorfbild. Im Zentrum steht die etwas groß geratene Pfarrkirche San Martino mit ihrem riesigen Kirchplatz. Noch von der Vorgängerkirche aus dem 12. Jh. stammt der romanische Glockenturm. Inmitten eines weitreichen Netzes von Wanderwegen ist Olivone ein hervorragender Ausgangspunkt für Ausflüge und Wanderungen ins Bleniotal, das Val di Campo oder zur Greina-Hochebene.

www.blenioturismo.ch

732 Cà da Rivöi

Brauchtum aus Olivone

Der ehemalige Amtssitz eines Priors einer Stiftung für Hospize ist heute das Heimatmuseum. Schon das Gebäude der »Cà da Rivöi« ist sehenswert, ein traditionelles Holz-Stein-Haus aus dem 17. Jh. Das Museum selbst – ergänzt um einen modernen Anbau – dokumentiert das tägliche Leben und volkstümliches Brauchtum in Olivone und Umgebung. Zu sehen sind landwirtschaftliche Geräte, Handwerkszeug, Haushaltsgegenstände, Trachten etc. Außerdem widmet sich das Museum den religiösen Traditionen des oberen Bleniotals. Ausgestellt sind religiöse Kunst und Kultgegenstände aller Art aus Kirchen und Oratorien des oberen Bleniotales – von Skulpturen über Goldschmiedearbeiten bis zu Gemälden und eindrucksvollen Votivbildern.

Tel. 0 91/8 72 10 56; www.blenioturismo.ch; April–Okt.

Sonniges Bleniotal

Valle di Blenio

733

Kommt man über den 1916 m hohen Lukmanierpass, öffnet sich das Valle di Blenio weit nach Süden. Durch seine Breite und ausgesprochene Nord-Süd-Ausrichtung ist das Tal so sonnendurchflutet, dass es auch als »Valle del Sole« (Sonnental) bezeichnet wird. Auf dem Untergrund aus Bündner Schiefer, anstelle des im Tessin sonst vorherrschenden Gneis, wachsen Kastanien- oder Nussbäume sowie natürlich nicht zuletzt Wein. Kaum ein Tessiner Tal ist touristisch (bisher) so wenig erschlossen und besucht wie das Bleniotal. Was seiner Naturschönheit nicht den mindesten Abbruch tut.

Tourist Info: Olivone; Tel. 0 91/8 72 14 87; www.blenio.com

Lottigna

Dorf mit Geschichte

734

Lottigna, einst Hauptort des Bleniotales, liegt heute etwas abseits der Hauptstraße. Von seiner früheren Bedeutung zeugt der stattliche Palazzo del Pretorio: Dieses Haus der Landvögte wurde Anfang des 16. Jh. erbaut und ist mit seiner wappengeschmückten Fassade allein schon einen Besuch wert. Im Inneren beherbergt der Bau das »Museo della Valle Blenio« mit teilweise seltenen Exponaten aus den vergangenen 500 Jahren, etwa eine Sennerei und eine Käserei mit Gerätschaften sowie historische Werkzeuge aus der Frühzeit der Verarbeitung von Schokolade. Die Pfarrkirche Santi Pietro e Paolo (13. Jh.) steht auf dem höchsten Punkt des Dorfes. Bemerkenswert sind der prächtige Taufstein aus Serpentin mit einem geschnitzten Nussbaumgehäuse sowie die ungewöhnliche Terrakotta-Statue der Assunta aus dem 17. Jh.

Gemeinde Acquarossa; Museum: www.museodiblenio.valledibleniio.ch; April–Okt.

Faido
Hauptort der Leventina

735

Einst wichtiger Umschlagplatz des Gotthard-Handels, im 19. Jh. Sommerfrische reicher Mailänder: Faidos große Zeiten haben sehenswerte Spuren hinterlassen. Im alten Ortskern rustikale, schwere Gotthard-Häuser, oberhalb des Bahnhofs südländisch angehauchte, klassizistische Villen- und Hotel-Architektur. Auch die Pfarrkirche Sant'Andrea spiegelt den Wandel der Zeiten: Vom ursprünglich romanischen Bau ist der Turm erhalten geblieben, während das (schön restaurierte) Kirchenschiff 1830 im neoklassizistischen Stil umgestaltet wurde.

Tourist Info: Tel. 0 91/8 69 15 33; www.faido.ch

736

Casa Selvini di Legno
Eir typisches Gotthard-Haus

Faido war nicht nur wichtige Station auf der Handelsroute über den Gotthard, sondern seit dem Spätmittelalter auch bedeutsamer Verwaltungsort der von Uri ausgehenden Schweizer Herrschaft über die Leventina. Eindrucksvolles Zeugnis der vergangenen wirtschaftlich-politischen Bedeutung des Ortes ist die »Casa Selvini di Legno«. Das Haus der mächtigen Familie Selvini ist ein massiver hölzerner Blockbau, nur der Sockel und die Dachplatten sind aus Stein: ein vom nördlichen Gebirge geprägtes Gotthard-Haus, wie es typisch ist für seine Zeit. Das dunkle Holz verzeichnet 1582 als Baujahr. Reliefschnitzereien unter den Fenstern zeigen religiöse Motive: im ersten Stock Madonna, Kreuzigungsszene und Anbetung der Könige, im zweiten Stock Sankt Martin zu Pferd.

Via Canton Uri 36, Faido

737

Lago Tremorgio
Idyllischer Bergsee

Oberhalb des Dorfes Rodi-Fiesso liegt auf 1851 m der Lago Tremorgio, ein blaugrüner Bergsee, der durch seine kreisrunde Form und das umliegende Gebirge wie ein Vulkankrater erscheint. Zu erreichen ist er mit einer Seilbahn (Nicht-Schwindelfreien sei ein Sitzplatz mit Blick zum Berg empfohlen) bis zur Berghütte »Capanna Temorgio« mit schöner Sonnenterrasse und Tessiner Spezialitäten gleich in der Nähe des Sees. Wer Lust hat, sich die Beine zu vertreten und die Umgebung zu erkunden, kann den See in ca. einer halben Stunde umrunden oder in 4 Std. zur »Alpe di Pesciüm« hinabwandern und von dort die Seilbahn nach Airolo nehmen.

Seilbahn: ab Rodi-Fiesso; Tel. 0 91/8 67 10 32; Juni–Mitte Okt.

738

Lago del Sambuco

Stausee mit Rundblick

Der Lago del Sambuco ist ein junger See mit betörender Aussicht. Anfang der 1950er-Jahre wurde oberhalb von Fusio eine Staumauer errichtet, die eine Art Tessiner Fjord von etwa 3 km Länge entstehen ließ. Wunderschöne Wanderwege umrunden ihn, der Panoramablick von der Staumauer ist ein Erlebnis.

bei Fusio; www.vallemaggia.ch

739

Fusio

Das Felsendorf am Ende des Tals

Beinahe wie ein Adlerhorst klebt der kleine Ort an den Felsen. Fusio liegt als letztes Dorf ganz am Ende des Val Lavizzara, wie dieser Teil des Maggiatals heißt. Eine einzige Zufahrtsstraße führt in unzähligen Serpentinen hinauf auf fast 1300 m. Das Bergdorf selber ist frei von Autos – und großen Touristenströmen. Umso malerischer wirken die eindrucksvollen alten Steinhäuser und Rusticos, die sich eng zusammendrängen. Auch wenn viele Bewohner der Bergabgeschiedenheit den Rücken gekehrt haben, hat Fusio seinen ursprünglichen Charakter bewahrt.

www.vallemaggia.ch

Osteria Dazio

Tolle Terrasse

740

Selbst wenn es nicht das einzige Hotel und Lokal im Ort wäre – an der Antica Osteria Dazio, dieser romantischen Genussoase hoch oben im Val Lavizzara, kommt man nicht vorbei. Wand an Wand mit der alten Dorfkirche steht das alte mit gelben Holzschindeln verkleidete Gemäuer. Von der Sonnenterrasse hat man über die Granitdächer der umliegenden Rustici einen traumhaften Blick. Vor allem aber wird hier eine paradiesische Tessiner Küche aufgetischt: frisch, regional und mit viel Liebe bereitet.

Fusio-Mogno; Tel. 0 91/7 55 11 62; www.osteriadazio.ch

San Carlo di Negrentino

Sehenswerte Kirche

Auf einer Hangterrasse im Bleniotal steht eines der wichtigsten romanischen Bauwerke der Schweiz. Die Kirche San Carlo di Negrentino (auch: San Ambrosio) wurde im 11. Jh. zunächst einschiffig errichtet, im 12./13. Jh. dann um ein weiteres Schiff und den Campanile erweitert. Das Innere ist mit romanischen und spätgotischen Fresken reich ausgestattet. Dieses bemerkenswerte Kleinod mittelalterlicher Kirchenbaukunst in herrlicher Natur erreicht man nur zu Fuß: von Leontica (ca. 10 Min.) oder Prugiasco (ca. 40 Min.).

Prugiasco und Leontica; Kirchenschlüssel in Restaurants beider Orte erhältlich; www.blenioturismo.ch

741

742 Val Malvaglia und Monte Dagro

Wandern über Berg und Tal

Der Ort Malvaglia ist sowohl das Tor zum gleichnamigen schönen Tal als auch zum Monte Dagro, der sich über das Val Malvaglia erhebt. Auf den Berg gelangt man über eine sehr enge und serpentinenreiche Straße am Orino-Bach und mehreren Wasserfällen entlang. Oben wird die anstrengende Fahrt durch eine fantastische Aussicht auf Malvaglia und attraktive Wandermöglichkeiten entlohnt. Schöne Wege verbinden die fünf Dörfer des Malvagliatals, die sogenannten »ville«, mit ihren uralten Häusern und Höfen. Im hübschen Dagro sind – abgesehen vom herrlichen Panoramablick – beispielsweise sechs eindrucksvolle Holzbauten mit ihren steingedeckten Dächern zu bewundern, die bis in das 14. Jh. zurückreichen. Einige Kilometer weiter, in Dandrio, kann man eine eindrucksvolle alte Wassermühle besichtigen, die vor nicht allzu langer Zeit noch genutzt wurde. Den Schlüssel für die Mühle bekommt man im (ehemaligen) Schulhaus, das jetzt als Osteria fungiert.

Tourist Info: Tel. 0 91/8 72 14 87; www.blenio.com; Sommer

743 Albergo Monaci

Nostalgische Atmosphäre

Man muss wissen, wo er zu finden ist: Der kleine, familiengeführte Betrieb im Ortsteil San Carlo von Peccia wirkt ein bisschen wie aus der Zeit gefallen. Wer dort einkehrt, ist touristischem Trubel und Standardhotellerie entronnen. Hier kann man fünf schlichte, aber gemütliche Zimmer mieten – mit Etagendusche – oder im Restaurant einfache, aber ausgezeichnete Hausmannskost genießen. Gastfreundlich willkommen geheißen fühlt man sich auf jeden Fall. Nando und Bruna Monaci begegnen ihren Gästen mit großer Herzlichkeit. Mit seiner Panoramatapete und der etwas verstaubten Dekoration strahlt das Albergo Monaci ein wenig den Charme der 1970er-Jahre aus. Jenseits der Tapete kann man das originale Bergpanorama aber auch von der schönen Terrasse aus bewundern.

Via Cantonale 8, San Carlo, Piano di Peccia; Tel. 0 91/7 55 11 45; Apr.–Okt.

744

Maggia

Ein Bergfluss zum Sonnenbaden, Schwimmen und Tauchen

Wer sich vom teilweise auch im Hochsommer nur 12 °C kalten Wasser nicht schrecken lässt, sollte ein Bad in der Maggia nicht versäumen. Die türkisblauen Wasserbecken des Gebirgsflusses zu durchschwimmen, ist ein unvergessliches Erlebnis. Mit Taucherbrille kommen herrliche Unterwassereindrücke hinzu. Die beliebtesten Stellen im Valle di Maggia findet man bei Ponte Brolla, wo im Juli auch ein Wettbewerb im Klippenspringen ausgetragen wird. Wenn es im Sommer viele Tagesausflügler zum Sonnenbaden, Schwimmen und Tauchen zieht, kann es allerdings sehr voll sein. Bedeutend ruhiger und sogar noch schöner sind die Plätze bei Cevio oder Peccia. Man muss nur dem Flusslauf folgen: Irgendwo findet jeder seine Lieblingsstelle. Vorsicht geboten ist jedoch nach Regenfällen, dann verwandelt sich die idyllische Maggia in einen reißenden Fluss.

www.whdf.com;
www.vallemaggia.ch

Scuola di Scultura

Bildhauerschule in Peccia

Marmor, Holz, Metall, Ton, Gips – die Materialien sind vielfältig, denen hier Gestalt gegeben wird. Seit über 30 Jahren ist die Bildhauerschule ein Ort der künstlerischen Entfaltung für Anfänger, Fortgeschrittene und Profis in gleicher Weise. Künstler(innen) aus dem In- und Ausland bieten vielfältige Kurse und Anregungen.

Via di Peccia Piano, Peccia; Tel. 0 91/ 7 55 13 04; www.scultura.ch; April–Okt.

745

746

Grotto Pozzasc

Tessiner Gastlichkeit am Peccia-Fluss

Folgt man der Straße unterhalb der Bildhauerschule von Peccia zum Peccia-Fluss, erreicht man das malerisch gelegene Lokal »Grotto Pozzasc«. Die ehemalige Mühle wurde sorgfältig renoviert und bietet nun ein herrliches Ambiente und kulinarische Köstlichkeiten gleichermaßen. Bei schönem Wetter sitzt man im Schatten alter Bäume an typisch Tessiner Granittischen direkt am Wasser. Jeden Tag wird am offenen Kamin Polenta bereitet. Zu den Spezialitäten gehören außerdem Wurstwaren aus der hauseigenen »Metzgete«, Kutteln und Wildgerichte. Aber auch die hausgemachten Kuchen sind hervorragend. In den Wintermonaten bleibt das Lokal geschlossen.

Via di Peccia Piano, Peccia; Tel. 0 91/7 55 16 04; www.grotto.pozzasc.ch; Mo geschl.

Botta-Kirche

Pilgerort für Architekten

747

1986 überrollte eine Lawine den lauschigen Weiler Mogno und zerstörte auch die 450-jährige Kirche. Den Neubau übernahm der Tessiner Stararchitekt Mario Botta. In unverwechselbarer Handschrift schuf er ein spektakuläres Oval aus abwechselnden Streifen von weißem Marmor und grauem Gneiss aus Steinbrüchen der Umgebung.

Mogno; www.vallemaggia.ch

748

Chironico

Ursprüngliches Dorf im Valle Leventina

Der kleine Ort mit ungefähr 400 Einwohnern zählt zu den schönsten im Tessin. Zwischen massiven Bauernhäusern in typischer Blockbauweise und vielen kleinen Rustici erhebt sich im Zentrum der sechsstöckige mittelalterliche Wohnturm »Torre dei Pedrini«. Gleich dahinter steht das romanische Kirchlein Sant'Ambrogio mit sehenswerten Fresken.

Gemeinde Faido;
www.leventinaturismo.ch

749

San Nicolao

Älteste Kirche in Giornico

Sieben Kirchen gibt es in Giornico. Die älteste und bedeutendste von ihnen ist dem hl. Nikolaus geweiht und steht heute mitten in einem Weinberg. San Nicolao wurde um das Jahr 1150 als Klosterkirche errichtet und ist ein eindrucksvolles Zeugnis der strengen lombardischen Romanik. Hervorragend erhaltene mittelalterliche Fresken schmücken den Innenraum.

Monte Ceneri, Giornico;
www.leventinaturismo.ch

750

Museo di Leventina

Leben und Alltag in der Leventina

In der Leventina, dem Livinental, treffen Nord und Süd aufeinander. Das »Museo di Leventina« veranschaulicht, was das Leben im Tal geprägt hat, welche Unterschiede und Gemeinsamkeiten den Alltag der Leventiner bestimm(t)en. »Ein Tal, drei Welten« werden hier vorgestellt.

Casa Stanga, Giornico; Tel. 0 91/8 64 25 22; www.museodileventina.ch; April–Okt;

Grotto dei due Ponti

Insellokal

751

Mitten durch das malerische Giornico fließt der Tessin (»Ticino«). Und mitten im Fluss liegt auf einer kleinen Insel der lauschige »Grotto dei due Ponti«. Zwei alte Bogenbrücken verbinden, wie der Name vermuten lässt, das Insellokal mit beiden Ortsteilen. Man sitzt, wenn das Wetter es erlaubt, auf der Terrasse am Fluss unter weinumrankter Pergola – und genießt. Was hier traditionsverbunden und kreativ auf den Tisch kommt, folgt dem »Slow Food«-Gedanken: frisch, regional, saisonal – und äußerst lecker.

Isola, Giornico;
Tel. 0 91/8 64 20 30;
www.grotto2ponti.ch; April–Okt.

752 Walserdorf Bosco/Gurin

Deutschsprachiger Fleck im Rovanatal

Eine recht serpentinenreiche Straße führt vom Maggiatal hinauf ins abgelegene Val Rovana. Durch dichte Wälder gelangt man auf über 1500 m und nach Bosco/Gurin. Es ist das höchstgelegene (ständig bewohnte) Dorf im Tessin und das einzige, in dem deutsch gesprochen wird – »Walserdeutsch«. Im 12./13. Jh. haben sich hier Bauern aus dem Oberwallis niedergelassen. Noch heute sprechen ihre Nachkommen im Alltag das altertümliche »Ggurijnartitsch«. Die Walser-Tradition zeigt sich auch in der Architektur, in den uralten Walliser Bauernhäusern, den traditionellen Ställen und Stadeln. In einem Gebäude aus dem Jahr 1386 lässt das Museum »Guriner Walserhaus« die jahrhundertealte Geschichte der Walsersiedlung lebendig werden.

Bosco/Gurin; Tel. 08 48/66 85 85; www.bosco-gurin.ch

753 Punto Verde

Auf der grünen Wiese

Der »grüne Punkt« ist ein einzigartiger Laden: Mitten auf einer (grünen) Wiese, kurz hinter Bignasco, verkauft Familie Matasci ein skurriles Sortiment: Es reicht von Kunsthandwerk aus Holz und Stein über Antiquitäten, Bücher und naturnahe Drogerieartikel (Murmeltierfett) bis zu heimischen Nahrungs- und Genussmitteln. Zum Renner sind dabei die eigenen Gewürzmischungen geworden, v. a. der »Pepe della Valle Maggia«, eine geheime Mixtur aus grobem schwarzem Pfeffer, Weißwein, Grappa von der Tessiner Americana-Traube und weiteren Gewürzen.

Bignasco; Tel. 0 79/2 05 12 09; www.puntoverdebignasco.ch

754 Bignasco

An Maggia und Bavona

Dort, wo die Bavona in die Maggia mündet, liegt zwischen beiden Flüssen der charmante Ort Bignasco. Das Pfarrdorf hat teilweise sein mittelalterliches Aussehen bewahrt. Eine alte steinerne Bogenbrücke überspannt pittoresk die Maggia. Die Kapellen Santa Maria del Ponte, San Rocco und der Glockenturm der Pfarrkirche stammen aus dem 15./16. Jh. Sehenswert sind auch zwei alte, hölzerne Getreidespeicher, die auf Stelzen stehen (»Torbe«). Seine Lage am Eingang zum Val Bavona und Val Lavizza macht Bignasco zu einem herrvorragenden Ausgangspunkt für Ausflüge hinauf in die Naturlandschaften der Seitentäler. Auch sämtliche Postbusse dorthin starten von hier.

Tourist Info: Tel. 0 91/7 53 18 85; www.vallemaggia.ch

755

Vallemaggia

Faszinierendes Maggiatal

Das Vallemaggia ist eines der vielfältigsten Täler des Tessins. Mit seinen Seitentälern (Rovana-, Bavona- und Lavizzaratal) erstreckt es sich über mehr als 3000 Höhenmeter und wartet mit einer äußerst artenreichen Flora und Fauna auf. Seit Jahrtausenden besiedelt, wurde das arme Tal im 19. und 20. Jh. von Abertausenden Bewohnern wegen fehlender wirtschaftlicher Perspektiven verlassen. Heute ist es der Reichtum kultureller Tradition und das kontrastreiche Naturerleben, das Scharen von Touristen anzieht. Der kulinarische Reichtum des Vallemaggia trägt ein Übriges zu seiner Attraktivität bei.

Tourist Info: Tel. 0 91/7 53 18 85; www.vallemaggia.ch

756

Cevio

Hauptort des Vallemaggia

Seit 600 Jahren ist Cevio Hauptort des Vallemaggia, bis ins 8. Jh. hatten hier die eidgenössischen Landvogte ihren Sitz. Das sieht man dem Ort noch heute an: Die Pracht freskengeschmückter Herrenhäuser und parkähnliche Grünflächen geben Cevio ein sehr wohlhabendes, aber auch fröhliches Erscheinungsbild.

Cevio; www.cevio.ch; www.vallemaggia.ch

757

Ristorante Posta

Regionale Spezialitäten

In Cevio direkt am Hauptplatz liegt das traditionsreiche Hotel und Ristorante della Posta. Anders als die wenig inspirierende Ausstattung des Hotels sind Küche und Service des Restaurants sehr zu empfehlen. Mit Leidenschaft und Kreativität wird hier gekocht, mit großer Herzlichkeit serviert. Auf den Tisch kommt authentische Tessiner und italienische Küche. Dazu halten die alten Kellergewölbe des Hauses eine große Auswahl passender Weine bereit. Im Sommer sitzt man sehr schön im Garten hinter dem Haus – mit Bergblick.

Via Cantonale/Piazza, Cevio; Tel. 0 91/7 54 18 96; www.dellaposta-cevio.ch

758

Cascata del Soladino

Naturschauspiel bei Cevio

Etwa 3 km südlich von Cevio bietet sich, vor allem während der Schneeschmelze oder nach starken Regenfällen, ein faszinierendes Fotomotiv. Der Soladino sürzt auf seinem Weg in die Maggia 100 m tief die Felswand des Sasso Trolcia hinab – wenn man ihn lässt (oft wird das Wasser leider zur Energiegewinnung aufgehalten).

bei Cevio; www.waterfall.ch

759

Museo di Valmaggia

Das Maggiatal damals und heute

Allein schon die imposanten Palazzi der Patrizier-Familie Franzoni aus dem 17. Jh. lohnen einen Besuch. Doch das Museo di Valmaggia bietet noch mehr: Die außergewöhnlich gut sortierte Ausstellung gibt Einblicke in die Entwicklung und Lebenswelten des Maggiatals – z. B. dem Umgang mit der Natur oder traditionellem Handwerk.

Cevio; Tel. 0 91/7 54 13 40; www.museovalmaggia.ch; April–Okt.

760

Vallemaggia Magic Blues

Open-Air-Festival im Maggiatal

Man muss kein Blues-Fanatiker sein, um dieses hochsommerliche Open-Air-Festival zu genießen: Bekannte und weniger bekannte Interpreten treten auf, aus dem Tessin und aller Welt. Mehrere Wochen lang verwandeln sich Dorf- und Marktplätze im ganzen Maggiatal zeitweilig in pittoreske Konzert-Arenen. Die Magie des Vallemaggia-Blues verzaubert.

Tel. 0 91/7 53 18 85; www.magicblues.ch; Juli/Aug.

761 Negozio »artis«

Produkte aus der Region

»Aus dem Tal, für das Tal!« – unter diesem Motto zielt dieser innovative Laden der »Associazione Artigiani Vallemaggia« nicht nur darauf, traditionelle Handwerkstechniken, sondern auch Mikrounternehmen von Frauen zu fördern. Am schönen Dorfplatz von Cevio gibt es traditionell Handgemachtes aller Art von über 60 Produzent(inn)en aus dem ganzen Maggiatal zu kaufen.

Piazza, Cevio;
Tel. 0 91/7 54 18 16;
www.artisvallemaggia.ch

762 San Carlo

Hinterstes Dorf im Val Bavona

Straße und Postbus durch das enge, wilde Bavonatal enden im Dorf San Carlo. Die Kapelle hat sehenswerte Fresken von 1523 und das einzige Ristorante eine herrliche Terrasse. San Carlo ist nicht zuletzt das Tor für Bergtouren zum Basodino-Gletscher oder Cristallina-Pass. Die Seilbahn führt von hier hinauf auf fast 2000 m bis zur Bergstation Robièi. Natürlich lassen sich die 950 Höhenmeter auch zu Fuß erklimmen.

Seilbahn: Mitte Juni–Anfang Okt.; Tel. 0 91/7 56 66 77;
www.robiei.ch

763 Robièi

Val Bavona

Lage und Architektur sind außergewöhnlich: Auf dem Robièi-Plateau in fast 2000 m Höhe erhebt sich ein sechseckiger, siebenstöckiger Hotelturm. Entstanden ist er, wie die Seilbahn, die von San Carlo heraufführt, in den 1960er-Jahren zum Bau von Wasserkraftwerken. Von denen ist heute nicht viel zu sehen, man blickt unterhalb des Basòdino-Gletschers auf türkisgrüne Seen, umgeben vom granitenen Bergkranz der Cristallina. Das Hotel bietet in den Sommermonaten nicht nur Unterkunft und Veranstaltungsräume, sondern auch richtig gute Tessiner Küche.

Tel. 0 91/7 56 50 20;
www.robiei.ch; Juni–Sep.

Osteria La Froda

Authentische Küche

»La Froda«, das ist im lokalen lombardischen Dialekt »der Wasserfall«. So heißt am Rande des Granitstein-Dörfchens Foroglio eine bezaubernde Osteria. Bereits seit 1928 kann man hier nicht nur den atemberaubenden Blick auf das Naturschauspiel der Cascata Calnègia genießen, sondern auch authentische Tessiner Spezialitäten. Da die Wirtsfamilie Giovanettina der Slow-Food-Philosophie regionaler und saisonaler Küche folgt, ist die Karte jeweils klein. Doch was auf den Tisch kommt – sei es mit Aussicht auf der herrlichen Terrasse unter Weinreben oder drinnen am offenen Kamin – ist stets frisch, hausgemacht und äußerst delikat. Auch die Wurstwaren werden nach altem Familienrezept selbst hergestellt. Man sollte z. B. nicht versäumen, die hinreißende Lebermortadella zu probieren.

764

Foroglio, Val Bavona;
Tel. 0 91/7 54 11 81;
www.lafroda.ch; April–Nov.

765

Cascata Calnègia

Wasserfall im Val Bavona

Schroff und steil sind die Felsflanken des engen Bavonatals. Wo sich das Tal bei Foroglio etwas weitet, stürzt der Fiume Calnegia über eine Felswand fast 100 m ins Tal. Ein grandioses Spektakel. Einen besonders schönen Blick hat man von der Osteria des Ortes oder etwas oberhalb der Kapelle Santa Maria Assunta. Dort kann man, zusätzlich zur imposanten Natur auf der anderen Talseite, auch noch einen kunstvoll geschnitzten Flügelaltar aus dem Jahr1553 bewundern.

Foroglio, Val Bavona; Tel. 0 91/7 53 18 85; www.vallemaggia.ch

766 Sonogno

Perle des Val Verzasca

Ganz hinten im Verzascatal, wo Redorta- und Vogornesstal einmünden, liegt ein Schmuckstück von Dorf, dessen alte Häuser und Gassen ihr charakteristisches Erscheinungsbild bewahrt haben: Sonogno. Sogar das alte Dorfbackhaus ist noch in Betrieb. Nicht nur das Innere der Kirche ist freskengeschmückt, alte Mauermalereien zieren hier auch so manches Bauernhaus. In der Casa Genardini, einem Wohnhaus aus dem 18. Jh. am Dorfplatz, gibt das Tal-Museum Einblicke in die bäuerliche Kultur im rauen Verzascatal. Mancher hat vom traditionell harten Leben hier im Tal vielleicht schon in seiner Kindheit gelesen: Die Handlung des bekannten Jugendbuchs »Die schwarzen Brüder« von Lisa Tetzner beginnt und endet in Sonogno.

Sonogno; Tel. 0 91/7 46 17 77; www.museovalverzasca.ch; Mai–Okt.

767 Pro Verzasca

Kunsthandwerk-Initiative

Schon seit den 1930er-Jahren fördert »Pro Verzasca« das Handwerk im Tal. In Sonogno kann man im Laden der Initiative Produkte lokaler Kunsthandwerker kaufen. Aus Holz, Keramik oder dem Werkstoff, der hier im Mittelpunkt steht: Wolle. Die wird auch direkt vor Ort verarbeitet. In der »Casa della Lana« kämmen, spinnen und färben Frauen Schafwolle von Hand. Ausschließlich natürliche Färbemittel kommen zum Einsatz: z. B. Birkenblätter, Erle, Zwiebelschalen oder Apfelbaumrinde für gelbe Farbtöne, Blätter und grüne Schalen der Walnuss für Brauntöne, Krappwurzel für Rot. Schließlich wird die Wolle zu den Endprodukten weiterverarbeitet, die im Laden zu kaufen sind.

Sonogno; Tel. 0 91/7 46 12 13; www.proverzasca.ch; April–Okt.

768 Casa Pellanda

Kultur gestern & heute

Biasca ist der Hauptort der Riviera, wie das Tal des Tessin hier genannt wird. Im Ortskern steht ein prächtiges Bürgerhaus aus dem 16. Jh., die »Casa Cavalier Pellanda«. Der einstige Palazzo der einflussreichen Patrizierfamilie Pellanda mit seinem großen von zinnenbewehrten Mauern umgebenen Garten ist zum einen ein herausragendes Baudenkmal. Zum anderen ist die Casa Pellanda heute ein lebendiges und höchst attraktives Kulturzentrum mit vielfältigen Veranstaltungen, Konzerten und wechselnden Ausstellungen.

Via Lucomagno 14, Biasca; Tel. 0 91/8 62 30 31; www.biasca.ch

769

Infocenter Gottardo

Besuch der Alptransit-Baustelle

Der längste Eisenbahntunnel der Welt hat seinen (südlichen) Ausgangspunkt im Tessin. Dort, bei Polleggio, einem Vorort von Biasca, sind die Bauarbeiten des 57 km langen Gotthard-Basistunnels zu bestaunen. Nicht nur der Jahrhundert-Tunnelbau, sondern auch das – aus Aushubmaterial des Tunnels erbaute – Informationszentrum der Baustelle bedient sich modernster Technologie. Innovative Multimediatechnik versetzt Besucher auf sehr kurzweilige Weise mitten hinein in die Baumaßnahmen. Darüber hinaus erfährt man Wissenswertes rund um die Region, deren Kultur und Natur.

Via San Gottardo, Polleggio; Tel. 0 91/8 73 05 50; www.infocentro.ch;

770

Grotto Pini

Familiäre Atmosphäre

Maria, die Wirtin, steht selbst am Herd. Man sitzt im lauschigen Garten unter großen Bäumen an Granittischen. Die kleine rustikale Karte bietet ausgezeichnete »Grotto«-Spezialitäten. Besonders sind Marias Raclette und die wunderbare »Trota in carpione« (sauer eingelegte Forelle) zu empfehlen.

Via ai Grotti 34, Biasca;
Tel. 0 91/8 62 12 21;
Mai–Okt.

771 Basilika Pietro e Paolo

Stiftskirche am Felsen

Der Aufstieg lohnt sich: Eine lange Treppe führt vom alten Dorfkern hinauf zur romanischen Basilika »Pietro e Paolo« (11./12. Jh.). Zahlreiche Fresken lombardischer Künstler (13.–17. Jh.) schmücken das Innere. Ein Kreuzweg führt noch weiter den Berg hinauf und durch Kastanienwald in 30 Min. zum barocken Oratorium Santa Petronilla.

Biasca; www.biascaturismo.ch

772 Maggia-Auen

Zauberhafte Landschaften im Maggiatal

Die Flussauen des Vallemaggia zwischen Bignasco und Maggia gehören zu den ausgedehntesten und natürlichsten Auenlandschaften der Schweiz. Breite, sich stetig wandelnde Kies- und Sandbänke ziehen sich durch unberührte Auwälder. Als unersetzliche Habitate für die alpine Flora und Fauna sind diese Auen Naturschutzgebiet.

www.vallemaggia.ch

773 Maggia

Hübscher Hauptort

Weinberge, raue Felsen und Wasserfälle rahmen den kleinen Ort Maggia ein. Das Dorf ist in den letzten Jahrzehnten hangwärts gewachsen, doch rund um die Piazza mit dem beschaulichen Dorfbrunnen reihen sich weiter schöne alte Häuser aneinander: Mit Blumen beladene Holzbalkone, romantische Lauben und malerische Innenhöfe verbreiten südliches Flair. Einen schönen Überblick hat man von der erhöht liegenden Pfarrkirche San Maurizio: Es lohnt sich, die 99 Stufen der monumentalen Freitreppe zu erklimmen, die hinaufführt.

Tourist Info: Tel. 0 91/7 53 18 85; www.vallemaggia.ch

774 Brione Verzasca

Hübsches Örtchen im Verzascatal

Der kleine Ort Brione kann sich der schönsten Fresken des Verzascatals rühmen: Die eindrucksvollen Wandbilder der Pfarrkirche Santa Maria Assunta stammen von Mitte des 14. Jh. und werden dem Giotto-Schüler Giovanni Baronzio zugeschrieben. Am Kirchplatz ist außerdem das sogenannte »Castello dei Marcacci« (17. Jh.), ehemals Sommersitz des einflussreichen Patriziergeschlechts der Maracci aus Locarno sehenswert.

www.brioneverzasca.ch

Panetteria Poncini
Ausgezeichnete Kuchen

775

Seit 1904 gibt es mitten in Maggia die Bäckerei und Konditorei Poncini. Nicht wenige meinen, Panettone und Colomba (die traditionellen Weihnachts- bzw. Osterkuchen) von hier seien die besten im ganzen Tessin – hergestellt nur mit natürlichen Zutaten und vielfach ausgezeichnet. Wer sich nicht nur vom Geschmack überzeugen, sondern auch hinter die Kulissen der Backstube blicken will, kann die traditionsreiche Panetteria Poncini auch besichtigen. Bei solch einer Führung gibt es natürlich auch einiges zu probieren.

Maggia; Tel. 0 91/7 53 13 20; www.panetteria-poncini.ch; Besichtigung nur nach Anm.

776 Maria delle Grazie in Campagna
Wallfahrtskirche bei Maggia

Ein Stück außerhalb von Maggia (»in Campagna«) stand schon im Mittelalter eine Kapelle mit wundertätigem Marienbildnis. Um 1500 wurde der heutige Bau als neue Wallfahrtskirche errichtet und danach reich mit Marien-Fresken ausgestattet. Neben diesen bedeutenden Renaissancefresken sind auch 24 Votivgemälde des einheimischen Malers Giovanni Vanoni aus dem 19. Jh. sehenswert, deren Szenen das bäuerliche Leben der Zeit prägnant eingefangen haben.

1 km hinter Maggia, flussabwärts; www.vallemaggia.ch

777 James-Bond-Sprung
»Golden Eye« am Lago di Vogorno

Was James Bond in »Golden Eye« vormachte, kann man auch selbst versuchen: einen Sprung von der 220 m hohen Verzasca-Staumauer in die Tiefe – natürlich am Bungee-Seil. Hoch wie die Anfang der 1960er-Jahre gebaute Talsperre dürften auch die Adrenalinspiegel derer sein, die sich sehenden Auges ins Tal stürzen.

Buchung: Casa Rosina, Tegna; Tel. 0 79/6 00 70 07; www.trekking.ch; April–Okt.

778

Corippo

Ortsbild unter Denkmalschutz

Malerisch schmiegt sich das Dorf an den Berghang: Einst war Corippo ein lokales Zentrum der Leinenweberei, heute wohnen hier noch zwei Dutzend Menschen. Doch das architektonische Erbe blieb ungeschmälert erhalten; wie vor Jahrhunderten gruppieren sich die Häuser – Schwalbennestern gleich – eng um den kleinen Dorfplatz mit barocker Pfarrkirche und Rathaus. Nur schmale Gassen und Treppen durchziehen das intakte Ensemble, das heute komplett unter Denkmalschutz steht.

2 km hinter Vergono, Verzascatal; www.corippo.ch

779

Vogorno

Dorf im Verzascatal

Vogorno ist einer der ältesten Orte des Verzascatals, war lange dessen Haupt- und Gerichtsort. Auch die alte Pfarrkirche San Bartolomeo ist das älteste Gotteshaus und Mutterkirche des ganzen Tals. Aus der Entstehungszeit des Kirchenbaus, Anfang des 13. Jh., stammen außergewöhnliche Fresken: Rechts im Kirchenschiff sind zehn heilige Frauen im strengen byzantinischen Stil zu sehen. Aufrecht und starr stehen sie dort und bezeugen das ehrwürdige Alter des Baus. Seit Mitte der 1960er-Jahre liegt Vogorno mit seinen vielen schönen Rustici am Ufer eines neuen Sees: In den Fluten des von der Verzasca-Talsperre angestauten Sees – der nun als »Lago di Vogorno« den Namen des Dorfes trägt – versanken allerdings auch tiefergelegene Anwesen des Ortes. Die Häuser wurden oberhalb von Vogorno neu errichtet.

Tourist Info: Via ai Giardini, Tenero; Tel. 0 91/7 45 16 61; www.tenero-tourism.ch

780

Ponte dei Salti

Berühmte Brücke bei Lavertezzo

Sie ist vielleicht das bekannteste Ziel im Verzascatal, die Brücke »Ponte dei Salti« bei Lavertezzo. Obgleich gelegentlich als Römerbrücke bezeichnet, stammen die beiden eleganten Steinbögen aus dem 17. Jh. Auch zum Baden und Tauchen im klaren smaragdgrünen Wasser der Verzasca ist der Platz äußerst beliebt. Nicht zuletzt hat auch das romantische Lavertezzo, ein echtes Bilderbuch-Dorf, einiges zu bieten.

Lavertezzo; www.lavertezzo.ch; www.tenero-tourism.ch

Bellinzona
Die drei Burgen

781

Bellinzona ist wahrlich eine Burgenstadt: Die drei mittelalterlichen Burgen und ihre Wehranlagen gehören zum Unesco-Welterbe: »Castelgrande«, die größte Burg, auf der Ostseite der Altstadt, »Castello di Montebello« (die kleinste, 13./14. Jh.) und als höchstgelegene Burg »Castello di Sasso Corbaro« aus dem 15. Jh. Letztere steht isoliert auf einem Felssporn im Südosten Bellinzonas und bietet einen Ausblick in die 230 m tiefer gelegene Altstadt. Alle Burgen sind zu besichtigen, bieten herrliche Aussichten sowie sehr lohnenswerte Museen und Restaurants.

Bellinzona; Tel. 0 91/8 25 21 31; www.bellinzonaunesco.ch

782

Ristorante della Posta
Speisen unter Arkaden

In der spätbarocken Casa Bezzola (18. Jh.) im Zentrum von Russo findet man heute das Postamt – sowie das wunderbare »Ristorante della Posta«. Man sitzt hier unter den Arkaden des alten Herrenhauses und blickt auf den idyllischen Dorfplatz. Vor allem aber speist man ganz hervorragend, aufs Beste umsorgt vom freundlichen Wirt.

Via Cantonale (Piazza), Russo; Tel. 0 91/7 97 11 97; Mai–Okt.

783

Bio Casa L'Energia
Bio-Lebensgefühl in Bellinzona

In Bellinzona eröffnete 1982 die erste »Bio Casa«. Auf den zwei Stockwerken mitten in der Altstadt (und in weiteren Filialen im Tessin) will man mehr sein als »nur« Bioladen. Zu finden sind hochwertige Bioprodukte, kompetente Beratung und eine inspirierende Atmosphäre.

Piazza Nosetto 6, Bellinzona; Tel.0 91/8 26 29 84; www.biocasa.ch

784

Luna Open Air Cinema
Kino unter freiem Himmel

Filmliebhaber müssen Sommerabende auch im Tessin nicht in stickigen Kinosälen verbringen. Alljährlich sind neue Filme, nicht mehr ganz so neue Streifen und natürlich Filmklassiker unter freiem Himmel zu sehen: in Bellinzona inmitten des Castelgrande, in Lugano am Lido – Leinwandflimmern, Mond und Sterne!

www.open-air-kino.ch; Bellinzona: Aug.–Sep., Lugano: Juni–Juli

785

Palestra di Roccia

Kletterparadies in Bellinzona

Einer der schönsten alpinen Klettergärten liegt ganz zentral in Bellinzona, gar nicht weit vom Bahnhof. Er bietet an griffigen Granitwänden 23 Routen mit Schwierigkeitsgraden von 2 bis 6. Ein bestens ausgestatteter Trainings- und Tummelplatz für Kletterer aller Fähigkeiten. Auch Anfänger können mit Leihausrüstung die Faszination des Kletterns entdecken.

Via Pedemonte, Bellinzona;
Tel. 0 91/8 26 13 31

786

Castelgrande

Mittelalterliche Festungsarchitektur XXL

Bellinzonas größte Festung diente in unruhigen Zeiten als Fluchtburg und besaß deshalb auch Kirchen und Wohnhäuser. Jahrelang restaurierte der Architekt Aurelio Galfetti die Anlage aus dem 13. und 15. Jh. – mit Erfolg: Heute sieht sie so gut aus wie wahrscheinlich nie in ihrer Geschichte. Wahrzeichen sind der Weiße Turm und der Schwarze Turm über dem grünen Innenhof. Spektakulär ist die zinnenbesetzte Ringmauer sowie die oben begrünte Mauer, die sich neben Rebstöcken hinab in die Stadt zieht.

Bellinzona; Tel. 0 91/8 25 21 31;
www.bellinzonaunesco.ch

Bellinzona

Altstadtspaziergang

787

Dass Bellinzona mehr ist als Burgen, merkt man spätestens bei einem Bummel durch die Altstadt. Man beginnt am besten in ihrem Herzen, auf der Piazza Nosetto. Vom Palazzo Civico, dem Neo-Renaissance-Rathaus (und seinem schönen Innenhof) lassen sich die uralten Gassen, Winkel und Plätze der wohl italienischsten Stadt der Schweiz prima erkunden. Man begegnet reich verzierten Patrizierhäusern, dem ältesten Theater des Schweiz, der Tessiner Kantonsregierung und hochklassigen Kirchenbauten. Zahlreiche Einkaufs- und Einkehrmöglichkeiten laden zu Zwischenstopps ein.

www.bellinzonaturismo.ch

788 Cremeria Bar 700 (Settecentesimo)

Italienisches Flair

Ganz zentral und doch etwas versteckt: der perfekte Platz für Dolcefarniente in Bellinzona. Die »Bar Settecentesimo« – oder kurz »700°« liegt direkt am Eingang zum Lift, der hinauf zum Castellgrande führt. In klassischer italienischer Tradition ist sie zugleich Frühstückscafé, Eisdiele, Bistro und Treffpunkt zum abendlichen Aperó. Bellinzonas beste Adresse für ein Drink oder ein gutes Glas Wein. Das Lokal und der kleine Platz mit Brunnen vor dem Burgfelsen wurden vom Tessiner Architekturstar Aurelio Galfetti gestaltet.

Piazzetta della Valle, Bellinzona; Tel. 0 91/8 26 48 30

789 Ristorante Castelgrande

Dinieren im Schloss

Der Weg zu mittelalterlichen Aussichten und Genüssen führt über einen viertelstündigen Fußmarsch – oder bequem per Lift von der Piazetta del Sole. Auf dem in den 1980er-Jahren von Aurelio Galfetti renovierten Castelgrande bietet das Ristorante eine hochklassige (Tradition und Moderne verbindende) Küche und Weinauswahl. Ein preiswerteres Grotto wartet ebenfalls mit malerischem Ambiente zwischen den alten Burgmauern auf.

Salita al Castello, Bellinzona; Tel. 0 91/8 14 87 81; www.castelgrande.ch; Sep.-Juni

790 Wochenmarkt

Erstklassige Tessiner Lebensmittel

Jeden Samstag Vormittag entfaltet sich im Herzen der Bellinzoner Altstadt ein farbenprächtiger Wochenmarkt. Hier gibt es nicht nur frische Lebensmittel und Spezialitäten aus der Region, Blumen, Kunsthandwerk und Haushaltswaren, sondern jede Woche ein Farben- und Sinnesspektakel sondergleichen.

Piazza Nosetto, Bellinzona; www.bellinzonaturismo.ch

791 Osteria Sasso Corbaro

Speisen im Rittersaal

Der mühevolle Weg hinauf lohnt sich. Im Inneren der höchstgelegen Bellinzoner Burg bietet die »Osteria di Castello Sasso Corbaro« in einmaligem historischem Ambiente herausragende Küche an. Während die beiden Gasträume im Ergeschoss eher modern gestaltet sind, vermittelt der große Rittersaal im Obergeschoss mit massivem Kastanienholzboden, dunklen alten Möbeln und großem offenem Kamin pure Burgenromantik. Im Sommer sitzt man unübertroffen schön im Hof der Burg unter Weinranken. Hier wie dort kommt feinste Qualität auf den Tisch, Athos Luzzi und sein Team kochen mit Akribie und Leidenschaft. In zauberhafter Atmosphäre gibt es auf dem Sasso Corbaro magische Momente der Kulinarik.

Via Sasso Corbaro 44, Bellinzona; Tel. 0 91/8 25 55 32; www.osteriasassocorbaro.com

793 Grottino Ticinese

Köstlichkeiten unter Kastanien

Im beliebten Lokal »Grottino Ticinese« außerhalb des Zentrums von Bellinzona kommt alles auf die Stein- und Plastiktische, was aus den Tessiner Bergen kommt und gut schmeckt: frisch aufgeschnittene »salame«, »prosciutto« und »lardo« aus der Region, sowie Weichkäse aus dem Valle di Muggio und Hartkäse aus den oberen Tessiner Alpen. Am schönsten lassen sich die Tessiner Platten an warmen Tagen im großen, schattigen Garten des gemütlichen »grotto« unter den alten Kastanien genießen. Dementsprechend gut ist die Stimmung, und der direkt angrenzte Kinderspielplatz tut bei den jüngeren Gästen sein Übriges. Eine Tischreservierung ist empfehlenswert. Sonntags ist Ruhetag.

Via Lavizzari 1, Bellinzona; Tel. 0 91/8 26 39 64;

792 Musikbars

Bellinzona geht aus

Bellinzona ist Party-Hochburg. Keine Schweizer Stadt hat mehr Bars pro Einwohner. Nicht durchgestylte Tanztempel, sondern kleine Wohnzimmer-Bars um die Ecke bestimmen das Nachtleben. Gemütlich-lässig wird in der Altstadt z. B. im »Fun Café« (Via Codeborgo 15) gefeiert, der »History Music Bar« (Piazza Collegiata 5) oder dem »La Clava« (Via Camminata 9); das musikalische Spektrum reicht von Jazz bis Elektro. Auch in der »Folk Bar« (Via Lodovico il Moro 7) gibt es vielfältige Musikevents.

Fun Café: Tel. 0 91/8 25 12 19;
History Music Bar: 0 91/8 25 33 10;
La Clava: 0 91/8 26 36 00;
Folk Bar: 0 91/8 25 03 05

795

Mit der Bahn durch das Centovalli

Das Tal der hundert (Seiten-)Täler

Ein Vergnügen der besonderen Art ist es, das Centovalli per Eisenbahn zu erleben. Mehr als ein Jahrzehnt hatte es Anfang des 20. Jh. gedauert, zwischen Locarno und dem italienischen Domodossola eine Schmalspurstrecke zu bauen. Seit 1923 verkehrt die »Centovallina« – auf 52 km mit 34 Tunnels, 83 Brücken und 348 Kurven. Der aufregendste Streckenabschnitt mit atemberaubenden Viadukten und spektakulären Ausblicken: zwischen Intragna und dem Grenzort Camedo. Mit beschleunigtem Herzschlag sollten Fahrgäste hier rechnen.

Bahnbetreiber FART: Piazza Stazione 3, Locarno; Tel. 0 91/7 51 87 31; www.centovalli.ch

794

Camedo

Versteckter Gebirgsort

Außer mit dem Zug ist Camedo nur auf einer äußerst kurvenreichen Gebirgsstraße mit vielen schmalen Brücken und Engstellen zu erreichen. Der malerische Ort markiert die Tessiner Grenze zu Italien, den Übergang vom Centovalli ins Piemont. Sehenswert ist die dem heiligen Lorenzo geweihte Kirche mit ihrer barocken Malerei.

Im Centovalli; www.procentovalli.ch

796 Verdasio

Pittoreskes Dorf im Centovalli

Auf einem sonnigen Plateau liegt Verdasio. Schmucke alte Steinhäuser – Palazzi und Arkaden künden teilweise vom Wohlstand der Erbauer – umgeben die Pfarrkiche »Giacomo maggiore e Cristoforo«. Allerdings leben inzwischen dauerhaft kaum mehr 20 Menschen im Ort. Wer z. B. mit der Centovallina-Bahn nach Verdasio kommt, ist meist Wanderer oder Feinschmecker: Zum einen gehen vom Ort zwei Seilbahnen und viele schöne Wanderwege aus, zum anderen versteckt sich hier das Gourmet-Lokal »Al Pentolino«.

www.centovalli.net; www.alpentolino.ch

797 Intragna

Hauptort des Centovalli

Wo das Onsernonetal in das Centovalli mündet, am Zusammenfluss von Isorno und Melezza, liegt auf einer Anhöhe Intragna, Hauptort des Centovalli. Der Campanile der Pfarrkirche San Gottardo ist mit seinen 65 m sogar der höchste im ganzen Tessin. Jenseits vom Hauptplatz mit Kirche, Rathaus und klassizistischem Brunnen dagegen drängen sich die Häuser eng zusammen, sind die Gassen des Ortes schmal und verwinkelt. Gleich hinter der Kirche ist in der Casa Maggetti, einem Patrizierhaus aus dem 17. Jh., das äußerst sehenswerte »Museo regionale delle Centovalli« zu finden. Auch dessen Räume sind fast labyrinthisch verschachtelt, ein buchstäblicher roter Faden hilft bei der Orientierung. Als Ergänzung zu den spannenden Einblicken des Regionalmuseums kann man vom Campanile wunderbare Ausblicke genießen – nachdem (nur) 166 steile Stufen überwunden sind.

Intragna; Museum: Tel. 0 91/7 96 25 77; www.centovalli.net; Ostern–Okt.

798 Osteria Centrale

Reizvolles Grotto

Gleich neben dem alten Rathaus liegt in Intragna, ein wenig zurückgesetzt vom Hauptplatz, die Osteria Centrale. Viele Plätze gibt es drinnen nicht, doch im Sommer sitzen ohnehin die meisten an zahlreichen Tischen auf der Piazza. Man isst, im wahrsten Sinne, mitten im Dorf. Und wird vom sympathischen Padrone und seiner Frau mit bodenständiger Tessiner Küche verwöhnt. Stets frisch gekocht, ist die Karte relativ klein, bietet aber immer eine reizvolle und abwechslungsreiche Auswahl. Gerade die Menüs machen viel Spaß.

Piazza Municipio, Intragna; Tel. 0 91/7 96 12 84; März–Nov.

Valle Onsernone

Das »schwarze Tal«

799

Vom Massentourismus ist das wilde und felsige Onsernonetal bisher verschont geblieben. Im unwegsamen Talgrund wirbelt der Isonzo durch seine Schlucht. Hoch darüber auf Terrassen liegen die traditionellen kleinen Dörfer zwischen Wäldern und Weiden, die Ortsbilder sind von alten Steinhäusern mit Holzbalkonen bestimmt. Nur eine vielfach gewundene Straße verbindet sie. Viele Literaten haben diese intakte Abgeschiedenheit gesucht: Max Frisch nannte es das »schwarze Tal«, weil es schon häufig Menschen diente, die sich verstecken wollten oder mussten.

Tourist Info: Auressio; Tel. 0 91/ 7 97 10 00; www.onsernone.ch

800 Rasa

Schmuckes Bergdorf über dem Centovalli

Keine Straße führt nach Rasa. Das Bergdorf über dem Centovalli ist nur zu Fuß oder von Verdasio mit der Seilbahn (seit 1958) erreichbar. Ohne Autoverkehr gehen die Uhren anders auf der sonnigen Bergterrasse in 900 m Höhe. Eindrucksvolle alte Häuser und Palazzi erinnern an den Wohlstand vergangener Jahrhunderte, als hoch über dem unwegsamen Tal ein wichtiger Nord-Süd-Handelsweg über Rasa führte. Im Gegensatz zu einst mehreren Hundert Einwohnern sind es heute nicht mehr als 20. Ein kleines Dorfwirtshaus gibt es dennoch. Rasa ist beliebter Ausgangspunkt für Berg- und Wandertouren. Außerdem hat sich ein christliches Kurs- und Ferienzentrum in den alten Mauern des Ortes angesiedelt.

Gemeinde Centovalli; www.centovalli.net; www.camporasa.ch

801 Verscio

Hauptort im Pedemonte

»Pedemonte«, das ist das fruchtbare Schwemmland der Talebene »am Fuße der Berge«, wo die Flüsse aus Onsernonetal und Centovalli der Maggia zufließen. Im Gegensatz zu den Orten in den oberen Tälern hat das Pedemonte nicht mit Abwanderung zu kämpfen. Der Hauptort Verscio ist mit den nahen Nachbardörfern Tegna und Cavigliano praktisch zusammengewachsen und inzwischen zur Gemeinde »Terre di Pedemonte« fusioniert. Dennoch haben die Dörfer jeweils ihren eigenen Charakter bewahrt. In Verscio sind es neben der barocken Pfarrkirche San Fedele und der Piazza mit Freiheitsobelisk viele prächtige Häuser aus dem 17. und 18. Jh., die das Ortsbild prägen – und das rege Kulturleben, das in starkem Maße von einem Clown (»Dimitri«) ausgeht.

Gemeinde Terre di Pedemonte; www.centovalli.net;

Teatro Dimitri

Clown-Welt

802

1971 eröffnete der bekannte (rot besockte) Clown Dimitri in Verscio das erste feste Theater im Tessin. Mit etwa 20000 Zuschauern pro Jahr ist das »Teatro Dimitri« heute eine der wichtigsten Kleinbühnen der Schweiz. Unter dem Dach der »Fondazione Dimitri« sind außerdem weitere clowneske Einrichtungen entstanden (Theaterschule, Museum, Parco del Clown u. a.).

Verscio; Tel. 0 91/7 96 15 44; www.teatrodimitri.ch

803

Internationales Filmfest Locarno

Zweitältestes Filmfest in Europa

Anfang August beginnt die Leopardenjagd: Wer bekommt einen »Pardo« beim »Festival del film« in Locarno? Schauspieler, Produzenten, Regisseure und andere Menschen aus der Welt des Films bevölkern die Stadt. Zehn Tage lang zeigt das älteste und größte Filmfest der Schweiz in jedem Jahr Hunderte Filme, etliche davon auf der riesigen Open-Air-Leinwand im Stadtzentrum. Bis zu 8000 Zuschauer erleben auf der Piazza Grande Freiluftkino vor einmaliger Kulisse. Es ist weniger der Glamour-Faktor als die einmalige Stimmung und Atmosphäre, die das Festival in Locarno ausmachen.

Locarno; Tel. 0 91/7 56 21 21; www.pardolive.ch; Aug.

Acquasana Muralto

Wellness in Locarno

Wasser, Wärme, Wellness: Das »Acquasana« bietet wunderbare Möglichkeiten, das eigene Wohlbefinden zu steigern. Sei es aktiv beim Schwimmen und im Acquafitness-Training, sei es ganz entspannt in Thermalgrotte, Sauna oder Relaxarium. Auch Wasser-Shiatsu, Yoga und Kosmetikbehandlungen werden angeboten. Kinderangebote und sogar ein Babysitterdienst helfen dabei, es sich hier in angenehmer Atmosphäre so richtig gutgehen zu lassen. Diese Chance sollte man nutzen.

Via Balli 1,
Muralto, Locarno;
Tel. 0 91/7 30 15 75;
www.acquasana.ch

804

805 Concerti delle Camelie

Eröffnung der Konzertsaison in Locarno

Der Frühling beginnt im Tessin musikalisch: Kaum blühen am See die ersten Kamelien, eröffnen in Locarno die »Concerti delle Camelie« die Konzertsaison. Ab März ist Alte Musik auf höchstem Niveau zu hören. Internationale Spitzen-Interpreten bringen vor allem Werke der Barockzeit zu Gehör, z.B. von Bach, Scarlatti oder Vivaldi.

Sala Sopracenerina, Piazza Grande 1, Locarno; Tel. 08 48/ 09 10 91; www.camellia.ch

806 Wochenmarkt

Lebhaft und schmackhaft

Jeden Donnerstag verwandelt sich Locarnos schönster Platz in einen lebhaften Markt. Die Piazza Grande ist voller bunter Stände, an denen (fast) alles feilgeboten wird, was man zum Leben braucht. Von frischen Lebensmitteln und kulinarischen Spezialitäten aus der Region bis hin zu Haushaltsartikeln, Kleidung und Kunsthandwerk aus Holz, Stein oder Keramik.

Piazza Grande, Locarno; www.ascona-locarno.com

807 Das Herz von Locarno

Piazza Grande und Altstadt

Auf der eleganten Piazza Grande spürt man den Herzschlag der Stadt. Unter den Arkaden reihen sich Geschäfte, Cafés und Restaurants aneinander. Es lohnt sich, von hier aus die vielen Gässchen der malerischen Altstadt mit ihren prächtigen Patrizierhäusern zu erkunden (und neugierige Blicke in manchen Innenhof zu werfen).

www.ascona-locarno.com

808 Pinacoteca Casa Rusca

Kunst im Bürgerhaus

In Locarnos historischer Altstadt ist die Casa Rusca ein sehenswertes Beispiel eines Bürgerhauses des 18. Jh. mit herrlichem Innenhof. Vor allem aber beherbergt das Haus die Kunstsammlungen der Stadt sowie Sonderausstellungen zeitgenössischer Kunst des In- und Auslands. Ein Kernstück der städtischen Bestände ist der Nachlass Hans Arps (mit eigenen und Werken befreundeter Künstler). Allerdings ist nur ein Teil ständig ausgestellt und auch der nur im Zusammenhang mit Sonderausstellungen zugänglich.

Piazza Sant'Antonio 1, Locarno; Tel. 0 91/7 56 31 85; Mi–So

Castello Visconteo

Faszinierende Burg

809

Das Kastell am Rand der Locarner Altstadt geht auf eine frühmittelalterliche Burg zurück. Mitte des 14. Jh. wurde sie von der Mailänder Herrscherfamilie Visconti erobert. Auf den Grundmauern der alten Burg errichteten die Visconti ihre Tessiner Residenz, die im 16. Jh. die Schweizer Landvögte übernahmen. Faszinierende Burgarchitektur, elegante Höfe und prächtig ausgestattete Räume sind noch heute zu bewundern. Das Kastell beherbergt außerdem das »Museo civico e archeologico«.

Via al Castello, Locarno; Tel. 0 91/7 56 31 70/80; April–Okt.

810

Lido Locarno

Spaß und Wellness

Wo vor 100 Jahren das erste Seebad eröffnet wurde, hat der neue »Lido« seine Tore geöffnet: Ein fast 200 m langer Glaspalast am Ufer verknüpft moderne Bäderarchitektur mit Seenlandschaft. Zahlreiche Hallen- und Freibäder, Sportschwimmbecken, Fitnessanlagen, Wasserrutschen, Thermal-/Solebäder, Sauna- und Wellnesseinrichtungen bieten Badefreuden für Sportlich-Aktive, für Familien, aber auch für Entspannungssuchende.

Via Respini 11, Locarno; Tel. 0 91/7 59 90 00; www.lidolocarno.ch

811

Madonna del Sasso

Wallfahrtskirche hoch über Locarno

Eine Marienerscheinung im Jahr 1480 führte zu Klostergründung und Wallfahrtskirche hoch über Locarno. Neben Klosterschätzen ist hier eine sensationelle Aussicht auf Stadt, See und Berge zu bewundern. Eine historische Standseilbahn oder viele Serpentinen führen hinauf.

Via Santuario 2, Orselina; Tel. 0 91/7 43 62 65; www.madonnadelsasso.org

Locanda Locarnese
Gourmetrestaurant

812

Es sind nur ein paar Schritte von der Piazza Grande und doch liegt die Locanda Locarnese fast versteckt in einer engen Seitengasse. Dort findet man ein schlicht, aber äußerst stilvoll eingerichtetes Restaurant – eines der besten der Stadt. Persyo Cadlolo führt es gemeinsan mit seiner Frau Helena und steht selbst am Herd; wie man merkt, mit Leidenschaft. Auf der Basis überwiegend lokaler und saisonaler Zutaten geht er über das Übliche hinaus, gekocht wird kreativ mit deutlich mediterranem Einschlag. Wer anspruchsvolle Küche mit hervorragender Weinauswahl und ebensolchem Service sucht, ist hier richtig. Zu den beiden Innenräumen (mit schönem offenem Kamin) kommen im Sommer noch einige Plätze im Freien, auf geschickt konstruierten schmalen Holzterrassen vor dem Lokal.

Via Bossi 1 (Piazza Grande), Locarno; Tel. 0 91/7 56 87 56; www.locandalocarnese.ch

813

Sentiero Verzasca
Wanderung auf einem alten Saumpfad

Tenero ist das Tor zum Val Verzasca. Von hier aus lassen sich die Naturschönheiten und Kulturschätze des bekanntesten Tessiner Tals sogar zu Fuß erkunden. Einer der schönsten Schweizer Wanderwege, der »Sentierone«, durchmisst das faszinierende Tal in ganzer Länge – etwa 25 km. Sobald man die Verzasca-Staumauer bei Vogorno hinter sich gelassen hat, folgt man dem Lauf der smaragdgrünen Verzasca auf alten Säumerpfaden bis nach Sognono, sei es als Tageswanderung oder in mehreren Etappen.

Tenero–Sonogno; Wanderroute Nr. 74; zu den Dörfern des Tals siehe S. 363–369; www.tenero-tourism.ch

814 Grotto Scalinata

Traditionslokal

Die Lage ist einfach traumhaft: oberhalb von Tenero, inmitten der Weinberge. Ringsherum wächst, was später als schmackhafter hausgemachter Rotwein und selbst gebrannter Grappa ins Glas kommt. Im idyllischen »Grotto Scalinata« isst man seit Jahrzehnten wie bei Großmutter – und fühlt sich auch so. Mit rustikaler Herzlichkeit (manchmal auch Strenge) verwöhnen die Schwestern Livia und Marina ihre Gäste mit frischen saisonalen Spezialitäten. Besonders gut: die Fleischgerichte, etwa Schmorbraten oder Kaninchen mit Polenta vom offenen Kaminfeuer.

Via Contra 60 (oberh. der Kirche), Tenero; Tel. 0 91/7 45 29 81

815 Weingut Matasci

Wein und Kunst

In den letzten 40 Jahren haben die Matascis das Familienweingut nicht nur zu einem Anziehungspunkt für Weinliebhaber, sondern auch für Kunstfreunde gemacht. Hier gibt es sowohl wunderbare Tessiner Tropfen und ein interessantes Weinmuseum als auch »Matasci Arte«, eine herausragende Kunstgalerie.

Via Verbano 6/Via Stazione 10, Tenero; Tel. 0 91/7 35 60 11; www.matasci.com

816 Festival Artisti di Strada

Internationale Straßenkünstler

Vier Tage im Jahr ist Ascona eine einzige große Bühne. Auf Straßen und Plätzen treten Clowns, Gaukler und Pantomimen, Akrobaten, Jongleure und Feuerspucker, Musikanten, Tänzer und andere mehr auf. Das »Festival Artisti di Strada« ist kostenlos, am Ende einer Vorstellung lassen die Straßenkünstler nur ihren Hut herumgehen.

Ascona; www.artistidistrada.ch; Mai

817

Hot Jazz

Das »JazzAscona« Festival

Ascona ist die Jazz-Hauptstadt des Tessin. Das alljährliche »JazzAscona« ist inzwischen eines der größten Festivals in Europa. An zehn Tagen gibt es über 200 z.T. hochkarätige Konzerte, die – von kleinen Bars bis zur großen Seebühne – an die 70000 Besucher erreichen. Stilistisch ist man in erster Linie dem Trad Jazz und dem New Orleans Beat verbunden.

Ascona; www.jazzascona.ch; Juni/Juli

818

Carnevale und Rabadan

Tessiner Karneval-Highlights

Auch im Tessin geht es im Karneval hoch her. Mit einer ausgelassenen Risotto-Party auf der Uferpromenade begeht Ascona den »Martedi grasso« (Fastnachtsdienstag). Schon am »schmutzigen Donnerstag« übernimmt »König Rabadan« in Bellinzona für fünf Tage die Herrschaft. Zehntausende feiern mit!

Ascona und Bellinzona; www.ascona.ch; www.rabadan.ch

819

Golf Club Patriziale Ascona

Golfen am Ufer des Lago Maggiore

Seit 1928 gibt es diesen edlen, bestens gepflegten Golfplatz im »Parkland«-Stil. Direkt am Ufer des Lago Maggiore, auf der Halbinsel des Maggia-Deltas, spielt man zwischen wunderschönem altem Baumbestand. Ein Juwel mit relativ flachen Fairways, gut angelegten Bunkern und Wasserhindernissen.

Via al Lido 81, Ascona; Tel. 0 91/7 85 11 77; www.golfascona.ch

820

Settimane Musicali

Klassik in der Kirche

»Grande musica con grandi interpreti« lautet seit fast 70 Jahren die Devise. Am Lago Maggiore bieten die internationalen Musikwochen, die »Settimane Musicali di Ascona«, im Spätsommer klassische Musik vom Feinsten. International bedeutende Interpreten geben jedes Jahr mehr als ein Dutzend Konzerte in stimmungsvoller Kulisse. In der Kirche des Collegio Papio in Ascona treten Solisten und Kammermusikensembles auf, in San Francesco in Locarno finden die Orchesterkonzerte statt.

Ascona und Locarno; Tel. 0 91/7 59 76 65; www.settimanemusicali.ch; Ende Aug.–Okt.

821 Monte Verità
»Berg der Wahrheit«

Eigentlich ist es kein Berg, sondern ein Hügel. Programmatisch zum »Berg der Wahrheit« erklärt, wurde die Hanglage über Ascona ab 1900 zum Mekka von Wahrheits- und Sinnsuchern. Hier war der Ort, naturnahe alternative Lebensformen zu verwirklichen, Vegetarismus, Nacktheit, freie Liebe und anderes mehr. Neben den frühen Lebensreform-Hütten entstand 1928 ein Hotel im Bauhaus-Stil. Perspektiven und Spuren der Reformer kann man auf dem Monte Verità (u. a. in einer Ausstellung) nachverfolgen.

Strada Collina 84, Ascona; Ausstellung derzeit in der Casa Selma; www.monteverita.org

822 Museo d'Arte Moderna
Internationale Kunst in Ascona

Seit Anfang des 20. Jh. war Ascona ein Anziehungspunkt für zahlreiche internationale Künstler. Deren Nachlässe bilden den Grundstock für das Museo Comunale d'Arte Moderna, insbesondere die Sammlung Marianne von Werefkins mit eigenen Bildern und Werken befreundeter Maler des »Blauen Reiter«.

Via Borgo 34, Ascona; www.museoascona.ch; März–Dez.

823 Casa Serodine
Ehemalige Residenz einer Patrizierfamilie

Am Kirchplatz fällt die prächtige Stuckfassade der »Casa Serodine« ins Auge. Vater und Söhne der Künstlerfamilie Serodine errichteten ihr barockes Stadtpalais um 1620 als Gemeinschaftswerk. Über den eleganten Innenhof erreicht man das erste Stockwerk, das für Ausstellungen genutzt wird. Im Erdgeschoss das traditionsreiche deutschsprachige Antiquariat »Libreria della Rondine«.

Piazza San Pietro 9, Ascona

824 Museo Epper
Expressionistische Ausstellungen

Ignaz Epper ist ein Hauptvertreter des schweizerischen Expressionismus. Gemeinsam mit seiner Frau, der niederländischen Bildhauerin Mischa Epper, wohnte und arbeitete er seit den 1930er-Jahren in Ascona. Im ehemaligen Wohn- und Atelierhaus sind das grafische bzw. plastische Werk Mischa Eppers und Sonderausstellungen zu sehen.

Via Albarelle 14, Ascona; Tel. 0 91/7 91 19 42; www.ticino.ch

825

Ascona

Das historische Zentrum und der See

Das ehemalige Fischerdorf Ascona hat sich zu einem der beliebtesten Schweizer Ferienorte entwickelt. Auf mondäne Moderne trifft man ebenso wie auf pittoreske Tradition. Das alte Ortszentrum, der »Borgo«, umgibt die sehenswerte Pfarrkirche Pietro e Paolo mit ihrem hohen Campanile. Das verzweigte Netz verkehrsfreier Gassen und schöner Innenhöfe mündet in die Piazza am See, wo sich ein herrlicher Ausblick auf den Lago Maggiore bietet. Mit den Arkaden der Patrizierhäuser und vielen sonnigen Cafés ist die platanengesäumte Uferpromenade eine perfekte Flaniermeile.

Tourist Info: Viale Papio 5, Ascona; www.ascona-locarno.com

826

Santa Maria della Misericordia

Gotisches Gotteshaus

Die mit dem Dominikanerkloster Collegio Papio verbundene Kirche wurde von 1399 an im spätromanischen Stil errichtet, der schlanke Campanile entstand 1488. Sehenswert sind nicht nur die spätgotischen Fresken des Innenraums, sondern auch die Mariendarstellungen der Altäre.

Via delle Capelle 1, Ascona

Borromäische Inseln

Kleinode der Borromeo

Wie Perlen der Fantasie liegen die »Isole Borromee« im See. Über den Lago Maggiore sind diese italienischen Kleinode mit dem Tessin verbunden. Die vom Mailänder Adelsgeschlecht der Borromeo gestalteten (und nach ihm benannten) Inseln kann man von Ascona aus in der Saison mehrmals täglich mit dem Schiff ansteuern. Die größte der drei zugänglichen Inseln ist die Isola Bella, ein einziger traumentsprungener Barockgarten mit herrschaftlichem Palast (im Bild). Fischer-Idyll und englische Landschaftsgärtnerei findet man auf der Isola dei Pescatori und der Isola Madre. An Sonn- und Feiertagen suchen oft allzu viele Menschen die Schönheit der Inseln.

www.isolelagomaggiore.com;
Isola Bella/Isola Madre März–Okt.

827

828 Lido Ascona

Herrliches Strandbad

Der »Grande Lido di Ascona« ist nicht nur ein großes, sondern tatsächlich ein großartiges Strandbad im Grünen. Am 600 m langen Sandstrand kann man buddeln, Burgen bauen und sorglos baden, das Wasser wird hier nur langsam tiefer. Alte Bäume spenden Schatten und die Bade-Infrastukur mit Duschen, Umkleiden, gepflegten Sanitäranlagen sowie mehreren Restaurants, Bars und Kiosks lässt keine Wünsche offen. Auch schöne Spiel- und Sportanlagen stehen zur Verfügung, gegen Gebühr sogar eine 96 m lange Wasserrutsche.

Via Lido 81, Ascona;
Tel. 0 91/7 91 52 48; Mai–Sep.

829 Aphrodite

Speisen am Seerosenteich

Das Restaurant »Aphrodite« des Fünfsternehotels Giardino liegt nicht am See, sondern an einem lauschigen Seerosenteich. Hier geht es etwas legerer zu als in anderen Gourmetrestaurants im Ort. Umso abwechslungsreicher und innovativer ist das, was Küchenchef Christian Scharrer und sein Team jeden Tag auf den Tisch bringen.

Via del Segnale 10, Ascona;
Tel. 0 91/7 85 88 88;
www.giardino-ascona.ch

830 La Brezza

Gourmetrestaurant im Hotel Eden Roc

Fünf Sterne und vier Restaurants hat das Hotel Eden Roc. Im Gourmetrestaurant »La Brezza« kann man hier in exquisitem Ambiente bei perfektem Service auf höchstem Niveau speisen – wenn gewünscht auch auf der Terrasse direkt am See mit Aussicht auf den Sonnenuntergang.

Via Albarelle 16, Ascona;
Tel. 0 91/7 85 71 71;
www.edenroc.ch; März–Okt.

831 Osteria Nostrana

Legendäre Pizza an der Uferpromenade

Wer nach all der Tessiner Polenta am Lago Maggiore Lust auf Pizza bekommt, der ist in Asconas Osteria Nostrana gut aufgehoben. Direkt an der Uferpromenade serviert man hier, seit Jahrzehnten unverändert gut, eine legendäre Pizza. Wie sie die Pizzabäcker bereiten, kann man im Lokal unmittelbar beobachten.

Piazza Giuseppe Motta, Ascona;
Tel. 0 91/7 91 51 58;
www.osteria-nostrana.ch

832 Ristorante degli Angioli

Spezialitäten aus der Region

1473 wurde das Haus erbaut. In einem der ältesten Häuser Asconas – sowie auf der schönen, z. T. überdachten Terrasse mit Pergola – bietet das »Ristorante degli Angioli« gediegene Tessiner Hausmannskost. Rustikal ist die Einrichtung, gemütlich der offene Kamin und überaus herzlich die familiäre Atmosphäre und der Service.

Via Albarelle 3, Ascona; Tel. 0 91/7 91 25 18; www.angioli.ch; April–Feb.

833 Lago Maggiore

Abwechslungsreiches Segelparadies

Der Lago Maggiore ist ein hochinteressantes Segelrevier. Knapp 80 km erstreckt er sich beiderseits der schweizerisch-italienischen Grenze. Spektakuläre Panoramen, spannende abwechslungreiche Küstenabschnitte und zahlreiche Inseln lassen keine Langeweile aufkommen. Vor allem im Frühling und Herbst wehen gute Brisen, aber der windsichere See ist Ganzjahres-Segelgebiet. Wer einen Segelschein besitzt, hat z. B. in Ascona die Möglichkeit, Boote zu mieten; alle andern können Segeln hier in herrlicher Umgebung lernen.

Schule/Vermietung: Tel. 0 91/7 91 51 85; www.asconautica.ch

834 Cantina dell'Orso

Weinerlebnisse

Tessiner Weinpapst wird er genannt – und das nicht ganz zu Unrecht: Urs Mäder kennt Tessiner Weine und Winzer wie kaum ein Zweiter. Seine (ansteckende) Begeisterung für den Tessiner Wein spürt jeder, der in den großzügigen Laden kommt. Weinkauf bedeutet hier kompetente Information und fundierte Beratung. Dabei setzt der charmante »Weinbär«, wie er sich selbst gern nennt, auf hochwertige Weine, legt aber Wert darauf, dass die Preise stimmig bleiben und Weingenuss nicht »zur elitären Geste verkommt«.

Via Circonvallazione 7, Ascona; www.orsovini.ch

835 Da Nani
Ristorante Aerodromo

50 Jahre lang (1947 bis 1997) hatte Ascona einen Flugplatz. Aus Feuchtwiesen des Maggiadeltas war durch private Initiative in den 1950er-Jahren ein Landeplatz des europäischen »Jetset« geworden. Davon zeugen heute noch die alte Start- und Landebahn und spannende Erinnerungsstücke im ursprünglichen Flughafenrestaurant. Das »Ristorante Da Nani« mit seiner mediterranen Küche ist immer noch ein äußerst lohnenswertes, nunmehr in grüner Garten-Idylle liegendes Speiselokal. Im Winter sorgt das Kaminfeuer für eine gemütliche und entspannte Atmosphäre.

Via Aerodromo 3, Ascona;
Tel. 0 91/7 91 13 73

836 Ronco sopra Ascona
Künstlerdorf auf dem Seebalkon

Malerisch liegt Ronco auf einer Hangterrasse über dem Lago Maggiore; bezaubernd ist der Blick auf den See und die Brissago-Inseln. Bis in die 1960er-Jahre waren es nur einige Künstler, die den Ort mit seinen enge Gassen und prachtvollen Häusern aus dem 17. Jh. für sich entdeckten. Der alte Dorfkern konnte seinen Zauber bewahren.

www.ronco-s-ascona.ch

837 Tabakfabrik
Handgedrehte Zigarren aus Brissago

Es muss nicht immer Karibik sein. 1847 errichteten einheimische Kaufleute eine Zigarrenfabrik in Brissago. Seitdem werden dort leicht gekrümmte dünne Virginiazigarren (mit eingearbeitetem Grashalm) hergestellt: »Brissago originale«. Man kann die Fabrik besichtigen und sogar versuchen, Zigarren selbst zu rollen.

Via R. Leoncavallo 55, Brissago;
www.centrodannemann.com

838 Pfarrkirche Santi Pietro e Paolo
Lombardische Renaissance

Umgeben von 600-jährigen Zypressen steht die Pfarrkirche von Brissago inmitten des alten Dorfkerns. Der einheimische Baumeister Giovanni Beretta und sein Sohn Pietro ersetzten 1526 bis 1610 die romanische Vorgängerkirche durch den heutigen eindrucksvollen Bau im Stil der lombardischen Renaissance. Die Orgel aus dem 17. Jh. beeindruckt nicht nur optisch durch ihr Schnitzwerk, sondern vor allem durch ihren Klang.

Brissago; www.brissago.ch

839

Brissago-Inseln

Isole di Brissago

So warm ist es sonst nirgends in der Schweiz: Die beiden Brissago-Inseln genießen ein subtropisches Mikroklima. Ende des 19. Jh. kaufte die schillernde Baronesse de Saint Léger die Inseln und legte auf der größeren einen botanischen Garten an, die kleinere blieb (bis heute) der Natur überlassen. Zwischenzeitlich gehörten die Inseln einem Hamburger Kaufmann, ehe sie 1949 in öffentlichen Besitz übergingen. Seitdem ist der Inselgarten mit seiner faszinierenden Flora jedermann zugänglich. Über 1700 verschiedene Pflanzen- und Blumenarten aus allen Kontinenten kann man hier bewundern. Per Schiff ist der Botanische Garten von allen Anlegestellen aus leicht erreichbar.

Tel. 0 91/7 91 43 61; www.isolebrissago.ch; März–Okt.

Patrizierhäuser

Historisches Brissago

840

Am Westufer des Lago Maggiore ist Brissago der letzte Ort vor der italienischen Grenze. Dass der Ort im Mittelalter weitreichende Steuer- uind Zollprivilegien genoss, ließ den Handel mit Italien florieren, Kaufmannsfamilien siedelten sich an und eine wohlhabende Oberschicht entstand. Aus dem 17. und 18. Jh. haben sich am Seeufer mehrere schöne Patrizierhäuser erhalten, die vom wirtschaftlichen Erfolg ihrer Erbauer zeugen. Die Casa Borrani geht auf das 17. Jh. zurück, die Casa Bianchini auf die Zeit um 1750. Der prächtige barocke Palazzo Branca-Baccalà war ursprünglich als Palais der Kaufmannsfamilie Branca errichtet worden. Heute beherbergt er ein kleines Museum zu Leben und Schaffen des Opernkomponisten Ruggero Leoncavallo (1857–1919, »Der Bajazzo«), der Anfang des 20. Jh. in Brissago wirkte.

Museo Leoncavallo: Via Poda 5, Brissago; Tel. 0 91/7 93 02 42; www.leoncavallo.ch; März–Okt; www.brissago.ch

Bolle di Magadino
Auenlandschaft

841

Wo die Flüsse Verzasca und Tessin in den Lago Maggiore münden, hat sich eine unberührte Auenlandschaft von europäischem Rang erhalten. Das Flussdelta und Schutzgebiet der »Bolle di Magadino« ist mit seinen Auwäldern, Altwässern und Sumpfwiesen Lebensraum einer einzigartigen Vielfalt von Pflanzen und Tieren, z. B. über 300 verschiedenen Vogelarten (Fernglas nicht vergessen!). Das Naturschutzgebiet ist über vier Lehrpfade schonend zugänglich, die bei Magadino und Gordola beginnen. Geführte Rundgänge gibt es von April bis Oktober.

Magadino/Gordola; Tel. 0 78/6 39 07 49; www.bolledimagadino.com; www.gambarognoturismo.ch

842

Festival di musica organistica
Internationales Orgel-Festival

Vor 50 Jahre gab Marcel Dupré das erste Festivalkonzert in der kleinen Dorfkirche von Magadino – mit ihrer großartigen Orgel. Seitdem hat sich das Internationale Orgel-Festival zu einem Höhepunkt des Tessiner Kultursommers entwickelt. Sieben Orgelkonzerte renommierter internationaler Organisten gibt es jeden Juli, plus je ein Konzert in Gordola und Bellinzona.

Magadino; Tel. 0 91/7 95 26 20; www.organ-festival.ch; Juli

843

Santa Maria degli Angeli
Mario Botta auf der Alpe Foppa

Sie irritiert und fasziniert. Mit seiner Kapelle »Santa Maria degli Angeli« schuf Stararchitekt Mario Botta eine neue Form alpiner Kirchenarchitektur. Der massive und doch elegante Bau ist zugleich Skulptur und Aussichtspunkt. Anfang der 1990er-Jahre wurde das Gotteshaus im Auftrag des Betreibers der Monte-Tamaro-Seilbahn, Egidio Cattaneo, errichtet, der damit an seine verstorbene Frau erinnern wollte. Daher erreicht man die Kapelle auch ganz einfach von der Bergstation der Seilbahn auf der Alpe Foppa.

Rivera; www.montetamaro.ch; April–Okt.

844 Alpe Foppa

Spaß garantiert auf dem Monte Tamaro

Von Rivera aus führt eine komfortable Gondelbahn auf den Monte Tamaro, genauer gesagt die 1530 m hohe Alpe Foppa. Als eines der beliebtesten Ausflugsziele der Region bietet die Alpe nicht nur eine fantastische Aussicht und schöne Wandermöglichkeiten, sondern auch ein breites Angebot an Gastronomie, Spiel und Erlebnis-Unterhaltung. Kulturellen Kontrast bieten moderne Kunst und Architektur.

Rivera; www.montetamaro.ch; April–Okt.

845 Cantina del Portico

Weingut in Rivera

Junge ambitionierte Önologen, viele von ihnen Deutschschweizer, haben in den letzten Jahrzehnten dem Tessiner Weinbau neuen Schwung gegeben. 1981 übernahm Werner Stucky das alte Weingut in Rivera und beweist seitdem, was Tessiner Wein sein kann, der auf Klasse statt Masse setzt.

Capidogno, Rivera; www.cantinadelportico.com

847 Vira Gambarogno

Tor zum Gambarogno

Hauptort des »Gambarogno« am Nordostufer des Lago Maggiore ist Vira. Der Ortskern des alten Fischer- und Bauerndorfs hat seinen ursprünglichen Charakter bewahrt. Der Fischerhafen, die Kapelle Santa Maria Maddalena im Zentrum und die Pfarrkirche San Pietro sind sehenswert. Über Vira erreicht man das Veddascatal.

www.gambarognoturismo.ch

846 Botanischer Garten

Für Pflanzenliebhaber

Welch eine Blütenpracht! Im »Parco Botanico del Gambarogno« blüht es auf über 17000 qm fast das ganze Jahr. Der Pflanzen-Enthusiast Otto Eisenhut hat den Landschaftsgarten seit den 1950er-Jahren aufgebaut. Heute entfalten 950 unterschiedliche Kamelien und 350 verschiedene Magnolien ihre Farbenpracht, unzählige Rhododendren, Pfingstrosen und weitere Blühpflanzen kommen dazu. Dazwischen wachsen Efeu, Kiefern, Wacholder und seltene Nadelhölzer.

bei San Nazzaro, zwischen Piazzogna und Vairano; Tel. 0 91/7 95 18 66; www.parcobotanico.ch

Indémini

Das Dorf am Ende der Schweiz

849

Indémini ist eine der abgelegensten Schweizer Gemeinden – und eine der reizvollsten. Man muss erst in unzähligen Serpentinen die Höhen des Gambarogno überwinden, um in das ansonsten italienische Veddascatal zu gelangen. An dessen Ende klebt das Bergnest inmitten wilder Natur und ausgedehnter Kastanienwälder am Steilhang. Uralte Häuser aus grauem Gneis mit Holzlauben und Steinplatten auf den Dächern bestimmen das homogene Ortsbild. Städtische Nervosität und Hektik sind in den verwinkelten Gassen unvorstellbar.

www.gambarognoturismo.ch

848 Alpe di Neggia

Pass mit Blick über den Lago Maggiore

In Vira beginnt eine Passstraße, die es in sich hat: 25 km, 1200 Höhenmeter und an die 150 scharfe Kurven sind zu überwinden. Belohnt wird man von einer landschaftlich äußerst reizvollen Strecke durch lichte Kastanien- und Buchenwälder sowie der Alpe di Neggia auf der Passhöhe. Hier genießt man die Aussicht und die Almkäse einer kleinen Käserei.

ab Vira;
www.gambarognoturismo.ch

850 Grotto dell'Ortiga

Vorzügliches nach Tessiner Art

Was soll man erwarten, wenn ein (Ex-)Architekt am Herd steht? In diesem Fall, Herausragendes! Schon seit Jahrzehnten betreibt Antonio Mazzoleni im Dorfkern von Manno eine urtümliche und weit gerühmte Osteria in altem Gemäuer. Hier kommt nur Tessiner Hausmannskost vom Feinsten auf den Tisch.

Strada Regina 35, Manno;
www.ortiga.ch; Feb.–Dez.

851 Mit Lamas wandern

Ein Hit für die ganze Familie

Auch im Tessin gibt es Lamas. Sie heißen Milan, Melo, Dave, Inti oder Cappuccino und man kann sie ganzjährig engagieren. Es gibt Trekking- und Wandertouren mit Lamas ganz unterschiedlichen Zuschnitts und man kann das Wandern mit Lamas bei einem einstündigen »Schnuppertrekking« auch erst einmal ausprobieren.

Casa Gisoretta, Iseo;
Tel. 0 79/3 31 25 73;
www.lama-trekking.ch.vu

Giardino Belvedere

Flanieren in Lugano

852

An der Uferpromenade zwischen Altstadt und Paradiso erstreckt sich direkt am See der Giardino Belvedere. Zwischen der gepflegten subtropischen Flora des Parks sind mehr als ein Dutzend Skulpturen der klassischen Moderne (Max Bill, Jean Arp u. a.) zu bewundern. Am frühen Abend ist der Park beliebte Flaniermeile der Luganer.

www.lugano-tourism.ch

853

Monte San Salvatore

»Zuckerhut« von Lugano

Seit dem frühen Mittelalter war der Gipfel mühevolles Pilgerziel. Nach einer alten Legende, auf die auch der Name des Berges zurückgeht, hatte der Heiland bei seiner Auffahrt in den Himmel hier eine kurze Rast eingelegt. Ein kleines Museum auf dem Gipfel informiert über die Geschichte des Monte San Salvatore. Heute erreicht man Luganos markanten »Zuckerhut« vom Vorort Paradiso ganz bequem per Drahtseilbahn und kann eine unübertreffliche Rundumsicht genießen. Ein schöner Panoramawanderweg führt, wenn man mag, durch Kastanienwälder in etwa 3 Std. hinunter nach Morcote am See.

Tel. 0 91/9 85 28 28; www.montesansalvatore.ch; März–Nov.

Festa nazionale
Nationalfeiertag

854

Überall wird in der Schweiz am 1. August der Nationalfeiertag, die Bundesfeier, begangen und traditionell der »Rütli-Schwur« gefeiert. Im Tessin ist die »festa nazionale« in Lugano ein besonders fröhliches und farbenfrohes Volksfest. Was tagsüber mit Trachtenumzug, Tanz und Fahnenschwingen beginnt – Speis und Trank dürfen dabei natürlich nicht fehlen – mündet am späten Abend in ein fulminantes Feuerwerk über dem See, dessen bunter Feuerschein die Schweiz in eine Märchenlandschaft verwandelt.

Lugano; Tel. 0 58/8 66 66 30 ; www.lugano-tourism.ch; 1. Aug.

855

Blues to Bop Festival
Blues und mehr

Das »Blues to Bop« ist ein einzigartiges Open-Air-Festival. Auf mehreren Bühnen im Herzen der Stadt (sowie der Nachbargemeinde Morcote) gibt es vier Tage und über 60 Std. lang hochkarätige Live-Musik unter freiem Himmel. Die Piazza della Riforma verwandelt sich in eine brodelnde Konzertarena. Die stilistische Bandbreite ist groß und reicht vom Blues über Soul bis zum Pop. Und: Alle Konzerte sind gratis und finden bei jedem Wetter statt.

Lugano, Morcote; Tel. 0 58/8 66 48 00; www.bluestobop.ch; Aug./Sep.

856

Piazza della Riforma
Das Herz von Lugano

Es ist die gute Stube der Stadt. Nicht nur wegen des prächtigen Rathauses laufen hier viele Fäden zusammen. Die Piazza della Riforma ist zentrale Drehscheibe des städtischen Lebens. Nur wenige Schritte sind es zu den betriebsamen Einkaufsstraßen. Am besten setzt man sich in eines der traditionsreichen Straßencafès am Platz und lässt die Facetten der Stadt auf sich wirken.

www.lugano-tourism.ch

857 Lugano Arte e Cultura

Das neue Kunst- und Kulturzentrum

Luganos neues kulturelles Herz schlägt am See – in einem markanten Neubau auf dem Grundstück des ehemaligen Hotel Palace. Das 2015 eröffnete »LAC« ist die neue Heimstatt für bildende Künste, Bühnenkunst und Kulturveranstaltungen aller Art. Der große, hochmoderne Saal verwandelt sich mit Leichtigkeit vom Konzert- in einen Theatersaal und bietet so Raum für die ganze Welt des Theaters und der Musik – von Sprechtheater bis Oper, Operette, Ballett, von Sinfonie bis Jazzkonzert. Besonderes Augenmerk gilt der klassischen Musik: An die Stelle des mehrwöchigen »Lugano Festival« ist das ambitionierte und international hochkarätig besetzte Jahresprogramm »Lugano Musica« von Okt. bis Juni getreten. Ein Höhepunkt ist das spannende »Progetto Martha Argerich« der großen argentinischen Pianistin, bei dem Größen der Musikwelt gemeinsam mit jungen Talenten musizieren.

Piazza Bernardino Luini 6, Lugano; Tel. 0 58/8 66 42 00; www.luganolac.ch

858 MASI

Kunstmuseum der italienischen Schweiz

Luganos städtisches und kantonales Kunstmuseum haben sich 2015 zum »Museo d'arte della Svizzera italiana« zusammengeschlossen. Eindrucksvoll dokumentiert nun das MASI vergangenes und heutiges Kunstschaffen der italienischen Schweiz – an zwei Standorten: Im Renaissancebau des Palazzo Reali sieht man Werke die vor 1850 entstanden sind, im neuen LAC am See die moderne und zeitgenössische Kunst.

Lugano; Piazza B. Luini 6 (LAC), Tel. 0 58/8 66 42 30; Via Canova 10 (Palazzo Reali), Tel. 0 91/8 15 79 71; www.masilugano.ch

Monte Brè

Hausberg

859

Er gilt als sonnigster Ort der Schweiz und ist einer der Luganer Aussichtsberge. In einer Viertelstunde hat man vom Stadtteil Cassarate mit der 1912 erbauten Drahtseilbahn den Gipfel des Monte Brè (933 m) erreicht. Nicht nur Stadt und See überblickt man von hier, wenn das Wetter mitspielt, sind Walliser und Berner Alpen zu sehen. Vom Gipfel erreicht man in einem kurzen Spaziergang das schöne Dörfchen Brè, das seinen ländlichen Charme erhalten – und mit Kunst ergänzt hat: Das Museum Wilhelm Schmid widmet sich dem Vertreter der Neuen Sachlichkeit.

ab Lugano Cassarate; Tel. 0 91/9 71 31 71; www.montebre.ch

860 Luini-Fresken

Kunstschatz

Hinter der eher schlichten Fassade der Kirche Santa Maria degli Angioli verbirgt sich das berühmteste Renaissancewandbild der Schweiz. Das monumentale Fresko von der Passion und Kreuzigung Christi ist das Hauptwerk des Mailänder Künstlers Bernardino Luini (1480–1532), dem großen Schüler Leonardo da Vincis. Darin verbindet er farbenreich eine Vielzahl dramatischer Szenen zu einer streng symmetrischen feierlichen Komposition. Luini-Fresken zieren auch Seitenwände, darunter ein Abendmahl und eine Madonna mit Kind.

Piazza B. Luini 3, Lugano;
Tel. 0 91/9 22 01 12;
www.lugano-tourism.ch

861 Al Portone

Gourmetrestaurant und Familienbetrieb

Hochklassige französische Küche mit italienischen Anklängen in klassisch-elegantem Ambiente, das bieten Francis Carré, seine Frau Patricia und ihr Team – auf außerordentlichem Niveau. Im »Al Portone« verbindet sich Haute Cuisine mit der Herzlichkeit eines Familienbetriebs. Eine der besten Adressen der Stadt.

Viale Casserate 3, Lugano;
Tel. 0 78/7 22 93 24;
www.ristorante-alportone.ch

862 Canvetto Luganese

Soziale Osteria

Weil Bürgerproteste den Altbau vor dem Abriss retteten, kann man hier heute traditionell und äußerst genussvoll speisen. Betrieben wird die Osteria von einer Sozialstiftung, die mit diesem und anderen Betrieben Menschen mit Behinderung Arbeit gibt und Chancen eröffnet.

Via R. Simen 14 b, Lugano;
Tel. 0 91/9 10 18 90;
www.f-diamante.ch

863 Grotto Grillo

Traditionelle Tessiner Küche

Ende des 19. Jh. war dieses »Grotto« eine improvisierte Landgaststätte. Heute – gerade erst wurden die Gasträume wieder renoviert – ist es ein stilvolles Stadt-Restaurant, das traditionelle Tessiner Küche pflegt. Architektonisch sind die Wurzeln noch erkennbar: Um viele Ecken herum verteilt sich das Lokal auf vier Räume.

Via Ronchetto 6, Lugano;
Tel. 0 91/9 70 18 18;
www.grottogrillo.ch

864

Bottega del Formaggio

Käsegenuss vom Feinsten

Die Via Pessina ist Luganos Genießermeile. Die feinsten Köstlichkeiten finden sich bei der Feinkost-Dynastie Gabbani, die hier unter barocken Arkaden nicht weniger als sechs verschiedene Lebensmittelläden betreibt. In der »Bottega del Formaggio« bekommt man über 250 Käsesorten, in erster Linie aus dem Tessin bis von den entlegensten Almen. Eine solche Vielfalt und Qualität suchen ihresgleichen.

Piazza Cioccaro 1 (Via Pessina), Lugano; Tel. 0 91/9 11 30 84; www.gabbani.com

866

Alprose Schokoland

Die Welt der Schokolade

Das Museum der großen Tessiner Schokoladenfabrik zeigt die Welt der Schokolade in allen Aspekten: von der geschichtlichen Entwicklung über die einzelnen Bestandteile bis zur Produktionstechnik und der heutigen Schoko-Vielfalt. Es bleibt nicht bei der Theorie, man sieht auch die Fabrik in Aktion und darf am Ende nach Herzenslust probieren.

Via Rompada 36, Caslano; Tel. 0 91/6 11 88 56; www.alprose.ch

Living Room Club

865

DJs und Live-Musik

Das »Living« ist eine Institution. Wer in Lugano am Wochenende junge, laute und metropolitane Musik sucht, ist hier richtig. Von Donnerstag bis Samstag gibt es wechselnde DJs, Live-Konzerte oder Events – teilweise hochkarätig international, teilweise bewusst lokal. Stilistisch liegen Schwerpunkte bei elektronischer Musik und Indie/Alternative, aber auch Reggae oder Mainstream kommen zum Zug, gelegentlich sogar DJ Ötzi. Jeder Abend hat sein Thema.

Via Trevano 89a, Lugano; Tel. 0 91/9 70 15 17; www.livingroomclub.ch; Do–Sa

869 Cimiterio di Sant'Abbondio

Berühmter Friedhof

Auf halber Strecke zwischen den (ehemaligen) Gemeinden Montagnola und Gentilino liegt auf freiem Feld die mittelalterliche Basilika Sant'Abbondio. Eine Zypressen-Allee verbindet die Kirche mit dem klassizistischen Portikus des Friedhofs. In der »Erde von St. Abbondio« wollte nicht nur der Literat Hermann Hesse begraben sein, sondern auch andere prominente Emigranten wie der Dadaist Hugo Ball oder der Dirigent Bruno Walter. Auch einige Schweizer Künstler, die sich in Montagnola angesiedelt hatten, fanden hier ihre letzte Ruhe.

Gentilino; www.stabbondio.ch

867 Cristallina

Öko-Hotel im Maggiatal

Wer im Tessin ein Hotel sucht, das sich der Ökologie verschrieben hat, ist im kleinen »Öko-Hotel Cristallina« im unteren Maggiatal bestens aufgehoben. Architektonisch entspricht das Gebäude auf den ersten Blick nicht unbedingt der Erwartung, da nicht Tessiner Steinhaus-Gemütlichkeit dominiert, sondern nüchterne Moderne. Baubiologisch und energetisch ist das Haus dafür auf dem neuesten Stand. Für Wohlfühlstimmung sorgen Wellnessangebote. Herausragend ist die Qualität des Restaurants. Ausschließlich biologische und möglichst regionale Produkte (etliches aus eigenem Anbau) werden frisch verarbeitet, mit vegetarischem Schwerpunkt – sowie mit großer Kreativität und Raffinesse.

Al Ponte, Coglio; Tel. 0 91/7 53 11 41; www.hotel-cristallina.ch; März–Dez.

868 Museo Hermann Hesse

Hommage an den Künstler

Mehr als die Hälfte seines Lebens verbrachte Hermann Hesse im Dorf Montagnola im »goldenen Hügelland« oberhalb von Locarno. 1919 mietete er sich in der »Casa Camuzzi« ein, von 1931 bis zu seinem Tod 1962 wohnte er zurückgezogen in der neu errichteten »Casa Rossa«. Beginnend mit »Klingsors letzter Sommer« entstand in Montagnola der größte und bedeutendste Teil seines Werkes, in dem viele Aspekte der lokalen Umgebung aufscheinen. Das kleine, aber bedeutende Museum zeigt persönliche Hinterlassenschaften des Künstlers und gibt intime Einblicke in Hesses Leben im Tessin. Hinzu kommen Sonderausstellungen und ein reiches Veranstaltungsprogramm.

Torre Camuzzi, Ra Cürta, Montagnola; Tel. 0 91/9 93 37 70; www.hessemontagnola.ch

871

Monte Generoso

Bergerlebnis mit 360°-Rundblick

Der Monte Generoso hat jedem etwas zu bieten: Man kann schlicht die sensationelle Aussicht genießen (mit etwas Glück bis zum Mailänder Dom) – oder: die außergewöhnliche Flora und Fauna beobachten, Sport treiben (z. B. Klettern, Mountainbiken, Gleitschirmfliegen), eine steinzeitliche Bärenhöhle erkunden, von der Sternwarte tief ins Universum blicken, im Bergrestaurant gut essen und trinken … All das muss allerdings noch etwas warten, bis die Bauarbeiten an der Bergstation der Zahnradbahn abgeschlossen sind. Wer den Naturgenuss gar nicht erwarten kann, erreicht inwischen den Gipfel auch zu Fuß (in einigen Stunden von Capolago oder Mendrisio).

Capolago; Tel. 0 91/6 30 51 11; www.montegeneroso.ch; Wiedereröffnung 2017

870

Swissminiatur

Die Schweiz in klein

Vor einem halben Jh. wurde die Schweiz geschrumpft: Seit 1959 gibt es in Melide alles, was an der Schweiz wichtig ist, im Miniaturformat, genauer gesagt im Maßstab 1:25. Auf 14000 qm sind Modelle der bekanntesten Schweizer Bauten und Berge zu bestaunen, zwischen denen Modell-Eisenbahnen, -Autos, -Schiffe und natürlich auch -Seilbahnen verkehren.

Via Cantonale 3, Melide; Tel. 0 91/6 40 10 60; www.swissminiatur.ch; Jan.–Okt.

872

Morcote

Die Perle des Ceresio

Das malerische Dorf, das sich an der Südspitze der Ceresio-Landzunge erstreckt, war einst der größte Hafen am Luganersee und wichtiger Warenumschlagplatz der Mailänder Herzöge. Imposant sind die spätmittelalterlichen Arkadenbauten und Laubengänge am Seeufer, reich geschmückt die Palazzi der wohlhabenden Familien im Ort. Der gotische »Torre del Capitano« ragt über die Dächer hinaus. Von den verwinkelten Gassen des Dorfs am See führt die zypressengesäumte »Scalinata monumentale« mit 404 steilen Stufen hinauf zur höher gelegenen Pfarrkirche Santa Maria del Sasso. An die schließt sich ein spektakulärer Terrassenfriedhof am Hang mit monumentalen Grabmalen an.

Tourist Info: Tel. 0 58/ 8 66 49 60; www.promorcote.ch

873

Parco Scherrer

Wundergarten am Luganersee

Der reiche Textilhändler und Kunstliebhaber Arthur Scherrer erwarb 1930 außerhalb von Morcote ein Grundstück am Ufer des Luganersees und begann, es in einen Garten nach seinen Vorstellungen umzugestalten. Kunst, Kultur und Natur wollte er hier vereinen, Raum und Zeit verschmelzen. Eindrücke und Mitbringsel, die Scherrer bei zahlreichen Reisen in aller Herren Länder gesammelt hatte, brachte er in seinen Park ein. Zwischen Pflanzen aus aller Welt begegnet man im »Giardino delle meraviglie« daher auch Bauten und Kunstgegenständen aus diversen Kulturkreisen und Epochen – teils Originale, teils Nachbildungen.

Morcote; Tel. 0 58/8 66 49 60; www.promorcote.ch; März–Okt.

874

Baptisterium

Ältester christlicher Sakralbau

Riva San Vitale kann auf eine lange Geschichte zurückblicken, bis in etruskische Zeit. Hier finden sich die ältesten Zeugnisse der Christianisierung in der Schweiz. Im Innenhof der Pfarrkirche ein Johannes dem Täufer geweihtes Baptisterium aus dem 5. Jh. Das ursprüngliche Taufbecken in achteckiger Form war in den Boden eingelassen; hier wurden Erwachsene durch Untertauchen getauft. Im 10.–12. Jh. setzte man darauf ein zweites rundes Taufbecken – fast 2 m im Durchmesser, aus einem einzigen Steinblock geschnitten. Beeindruckende romanische Fresken aus dieser Zeit zieren die Wandnischen, darunter die Geburt Christi, seine Himmelfahrt und das Jüngste Gericht. Ein Teil des Fußbodens entspricht noch dem Originalzustand aus weißem und schwarzem Marmor.

Via Settala, im Innenhof,
Riva San Vitale;
www.mendrisiottoturismo.ch

875 Tessiner Schule

Spannende Architektur in Riva San Vitale

Der mittelalterliche Ortskern ist nicht alles, was Riva San Vitale an interessanter Architektur zu bieten hat. Hier bauten wichtige Vertreter der »Tessiner Schule« ihre ersten Häuser. Anfang der 1970er-Jahre traten im Tessin etliche Architekten mit innovativen Ansätzen (post-)modernen Bauens hervor. Mario Botta (*1943) baute 1973 den spektakulären Wohnturm der Casa Bianchi (Via Fomeggie 6), Aurelio Galfetti (*1936) ein Jahr zuvor Kindergarten und Grundschule in der Via Sesti 1. Sein eigenes Atelier und Wohnhaus errichtete 1974 Giancarlo Durisch (*1935) als geteilten Kubus (Via Dell'Inglese 3). Auch sehenswerte Architektur aus jüngster Zeit ist zu bewundern, wie Pia Durischs Erweiterungsbau von 2010 für die 30 Jahre zuvor vom Vater konzipierte Mittelschule (Via V. Vela 6).

www.rivasanvitale.ch

876 Osterprozessionen

Eindrucksvolles Schauspiel

Seit Jahrhunderten werden in Mendrisio einzigartige und eindrucksvolle Osterbräuche gepflegt. An zwei Abenden verwandelt sich die ganze Stadt in ein aufwendiges Passionstheater. Fast alle Bewohner der Stadt ziehen in historischen Kostümen feierlich durch die Straßen, die nur vom schwachen Schein alter »Leuchtbilder« erhellt sind. Am Gründonnerstag stellt eine Prozession (»Funzium di Giudee«) den Gang Christi nach Golgatha nach, am Karfreitag die Grablegung des Gekreuzigten (»Enterro«). Ein dramatisches und ergreifendes Schauspiel im Licht von Fackeln und Laternen, begleitet von Trommeln und Trauermusik.

Mendrisio; Tel. 0 91/6 41 30 50;
www.processionimendrisio.ch;
Gründonnerstag, Karfreitag

877 Chiasso

Stadt der Begegnung

In Chiasso ist die Schweiz zu Ende. Meist wird die Grenzstadt nur als Durchgangsstation wahrgenommen, von Verkehr und Industrie bestimmt. Dass in Chiasso ein frisches, innovatives Kulturleben blüht, wird dabei oft übersehen. Im jungen Kultur-Quartier der Stadt zeigt das »m.a.x. museo« neben Arbeiten des großen Grafikers und Designers Max Huber spannende Wechselausstellungen visueller Kunst; das »Cinema Teatro« bietet von Schauspiel über Literatur und Musik bis Kino ein volles (und tolles) Programm.

Via Dante Alighieri 3–6, Chiasso;
www.maxmuseo.ch;
www.mendrisiottoturismo.ch

Graubünden

Multikulti zwischen 400 Meter hohen Wein- und 4000 Meter hohen Gletscherbergen. Mit der »Kleinen Roten«, der zum Welterbe auffrisierten Rhätischen Bahn, erklimmt man auf schmaler Spur und über viele Viadukte den Albula- und den Berninapass – und unternimmt eine Sprachreise: Im Norden des Kantons spricht man, na ja, deutsch, in der Mitte romanisch, im Süden italienisch. Und weil Davos den Zauberberg hat und St. Moritz das Champagnerklima, ist das alles auch sehr gesund. Die Weinkeller heißen in Graubünden »Torkel« – ein Land zum Verlieben.

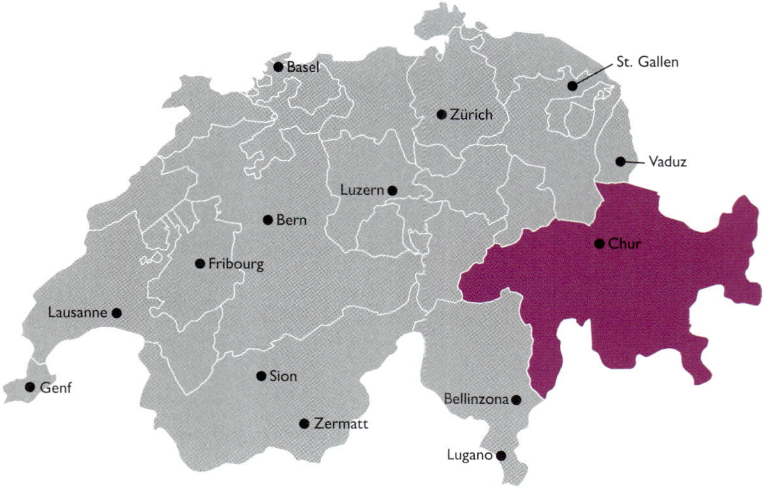

Imposant: Egal ob per Bahn oder pedes, dieser Kanton macht Eindruck – schöne Aussichten finden sich z. B. auf der Fuorcla Surlej im Oberengadin, mit Blick auf Piz Tschierva und den höchsten Graubündner Gipfel, den Piz Bernina.

Salginatobelbrücke

Weltmonument

878

4 km oberhalb von Schiers überspannt eine Brücke die Salginaschlucht in einer Höhe von mehr als 90 m. Über eine Länge von 132 m erstreckt sie sich in einem eleganten Bogen – so elegant, dass sie 1991 (über 60 Jahre nach ihrer Fertigstellung!) die höchste Auszeichnung erhielt, die einem Bauwerk weltweit verliehen werden kann: die eines Weltmonuments. Seither steht die vom Schweizer Ingenieur Robert Maillard konstruierte, im Jahr 1930 vollendete Stahlbetonbogenbrücke in einer Riege mit dem Eiffelturm in Paris und der Freiheitsstatue in New York. Bewundern kann man diese architektonische Perle entweder vom Auto aus auf der schmalen Bergstrasse nach Schuders oder zu Fuß auf einem historischen Saumweg, der vom Dorfzentrum ausgeschildert ist.

OT Crausch, Schiers;
Tourist Info: Tel. 0 81/3 25 11 11;
www.worldmonument.ch

879

Zu Besuch bei Heidi

Heididorf bei Maienfeld

Im Heididorf oberhalb von Maienfeld können die Besucher die Entstehungsepoche der weltbekannten Heidi-Romane nacherleben. Hier befinden sich die Drehorte der Verfilmungen, z. B. das originale Heidihaus, oben auf dem Ochsenberg (1111 m) jenes von Heidis Großvater und natürlich der »Geissenstall«. Die Postfiliale erfreut Philatelisten mit einem Sonderstempel (7304 Maienfeld) und der Heidi-Erlebnispfad zeigt auf zwölf Stationen Heidis naturbelassene Heimat. Ein anlässlich des 100. Todestages von Autorin Johanna Spyri eingerichteter Themenweg bis zur Heidialp dauert etwa 1,5 Std.

Bahnhofstr. 1, Maienfeld; Tel. 0 81/3 30 19 12; www.heididorf.ch

881 Salis-Schloss

Interessantes Bauwerk aus dem 17. Jh.

Ein Lichtblick in der von Industrie geprägten Umgebung von Chur ist das Weindörfchen Zizers mit seinem erhaltenen Ortsbild. Das aufffälligste Bauwerk ist das untere Salis-Schloss aus dem 17. Jh., das heute den Namen St.-Johannes-Stift trägt und als Alters- und Pflegeheim dient. Es besticht durch seinen oktogonalen Turm und seine Kupferkuppel.

Vialstrasse 18, Zizers; www.zizers.ch

880 Partnunsee

Idylle bei St. Antönien

Den kristallklaren, idyllisch gelegenen Partnunsee erreicht man von Partnun aus in ca. 25 Min. oder nach einer 2-stündigen Wanderung ab St. Antönien Platz. Den See kann man auf zwei kleinen Booten erkunden oder man genießt im doppelten Sinne von der Grillstelle aus. 21 verschiedene Routen laden im Familienklettergarten nahe der Seehütte zum Kraxeln ein.

OT Platz, St. Antönien; Tourist Info: Tel. 0 81/3 25 11 11; www.praettigau.info

882 Schloss Haldenstein

Natur und Oper

Am linken Rheinufer liegt Haldenstein mit seinem herrschaftlichen Schloss (16. Jh.). Ebenso prächtig ist das Schlosscafé – hier kann man wunderbar bei Kaffee und Kuchen im idyllischen Rosengarten sitzen. Alle zwei Jahre im Juni zieht das Schloss noch mehr Pflanzenfans an – dann, wenn das Gartenfestival seine Tore öffnet. Alternierend dazu kommen Operngänger auf ihre Kosten, wenn Haldenstein zum Schauplatz beeindruckender Inszenierungen der Kammerphilharmonie Graubünden wird.

Schlossweg 4, Haldenstein; Tel. 0 81/3 53 84 13; www.schlossgarten.ch; Juni bzw. Aug.

Berninabahn

Bezaubernde Passfahrt

Eine faszinierende Eisenbahnstrecke führt ab Chur über mehrere Zwischenhalte ins italienische Tirano: der legendäre Bernina Express. Atemberaubende Blicke auf die alpine Gletscherwelt bieten sich dem Reisenden während des Aufstiegs zum Bernina-Pass (Station Ospizio Bernina, 2253 m ü. M.) und beim Abstieg zum Endbahnhof Tirano (429 m ü. M.). Über zwei steil abfallende Geländestufen klettert die Bahn bei Alp Grüm und Poschiavo abwärts. Malerische kleine Gebirgsseen werden passiert, wie der Lago Bianco unweit der Passhöhe und der Lago di Poschiavo nahe der gleichnamigen Ortschaft.

ab Chur; Tel. 0 81/2 88 65 65; www.rhb.ch

883

884 Arosa Bahn

Mit Langwieser Viadukt

Die 1914 eröffnete, 26 km lange schmalspurige Arosa Bahn von Chur nach Arosa wurde von Beginn an elektrisch betrieben, anfangs mit Gleichstrom, seit den 90er-Jahren mit Wechselstrom. Der Zug folgt dem Flusslauf der Plessur durch das malerische Schanfiggtal und meistert dabei eine maximale Steigung von 60 m auf 1 km. Das bekannteste Bauwerk wird kurz hinter der Station Peist befahren: das 62 m hohe und 287 m lange Langwieser Viadukt, eine Eisenbeton-Konstruktion, die zu ihrer Entstehungszeit eine technische Sensation war.

Chur–Arosa; Tel. 0 81/2 88 65 65; www.rhb.ch

885 Basilic

Modernes Restaurant in Chur

Dieses moderne Restaurant bietet für jeden Geschmack etwas: Chefkoch Thomas Portmann und sein Team warten mit einer vielfältigen und saisonalen Speisekarte auf. Dazu kommt, dank der Lage im Neubauquartier auf der ehemaligen Kälberweide, eine herrliche Aussicht auf die Dächer der Stadt Chur.

Susenbühlstrasse 43, Chur; Tel. 0 81/2 53 00 22; www.basilic.ch; Di–Sa

886 Bischöfliches Schloss

Prachtvoller Hofbezirk

Der bischöfliche Hofbezirk oberhalb der Altstadt blieb auch nach der Reformation katholische Enklave. Neben der Kathedrale (S. 414) entfalteten die Bischöfe in ihrem Schloss barocke Pracht: plastische Fassaden, imposante Treppenanlagen und prächtiger Stuck.

Hof 19, Chur; Tourist Info: Tel. 0 81/2 52 18 18; www.churtourismus.ch

887 Bündner Pfirsichsteine

Eine Churer Spezialität

Seit ihrer Erfindung von Konditormeister Hürsch-Müller im Jahr 1887 sind Bündner Pfirsichsteine eine Churer Spezialität. In der Zuckerbäckerei am Obertor werden diese kleinen Leckereien aus Marzipan von Arthur Bühler noch heute nach dem Originalrezept hergestellt. Viele weitere Köstlichkeiten wie die Alpenstadt-Torte können hier gekauft werden.

Untere Gasse 32, Chur; Tel. 0 81/2 52 72 72

889

Chur

Bummel durch die Altstadt

Von der verkehrsberuhigten Poststrasse ausgehend kann man schön durch die kopfsteingepflasterten Straßen und Gassen schlendern und dabei die alten, schmalbrüstigen und spitzgiebeligen Bürgerhäuser bewundern. Oft sind deren Fassaden mit kunstvollen Wandmalereien verziert. Auch Buchläden, Boutiquen und Straßencafés laden zum Verweilen ein. Zum Zentrum und ältesten Teil der Altstadt orientiert man sich am charakteristischen Spitzturm der reformierten Hauptkirche St. Martin. Bereits 769 geweiht, ist der heutige Bau spätgotisch geprägt. Im Inneren erklingt die größte Orgel des Kantons.

Tourist Info: Tel. 0 81/2 52 18 18; www.churtourismus.ch

888

Bündner Stube

Speisen im Hotel Stern

Typische Bündner Gerichte wie Capuns (Spätzleteig in Mangold), Maluns (aus Kartoffeln), Pizokels oder Churer Ratsherrenplatte sollte man unbedingt probieren – im Restaurant Bündner Stube des Hotels Stern geht das besonders ausgezeichnet bei 13 Gault-Millau-Punkten.

Reichsgasse 11, Chur;
Tel. 0 81/2 58 57 57;
www.stern-chur.ch

Kathedrale

800 Jahre alte Pracht

890

Der Kirchenbau entstand im 12./13. Jh. als dreischiffige romanisch-gotische Pfeilerbasilika mit romanischem Rundbogenportal an der Westfassade. Die Grundmauern ruhen auf den Resten der Vorgängerkirchen aus dem 5. und 8. Jh. Im Chor findet sich ein spätgotischer Flügelaltar, der die Gottesmutter in einem Schrein zeigt. Das linke Seitenschiff birgt das Grabmal des Bündner Freiheitskämpfers Georg Jenatsch (1596–1639), der mithilfe der Franzosen unter Herzog von Rohan die spanisch-österreichischen Besatzer vertrieb.

Hof, Chur; Tel. 0 81/2 52 20 76; www.chur.ch

891 Bündner Kunstmuseum

Moderne Maler aus der Region

Das Museum ist in einer neoklassizistischen Villa, die der Kaufmann Jacques Ambrosius von Planta 1874 bis 1876 errichten ließ, untergebracht. Es sind Werke von Angelica Kauffmann, Giovanni Segantini, Ferdinand Hodler, Ernst Ludwig Kirchner, Augusto Giacometti und weiterer moderner Bündner Maler ausgestellt. Aufgrund einer Erweiterung wird die Villa im Juni 2016 wiedereröffnet – bis dahin sind einige Werke an anderen Orten zu sehen.

Postplatz, Chur;
Tel. 0 81/2 57 28 68;
www.buendner-kunstmuseum.ch

892 Gasthaus Frohsinn

Der Name ist Programm

Tom Leibundgut und Franca Stähli verwandelten die einst biedere Einrichtung ihres Restaurants in ein freundliches und helles Interieur. Folgender Spruch beschreibt das kulinarische Konzept sehr treffend: »Kein Schischi und kein Sushi. Aber richtige Faustbrote statt lahme Sandwiches, echter Bähnler Salat statt lampiges Schneckenfutter und richtige Capuns statt dem üblichen Brunz.«

Gürtelstrasse 43, Chur;
Tel. 0 77/4 59 93 53;
www.frohsinn-chur.ch

893 Freibad Sand

Ein Churer Platz an der Sonne

Mitten in der Altstadt liegt das »Badi Sand« und lockt mit Erfrischung an heißen Sommertagen. Trotz seiner zentralen Lage und seinem historischen Charakter ist in diesem Freibad für genug Platz und Erholung gesorgt: Ein Kiosk mit Sonnenterrasse, die große Liegewiese und das 50-m-Becken machen das Badi-Vergnügen perfekt.

St. Luzistrasse 7, Chur; Tel. 0 81/2 54 42 99; www.chur.ch; Mai–Aug.

894 Alphorn lernen

Schweizerischer geht's kaum

Werner Erb, Gründer der Alphorngruppe Arcas, bringt Gruppen ab fünf Personen einen halben Tag lang das urschweizerische Instrument näher: Er erzählt von der faszinierenden Geschichte des Alphorns und lässt die Teilnehmer selbst ins Alphorn blasen. Notenkenntnisse sind nicht erforderlich – zunächst steht die Lippen- und Atemtechnik im Vordergrund. Erholung ist anschließend bei einem Bündner Menu in der Churer Altstadt angesagt.

Tourist Info: Bahnhofplatz 3, Chur; Tel. 0 81/2 52 18 18; www.churtourismus.ch

895 Rätisches Museum

Bündner Geschichte

Ur- und frühgeschichtliche Funde aus dem Bündner Land sowie interessante kulturgeschichtliche und volkskundliche Objekte werden im Rätischen Museum ausgestellt. Zu sehen sind Waffen, Möbel, Hausrat, Trachten, Schlitten u. v. m. Mit dem »Objekt des Monats« wird ein Fenster zu den verborgenen Schätzen der 100000 Objekte umfassenden Sammlung geöffnet, da diese nicht vollständig als Dauerausstellung in dem Patrizierhaus untergebracht werden kann.

Hofstrasse 1, Chur; Tel. 0 81/2 57 48 40; www.raetischesmuseum.gr.ch

897

Tomasee

Reizvolle Gebirgslandschaften bei Tujetsch

Aufragende Felsengipfel und von Grasmatten bedeckte Hänge kennzeichnen die karge Gebirgslandschaft in der Gegend des Oberalppasses. Dieser ganz besondere Reiz wird auf einer Wanderung zwischen Wiesenschaumkraut, Enzian, Alpenrosen, Margeriten und weißem Wollgras vor Augen geführt. Von der Passhöhe geht es nach Südosten durch ein Flachmoor bis nach Trutg Nurschalas, weiter durch alpine Rasen und auf einem Zickzackweg mit Steinblöcken bis zum Tomasee (Lai da Tuma). Der See hat Trinkwasserqualität und gilt als die Quelle des Vorderrheins – sein Wasser fließt 1324 km später bei Rotterdam in die Nordsee.

ab Oberalppass; www.disentis-sedrun.ch; Juni–Okt.

Wandern auf dem Brambrüesch

Churer Hausberg

896

Schöne Wanderungen lassen sich auf dem Hausberg von Chur unternehmen, dem Brambrüesch (1600 m), der über die im Ortsteil Welschdörfli gelegene Luftseilbahn erreichbar ist. Eine Weiterfahrt mit dem Sessellift zum Dreibündenstein (2174 m) ist möglich.

Kasernenstrasse 15, Chur;
Tel. 0 81/2 50 55 99;
www.brambruesch.ch; Juni–Okt.

898 Oberalppass

Zauberhafte Bergdörfer

Tujetsch hat nicht nur den Oberalppass mit seinem Leuchtturm und den Wintersportort Sedrun zu bieten, sondern es lohnt sich auch, die weitere Umgebung, insbesondere die kleinen Dörfer der Gemeinde, zu erkunden. Rueras (1447 m ü. M.) besticht z. B. durch seine malerischen Holzhäuser. Weiter in Richtung Oberalppasshöhe, in der zusehends kahler wirkenden Landschaft, gibt es wilde Natur (mit weidenden Schafen) und präparierte Natur (in Form eines ausgedehnten Golfplatzes direkt am Rhein) zu sehen. Das hübsche Bergdorf Tschamut (1667 m), den letzten bewohnten Ort vor dem Oberalppass, ziert eine hübsche kleine Kapelle aus dem 15. Jh.

bei Tujetsch; www.tujetsch.ch

899 Gallaria Alpina

Gotthard-Basistunnel-Infozentrum

Seit den 1990er-Jahren bis zur Fertigstellung im Juni 2016 wird am 57 km langen Gotthard-Basistunnel gearbeitet. Das Teilstück der Sedruner Großbaustelle wurde im Oktober 2014 abgeschlossen. Es war von besonderer Bedeutung, da hier der schwierigste, ca. 6,5 km lange Abschnitt des Tunnels entstand. Die Gemeinde Tujetsch und der lokale Tourismusverband haben ein Informationszentrum eingerichtet, das anhand von Reliefs, Ausstellungsstücken und Videofilmen einen Eindruck von den spektakulären Arbeiten im Berg vermittelt. Nach Anmeldung (mind. 10 Personen) werden auch Führungen von Menschen, die die Bauzeit in Sedrun aus nächster Nähe miterlebt haben, angeboten – spannende Erzählungen garantiert.

Via Ischi 2, Sedrun;
Tel. 0 81/9 20 39 20;
www.alptransit.ch;
www.disentis-sedrun.ch

900 Kristalle suchen

Auf Strahlertour

Wer trittsicher ist und davon träumt, einen Bergkristall zu finden, kann sich mit einem fachkundigen Führer auf die Suche danach machen und mit den Naturschätzen um die Wette strahlen. Kristall-Spitzen oder andere außergewöhnliche Steine gilt es auf der Halbtagestour zu entdecken. Man trifft sich um 8.30 Uhr beim Museum Cristallina im Dorfzentrum von Disentis (S. 419) und kehrt gegen 13 Uhr zurück. Eigene Wanderausrüstung und Verpflegung sind erforderlich, die Tour ist leicht und für Familien (mit Kindern ab 7 Jahren) geeignet.

Disentis; Tel. 0 81/9 36 44 88;
www.alpventura.ch; Juli–Okt.

Lamatrekking

Kuschelige Begleiter

Eine pfiffige Idee wird mittlerweile in mehreren Schweizer Ferienorten umgesetzt, so auch in der Sedruner Gegend: das Wandern mit Lamas. Die sanftmütigen Tiere erweisen sich dabei als willige Begleiter der Menschen, auch der kleineren.

901

Diese haben ungemein Spaß an den vierbeinigen, haarigen Tieren. Mit dem Lama, das den Rucksack schleppt, an der Leine, geht es auf den eigenen Füßen und bequemen Wanderwegen gemütlich dahin. Bis zu 14 Tiere und max. 25 Personen sind in einer Gruppe unterwegs.

Reits 311, Surrein, Gemeinde Sumvitg; Tel. 0 79/2 20 44 35; www.lamaventura.ch

902

Abtei St. Martin

Beeindruckender Barock in Disentis

Kulturgeschichtlicher Fixpunkt der Surselva ist das Städtchen Disentis (romanisch Mustér). Am Zusammenfluss der beiden Quellflüsse des Rheins gründeten die Churer Bischöfe im 8. Jh. die weithin sichtbare Benediktinerabtei St. Martin, deren Einflussbereich sich auf das ganze Bündner Oberland erstreckte. Noch heute gehört ihre barocke Stiftskirche von 1704 zu den schönsten Sakralbauten Graubündens. Zu ihren Merkmalen gehören die Pfeilerhalle mit Stuckaturen und Deckengemälden, die neun vergoldeten Altäre, die umlaufenden Emporen und die Doppelturmfassade. Die Innenausstattung birgt etwas ganz Besonderes: In der dritten Seitenkapelle rechts findet sich eines der besten Werke der Schweizer Frührenaissance, der Michaelsaltar von 1572. Das Kloster Disentis beherbergt heute auch ein Gymnasium.

Via Claustra 1, Disentis/Mustér; Tel. 0 81/9 29 69 00; www.kloster-disentis.ch

903 St. Johann Baptist

Monumentale Pfarrkirche

Die Pfarrkirche St. Johann Baptist (romanisch Sogn Gions) ist eine der größten Barockkirchen Graubündens und wurde 1640–1643 erbaut. Das dreijochige Schiff mit seinen zwei Seitenkapellen zeichnet sich besonders durch einen schönen spätgotischen Flügelaltar in der Nordkapelle aus. Der Turm stammt von einem Vorgängerbau aus dem 11. Jh. und wurde 1667 barockisiert.

Via Sogn Gions, Disentis/Mustér

904 Mineralienmuseum Cristallina

Kristalle aus dem Bündner Oberland

Das Museum beherbergt eine herrliche Sammlung von einmaligen und kostbaren Kristallen aus der größten Mineralienregion der Schweiz. Es können sogar eigene Fundstücke mitgebracht und unter dem Mikroskop betrachtet und bestimmt werden.

Via Sogn Gions 9a, Disentis/Mustér; www.uniun-cristallina.ch; Juni–Okt., Weihnachten–Ostern, Di und jeden 1. So im Monat

905 Trun

Auf den Spuren des Grauen Bunds

Trun war Schauplatz des Kampfes zwischen dem Grauen Bund und den adeligen Unterdrückern. Der Bund entstand in Ilanz durch den Zusammenschluss von 21 Gerichtsgemeinden und wurde 1424 in Trun unter einem Ahornbaum nochmals feierlich beschworen. Heute erinnert ein Gemälde an der St.-Anna-Kapelle oberhalb des Bahnhofs an den Schwur.

Caplutta da sontg', Trun; www.trun.ch

906 Scheibenschlagen

Uralter Brauch

»Trer schibettas« (dt. Scheibenschlagen) ist ein Brauch aus vorchristlicher Zeit, der den Winter vertreiben soll. Am ersten Samstag in der Fastenzeit steigen die Jungen des Dorfes hoch hinauf auf die Berghänge und legen Erlenholzscheiben, die in der Mitte gelocht sind, ins Feuer – so lange, bis sie glühen. Dann werden sie mit einem Stock von einer Rampe, ähnlich wie beim Hornussen (Schlag- und Fangspiel und Schweizer Nationalsportart), durch die Dunkelheit ins Tal hinab geschleudert – in der Hoffnung, dass ihr Leuchten den Frühling bringt.

Breil/Brigels; Tel. 0 81/9 41 13 31; www.breil.ch; www.surselva.info; 1. Sa nach Aschermittwoch

Greina-Ebene

Beeindruckende Landschaft

Liebhaber alpiner Landschaften fühlen sich in der Greina-Ebene mit ihren Bergwiesen und Bächen wohl. Aufgrund ihrer einzigartigen Flora und Fauna wurde das Hochtal 1996 zur Schutzzone erklärt und in das »Bundesinventar der Landschaften und Naturdenkmäler der Schweiz von nationaler Bedeutung« aufgenommen.

907

bei Ilanz; www.surselva.info

908 Vrin

Tradition und Moderne

Die Vriner glaubten an ihre jahrhundertealte, ökonomische Basis und entwickelten ein Modell, wie ihr Dorf von der Berglandwirtschaft nachhaltig überleben kann. Der Architekt Gion A. Caminada übersetzte die Ideen als Weiterentwicklung der ortstypischen Strickbauten aus Holz. Vrin wurde u. a. mit dem Wakkerpreis ausgezeichnet.

www.surselva.info

909 Steinkreise

Mystische Megalithen

Das autofreie Falera ist der ruhigste Ort der Alpenarena – und auch der mystischste. Auf dem nahe der Kirche St. Remigius gelegenen Mutta-Hügel weisen aus Menhiren gesetzte Steinkreise auf einen frühgeschichtlichen Kultplatz hin. Die in der mittleren Bronzezeit (1600 bis 1200 v. Chr.) entstandene Anlage ist die größte und wichtigste Megalithenanlage der Schweiz und steht unter archäologischem Schutz.

Falera; Tel. 0 81/9 21 30 30;
www.parclamutta.falera.net

911 Klettersteig Pinut

Nervenkitzel mit Sicherheit

In der imponierenden Felswand des Flimsersteins liegt einer der ältesten Klettersteige der Schweiz: der Pinut. Er ist vergleichsweise einfach zu absolvieren (Schwierigkeitsgrad K 1–2, ab 12 Jahre), Trittsicherheit sowie eine gute Ausrüstung sind natürlich dennoch erforderlich.

bei Fidaz und Flims;
Führungen: Tel. 0 81/9 20 92 00;
www.pinut.ch; Mai–Okt.

910 St. Remigius

Kirche mit Ausblick

Am Dorfrand von Falera steht auf einer malerischen Aussichtsplattform die Kirche St. Remigius (Sogn Rumetg). Ihr spätromanischer Glockenturm stammt aus dem 13. Jh., die Wandmalereien im einschiffigen Inneren gehen auf das 14.–17. Jh. zurück. Herausragend ist das Kunstwerk »Das letzte Abendmahl« von dem Maler Georg Wilhelm Gresner aus Konstanz, geschaffen im Jahr 1646. Es nimmt die ganze Breite der Nordwand ein und zeigt einen reich gedeckten Tisch, um den sich die Apostel in Überlebensgröße gruppieren.

Falera; Tel. 0 81/9 21 41 12;
www.pleiv-laax-falera.ch

912

Freestyle Academy

Jumps und Tricks zu jeder Jahreszeit

Innerhalb des Sportgebiets »Alpenarena« zwischen Vorab und Flimserstein gilt Laax dank der »Freestyle Academy« als Mekka der Snowboarder, Freeskier, Skater und Biker. Hier können – sowohl im Winter auf der Piste als auch bei schlechteren Wetterbedingungen in der Halle – Tricks erlernt und geübt werden. Das Tolle an der »Indoor Base«: Man landet hier noch weicher als auf Schnee – nämlich auf dem »Foam Pit«, eine Art Schaumstoffschnitzelbad. Ohne blaue Flecken kann man sich das ganze Jahr über auf diesem 1000 qkm großen Spielplatz an Trampolin und Skaterampsowie der Kickeranlage für Snowboard, Ski und Bike austoben.

Via Murschetg 17, Laax; Tel. 0 81/9 27 71 70;
www.freestyleacademy.com/laax

913

Caumasee

Oase der Ruhe

»See des Ruheplatzes« bedeutet der Begriff Caumasee – da lässt man den Namen gerne zum Programm werden! Schon im 19. Jh. frönten die Gäste hier dem süßen Nichtstun am von Wald umgebenen türkisgrün schimmernden Wasser. Erreichbar ist der See vom Bushalt »Flims Waldhaus, Caumasee« in 10 Min. zu Fuß über einen Waldweg oder per Standseilbahn.

bei Flims; www.caumasee.ch;
Juni–Sep.

914 Gelbes Haus

Ein Ort zum Entdecken

Das Gelbe Haus ist schneeweiß – und das ist nicht die einzige Überraschung: Der Verputz ist vollständig abgeschlagen und auch im Innern dieses postmodernen Geisterhauses fällt die eigenwillige Architektur von Balken und Pfeilern auf. Diese ist keineswegs gruselig – vielmehr ist ein preisgekröntes Kunstwerk entstanden, das wechselnde, ebenfalls sehenswerte Ausstellungen beherbergt.

Via Nova 60, Flims;
Tel. 0 81/9 36 74 14;
www.dasgelbehausflims.ch

915 Biken in der Alpenarena

Zahlreiche Routen für jeden Geschmack

Flims, Laax und Falera sind nicht nur attraktiv für Wintersportler, auch im Sommer finden z. B. Biker ringsum ein perfekt ausgebautes Revier vor. Auf insgesamt 330 km Mountainbike-Routen, von leichten Cross Country- bis zu Freeride-Strecken, ist für jeden Geschmack und jede Kondition etwas dabei. Auch für E-Bikes gibt es einige Routenvorschläge.

bei Flims; Tourist Info: Tel. 0 81/ 9 20 92 00; www.flims.com

916 Europas größter Holzbrunnen

Ortsbild von Valendas

Nicht weniger als 13 öffentliche Brunnen gibt es in Valendas zu sehen. Früher wurde dort das Vieh getränkt und die Wäsche gewaschen, heute sind sie schöne Treffpunkte und beliebte Fotomotive. Das älteste und größte Exemplar steht mitten im Dorf, zwischen historischen Gebäuden. Am Kopfende wacht eine rätselhafte Meerjungfrau mit Florentiner Hut über den Holzbrunnen. Datiert ist er auf das Jahr 1760, die anderen Brunnen kamen im 19. und 20. Jh. für eine verbesserte Wasserversorgung hinzu.

Am Platz, Valendas;
www.valendas.ch

Vorderrhein-Schlucht

Faszination Fluss

917

Der »Grand Canyon« der Schweiz, rätoromanisch »Ruinaulta« genannt, ist durch einen späteiszeitlichen Bergsturz entstanden. Als das Gletschereis zurückwich, ließ auch der Druck auf das umgebende Gestein nach. Der Fels geriet in Bewegung und es kam zu Bergstürzen. Sie hinterließen riesige Geröllmassen, durch die sich der Vorderrhein allmählich seinen Weg grub. Dabei schuf er eine faszinierende Flusslandschaft, die auf gut markierten Wanderwegen erkundet werden kann, z. B. in etwa 1,5 Std. flussaufwärts ab Versam.

bei Versam; Tel. 0 81/6 30 60 16; www.ruinaulta.ch

918 Paddeln in der Rheinschlucht

Sportliche Fluss-Erkundung

Wer Lust auf eine Wildwasserpartie in der malerischen Schlucht des Vorderrheins verspürt, kann diese per Kanadier, Kajak oder Schlauchboot erkunden. In mehrstündigen bis mehrtägigen Kursen geht es – nach einer eingehenden Einweisung – sowohl durch aufregende Stromschnellen als auch durch ruhigere Abschnitte der 15 km langen Flusslandschaft. Neben den spektakulären, steilen Felsabbrüchen erfreuen Naturliebhaber die Tiere, z. B. Gämsen oder Flussregenpfeifer, die zu sehen sind – ein Erlebnis der besonderen Art.

bei Versam; Tel. 0 81/6 45 13 24; www.kanuschule.ch; April–Okt.

919 Domleschg

Burgenland der Schweiz

Das Burgenland liegt nicht nur in Österreich – auch das Domleschg wird so genannt. Zu Recht, wenn man sich die Landschaft dieser Gegend vor Augen führt: Fast auf jedem Berg thront ein Schloss oder eine Burg mittelalterlichen Ursprungs wie die Festung Rhäzüns oder die markante Burg Ortenstein.

rund um Rhäzüns; Tel. 0 81/6 51 11 34; www.thusis-viamala.ch

920 Kirche St. Georg

Mittelalterflair in Rhäzüns

Die hochmittelalterliche Kirche St. Georg (romanisch Sogn Gieri) erhebt sich auf einem Hügel zwischen Bonaduz und Rhäzüns. Sie ist vollständig ausgemalt mit prachtvollen gotischen Fresken, die von einer höfischen Kultur zeugen. Die Bilder an Chor und Schiff erzählen aus dem Alten und Neuen Testament. In ganz Graubünden findet man keinen Raum, der derart viel über das Leben im Mittelalter aussagt.

15–20 Min. Fußweg ab Rhäzüns; www.kirchgemeinde-rhaezuens.ch

921 Tschuggen Bergoase

Architektur und Wellness

Ein über 5000 qm großes Meisterwerk des berühmten Architekten Mario Botta ist das Spa Tschuggen Bergoase, das nach der Idee konzipiert wurde, zu bauen, ohne zu überbauen. Die funktionalen Räume verschwinden im Berg und blätterförmige Oberlichter aus Glas tauchen aus dem Boden auf. Letztere transportieren tagsüber Licht nach unten und nachts leuchten sie.

Sonnenbergstrasse, Arosa; Tel. 0 81/3 78 99 99; www.tschuggen.ch

Heimatmuseum Schanfigg

Geschichte der Walser

922

Östlich von Chur windet sich ein Sträßchen am Wildbach Plessur entlang durch das malerische Hochtal Schanfigg. An seinem Ende liegt Arosa mit dem Heimatmuseum Schanfigg, das im typischen Walserhaus »Eggahuus« im alten Ortsteil Innerarosa untergebracht ist. In den Räumlichkeiten bekommt man einen kulturgeschichtlichen Einblick in die ab dem 14. Jh. von Walsern besiedelte Talschaft. Zu sehen sind alte Schlitten, Instrumente u. a. Gebrauchsgegenstände.

Eggahuus, Arosa; Tel. 0 79/6 76 56 58; www.arosa-museum.ch; Juni–Okt., Dez.–April

Weisshorn

Fahrt mit und zum Panorama

923

Je höher, desto schöner: Auf der Fahrt mit der Weisshorn-Bahn öffnet sich die Aussicht immer mehr. Zuerst erblickt man Arosa mit seinen Seen, dann das grüne Talbecken. Highlight ist das wunderschöne Panorama von ganz oben – eine Tafel benennt die einzelnen Gipfel.

bei Arosa; Tel. 0 81/3 78 84 84;
www.arosabergbahnen.com

924 Schatzalp

Sichtbare Literatur

»Welcher ist eigentlich Thomas Manns Zauberberg?«, wird sich mancher Gast in Davos fragen. Während vor ca. 100 Jahren in ganz Europa die Tuberkolose wütete, waren in Davos alle gesund. Schon früh wurde die heilende Wirkung der Höhenluft bekannt, was zahlreiche Gäste auf die Schatzalp lockte, auch Thomas Mann und seine kranke Frau Katia. Die Jugendstil-Architektur des damaligen Sanatoriums ist im heutigen Hotel Schatzalp erhalten geblieben. Mit der Bahn kann man bequem hinauffahren und dort auf Manns Spuren wandeln.

Davos; www.schatzalp.ch

925 Sertigtal

Romantisches Gletschertal nahe Davos

Eindrucksvoll ist ein Ausflug zu Fuß oder mit Bus von Davos-Clavadel ins großartige Sertigtal mit seinen Blumenwiesen und schönen Bauernhäusern. Vom malerischen Sertig-Dörfli auf 1860 m Höhe ist es nicht mehr weit zum Ducan-Wasserfall – direkt über ihm nisten im Frühling Adler. Im Aug. zieht das »Sertigschwinget«, ein Wettkampf im Schwingen, viele Schaulustige an.

bei Sertig-Dörfli; www.davos.ch

926 Bärentritt

Wanderung mit Bahn und Blick

Nahe dem Bergbaumuseum beginnt die 2-stündige Wanderung auf der alten Zügenstrasse, an einigen Tunnels und einem Viadukt vorbei führt der Weg durch eine Schlucht zum Aussichtspunkt Bärentritt mit Blick auf mehrere Wasserfälle und weiter bis zum Bahnhof Wiesen.

Schmelzboden Davos–Bahnhof Wiesen; Tourist Info: Tel. 0 81/ 4 15 21 21; www.davos.ch

927 Weissfluh

Großartige Aussichten

In Davos gibt es vielfältige Wandermöglichkeiten – als schönster Aussichtspunkt gilt die Weissfluh: Mit der Seilbahn geht es auf 2844 m Höhe, der Blick von dort reicht über Davos ins Dischma- und Sertigtal, vom Silvrettagebiet über Piz Linard zum Piz Kesch, zur Bernina und zum Tinzenhorn, Letzteres ist nicht mit dem Matterhorn zu verwechseln.

ab Davos; Tourist Info: Tel. 0 81/ 4 15 21 21; www.davos.ch

928 Kirchner Museum

Expressionismus aus und in Davos

Ein Muss für Kunstliebhaber ist ein Besuch im Kirchner Museum am Kurpark. Der deutsche Expressionist Ernst Ludwig Kirchner (1880–1938) zog 1918 aus gesundheitlichen Gründen nach Davos und lebte dort bis zu seinem Tod. Die aus verschiedenen Schenkungen entstandene Sammlung wird in wechselnder Auswahl in dem gläsernen Museumsbau gezeigt und bietet einen umfassenden Einblick in Kirchners künstlerisches Schaffen – von der Brücke-Periode bis zum Spätwerk, darunter Zirkusszenen, Porträts und Landschaften aus der Umgebung von Davos.

Promenade 82, Davos;
Tel. 0 81/4 10 63 00;
www.kirchnermuseum.ch

929 Dischmatal

Unberührtes Bergtal

Idyllische Almwiesen und kleine Wälder kennzeichnen die bezaubernde Landschaft des Dischmatals. Vor dem Hintergrund des Scarletta-Gletschers führt eine kleine Straße durch das unberührte Bergtal von Davos bis nach Dürrboden. Auf einer Wanderung von dort nach oben in Richtung Gletscher wird der Kontrast zwischen der kargen Hochgebirgslandschaft und dem satten Grün des Tals deutlich. Schön ist z. B. der Weg zur Grialetschhütte, von der es weitere 20 Min. bis zu einer traumhaften Aussicht auf die Seen und das Tal sind.

bei Dürrboden;
www.grialetsch.ch

930 Guarda

Schmuckkästchen des Engadins

Das hübsche Dorf Guarda liegt auf einer sonnigen Terrasse oberhalb des Inns. Die bemalten Häuser bilden mit den gepflasterten Gassen und schönen Brunnen ein stilvolles Ensemble vor der Kulisse der Unterengadiner Dolomiten. Der Ort diente als Kulisse für die Kindergeschichte des Schellenursli.

Guarda; Tourist Info: Tel. 0 81/
8 61 88 27; www.guarda.ch

931

Schloss Tarasp

Tag und Nacht ein Erlebnis

Mächtig thront das im Jahr 1040 erbaute Schloss Tarasp über dem gleichnamigen Ort im Unterengadin. Im Jahr 1900 wurde das inzwischen leere und verfallende Schloss gekauft und 16 Jahre lang restauriert. Seitdem ist es mit seinen Ritter- und Festsälen, den alten Schlafgemächern, der Schlosskapelle sowie der Orgel mit ihren 2500 Pfeifen öffentlich zugänglich. Orgelkonzerte und (Vollmond-)Führungen sorgen für ganz besondere Schloss-Erlebnisse.

Sparsels, Tarasp;
Tel. 0 81/8 64 93 68;
www.schloss-tarasp.ch

Engadiner Musterdorf Ardez

Eines der schönsten der Klasse

Als eines der typischsten Engadinerdörfer – 1975 im Rahmen des Europäischen Jahres für Denkmalpflege und Heimatschutz als Musterdorf ausgewählt – bringt Ardez mit seinen hübsch bemalten und sgraffitoverzierten Erkerhäusern so manchen Besucher zum Staunen. Besonders eindrucksvoll ist das Haus »Adam und Eva«, das den Sündenfall darstellt.

932

Ardez; Tourist Info: Tel. 0 81/8 61 88 00; www.engadin.com

933

Sgraffito-Kurs

»Kratzen« wie ein Profi

Die mit Sgraffito verzierten Häuser prägen das Ortsbild der Unterengadiner Dörfer. Woher kommt diese spezielle Technik eigentlich und wie funktioniert sie? Der Begriff stammt aus dem Italienischen: Sgraffiare (oder graffiare) bedeutet kratzen. Das ist auch der Kern der Herstellung: Durch das Ritzen in einen Kalkputz wird eine darunter liegende Schicht in kontrastierendem Farbton sichtbar. Josin Neuhäusler, ein waschechter Engadiner und gleichzeitig Sgraffito-Künstler, bietet einen dreistündigen Kurs an, bei dem er die Teilnehmer auf einen Dorfrundgang mitnimmt. Anschaulich und detailliert erklärt er die Technik und die Bedeutung der einzigartigen Engadiner Kunst. Auf Theorie folgt Praxis: In einem Intensivkurs stellen Hobbykünstler anschließend selbst ein Sgraffito her, das als Andenken mit nach Hause genommen werden darf.

Scuol; Tel. 0 79/2 21 34 78; www.scuol.ch

934

Römisch-Irisches Bad

Erholsame Badekultur in Scuol

Scuol bildet zusammen mit den Nachbarorten Tarasp und Vulpera eine viel besuchte Erholungs- und Sportregion im Unterengadin. Das Kurwesen gründet sich u. a. auf alkalische Glaubersalzquellen. Ein Erlebnis ist das Römisch-Irische Bad, in dem beide Badekulturen verschmelzen. Die Römer schworen auf Entspannung in unterschiedlich warmen Dampfbädern, die Iren hingegen genossen das Bad in trockener, heißer Luft – die Scuoler fügen das Beste zusammen und eine Massage gibt's obendrein.

Bogn Engiadina, Via dals Bogns, Scuol; Tel. 0 81/8 61 26 00; www.engadinbadscuol.ch

935 Lichterschiffchen

Stimmungsvolles Brauchtum

Dieser Brauch heidnischen Ursprungs wird zum Jahresausklang gefeiert. Man vermutet, dass die Tradition der »Barchinas« etwas mit der Wintersonnenwende zu tun hat. Nussschalen oder Rindenschiffchen werden mit flüssigem Wachs gefüllt, mit einem Docht versehen und angezündet in die Dorfbrunnen gesetzt – sie erleuchten die dunkle Nacht.

Scuol; www.engadin.com; 31. Dez.

936 Crusch Alba

Engadiner Spezialitäten

Das Restaurant Crusch Alba befindet sich in einem mehrere Hundert Jahre alten Engadinerhaus mitten in Scuol. Bei der Auswahl an regionalen Spezialitäten, z. B. Tuortun (Fleischkuchen) oder Bizoccals (Teigklößchen), läuft dem Gast das Wasser im Munde zusammen.

Pütvia 246, Scuol; Tel. 0 81/8 64 11 55; www.crusch-alba.ch

937 Via Mala per pedes

Wanderweg »via Spluga«

Es gibt mehrere Varianten, die Via Mala zu durchwandern. Eine der schönsten führt in rund 5 Std. von Thusis nach Zillis auf einem mit »viaSpluga« markierten Wanderweg durch die berühmte Schlucht. Die Via Mala stellte lange die einzige Möglichkeit dar, von Süden ins Domleschg zu gelangen.

Bahnhof Thusis–Zillis; Tourist Info: Tel. 0 81/6 50 90 30; www.viamala.ch; April–Okt.

938 Via Mala

Die Kraft des Wassers

Bei ihrem Rückzug in die hochalpinen Zonen ließen die Gletscher ihre dicken Schotter- und Geröllbänke in den Tälern zurück. Hier setzten die Flüsse zur Gestaltungsarbeit an. Stück für Stück gruben sie ihr Bett in das Gestein, manchmal so hartnäckig, dass tiefe v-förmige Einschnitte in den bis dahin trogförmigen Talbecken entstanden. In den Gebirgstälern der Zentralalpen finden sich viele Beispiele für derartige Landschaftsformen – z. B. die sagenumwobene Via Mala, eine tiefe, enge Schlucht des Hinterrheins.

Via Mala bei Thusis; Tourist Info: Tel. 0 81/6 50 90 30; www.viamala.ch

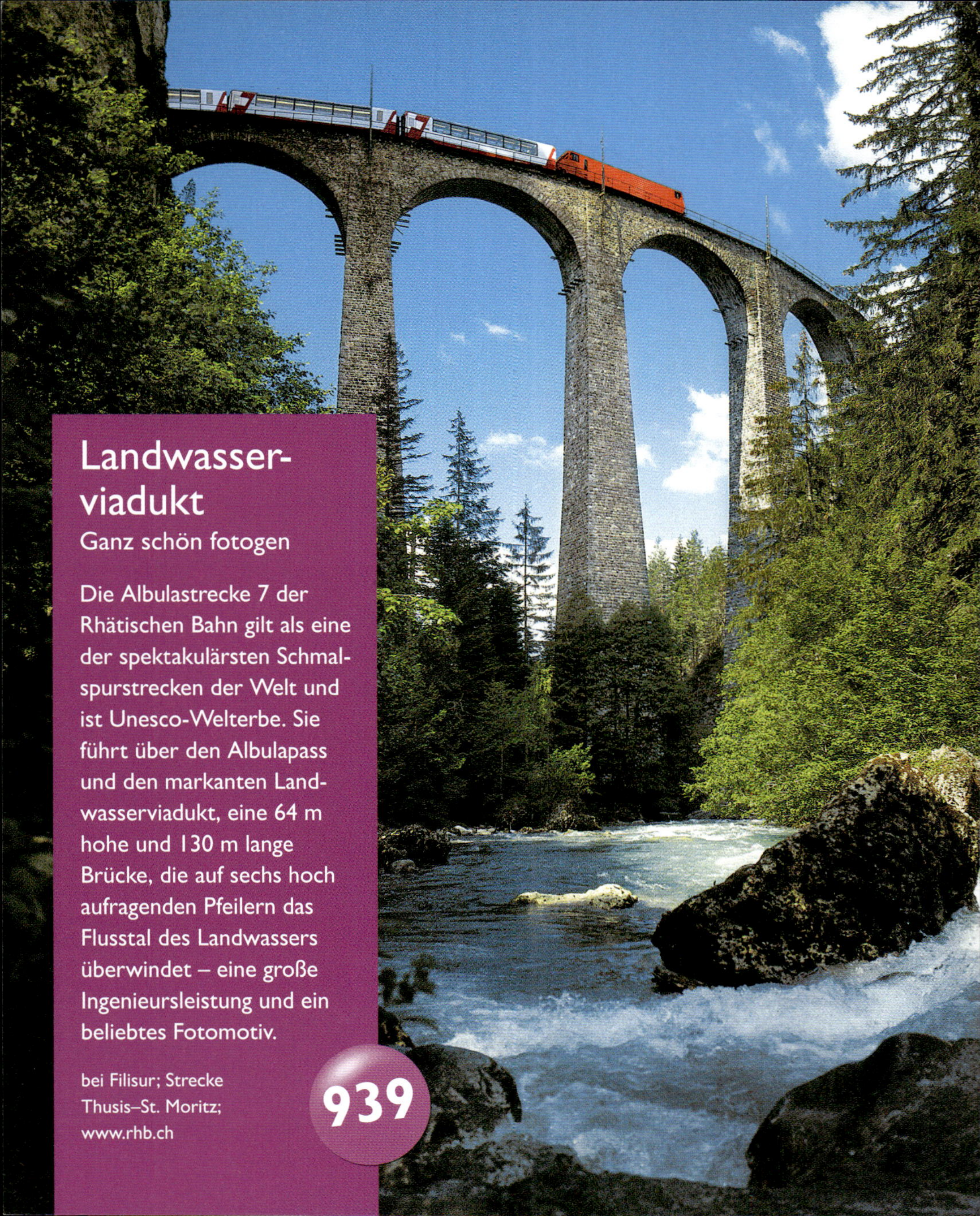

Landwasser-viadukt

Ganz schön fotogen

Die Albulastrecke 7 der Rhätischen Bahn gilt als eine der spektakulärsten Schmalspurstrecken der Welt und ist Unesco-Welterbe. Sie führt über den Albulapass und den markanten Landwasserviadukt, eine 64 m hohe und 130 m lange Brücke, die auf sechs hoch aufragenden Pfeilern das Flusstal des Landwassers überwindet – eine große Ingenieursleistung und ein beliebtes Fotomotiv.

bei Filisur; Strecke Thusis–St. Moritz; www.rhb.ch

939

940 Marienkirche Baselgia Viglia

Graubündner Schmuckstück

Die alte Marienkirche »Baselgia Viglia« aus dem 9. Jh. ist ein wahres Schmuckstück Graubündens. Auch der Friedhof mit seinen 140 handgeschmiedeten Eisenkreuzen ist sehenswert – er gilt als einer der schönsten Europas.

Sumvoi 133, Lantsch; Tel. 0 81/ 6 59 01 10; www.lantsch-lenz.ch; Schlüssel beim Pfarrhaus

941 Wiesener Viadukt

Meisterwerk der Baukunst

Das imposante Wiesener Viadukt ist das höchste und größte Mauerwerk-Viadukt der Rhätischen Bahn. In 88,9 m Höhe spannt sich der weite Bogen über den Fluss Landwasser. Auf einer ungefähr 1,5-stündigen Wanderung von Wiesen nach Filisur lässt sich das Bauwerk schön zu Fuß erkunden – inklusive Naturlehrpfad.

Wiesen Bahnhof–Filisur Bahnhof; Tourist Info: Tel. 0 81/4 04 14 69; www.igzl.ch

942 Freeride Xperience

Mountainbiken für Fortgeschrittene

Rund um Lenzerheide sind zahlreiche Mountainbike-Routen aller Schwierigkeitsgrade ausgewiesen. Wer auf der Suche nach einer neuen Herausforderung ist, kann das Einmaleins des Freeridens erlernen: Pumptrack, Dirtpark und Flowtrails sind danach keine Fremdbegriffe mehr. Umgesetzt wird das Ganze z. B. auf der legendären Strecke vom Rothorngipfel.

Rothorn Talstation, Lenzerheide; Tel. 0 81/3 85 10 60; www.pesko.ch; www.lenzerheide.com; Juni–Okt. Di, Mi und Fr

943 Schweizer Nationalpark

Intakte Natur

170 qkm groß ist der Schweizerische Nationalpark, der sich südöstlich des Inns zwischen dem Val Trupchun und dem Val S-charl erstreckt. Hier bleibt die Natur völlig sich selbst überlassen. Besuche sind nur auf den 80 km markierten Wanderwegen gestattet. Das Nationalparkzentrum in Zernez informiert in Bild und Ton über das Ökosystem des Schutzgebietes und alle Möglichkeiten, die über 650 verschiedenen Pflanzen- und 30 Säugetierarten, darunter der wieder angesiedelte Bartgeier, zu erkunden.

Via d'Urtatsch 2, Zernez; Tel. 0 81/8 51 41 41; www.nationalpark.ch

945 Vals

Wallis in Graubünden

Vor rund 700 Jahren wanderte eine Gruppe von Oberwallisern aus ihrer deutschsprachigen Heimat aus und siedelte sich im rätoromanischen Sprachgebiet Graubündens an. Das so entstandene Bergdorf Vals in einer hoch gelegenen Talgruppe ist v. a. durch seine Quellen bekannt, die heute das gleichnamige Mineralwasser liefern. Ursprünglich ist es hier in mehrerlei Hinsicht: typische Walserhäuser mit sonnengebleichten Holzfassaden und Steinplatten-gedeckten Dächern sowie Bauern, die ausschließlich biologisch produzieren.

Tourist Info: Poststrasse 45, Vals; Tel. 0 81/9 20 70 70; www.vals.ch

944 Zervreilasee

Himmlischer Ausblick und versunkene Welt

Rund um den Zervreilasee laden einige Wanderwege zur körperlichen Ertüchtigung ein. Ob vom oder über dem See – das Panorama ist spektakulär: Richtung Südwesten ist das markante Zervreilahorn zu sehen, das wie eine Kopie des Matterhorns in den Himmel ragt, Richtung Nordwesten blickt man auf das Frunthorn, den Dachberg, das Schwarz- und Faltschonhorn, den Piz Aul sowie den Piz Serenastga. Fehlt nur noch die Sicht nach unten – auf das 1958 durch die Stauung des Rheins versunkene Dorf Zervreila.

8 km von Vals; www.zervreila.ch

946 Wildtierbeobachtung

Erkundungstour mit einem Experten

Natur- und Vals-Kenner Edi Schnider nimmt Interessierte auf seine kurzweiligen Erkundungstouren mit. Der Frühaufsteher fängt dabei den Vogel – durchs Fernrohr lassen sich Braunkehlchen, Haselhuhn, Adler und Co. erhaschen – oder »bodenständige« Tiere wie Murmeltiere und Gamskitze.

bei Vals; Führungen auf Anfrage; Tel. 0 81/9 35 17 40

947 7132 Therme

Tempel für Freunde moderner Architektur

Stilvoller entspannen geht kaum: Die von Architekt Peter Zumthor geschaffene Therme Vals steht sogar unter Denkmalschutz. 60000 Quarzit-Steinplatten aus der Region wurden beim Bau verwendet und lassen das Spa sakral anmuten. Die vielen thematischen Bäder mit unterschiedlichen Wassertemperaturen und die herrliche Aussicht auf die Bergwelt haben (leider) auch ihren Preis.

Therme, Vals;
Tel. 0 58/7 13 20 10;
www.7132.com

948 Restaurant Muntsulej

Bestes aus der Region

Der Name des Muntsulej klingt verlockend und genauso sind es die Gerichte hier: Aus regionalen Zutaten, beispielsweise aus Curtginatsch und Ziger (Käse) oder Röteli (würziger Kirschlikör), zaubern Marianna Patscheider und ihr Team so manche Köstlichkeit. Die sonnige Terrasse des Restaurants mit Blick auf eine traumhafte Bergkulisse des Val Schons zählt zweifelsohne zu den schönsten in ganz Graubünden.

Naturpark Beverin, Plän da crusch, Mathon; Tel. 0 81/6 61 20 40;
www.muntsulej.ch; Fr–Di

949 Martinskirche

Aufschauen lohnt sich

In Zillis am Hinterrhein lohnt sich ein Besuch der romanischen Martinskirche. Einzigartig sind die 153 quadratischen Bildtafeln der Holzdecke mit farbigen Bibeldarstellungen aus dem 12. Jh. Die vier Eckfelder stellen Engel als Personifikationen der vier Winde dar, während die Randbilder entlang der Wand skurrile Fabelwesen zeigen. Fischschwänzige Tiere, Löwen, Widder und Elefanten versinnbildlichen das Böse und Dämonische. Der innere Bilderzyklus widmet sich dem Leben Christi. Genauer informiert eine Ausstellung am Postplatz.

Zillis; Tel. 0 81/6 61 22 55;
www.zillis-reischen.ch; März–Okt.

Barockkirchen

Savogniner Baukunst

950

Barock'n'Roll könnte das Motto von Savognin heißen – Liebhaber des Barocks fühlen sich hier wie im Paradies, denn der Ort kann gleich mit drei Barockkirchen aufwarten: In der Kirche »Son Martegn« im Süden von Savognin geht der Blick des Besuchers gen Himmel zum Kuppelgemälde, das Gott, Jesus, Maria und Josef von Heiligen- und Engelsscharen umringt zeigt. Platz 2 auf der Prunkskala belegt die »Nossadonna« mit ihren fünf vergoldeten Altären und einer ebenfalls ausgemalten Decke. Das eher bescheidene Schlusslicht bildet »Son Mitgel« im Norden des Ortes.

Savognin; Tel. 0 81/6 59 16 16; www.savognin.ch

951 Parc Ela

Schützenswerter Naturpark

Im Naturpark Parc Ela kommt einiges zusammen: drei Sprachen, 19 Gemeinden, zwei Talschaften, 548 qkm Fläche sowie drei Moorlandschaften und neun Ortsbilder von nationaler Bedeutung – dass dies der größte Naturpark der Schweiz ist, verwundert nicht. Damit Einheimischen und Gästen die Bedeutung und Schönheit dieses Lebensraums ins Bewusstsein rückt, wird viel getan: Mehr als 1000 km markierte Wanderwege und über 30 Mountainbike-Touren laden zum Entdecken ein, Kinder gehen der Natur mit Gips zum Ausgießen von Tierspuren, einer Becherlupe, einem Wasserrad-Bauset und einem Forschungstagebuch im Forscherparcours Alp Flix auf die Spur.

bei Savognin; Tel. 0 81/6 59 16 18; www.parc-ela.ch

952 Bergün

Stilvoller Ferienort im Albulatal

Nach Bergün (romanisch Bravuogn), den Hauptort des oberen Albulatals, kamen schon Mitte des 19. Jh. mit dem Postkutschenverkehr über den Albulapass die ersten Gäste – und noch heute ist Bergün ein beliebter Ferienort. Pittoreske Häuser mit rustikalen Erkern prägen das Ortsbild, sie stammen teilweise aus dem 17. und 18. Jh. In der Mitte sticht das Wahrzeichen Bergüns ins Auge: Der 40 m hohe Römerturm ist nicht nur imposant, sondern auch geheimnisvoll: Über ihn ist kaum etwas bekannt – weder über seine Entstehung, noch über seine Namensherkunft. Vermutet wird, dass er ursprünglich als Fluchtturm gedacht war. Darauf deuten zumindest die ca. 1000 Jahre alten unterirdischen Gänge hin.

Bergün; Tel. 0 81/4 07 11 52; www.berguen-filisur.ch

Schlittelzüge

Winterspaß im Schnee

Im Winter sammeln sich Jung und Alt im Bahnhof von Bergün, um mit einem der Regionalzüge nach Preda hinaufzufahren. Sie führen ihre Schlitten mit, denn die geschwungene Straße von Preda nach Bergün hinab wird, sobald sich eine brauchbare Schneedecke gebildet hat, für den Autoverkehr gesperrt. Dann gehört sie den Schlittenfahrern. Von Preda geht's 6 km bergab nach Bergün, und um mindestens genauso viele Kurven wie auf der Bahnstrecke – aber schneller und mit mehr Schneegestöber! Von Dienstag bis Sonntag kann dank der beleuchteten Bahn bis spät in die Nacht gerodelt werden.

953

zwischen Bergün und Preda; Tourist Info: Tel. 0 81/ 4 07 11 52; www.berguen-filisur.ch; im Winter

Bahnhistorischer Lehrpfad

Geschichte der Albula

Wer nur ungern die Schweizer Eisenbahnen mit ihren schönen Strecken verlässt, dem sei trotzdem ein Halt empfohlen: Zwischen Preda und Bergün ist ein abwechslungsreicher Bahnhistorischer Lehrpfad entlang des »Albula-Karussells« zwischen Albulatunnel und Landwasserviadukt angelegt, der sich in der schneefreien Zeit in ca. 2 Std. leicht erwandern lässt. Er bietet herrliche Ausblicke und führt z. B. an den gemauerten Albula-Viadukten II und III vorbei. Schautafeln am Wegesrand erklären die gestrige und heutige Welt von Bahn, Technik, Kultur und Alltag der Rhätischen Bahn. Vertiefen lassen sich die Informationen zum Bahnbau im 2012 eröffneten Bahnmuseum Albula, das die spannende Geschichte der Albula-Bahn erzählt.

954

Bahnmuseum Albula: Plazi 2A, Bergün; Tel. 0 81/4 20 00 06; www.rhb.ch; www.bahnmuseum-albula.ch

955 Distilleria Beretta

Ausgezeichnet brennen

Mit 29 Goldmedaillen ist Brennmeister Luciano Beretta schon für seine Destillate und Liköre ausgezeichnet worden, die Kunst des Schnapsbrennens liegt ja auch in seinen Genen: Seit 222 Jahren gibt es den Familienbetrieb, seit über 40 Jahren geführt von Luciano. Nur reine Fruchtweine gären auf natürliche Weise im Keller der Distilleria, verfeinert mit Blumen, Kräutern, Arvenzapfen und wilden Früchten. Bei einer Führung kann man buchstäblich in die Kunst des Brennens hineinschnuppern.

Curtin da Plaz 18, Tschierv;
Führung nach Anmledung;
Tel. 0 79/2 07 00 39;
www.distilleriaberetta.ch

956 Kloster St. Johann

We terbe in Müstair

Das einst mächtige Benediktinerinnenkloster St. Johann geht zurück auf eine Gründung Karls des Großen aus dem 8. Jh. Im ansonsten eher stillen Bündner Bergland war Müstair damals Kreuzungspunkt bedeutender Handelswege und wichtiger Stützpunkt karolingischer Macht. Eine einst farbig bemalte Monumentalstatue des Gründers ziert die Klosterkirche bis heute. Immer wieder wurde das Kloster verändert – sei es durch Brandzerstörungen oder neue architektonische Einflüsse, jedes Jh. hat seine Spuren an der Anlage hinterlassen. Noch heute kommt der Abtei größte Bedeutung zu: An den Wänden der im 15. Jh. gotisch umgebauten Kirche sind einzigartige Fresken aus der Zeit um das Jahr 800 zu sehen. Dieser größte und besterhaltene Freskenzyklus des Frühmittelalters wurde erst Ende der 1940er-Jahre wieder freigelegt. Dargestellt sind die Flucht aus Ägypten und andere biblische Geschichten. Das 1200-jährige Klosterensemble gehört zum Weltkulturerbe der Unesco.

Plaz Grond, Müstair; Tel. 0 81/8 51 62 28; www.muestair.ch

957 Tessanda

Gewebtes »Made im Val Müstair«

Die Tessanda ist eine der letzten Handwebereien der Schweiz. Ursprünglich wurde sie gegründet, um Arbeitsplätze für Frauen zu schaffen, das Konzept funktioniert seit über 85 Jahren. Im Laden können Produkte aller Art in traditionellen und modernen Designs gekauft werden, alle sind aus reinen Naturfasern hergestellt. Bei Führungen und Kursen plaudern die Weberinnen aus dem Nähkästchen.

Via Maistra, Santa Maria Val Müstair; Tel. 0 81/8 58 51 26; www.tessanda.ch; Führungen/Kurse nach Anm.

958

Splügner Pschuuri
Schwarzes Brauchtum

Eine Tradition, die v. a. im Hauptort des Rheinwaldes gelebt wird: Am Aschermittwoch ziehen Kinder von Haus zu Haus und betteln um Süßigkeiten. Dann lärmen die jungen Männer mit Schellen und suchen nach Kindern und ledigen Frauen, deren Gesichter sie mit Schmiere schwärzen.

Splügen; Tel. 0 81/6 50 90 30; www.graubuenden.ch

959

Splügen
Ältestes Passdorf in Graubünden

Splügen ist eines der schönsten Dörfer Graubündens – das sahen die Splügener genauso, als sie in den 1940ern erfolgreich gegen eine Überflutung des Ortes zugunsten des »Stausees Rheinwald« protestierten. Zu sehen gibt es hier typische Stein- und Holzhäuser und zahlreiche schmucke Brunnen auf den kopfsteingepflasterten Straßen – eine Wakkerpreis-Walseridylle.

Tourist Info: Tel. 0 81/6 50 90 30; www.splugen.ch

960

Alte Herberge Weiss Kreuz
Säumerherberge

Die Herberge ist schon ca. 700 Jahre alt, entsprechend außergewöhnlich ist die Atmosphäre. Neben Gästezimmern bietet sie ein Restaurant und einen eindrucksvollen Gewölbekeller.

Splügen; Tel. 0 81/6 30 91 30; www.weiss-kreuz.ch

Zuoz

Typisch Engadin

961

Kurz vor der Grenze zwischen Ober- und Unterengadin liegt Zuoz, der besterhaltene Ort am Oberlauf des Inns. Stimmungsvoll wirkt in diesem 1300-Seelen-Dorf der Dorfplatz mit seinem Brunnen in der Mitte. Typisch für Zuoz und die Region sind die oft jahrhundertealten Engadinerhäuser: Mächtige Steinmauern und Sgraffitikunst rundherum sind die äußerlichen Merkmale der Bauernhäuser, die das Ortsbild bestimmen. Unter dem Satteldach brachte der Bauer seinen ganzen Besitz unter: Wohnhaus, Vieh- und Heustall, Keller und Speicher. Der Eingang führt durch ein kunstvolles Holztor in den Sulèr, den Vorraum zum Wohnhaus. Dieser diente als Abstell- und Arbeitsraum und im Sommer als Esszimmer. Einige Treppenstufen höher betritt man das repräsentative Prunkstück des Hauses: die Stüva – eine meist mit Arvenholz getäfelte Stube.

Tourist Info: Tel. 0 81/8 54 15 10; www.zuoz.ch

962

Chalandamarz

Brauchtum in verschiedenen Varianten

Der Ursprung des Chalandamarz reicht bis in die Zeit der alten Römer zurück: Am ersten Tag des Monats »Mars«, dem damaligen Neujahrstag, unterwarfen sich die jungen Männer des Dorfes dem Kommandanten, behängten sich mit großen und prächtigen Kuhglocken und begrüßten so lautstark das neue Jahr. Inzwischen zieht eine blau uniformierte Kinderschar singend und mit Schellengeläute und Peitschengeknalle durchs Dorf und vertreibt so den Winter und böse Geister. Gefeiert wird der Chalandamarz in der ganzen Region, die Art und Weise ist jedoch von Dorf zu Dorf verschieden. Eine besonders ausgiebige Variante findet in Zuoz statt: Hier beginnt der Chalandamarz schon zwei Tage früher.

rund um Zuoz; www.graubuenden.ch; 1. März

963

Val Bever

Erholsame Ruheoase

Wer Ruhe und Natur genießen möchte, dem liefert das Val Bever hinter dem malerischen Dorf Bever genug davon. Das Seitental des Inntals ist autofrei und bietet im Sommer viele Wanderwege. Im Winter ist es ein Paradies für Skilangläufer. Dann heißt es, sich warm anziehen: Das Val Bever gehört oft zu den kältesten Plätzen der Schweiz.

Tourist Info: am Bahnhof, Bever; Tel. 0 81/8 52 49 45; www.engadin.stmoritz.ch

964

Kirche San Gian

Von der Natur umgebaut

Einsam erhebt sich die Kirche San Gian auf einem Hügel zwischen den Flüssen Flaz und Inn. Im 17. Jh. erfuhr das Gotteshaus einen unfreiwilligen Umbau: Der Blitz schlug in den größeren der beiden Türme ein und lässt diesen seither wie eine Bischofsmütze aussehen.

Via San Gian, Celerina; Tel. 0 81/8 30 00 11; www.engadin.stmoritz.ch, Dez.–Sep.

965

Restaurant Müsella

Apulische Genüsse in La Punt-Chamues-ch

Die Gastgeber Palmisano kitzeln den Gaumen ihrer Gäste aufs Wunderbarste: Apulische Spezialitäten, darunter die Spezialität des Hauses, »Parmigiano pugliese«, und verschiedenste Vorspeisen erfüllen kulinarische Träume. Dazu kommen eine große Sonnenterrasse und ein Kinderspielplatz mitten im Grünen.

Seglias 3 (beim Skilift), La Punt-Chamues-ch; Tel. 0 81/8 54 10 24; www.ristorantepugliesemusella.com

966

Olympia-Bobbahn & Druidenstein

Eis und Granit

Die einzige Natureis-Bobbahn der Welt ist 1722 m lang und endet in Celerina. Oberhalb des Startpunkts befindet sich eine Kultstätte der Kelten, die im 1. Jh. v. Chr. das Engadin bewohnten: Der Druidenstein ist ein großer Granitblock, der auf drei kleineren Steinen ruht. Auf der Bobbahn finden an den Winterwochenenden regelmäßig nationale und internationale Rennen statt. Auch Gäste dürfen auf der Bobbahn mitfahren und können bei bis zu 135 km/h enorme Fliehkräfte auf sich wirken lassen.

Plazza Gunter Sachs, St. Moritz; Tel. 0 81/8 30 02 00; www.olympia-bobrun.ch

967 Chesa Futura

Moderne Architektur

Freunde zeitgenössischer Architektur finden in St. Moritz-Dorf hinter der Talstation der Chantarella ein bemerkenswertes Zeugnis moderner Baukunst: die Chesa Futura. Das von Lord Norman Foster, dem britischen Stararchitekten, 2004 geschaffene Wohnhaus vereint futuristische Bauformen und traditionelle Baustoffe. 250000 Schindeln aus Lärchenholz, eines der ältesten und haltbarsten Materialien der Region, wurden für die Fassade des Apartmenthauses verwendet – mit witterungsbedingtem Farbwechsel von rotbraun zu silbergrau.

Via Tinus, St. Moritz; www.stmoritz.ch

968 BSI Engadin Festival

Klassischer Musikgenuss

Zwei Wochen lang finden im August täglich klassische Konzerte mit international bekannten jungen Künstlern statt. Die Veranstaltungen werden an verschiedenen Orten des Engadins durchgeführt – allesamt in relativ kleinen Sälen mit intimer Atmosphäre, die eine besondere Nähe zu den Künstlern versprechen.

St. Moritz u. a. Orte im Engadin; Tel. 0 81/8 37 33 33; www.engadinfestival.ch; Aug.

969 Café Hanselmann

Nusstorte und vieles mehr

Das Café Hanselmann ist ein traditionsreiches Kaffeehaus, das für seine exzellente Konditorei und Confiserie bekannt ist. Hier gibt es natürlich auch die berühmte Engadiner (bzw. Bündner) Nusstorte, gefüllt mit karamellisierten, gehackten Baumnüssen (Walnüssen).

Via Maistra 8, St. Moritz; Tel. 0 81/8 33 38 64; www.hanselmann.ch

970 St. Moritz Design Gallery

Plakatkunst in der Öffentlichkeit

Geht man die Fußgängerpassage vom Hotel Badrutt's Palace zum St. Moritzersee hinunter, erblickt man 31 große, beleuchtete Vitrinen, in denen jährlich mehrere Ausstellungen mit besonders kunstvoll gestalteten Plakaten realisiert werden. Wer die öffentliche Kunst gerne bei sich zu Hause hätte, kann die Reproduktionen kaufen.

im Parkhaus Serletta, St. Moritz; Tel. 0 81/8 34 40 02; www.design-gallery.ch

971

Devil's Place

Ein Keller voller Whiskys

Das Hotel Waldhaus am See hat nicht nur feinstes Seewasser zu bieten – hier werden noch viel edlere Tropfen degustiert. Im Keller des Hauses befindet sich die am besten sortierte Whisky-Bar der Welt: 2500 seltene und teuflisch gute Sorten können hier probiert werden – die Zeit dafür nimmt man sich am besten, indem man sich in einem der Zimmer einquartiert.

Via Dimlej 6, St. Moritz;
Tel. 0 81/8 36 60 00;
www.waldhaus-am-see.ch

972

Diavolezza

Gletschermythos über St. Moritz

Eine der berühmtesten Gletschertouren in den Alpen beginnt an der Diavolezza-Bergstation und führt über den Pers- zum Morteratschgletscher. Trittsicherheit und Kondition sind gefragt, um die 1100 Höhenmeter zu bewältigen. Von der Sage der schönen Teufelin Diavolezza, die Jünglinge verschwinden lässt, sollte man sich ebenfalls nicht beeindrucken lassen.

bei St. Moritz;
www.diavolezza.ch; Juni–Okt.

973

Chesa Veglia

Traditionelle Bauweise

Als Kontrast zur Chesa Futura kann man sich hinter dem Rathaus in St. Moritz-Dorf die Chesa Veglia ansehen, ein Engadiner Bauernhaus aus dem Jahr 1658 und damit das älteste Gebäude des Ortes. In den 1920er-Jahren war es vom Abbruch bedroht – heute beherbergt es drei Restaurants und zwei Bars mit alten Bündner Schnitzereien einer Patrizierstube. Zahlreiche humorvolle Sgraffiti des Zeichners und Kinderbuchautors Alois Carigiet (Schöpfer des »Schellen-Ursli«) zieren die dem Künstler gewidmete Carigiet Bar.

Via Veglia 2, St. Moritz;
Tel. 0 81/8 37 28 00;
www.badruttspalace.com

974 Mathis Food Affairs

Traumhafter Ausblick

Auf der Corviglia, die mit der gleichnamigen Standseilbahn von St. Moritz-Dorf (unweit des Plaz de la Scuola) aus erreichbar ist, befindet sich ein Restaurantkomplex mit dem Namen »Mathis Food Affairs«. Das moderne Gebäude liegt auf einer Höhe von 2488 m im Ski- bzw. Wandergebiet und bietet eine herrliche Aussicht. Hier kann man sich in den Wintermonaten zur Mittagszeit in der Brasserie versorgen lassen oder im vornehmen La Marmite speisen. Im Sommer wird lediglich Self-Service geboten.

Corviglia, St. Moritz;
Tel. 0 81/8 33 63 55;
www.mathisfood.ch; Dez.–April

975 Glacier Express

Der langsamste Schnellzug der Welt

Der »langsamste Schnellzug der Welt« benötigt für 250 km wahrhaftig 7,5 Std.! Seit über 80 Jahren verbindet er St. Moritz mit Zermatt auf einer atemberaubenden Panoramafahrt, die über 291 Brücken und durch 91 Tunnels führt. Highlights des Schienenverlaufs sind die wildromantische Rheinschlucht ebenso wie der 15,4 km lange Furka-Basistunnel über der Rhône. Diesen schönsten Weg von Graubünden ins Wallis über den Hauptkamm der Alpen muss man im Panoramawagen mit Audioguide erleben. Ein witziges Detail: Damit bei dem ständigen Auf und Ab der Strecke keine Getränke verschüttet werden, werden sie in extra schiefen Gläsern serviert und man kann sich voll und ganz auf die herrliche Aussicht konzentrieren.

St. Moritz–Zermatt;
Tel. 08 48/64 24 42;
www.glacierexpress.ch

976 Segantini-Museum

Gedenk- und Ausstellungsstätte

Vom Segantini-Pfad zweigt ein Weg zum gleichnamigen Museum ab, in dem Werke des Malers zu besichtigen sind. Der aus Mailand stammende Giovanni Segantini verbrachte seine letzten Lebensjahre im Engadin und schuf hier eindrucksvolle Bilder, die das Leben der Bergbevölkerung thematisieren. Das aus Natursteinen gemauerte Gebäude mit seiner Kuppel wurde dem Entwurf des Engadiner Pavillons nachempfunden, den Segantini für die Pariser Weltausstellung im Jahr 1900 geplant hatte. Der Architekt des acht Jahre später eröffneten Museums war derselbe, der später auch den Bahnhof von St. Moritz schuf: Nikolaus Hartmann.

Via Somplaz 30, St. Moritz;
Tel. 0 81/8 33 44 54;
www.segantini-museum.ch;
Dez.–Okt.

977

Lokführerstandsmitfahrt

Ein Bahnerlebnis der besonderen Art

Die Rhätische Bahn bietet für kleine und große Bahnfreunde ein besonderes Erlebnis an: die Mitfahrt auf dem Führerstand einer RhB-Lokomotive zwischen St. Moritz und Tirano (auch zwischen Chur und St. Moritz). Unterwegs werden berühmte Brücken passiert, wie die Solisbrücke, das Landwasserviadukt und die Albulaviadukte. Das Arrangement enthält u. a. die Führerstandsmitfahrt, eine Begleitung durch eine Fachperson der RhB, eine ausführliche Streckenbeschreibung inklusive Signalerklärungen sowie eine Erinnerungsurkunde mit persönlichem Foto.

Anm. an jedem RhB-Bahnschalter, per Telefon und Internet; Chur–St. Moritz–Tirano; Tel. 0 81/2 88 65 65; www.rhb.ch

978

Engadiner Museum

Geschichte der Region

Im Engadiner Museum in einem im Jahr 1905 erbauten Gebäude gibt es wieder eine kulturhistorisch interessante Sammlung alter Engadiner Möbel, Geräte, Waffen, Bücher und Textilien zu sehen – nach Abschluss der Sanierung Ende 2016.

Via dal Bagn 39, St. Moritz;
Tel. 0 81/8 33 43 33;
www.engadiner-museum.ch;
Renovierung bis Ende 2016

Mili-Weber-Haus

Gemaltes Lebenswerk

979

Folgt man der Via Dimlej, in der auch das Hotel Waldhaus am See liegt, bergwärts, gelangt man zum 1917 erbauten Wohnhaus der Malerin Mili Weber (1891–1978), das das umfassende Lebenswerk der Künstlerin präsentiert. Das im Walliser Stil als Blockhaus errichtete Gebäude birgt eine Fülle von Aquarellbildern der stark naturverbundenen Künstlerin, die als bevorzugtes Motiv zarte Blüten und Pflanzen malte und diese dann mit Kindergesichtern versah.

Via Dimlej 53, St. Moritz;
Tel. 0 79/5 39 97 77;
www.miliweber.ch;
Besichtigung nach Vereinbarung

980 St. Moritzersee

Landschaftlicher und sportlicher Weitblick

Der ca. 40 m tiefe, 1,5 km lange und 500 m breite St. Moritzersee wird wie die anderen drei Seen der Engadiner Seenplatte – Silsersee, Silvaplanersee und der Lej da Champfèr – vom Inn gespeist, der hier »En« genannt wird. Blickt man vom Panoramarundweg nach St. Moritz hinüber, bietet sich bei Windstille ein schönes Schauspiel: Häuser, Berge und Wälder spiegeln sich im See. Jogger können auf der 4,5 km langen Strecke mit etwas Glück den hier trainierenden internationalen Top-Athleten hinterherhecheln.

St. Moritz; Tourist Info: Tel. 0 81/8 37 33 33; www.stmoritz.ch

981 Restaurant Engiadina

St. Moritz kann auch familiär

Abseits der Nobelherbergen, am Innfall, liegt das Restaurant Engiadina. In familiärer und sympathischer Atmosphäre kann am hier in der arvenholzgetäfelten Stube gutbürgerliche Küche wie Käsefondue oder Raclette, saftige Steaks vom Grill oder andere regionale und internationale Spezialitäten genießen und dabei auf das knisternde Feuer im Kamin blicken.

Via Dimlej 1, St. Moritz;
Tel. 0 81/8 33 30 00;
www.restaurant-engiadina.ch

982 Schiefer Turm

Wahrzeichen von St. Moritz

Der Schiefe Turm im alten Friedhof von St. Moritz-Dorf ist kulturgeschichtlich interessant: Der Glockenturm der ehemaligen Mauritius-Kirche aus dem 16. Jh. geriet im Jahr 1893 aus dem Lot: Das dazugehörige baufällige Kirchenschiff wurde abgebrochen, seitdem steht der Turm alleine da. Der 33 m hohe Turm weist eine Neigung von 5,5 Grad auf – und hält sich trotzdem wacker.

Via Brattas (gegenüber Kulm Hotel), St. Moritz; www.stmoritz.ch

983 Schlitteda

Traditionelles Fest für alle

Die Entstehung dieses Volksbrauchs geht auf die Zeiten zurück, als Schlitten und Pferd die einzigen Beförderungsmittel im Winter waren. Früher war die Schlitteda ein Fest der Ledigen, heute ist sie ein Fest für das ganze Dorf. Zum Auftakt der Fasnacht fahren geschmückte Pferdeschlitten durch verschneite Winterlandschaften.

St. Moritz; Tourist Info: Tel. 0 81/8 37 33 33; www.engadin.stmoritz.ch; Jan./Feb.

984 5-Sterne-Hotels

Champagnerklima in St. Moritz

Mit vier 5-Sterne-Hotels haben St. Moritzer Hotelpioniere Geschichte geschrieben, seit gut zehn Jahren spielt das Grand Hôtel des Bains Kempinski als fünftes Mitglied in dieser Liga der Luxushotels Kulm, Badrutt's Palace, Suvretta House und Carlton mit. Illustre Gäste wie John Lennon und Alfred Hitchcock sowie die Royals aus aller Welt prägten seinerzeit das Flair von St. Moritz und machten es zu einem der bekanntesten Wintersportorte der Welt.

St. Moritz; drei Hotels sind nahe des St. Moritzersee-Nordufers; Tourist Info: Tel. 0 81/8 37 33 33; www.stmoritz.ch

985

Veltliner Keller

Pizzocheri-Hotspot

Das gemütliche Lokal im Herzen St. Moritz' wird auch von Einheimischen gern besucht. Hier gibt es feine »Pizzocheri« (Teigtaschen aus Buchweizen, gefüllt mit Spinat, Käse, Bohnen oder anderem Gemüse, angerichtet mit Butter und Salbei). Diese Spezialität stammt aus dem Puschlav und war ursprünglich ein Arme-Leute-Essen. In der Hauptsaison sollte ein Platz reserviert werden.

Via dal Bagn 11, St. Moritz; Tel. 0 81/8 33 40 09; www.veltlinerkeller-stmoritz.ch

Piz Nair

Der schwarze Spitz bringt helle Freude

Vom Dorfplatz in St. Moritz aus gelangt man in drei Etappen auf den 3057 m hohen Piz Nair: Zwei Standseilbahn-Fahrten führen über Chantarella zur Corviglia, von wo sich eine solarstrombetriebene Seilbahnkabine zum Piz Nair emporschwingt. Den vollständigen Rundblick erhält man nach ein paar Minuten Fußmarsch auf den Gipfel – er reicht bis zu den Spitzen des Bernina-Massivs und über die Oberengadiner Seenplatte.

Dorfplatz, St. Moritz; Tel. 0 81/8 33 43 44; www.piznair.ch

986

987 White Turf

Wintersportereignis in St. Moritz

Auf dem zugefrorenen St. Moritzersee findet im Februar das White Turf statt. Bei diesem gesellschaftlichen Höhepunkt schauen die Zuschauer fasziniert zu, wenn die trommelnden Hufe der Tiere über den Schnee stieben. Neben Galopp- und Trabrennen ist das einzige Skijöring-Rennen der Welt zu sehen: Hierbei lässt man sich auf Skiern von einem eingespannten Pferd über die Schneedecke ziehen – eines der größten Events des Engadins.

St. Moritzersee, St. Moritz;
Tel. 0 81/8 33 84 60;
www.whiteturf.ch;
an 3 So im Feb.

988 Gletscherlandschaft Morteratsch

Aussichtspunkte bei Pontresina

Ab Morteratsch führt ein Pfad in ca. 30 Min. auf den Aussichtspunkt Chünetta. Von hier überblickt man den überwältigenden Morteratschgletscher. Wer noch mehr sehen will, geht weiter entlang der Gletschermoräne zur Bovalhütte (2495 m), von der aus ein ebenfalls herrlicher Blick über die Berninagruppe den Aufstieg belohnt. Besonders schön ist es im Frühsommer zur Alpenrosenblüte.

Bahnhof Morteratsch–Bovalhütte;
www.pontresina.ch;
März–Okt.; ca. 2 Std.

989 Coazhütte

Highlight im Engadin

Eine der eindrucksvollsten Wanderungen im Engadin führt von Corvatsch über die »Chamanna Coaz«, die Coazhütte, auf 2610 m – vorausgesetzt, man kann sich vom ohnehin traumhaften Panorama am Zwischenhalt Fuorcla Surlej mit Piz Morteratsch, Piz Bernina, Piz Roseg und der Sella-Gruppe trennen. Doch auch der Weg durch die Hochgebirgslandschaft, vorbei an Wasserfällen, ist hübsch. Von der Hütte aus geht es bergab in Richtung Pontresina, am atemberaubenden Vadret-See mit seinen schwimmenden Eisbergen vorbei.

Corvatsch–Pontresina;
www.coaz.ch;
www.engadin.stmoritz.ch

990

Snowkiten

Auf dem Silvaplanersee

Kitesurfen im Sommer, Snowkiten im Winter. Der Silvaplanersee im Herzen des Oberengadins bietet ideale Windbedingungen und zieht immer mehr drachenbegeisterte Menschen an. Mit Skiern oder Snowboards an den Füßen gleiten die Sportler mit der Kraft des Malojawindes über den gefrorenen See und vollführen dabei so manchen tollkühnen Sprung.

Silvaplana; Tel. 0 81/8 28 97 67; www.kitesailing.ch

991 Piz Corvatsch

Ganzjahres-Seilbahn

Wer ganz schnell ganz hoch hinaus will, nimmt in Silvaplana die Seilbahn auf den Piz Corvatsch, den höchsten erschlossenen Berg der Ostalpen. Rund 1500 m höher angekommen, bietet sich ein grandioses 360°-Panorama, das von den Berner bis zu den Ötztaler Alpen reicht. Im Winter geht es auch ohne Seilbahn flugs wieder bergab, denn das Skigebiet am Piz Corvatsch erstreckt sich über 120 Pistenkilometer von Sils über Silvaplana bis nach St. Moritz – und ist mit einer Bergstation auf 3303 m Höhe eines der schneesichersten.

Via dal Corvatsch 73, Silvaplana; Tel. 0 81/8 38 73 73; www.corvatsch.ch

992 Fextal

Autofreier Ausflug in unberührte Natur

Ein lohnenswertes Ausflugsziel ist das malerische Fextal, ein verschlafenes und im Winter tief verschneites Seitental im Oberengadin. In dem Berggebiet, wo einst Schmuggler nach Italien unterwegs waren, erkunden heute Wanderer ganz legal die herrliche und weitgehend unberührte Landschaft. Ein Erlebnis, das keineswegs nur für Romantiker interessant ist, ist der etwa 3-stündige Ausflug mit der Zweispänner-Pferdekutsche ab Sils. Gemütlich geht es an den Weilern Crasta und Curtins vorbei, die nur aus ein paar Häusern bestehen, in die autofreie Gletscherwelt des Fextals. Eine Pause bietet sich in einem der vier Restaurants am Ziel an.

Dorfplatz, Sils-Maria; Tel. 0 81/8 26 52 86, 8 26 56 73; www.claluena-sils.ch; www.coretti.ch

993 Murmeltieren auf der Spur

Lehrpfad im Val Bregalga

Ein beschilderter Lehrpfad führt durch den natürlichen Lebensraum der Murmeltiere, die in dieser Gegend »Murmata« genannt werden. Anhand von elf Stationen entlang einer verkehrsfreien Straße durch das Val Bregalga erfährt man viel Wissenswertes über das Alpenmurmeltier. Am spannendsten sind natürlich die Nagetiere selbst, die am Wegesrand in großer Zahl zu beobachten sind. Weniger Glück hat man im Winter, wenn Winterschlaf gehalten wird. Über spanische Wurzeln ist bisher nichts bekannt, trotzdem gönnen sich die Tiere bei Sonnenschein eine Siesta zwischen 11 und 15 Uhr. Regenscheu sind sie auch – es lohnt sich also in jedem Fall, etwas Zeit zum Beobachten mitzubringen.

Avers-Juppa–Olta Stofel; Tourist Info: Tel. 0 81/6 67 11 67; www.viamala.ch

Muottas Muragl

Fantastischer Aussichtspunkt

994

Eine Standseilbahn führt in nur 10 Min. auf Muottas Muragl (2454 m). Die Kulisse ist atemberaubend: hohe Gipfel rundherum, der weiteste Horizont ist kaum 25 km entfernt, der Blick schweift talwärts über Seen und im Süden auf den Piz Bernina.

ab Punt Muragl, bei Samedan; Tel. 0 81/8 30 00 00; www.engadin.stmoritz.ch; Dez.–April, Juni–Okt.

996

Engadin Skimarathon

Sportliches Massenspektakel

Wie ein riesiges, buntes Ameisenrennen sieht es aus, wenn die über 12000 Sportler am berühmten »Engadin Skimarathon« teilnehmen und die 42 km von Maloja nach S-chanf »lang-laufen« – die schnellsten mit einer Durchschnittsgeschwindigkeit von 28 km/h! Die ganze Anstrengung kostet einiges an Energie, was man an den 196800 Portionen Schokolade und 8000 Bananen sieht, die die Athleten während des Laufs verdrücken. »Einsteigern« sei die Halbmarathonstrecke von Maloja nach Pontresina empfohlen. Egal wo und wie lange – der Skimarathon ist ein spannendes Massenspektakel für Teilnehmer und Zuschauer.

Maloja; Tel. 0 81/8 50 55 55; www.engadin-skimarathon.ch; März

995

Murtaröl

Fangfrische Fische

Zwischen Sils und Maloja, unweit der 3-Flüsse-Wasserscheide am Piz Lunghin, liegt etwas versteckt der Hotspot für Fischfans: das Restaurant Murtaröl. Was auf den Teller kommt, stammt aus der eigenen Zucht oder direkt vom Mailänder Fischmarkt und wird – buchstäblich ausgezeichnet – zubereitet.

Via dal Malögia 14, Plaun da Lej, Sils; Tel. 0 81/8 26 53 50; www.plaundalej.ch

997 Bergell-Tal

Idyllische Ruheoase

War das Engadin von ausgeprägtem Tourismus und internationalem Flair geprägt, so ticken die Uhren im italienischsprachigen Bergell (Val Bregaglia) noch etwas gemütlicher und langsamer: Eng zusammengebaute Dörfer wie Vicosoprano, Stampa und Bondo bestimmen das Bild. Charakteristisch sind die gemauerten Häuser, teilweise mit Sgraffiti.

um Vicosoprano, Stampa, Bondo; www.bregaglia.ch

998 Käse selbst kreieren

Hofkäserei Pungel

Wer schon immer einmal seinen ganz eigenen Käse erfinden wollte, kann in der Hofkäserei Pungel in Vicosoprano im südlichen Bergtal Bergell den richtigen Riecher unter Beweis stellen. Ob Kuh- oder Ziegenmilch von den Tieren des Hofs, mild oder kräftig – mit Anleitung durch die Familie Pedroni bleibt kaum ein Käsewunsch unerfüllt. Inspirieren lassen kann man sich zuvor bei einer Führung durch die Käserei, selbstverständlich inklusive Käse-Verkostung.

Pongello, Vicosoprano; Tel. 0 81/8 22 12 59; www.bregaglia.ch; nach Anmeldung

999 Soglio

»Schwelle zum Paradies«

»Schwelle zum Paradies« nannte der Maler Segantini das malerische Soglio – wenn das kein Anlass ist, den Ort zu besichtigen! Der Weg von Spino führt bereits durch einen herrlichen Kastanienhain dorthin. Das Dorf bezaubert durch sein intaktes Ortsbild mit einigen stattlichen Palazzi der Familie Salis.

Soglio; Tourist Info: Tel. 0 81/ 8 22 17 49; www.bregaglia.ch

1000 Poschiavo

Italien-Feeling in Süd-Graubünden

Wie in Italien fühlt es sich an, wenn man sich auf einen Kaffee oder ein Gelato in einem der Cafés an der Piazza von Poschiavo trifft. Viele Puschlaver verließen im 17. und im 18. Jh. ihre Heimat und suchten ihr Glück in den europäischen Hauptstädten – zurück kamen sie, um nach dem Vorbild der großen Städte Patrizierhäuser im Spaniolenviertel zu bauen.

Poschiavo; Tel. 0 81/8 44 05 71; www.valposchiavo.ch

Register

C

S

T

Legende:

(G) = Gastronomie, also Restaurants, Cafés, Bars, Clubs;

Vorgestellte Orte mit französischem und deutschem Namen werden im Register in beiden Sprachen aufgeführt.

Bildnachweis

Cover: mauritius images / imageBROKER / Daniel Bärtschi

Klappe vorne: swissimage.ch/Beat Mueller; S. 2 (v. o.) swiss-image.ch/Gian Marco Castelberg & Maurice Haas, swiss-image.ch/Christof Schuerpf, swiss-image.ch/Gian Marco Castelberg & Maurice Haas; S.3 (v. o.) swiss-image.ch/Marcus Gyger, swiss-image.ch/Samuel Mizrachi, swiss-image.ch/Christoph Schuerpf; S. 4 (v. o.) Ticino Turismo, swiss-image.ch/Christof Sonderegger; S. 7 swiss-image.ch/Gian Marco Castelberg & Maurice Haas; S. 8 Basel Tourismus; S. 10 Basel Tourismus; S. 12/13 Art Basel; S. 14 Basel Tourismus; S. 15 Basel Tourismus; S. 16 Basel Tourismus; S. 18/19 ST/swiss-image.ch; S. 20 Jahreszeiten Verlag/Günter Beer; S. 22 Basel Tourismus; S. 23 www.altemarkthalle.ch; S. 24/25 Basel Tourismus; S. 27 Basel Tourismus; S. 28 Basel Tourismus/Daniel Petkovic; S. 29 Standortmarketing Basel; S. 30/31 Grand Hotel Les Trois Rois; S. 32 Basler Personenschifffahrt AG; S. 33 Fondation Beyeler/Serge Hasenböhler; S. 34 swiss-image.ch/Gian Marco Castelberg & Maurice Haas; S. 35 Pino Covino; S. 37 Basel Tourismus/Daniel Petkovic; S. 38/39 Edition Phoenix/Jutta Schneider, Michael Will; S. 40 swiss-image.ch/Beat Mueller; S. 42 Basel Tourismus; S. 45 Basel Tourismus; S. 46 Haus für elektronische Künste Basel; S. 47 Basel Tourismus; S. 48 Basel Tourismus; S. 50 Jahreszeiten Verlag/Martina Urban; S. 52/53 Basel Tourismus; S. 54 Basel Tourismus; S. 55 swiss-image.ch/Christoph Schuerpf; S. 56/57 swiss-image.ch/Andreas Gerth; S. 58 Rheinfelden Tourismus; S. 61 swiss-image.ch/Christoph Schuerpf; S. 62 AARGAU Tourismus; S. 63 AARGAU Tourismus; S. 65 swiss-image.ch/Christof Schuerpf; S. 66/67 swiss-image.ch/Christof Sonderegger; S. 69 swiss-image.ch/Christoph Schuerpf; S. 70 Zürich Tourismus; S. 71 Zürich Tourismus; S. 72 Zürich Tourismus; S. 73 swiss-image.ch/Christof Sonderegger; S. 74/75 Zürich Tourismus; S. 76 swiss-image.ch/Gian Marco Castelberg & Maurice Haas; S. 77 Zürich Tourismus; S. 78 Zürich Tourismus; S. 81 Zürich Tourismus; S. 82 ST/swiss-image.ch / Gian Marco Castelberg & Maurice Haas; S. 83 swiss-image.ch/Martin Ruetschi; S. 84 Caroline Minjolle; S. 86/87 Zürich Tourismus; S. 89 swiss-image.ch/Stephan Engler; S. 90 Zürich Tourismus; S. 94 Zürich Tourismus; swiss-image.ch/Christof Sonderegger; S. 95 Zürich Tourismus; S. 96 swiss-image.ch/Philipp Giegel; S. 98 CC BY-SA 3.0/JuergenG; S. 100 Zürich Tourismus; S. 101 Zürich Tourismus; S. 102/103 Zürich Tourismus; S. 104 Zürich Tourismus; S. 105 Duckstance GmbH; S. 106 swiss-image.ch/Christof Schuerpf; S. 108 Zürich Tourismus; S. 109 travelstock44/LOOK-foto; S. 110 Zürich Tourismus; S. 112 Sauriermuseum Aathal; S. 113 Knies Kinderzoo; S. 114 swiss-image.ch/Christof Sonderegger; S. 115 St.Gallen-Bodensee Tourismus; S. 116/117 St.Gallen-Bodensee Tourismus; S. 118 swiss-image.ch/Christoph Schuerpf; S. 120/121 swiss-image.ch/Roland Gerth; S. 122 swiss-image.ch/Christof Sonderegger; S. 123 Liechtenstein Marketing; S. 125 swiss-image.ch/Gian Marco Castelberg & Maurice Haas; S. 126/127 swiss-image.ch/Christof Sonderegger; S. 128 ST/swiss-image.ch; S. 129 swiss-image.ch/Andreas Gerth; S. 130 swiss-image.ch/Roland Gerth; S. 132 Bern Tourismus; S. 133 Bern Tourismus; S. 134/135 Bern Tourismus; S. 136 swiss-image.ch/Peter Maurer; S. 138 Bern Tourismus; S. 139 Bern Tourismus; S. 140/141 Bern Tourismus; S. 142 Jahreszeiten Verlag/Kramp+Gölling; S. 143 Confiserie Eichenberger; S. 144 Bern Tourismus; S. 147 Bern Tourismus; S. 148/149 Bern Tourismus; S. 150 creaSign; S. 151 Bern Tourismus; S. 152 Bern Tourismus; S. 153 Bern Tourismus; S. 154 Bern Tourismus; S. 156 Bern Tourismus; S. 157 altestramdepot.ch; S. 158/159 Bern Tourismus; S. 160 Bern Tourismus; S. 161 Bern Tourismus; S. 162 Bern Tourismus; S. 164 Bern Tourismus; S. 166 Bern Tourismus; S. 167 Bildagentur Huber/L. Da Ros; S. 168/169 swiss-image.ch/Christof Sonderegger; S. 170 swiss-image.ch/Lucia Degonda; S. 171 swiss-image.ch/Christof Sonderegger; S. 172 Interlaken Tourismus; S. 174 swiss-image.ch/Christof Sonderegger; S. 175 Thun-Thunersee Tourismus; S. 176 swiss-image.ch/Christof Sonderegger; S. 177 swiss-image.ch/Christof Sonderegger; S. 178/179 jungfrau.ch; S. 180 swiss-image.ch/Christof Sonderegger; S. 181 Jungfrau Region/Bruno Petroni; S. 182 swiss-image.ch/Christof Sonderegger; S. 184/185 swiss-image.ch/Christof Sonderegger; S. 187 swiss-image.ch/Marcus Gyger; S. 188 Sempachersee Tourismus; S. 189 swiss-image.ch/Christof Sonderegger; S. 190 swiss-image.ch/Stephan Engler; S. 192 Zentralbahn, zVg; S. 193 Luzern Tourismus AG/Elge Kenneweg; S. 194 Blue Balls Music; S. 195 Luzern Tourismus AG/Emanuel Ammon/AURA; S. 196/197 Georg Anderhub, LUCERNE FESTIVAL; S. 198 swiss-image.ch/Christof Sonderegger; S. 199 Fumetto 2013/monicatarocco.com; S. 200/201 KKL Luzern, Switzerland; S. 202 Luzern

Tourismus AG/Hotel National; S. 203 Luzern Tourismus AG; S. 204 Schifffahrtsgesellschaft des Vierwaldstättersees (SGV); S. 205 www.nidwalden.com; S. 207 Pilatus-Bahnen AG; S. 208/209 swiss-image.ch/Andreas Gerth; S. 210 Pilatus-Bahnen AG; S. 211 swiss-image.ch/Rudolf Homberger; S. 214/215 swiss-image.ch/Christof Sonderegger; S. 216 Luzern Tourismus AG/Christian Perret; S. 218 swiss-image.ch/Beat Mueller; S. 219 Luzern Tourismus AG/Christian Perret; S. 220 Luzern Tourismus AG/Christian Perret; S. 221 Luzern Tourismus AG/ Christian Perret; S. 222/223 Luzern Tourismus AG/ Christian Perret; S. 224 swiss-image.ch/Christof Sonderegger; S. 225 swiss-image.ch/Christian Perret; S. 226 schluessel-beckenried.ch/Simon Bolzern; S. 227 Nidwalden Tourismus; S. 228/229 Luzern Tourismus AG; S. 230 klausenrennen.com; S. 231 Zentralbahn, zVg; S. 233 melchsee-frutt.ch/Urs Stettler; S. 234 swiss-image.ch/Max Schmid; S. 235 Luzern Tourismus AG; S. 237 swiss-image.ch/Samuel Mizrachi; S. 238 swiss-image.ch/Stephan Engler; S. 239 swiss-image.ch / Andreas Gerth; S. 240 swiss-image.ch/Christof Sonderegger; S. 241 OTV/L. Ryser; S. 243 lake-geneva-region.ch; S. 244/245 Studio Patrick Jantet; S. 247 Fribourg Region; S. 250 Fribourg Region; S. 251 Fribourg Region; S. 252 swiss-image.ch/Gian Marco Castelberg & Maurice Haas; S. 255 Jahreszeiten Verlag/ Gregor Lengler; S. 257 swiss-image.ch/Gian Marco Castelberg & Maurice Haas; S. 258 swiss-image.ch/Roland Gerth; S. 260/261 Fribourg Region; S. 263 Geneva Tourism & Conventions; S. 264 swiss-image.ch/Gian Marco Castelberg & Maurice Haas; S. 266 swiss-image.ch/ Christoph Schuerpf; S. 267 swiss-image.ch/Stephan Engler; S. 268 Geneva Tourism & Conventions; S. 269 swiss-image.ch/Christof Sonderegger; S. 270 swiss-image.ch/Christoph Schuerpf; S. 272 OTV/L. Ryser; S. 274 swiss-image.ch/ Christof Sonderegger; S. 275 Galère la liberté; S. 276 jalag-syndication.de/Gregor Lengler; S. 278/279 swiss-image.ch/ Christoph Schuerpf; S. 280 Hugues Siegenthaler; S. 282/283 OTV/L. Ryser; S. 285 Jahreszeiten Verlag/Gregor Lengler; S. 287 swiss-image.ch/Marcus Gyger; S. 288 montreuxriviera.com; S. 291 montreuxriviera.com; S. 292 OTV/L. Ryser; S. 293 swiss-image.ch/Markus Buehler-Rasom; S. 294 OTV/GF; S. 296 Catherine Gailloud; S. 299 swiss-image.ch/Christoph Schuerpf; S. 300/301 swiss-image.ch/Max Schmid; S. 302 Dampfbahn Furka-Bergstrecke; S. 303 Obergoms Tourismus AG; S. 304 swiss-image.ch; S. 305 Leukerbad Tourismus; S. 307 Valais/Wallis Promotion; S. 308/309 Valais/Wallis Promotion/Christian Perret; S. 310 swiss-image.ch/Christof Sonderegger; S. 312 swiss-image.ch/Christof Sonderegger; S. 313 Valais/Wallis Promotion/Lorenz Andreas Fischer; S. 314 FDDM/ Christian Laubacher; S. 315 ST/swiss-image.ch; S. 316 swiss-image.ch/Hans-Peter Siffert; S. 318 swiss-image.ch/ Christof Sonderegger; S. 319 swiss-image.ch/Christof Sonderegger; S. 320 Valais/Wallis Promotion/Christian Perret; S. 322 Valais/Wallis Promotion/Thomas Andenmatten; S. 324 Swatch Freeride World Tour/T.R; S. 326 Valais/Wallis Promotion/Christian Perret; S. 327 Jahreszeiten Verlag/Walter Schmitz; S. 328 Valais/Wallis Promotion/Christian Perret; S. 330 Valais/Wallis Promotion/Aline Fournier; S. 331 Leander Wenger; S. 332/333 swiss-image.ch/Christof Sonderegger; S. 334 ST/swiss-image.ch; S. 335 Touristische Unternehmung Grächen AG; S. 336 swiss-image.ch/Christof Sonderegger; S. 337 Valais/Wallis Promotion/Thomas Andenmatten; S. 338 Photopress/ Denis Emery; S. 340 Leander Wenger; S. 341 Matterhorn Eagle Cup; S. 342 Marc Weiler; S. 343 swiss-image.ch/Christian Perret; S. 345 Ticino Turismo; S. 346 ST/swiss-image.ch; S. 347 Historische Reisepost AG/R. Steinegger; S. 349 swiss-image.ch/Marcus Gyger; S. 351 swiss-image.ch/Max Schmid; S. 352 swiss-image.ch/ Roland Gerth; S. 354 swiss-image.ch/Christof Sonderegger; S. 355 picture-alliance/HB Verlag; S. 356 swiss-image.ch/ Christof Sonderegger; S. 359 swiss-image.ch/Christof Sonderegger; S. 361 laif/Celentano; S. 362 swiss-image.ch/ Andreas Gerth; S. 364 AlpTransit Gotthard AG; S. 366 swiss-image.ch/Christof Sonderegger; S. 367 swiss-image.ch/Roland Gerth; S. 368/369 swiss-image.ch/Vera Hartmann; S. 371 swiss-image.ch/Franziska Pfenniger; S. 372 swiss-image.ch/Stephan Engler; S. 374 swiss-image.ch/Christof Sonderegger; S. 377 swiss-image.ch/Heinz Schwab; S. 378 Ticino Turismo; S. 380 Shutterstock/Vogel; S. 381 swiss-image.ch/Gian Marco Castelberg & Maurice Haas; S. 382 swiss-image.ch/Remy Steinegger; S. 385 swiss-image.ch/Christof Sonderegger; S. 386/387 laif/ B. Steinhilber; S. 389 laif/Clemens Zahn; S. 391 swiss-image.ch/Alfonso Zirpoli; S. 392 swiss-image.ch/Christof Sonderegger; S. 395 Bildagentur Huber/Gräfenhain; S. 396 swiss-image.ch/Christoph Schuerpf; S. 399 Henry Schmitt; S. 401 swiss-image.ch/Philipp Giegel; S. 402/403 Switzerland Tourism/STST – STTP; S. 404 imagebroker/ vario images; S. 407 swiss-image.ch/Christof Sonderegger; S. 408 swiss-image.ch/Christof Sonderegger; S. 409 Graubünden Ferien; S. 410/411 Graubünden Ferien/ Rhätische Bahn/Christoph Benz; S. 413 Graubünden Ferien/Chur Tourismus/Andrea Badrutt; S. 414 Graubünden Ferien/Bündner Kunstmuseum; S. 415 Chur Tourismus; S. 416 swiss-image.ch/Robert Boesch; S. 418 Graubünden Ferien/ Peter Donatsch; S. 420 Surselva Tourismus/surselva.info; S. 422 Weisse Arena Gruppe/ Laax/Gaudenz Danuser; S. 423 Graubünden Ferien/Manuel

Sulzer; S. 424 Surselva Tourismus/surselva.info; S. 425 swiss-image.ch/Christof Sonderegger; S. 426/427 swiss-image.ch/Arosa Tourismus; S. 430 Graubünden Ferien; S. 431 swiss-image.ch/Karl-Heinz Hug; S. 432 swiss-image.ch/Christof Sonderegger; S. 434 swiss-image.ch/Franziska Pfenniger; S. 436 swiss-image.ch/Nico Schaerer; S. 437 swiss-image.ch/Christof Sonderegger; S. 439 Graubünden Ferien/Andrea Badrutt; S. 441 Yannick Andrea; S. 442 Graubünden Ferien; S. 445 swiss-image.ch/Robert Boesch; S. 447 Christof Sonderegger; S. 448 Shutterstock/PawelG Photo; S. 449 swiss-image.ch/Christof Sonderegger; S. 450 swiss-image.ch/Christof Sonderegger; S. 451 swiss-image.ch/Christof Sonderegger; S. 452/453 swiss-image.ch/Christof Sonderegger; S. 455 swiss-image.ch/Christof Sonderegger; S. 456 Christof Sonderegger; U4 (v. l.): swiss-image.ch/Christof Sonderegger, Jahreszeiten Verlag/Kramp+Gölling, swiss-image.ch/Christof Sonderegger; Faltkarte hinten: swissimage.ch/Beat Mueller; Grafiken Klappe vorne innen und kulinarische Landkarte: Michaela Reitinger M-DESIGN

Impressum

Liebe Leserinnen und Leser,
vielen Dank, dass Sie sich für einen Titel aus unserer Reihe MERIAN *live!* entschieden haben. Wir freuen uns, Ihre Meinung zu diesem Reiseführer zu erfahren. Bitte schreiben Sie uns an merian-live@travel-house-media.de, wenn Sie Berichtigungen und Ergänzungen haben – und natürlich auch, wenn Ihnen etwas ganz besonders gefällt.

Alle Angaben in diesem Reiseführer sind gewissenhaft geprüft. Preise, Öffnungszeiten usw. können sich aber schnell ändern. Für eventuelle Fehler übernimmt der Verlag keine Haftung.

3. Auflage

ISBN 978-3-8342-2191-9

Bei Interesse an maßgeschneiderten Produkten:
veronica.reisenegger@travel-house-media.de

Bei Interesse an Anzeigenschaltung:
KV Kommunalverlag GmbH & Co KG
Tel. 0 89/9 28 09 60
info@kommunal-verlag.de

TRAVEL HOUSE MEDIA
Postfach 86 03 66
81630 München
Tel. 0 89/4 50 00 99 00
Merian.Solitaere@travel-house-media.de
www.merian.de

Programmgeschäftsleitung
Michaela Lienemann

Projektleitung
Verónica Reisenegger

Layout
Michaela Reitinger M-DESIGN

Redaktion
Martina Krammer, Peter Dorsch, Viktoria Paschke

Schlussredaktion
Dr. Anita Meschendörfer

Bildredaktion
Martina Krammer, Peter Dorsch,
Dr. Nafsika Mylona

Autoren
Martina Krammer, Peter Dorsch, Axel Nowak,
Eva Gerberding, Friederike von Bülow,
Klaus Eckert, Ilona Eckert, Axel Klemmer

Produktion
Anna Bäumner, Bettina Häfele, Gloria Schlayer

Repro
Repro Ludwig, Zell am See

Druck und Bindung
Drukarnia Dimograf, Polen

TRAVEL HOUSE MEDIA

Ein Unternehmen der
GANSKE VERLAGSGRUPPE